LAURENT ANGLIVIEL DE LA BEAUMELLE

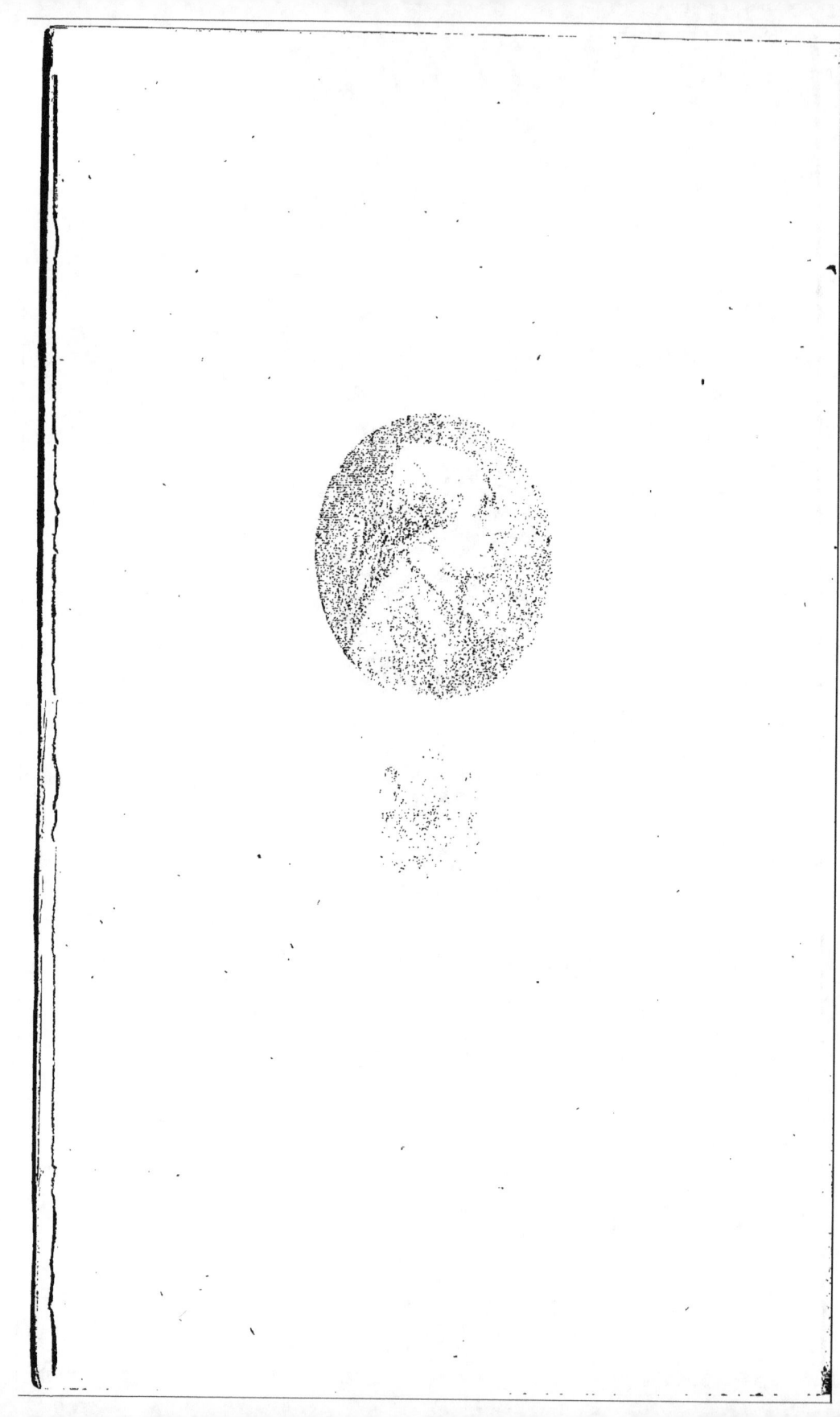

# LA BEAUMELLE

ET

## SAINT-CYR

D'APRÈS DES CORRESPONDANCES INÉDITES
ET DES DOCUMENTS NOUVEAUX

PAR

### ACHILLE TAPHANEL

CONSERVATEUR DE LA BIBLIOTHÈQUE DE VERSAILLES

## PARIS

LIBRAIRIE PLON

E. PLON, NOURRIT ET Cⁱᵉ, IMPRIMEURS-ÉDITEURS

RUE GARANCIÈRE, 10

—

1898

*Tous droits réservés*

# AVANT-PROPOS

La Beaumelle a laissé dans sa famille un souvenir très différent de la légende qui s'est formée pour nous autour de son nom. Il n'a pas été le moins du monde l'écrivain mercenaire que la tradition nous montre, vivant, à la façon de Desfontaines et de Fréron, du produit de ses pamphlets. Il était bien né, bien élevé; il connut de bonne heure l'aisance et plus tard la fortune; il devint, après son mariage, possesseur de fiefs importants; il exerçait des droits seigneuriaux sur la petite ville du Carlat (1) et pouvait signer *baron du Carlat*, comme Voltaire signait *comte de Tournay*. Ajoutons qu'il fut toute sa vie honoré d'amitiés illustres.

Ses petits-neveux habitent encore, près de Valleraugue, la maison patrimoniale des *Angliviels*, toute remplie de ses meubles, de ses livres, de ses papiers. Ceux-ci, classés et étiquetés avec la ferveur et la méthode toutes bénédictines d'un neveu de l'écrivain, forment une des collections les plus curieuses qui se puissent voir. On y trouve deux séries très distinctes

(1) Son frère aîné était seigneur de la Bécède.

*a*

et inégalement importantes de documents : d'abord, les manuscrits mêmes des principaux ouvrages de La Beaumelle, avec la plus grande partie des notes, mémoires, pièces originales, etc., qui ont servi à les composer; en second lieu, les lettres de toute provenance reçues par lui, depuis sa sortie du collège jusqu'à sa mort; et enfin sa propre correspondance avec les différents membres de sa famille.

On a là, outre les éléments complets d'une autobiographie, toute une mine de renseignements très sûrs pour l'histoire littéraire du siècle dernier. Il suffit de jeter les yeux sur ces lettres d'origine et d'aspect si divers, dont quelques-unes même ne sont pas des plus favorables à l'intéressé, et qui toutes portent, soit l'estampille de la poste, soit un cachet de cire au chiffre ou aux armes du correspondant, pour être convaincu de leur parfaite authenticité.

Deux correspondances dans cette collection sont particulièrement précieuses : celle de Mme de Louvigny, religieuse de la maison de Saint-Cyr, entièrement relative à la préparation des *Mémoires sur Mme de Maintenon* et à la publication de ses *Lettres;* et celle de La Condamine, l'ami de tous les temps, l'ami le plus dévoué de La Beaumelle. Viennent ensuite quelques lettres ou billets de Montesquieu; d'autres, en plus ou moins grand nombre, de la duchesse d'Aiguillon, du comte de Caylus, de Pierre Clément (l'auteur des *Cinq Années littéraires*), du marquis de Bélesta, du marquis de Creil (gouverneur de Thionville), de l'abbé de la Chau (bibliothécaire du duc d'Orléans), de Fréron,

du cardinal Passionei, du comte de Tressan, du duc
de Choiseul, du duc et de la duchesse d'Uzès, de Bacu-
lard d'Arnaud, de Caraccioli, du comte d'Arnim, de la
comtesse de Bentinck, de Lauraguais, de l'abbé Trublet, du savant genevois Baulacre, du pasteur Paul Rabaut, etc., etc.

M. Angliviel de La Beaumelle, ancien maire de
Valleraugue, ancien conseiller général du Gard, et ses
fils, MM. Armand et Léon Angliviel de La Beaumelle (1), ont bien voulu mettre à notre disposition,
sans en rien réserver, toutes les pièces de ce chartrier
de famille qu'on avait cru devoir jusqu'ici tenir soigneusement fermé. Notre gratitude pour une confiance
si entière et si exceptionnelle est d'autant plus grande
qu'on nous l'a accordée sans condition d'aucune sorte.
Nous conservions notre pleine liberté d'appréciation et
de discussion. Il est d'ailleurs trop évident qu'on
ne nous eût point permis de faire usage de ces

(1) Pendant que se poursuivait — trop lentement — la présente étude,
un grand deuil est venu frapper cette famille si honorable et si exceptionnellement unie. M. Armand Angliviel de La Beaumelle est mort à Bordeaux, le 28 juin 1895, emporté par une maladie presque foudroyante. Il
laisse une mémoire universellement respectée ; c'était, dans l'acception
ancienne du mot, un honnête homme. Nous l'avons peu connu, assez
cependant pour apprécier son caractère droit et sûr, son cœur excellent,
sa noble intelligence. M. Angliviel père s'est donné la tâche douloureuse
et consolante à la fois de recueillir dans une courte notice, imprimée à un
très petit nombre d'exemplaires, pour la famille seulement, les principaux
traits de la vie publique et privée du défunt : ses premiers succès scolaires,
ses brillantes études de droit, son passage dans l'armée, pendant le siège
de Paris où sa belle conduite lui valut la médaille militaire, ses services
administratifs comme sous-préfet d'Apt et de Villeneuve, sa retraite pré-
maturée, son mariage, et enfin les années heureuses de sa maturité, par-
tagées entre les multiples devoirs de l'homme d'affaires, de l'homme du
monde et du père de famille. Ces pages, dont nous ne pouvons donner ici que
le sommaire, empruntent au sentiment qui les a inspirées une touchante
éloquence. En voici le titre : *In memoriam filii. 29 juillet 1846,
28 juin 1895. Souvenirs d'un octogénaire recueillis pour ses petits-enfants.*

documents s'il eût dû en résulter pour la réputation de La Beaumelle un dommage quelconque.

Aussi bien, cette réputation, au point où en sont les choses, semblait avoir subi d'irréparables atteintes. Nul auteur, croyons-nous, n'a été plus maltraité que celui-ci par la critique et par l'histoire. Aujourd'hui encore il ne se fait pas une leçon, il ne s'écrit pas un article littéraire sur le dix-huitième siècle français, sans que le nom de La Beaumelle, lorsqu'il y est prononcé, ne soit accompagné des épithètes les plus malsonnantes. C'est un arrangeur, répète-t-on sans cesse, un fabricateur de documents historiques. Il a la manie des embellissements, le génie de la supercherie, de la sophistication... « Enfin, de même qu'on dit un Varillas pour exprimer d'un mot un historien décrié à qui l'on ne peut se fier, de même (c'est Sainte-Beuve qui parle) on continuera plus que jamais à dire un La Beaumelle pour exprimer l'éditeur infidèle par excellence. » Il est nécessaire de rappeler que ces dures paroles du maître de la critique moderne ont été prononcées à la suite d'une dénonciation de M. Feuillet de Conches, ce qui en atténue singulièrement la gravité. Mais il n'importe : Sainte-Beuve ne faisait que confirmer l'opinion généralement répandue, et les expressions dont il se servait étaient, déjà alors, presque des clichés.

Une mise en lumière plus complète du personnage, un examen plus général et plus attentif de sa vie et de ses écrits le feront, croyons-nous, mieux juger.

Personne, d'ailleurs, n'a été aussi peu soigneux de

sa renommée que La Beaumelle. Les trois quarts au moins de ses ouvrages sont restés inédits, et il n'a guère livré au public que ceux d'entre eux qui devaient précisément soulever le plus de protestations et de colères. Les imprudences de sa plume, comme celles de sa conduite, passaient toute mesure. Il aimait à se compromettre, et les circonstances, presque toujours, l'y aidaient.

Les lettres de lui, qu'on retrouve çà et là dans les dépôts d'archives publics ou particuliers, donnent lieu trop souvent, pour peu qu'on le désire, et sans qu'il soit besoin de solliciter beaucoup les textes, à des interprétations défavorables. Nous avons eu tout récemment l'occasion de le constater. M. l'abbé Le Sueur a publié l'an dernier un fort intéressant volume sous ce titre : *Maupertuis et ses correspondants* (1). Ce volume renferme plusieurs séries de lettres inédites adressées à Maupertuis par les différents personnages (princes, philosophes et gens de lettres) avec lesquels l'illustre savant était en relation. On y trouve une trentaine de lettres de La Beaumelle, qui toutes ne méritaient pas d'être mises au jour. Quelques-unes donnent de son désintéressement une médiocre idée, notamment celles où il parle de ses mariages rompus. Ce que l'éditeur ne fait pas remarquer, ce que d'ailleurs il ne pouvait savoir, c'est qu'il y a, dans ces singuliers aveux de La Beaumelle, beaucoup de fanfaronnades; on lui ferait tort en le jugeant sur ce qu'il dit là de lui-même.

(1) Paris, Picard. 1897. Un vol. in-8°.

Il nous est passé sous les yeux, et en très grand
nombre, au cours de ce travail, d'autres lettres de lui
qu'il y aurait assurément plus d'intérêt à recueillir, et
d'où se dégagerait mieux sa vraie physionomie. C'est,
en effet, quand il s'adresse à ses amis les plus chers, à
Mme de Louvigny, à La Condamine, et surtout à ses
proches, femme, frère ou père, qu'il est véritablement
lui-même. Avec eux, il ne se contrefait pas, il ne se
surfait pas, et sa confession prend un accent incontestable de sincérité. On trouverait, croyons-nous, dans
ces correspondances tout intimes, la matière d'un
recueil qui ne serait ni sans utilité ni sans attrait.

La Beaumelle s'est fait, parmi ses contemporains,
beaucoup d'ennemis. Il s'en est fait plus encore peut-
être dans la postérité. Il a eu contre lui, de son vivant,
la haine implacable de Voltaire qui a, de bonne heure,
accoutumé le public à entendre sur son compte les
accusations les plus infamantes, comme aussi les
moins fondées. Il a eu contre lui, plus tard, les admirateurs passionnés de Mme de Maintenon, nous dirions
volontiers ses dévots, s'il ne s'agissait ici d'hommes
pour la plupart éminents dont nous respectons profondément l'autorité et le caractère. Ils l'ont accusé
sans preuves suffisantes, selon nous, d'avoir, dans
ses *Mémoires sur la vie de Mme de Maintenon* et dans le
recueil qu'il a publié de ses *Lettres*, altéré les traits
de leur héroïne, faussé sa pensée et son style, donné
d'elle au public une idée entièrement différente et fort
au-dessous de la réalité.

Certes, La Beaumelle a mal compris ses devoirs

d'éditeur ; il a été inexact ; il a manqué quelquefois de goût ; il a outré les licences que prenaient de son temps et qu'avaient prises avant lui les éditeurs de correspondances et de mémoires (Port-Royal avec Pascal, Perrin avec Mme de Sévigné, Bret avec Ninon de Lenclos, Voltaire lui-même avec Mme de Caylus). Mais, s'il a eu le tort grave de tronquer, d'arranger, de remanier les textes, il ne les fabriquait pas de toutes pièces, comme l'en ont accusé le duc de Noailles, Lavallée et, après eux, tous les historiens et tous les critiques contemporains. Beaucoup de faits, beaucoup de traits, des lettres entières attribuées par lui à Mme de Maintenon et que les nouveaux éditeurs n'ont pas voulu admettre parce qu'ils ne pouvaient en vérifier l'authenticité, sont très authentiques cependant. La Beaumelle les tenait pour la plupart de Saint-Cyr.

Le personnage de Mme de Maintenon en devient peut-être un peu moins imposant ; l'unité de cette belle vie en est un peu dérangée ; mais, sans nous exagérer, d'ailleurs, l'importance de ces restitutions, il nous paraît juste que La Beaumelle reprenne ce qu'on lui a mal à propos enlevé ; ce sera une satisfaction légitime donnée à ses descendants ; Mme de Maintenon n'y perdra pas grand'chose, et la vérité historique y gagnera.

Les obligations que nous avons contractées au cours de cette étude sont si nombreuses qu'il nous serait malaisé de les énumérer toutes. On nous permettra, du moins, d'adresser ici des remerciements particuliers à quelques personnes qui nous ont rendu d'exceptionnels services : à M. Gustave Barry, qui a bien voulu mettre à notre disposition un travail resté inédit de feu M. Charles Barry, son frère, sur La Beaumelle; à MM. Paulhan, bibliothécaire de Nîmes, et Aubert, bibliothécaire de Genève, qui, l'un et l'autre, nous ont fourni sur le séjour de La Beaumelle dans ces deux villes de très précieux renseignements; à M. Armand Lods, dont l'obligeante érudition nous a, en plusieurs occasions, été extrêmement utile; enfin et surtout à M. Gabriel Monod, qui, par ses bienveillants conseils et son amicale assistance, nous a encouragé à poursuivre et à mettre au jour cet ouvrage. On ne s'étonnera pas de trouver mentionné ici avec gratitude un nom habitué dès longtemps à la reconnaissante affection des travailleurs. Il en est bien peu, en effet, parmi ceux qui fouillent aujourd'hui de toutes parts le champ si vaste de l'érudition et de l'histoire, qui ne soient, à un degré quelconque, les obligés de M. Monod.

Mai 1898.

# LA BEAUMELLE

ET

# SAINT-CYR

## CHAPITRE PREMIER

Origine cévenole de La Beaumelle. — Le collège d'Alais. — Premières aventures. — La Beaumelle raconté par Voltaire.

Laurent Angliviel de La Beaumelle naquit à Vallerau-gue, dans les Cévennes, au cœur du pays huguenot, le 28 janvier 1726. Fils de réformé, il reçut des mains du curé de sa paroisse, comme l'avait reçu avant lui son frère aîné, le baptême catholique obligatoire. C'était la loi : beaucoup de protestants se consolaient de l'avoir subie en faisant, dès qu'ils le pouvaient, rebaptiser leurs enfants au Désert; le père de La Beaumelle ne suivit pas cette coutume. Il avait d'ailleurs épousé une catholique; c'était un homme paisible, vivant modestement sur ses terres, et donnant plus d'attention à ses cocons et à ses châtaignes qu'aux affaires religieuses. Il appartenait à une famille noble, alliée aux plus anciennes du pays, et qui remontait authentiquement au treizième siècle (1).

(1) Les armes sont : *d'azur à l'arbre d'or accompagné de trois étoiles d'argent en chef et de deux angles brisés, de même, en pointe.*

1

Madame Angliviel, née Suzanne d'Arnal, n'eut pas le temps d'élever son second fils. Elle mourut lorsqu'il avait à peine trois ans, en 1729. Il ne la connut donc pour ainsi dire pas, et l'éducation de sa première enfance, sans être très austère, fut dépourvue de tendresse. Son père ne le prêcha pas beaucoup; l'enseignement religieux qui lui fut donné à la maison n'alla pas au delà du nécessaire : mais l'air qu'il respirait, le pays tragique où il vivait, ce pays naguère hérissé de potences et encore tout couvert de ruines, les pratiques mystérieuses de la foi persécutée, les récits enflammés des anciens camisards, ne pouvaient manquer d'avoir, et eurent en effet une influence profonde sur son tempérament intellectuel et moral. Aussi, malgré l'habileté pleine de charme des prêtres dont il fut l'élève, malgré les éloquentes exhortations de ses amies de Saint-Cyr, malgré les dissipations et les aventures d'une vie bien peu conforme à ses croyances, il vécut et mourut huguenot.

En octobre 1734, une lettre de cachet arriva à Valleraugue, prescrivant à M. Angliviel d'envoyer son fils aîné au collège de l'Enfance de Jésus, à Alais. M. Angliviel s'empressa d'obéir. Son *Journal* qu'il tenait, comme la plupart de ses coreligionnaires, avec beaucoup d'exactitude, et que la famille possède encore, mentionne le fait à sa date, sans commentaire, comme une chose prévue et dès longtemps acceptée. Bien mieux, quoique la lettre de cachet ne concernât qu'un de ses fils, il n'attendit pas un nouvel ordre pour envoyer le second rejoindre son frère : il les fit partir tous deux. Ils passèrent, l'un six ans, l'autre huit ans à Alais, et y firent de très bonnes études (1).

---

(1) Quelques-uns de ces détails sont empruntés à un manuscrit intitulé : *Notice sur la vie et les ouvrages de M. de La Beaumelle par Mme G\*\*\** [Mme Gleizes], *sa fille.* Archives des Angliviels.

L'aîné, Jean, qui se destinait au barreau, alla, vers 1740, étudier le droit à Toulouse. Dès ce moment, s'établit, entre les deux frères, une correspondance qui ne cessa qu'à la mort de La Beaumelle, et dont une partie importante a été conservée. Nous savons, par une lettre de Jean Angliviel, du 7 mars 1742, qu'à cette date La Beaumelle faisait sa rhétorique à Alais. Il traduisait en vers latins les odes de J.-B. Rousseau, esquissait des tragédies, envoyait des poèmes aux Jeux Floraux.

Puis, brusquement, à la fin de 1742, voulant rompre sans doute une promesse, un peu légèrement faite, d'entrer au séminaire, il quitte le collège, revient à Vallerauque, d'où il est envoyé par son père chez des parents, négociants et banquiers à Lyon, MM. de la Cour. Mais déjà il ne peut tenir en place, et l'apprentissage commercial qui, au premier abord, l'avait séduit, ne tarde pas à le rebuter. Un neveu de sa mère, Maurice d'Arnal, employé comme commis dans la maison, essaye en vain de le distraire. Il lui donne un maître d'espagnol, lui achète des livres, lui épargne le plus possible, et à l'insu des oncles qui ne l'eussent pas toléré, certaines corvées professionnelles, comme de préparer et d'allumer le feu, d'ouvrir et de balayer les bureaux, etc. Rien n'y fait. Un jour, à la suite d'une discussion violente dans laquelle M. de la Cour l'aîné l'avait menacé, paraît-il, de le chasser à coups de bâton (1), Angliviel se sauve en compagnie de quelques jeunes gens, ses amis, et s'installe, sans aucune ressource, à Trévoux.

Là-dessus, grand émoi dans la famille. « Je ne saurois, lui écrit son frère, me persuader ce que l'on m'apprend. Quoi ? Vous auriez franchi toutes les bornes de votre

(1) Lettres à son père (janvier-août 1743). Archives des Angliviels.

devoir ; vous seriez à Trévoux, livré à votre mauvaise conduite… Vous auriez quitté Lyon !… » Et il lui dépeint la colère et la douleur de leur père, le conjure de se soumettre à tout ce qu'il ordonnera, et termine par cette recommandation touchante : « Ne vous affligez qu'autant que votre faute le demande. »

Tel est le ton habituel de ces lettres ; il ne variera guère endant trente ans. Toujours le sage frère exhortera et grondera le frère prodigue, et leur amitié n'en sera que plus solide et plus tendre.

Cette première frasque n'eut pas de suites graves. La Beaumelle revint à Valleraugue, s'y brouilla avec sa belle-mère (car, depuis quelques années, M. Angliviel s'était remarié), et finalement retourna au collège d'Alais, où il fit une année de philosophie. « Corrigez, lui écrivait Jean, ces défauts dont vous êtes entaché. Cet esprit de légèreté que je vous connais, vous fera tomber dans mille écueils si vous n'y portez remède. » Cet honnête Jean, hélas ! n'était que trop bon prophète.

Après sa philosophie terminée, après quelques mois encore passés dans ses montagnes où, plus libre d'esprit, il retrouva ses impressions d'enfance et où il crut se retremper dans la foi, il obtint de son père la permission d'aller à Genève pour apprendre la théologie et se préparer au ministère évangélique.

Dès les premières semaines de son séjour à Lyon, dans cette famille protestante des La Cour, il s'était détaché du catholicisme. « Je deviens tous les jours, écrivait-il alors, moins bon catholique : *Aliquando me sectatore Geneva superbiet et Roma me desertorem lugebit* (1). » Son année de philosophie à Alais, sous un maître un peu

_____

(1) Lettre du 10 janvier 1743. Archives des Angliviels.

nonchalant, avait plutôt fortifié qu'affaibli ses doutes.

Tous ces détails sembleront peut-être excessifs. Nous avons cru devoir les recueillir après en avoir vérifié avec soin l'authenticité, pour les opposer au récit mensonger de Voltaire, que tant d'historiens, jusqu'à ce jour, ont accepté sans contrôle. Voici ce récit : il figure dans l'édition de Beuchot, sous le titre : « Errata et supplément à l'article *Langleviel* des *Questions sur l'Encyclopédie*. »

Langleviel n'est pas le nom du personnage qui est l'objet de cet article; il se nomme Angliviel, et s'est surnommé La Beaumelle pour les causes ci-après : Feu M. d'Avéjan, évêque d'Alais, y fonda un collège de vingt-cinq bourses pour vingt-cinq jeunes gens, fils de pères ou de mères protestants, afin de les faire élever dans la religion catholique. N... Angliviel a été de ce nombre. *Il était fils d'un soldat irlandais* qui s'était marié à Valleraugue, gros bourg du diocèse d'Alais, *avec une protestante;* et voilà pourquoi son fils qu'il avait laissé orphelin en bas âge fut du nombre de ces vingt-cinq, M. l'évêque ne voulant pas lui laisser sucer avec le lait les erreurs de sa mère. Il fit de bonnes études dans ce collège qui était alors très bien composé. Il s'y distingua par quelques prix qu'il eut, et plus encore par de petites friponneries. M. Puech en était alors principal. C'était de son nom qu'étaient signées les petites marques de distinction qu'on donne aux écoliers et qu'on appelle *exemptions*. M. Puech en avait signé à la fois plusieurs mains; la feuille en contenait soixante-quatre; le sieur Angliviel en vola quelques mains et les vendit aux écoliers à deux ou trois sous la pièce. Ces mains de papier étant épuisées, et le commerce étant très lucratif, ledit sieur en vola d'autres ou les acheta chez l'imprimeur. La signature de M. Puech y manquait. Ce ne fut pas un obstacle; elle fut si parfaitement imitée que M. Puech lui-même y fut trompé, et le trafic alla son train. Cette adresse inspira de nouvelles idées au sieur Angliviel. Il se servit de cette signature pour avoir chez le nommé Portalier, pâtissier, de quoi déjeuner avec friandise durant un certain temps. Cela fut enfin découvert, et Angliviel, qui venait de finir sa rhétorique, fut chassé

honteusement du collège, quoiqu'il dût y rester encore deux
ans. C'était en 1744 ou 1745, je ne peux assigner l'époque
précise. Alors Angliviel *fit entendre à sa mère protestante* que
c'était parce qu'il avait paru faire sa première communion à
la catholique malgré lui qu'on l'avait renvoyé. La mère, pénétrée d'un zèle pour le calvinisme que la persécution échauf-
fait encore dans ce temps-là, lui fournit les moyens de s'expatrier et d'aller à Genève, où il pourrait devenir ministre du
saint Évangile. Angliviel partit; mais comme il se croyait
déjà quelque chose, il s'imagina que le gouvernement avait
les yeux ouverts sur lui, vu le lieu, l'objet et le genre de
son éducation; et conséquemment, *il prit le nom de La Beaumelle, pour se dérober à des recherches qu'on n'avait pas envie de
faire* (1).

Voltaire, dans le récit dont on vient de lire un premier
fragment, commence par rétablir le nom de son ennemi
qu'il avait pris plaisir jusque-là à estropier, l'appelant
tantôt Langleviel, tantôt Langlevieux, Anglevieux, Anglivieux. Cette rectification semble faite pour donner dès
l'abord aux yeux du lecteur non prévenu un air de vérité
à tout ce qui suit. Or, tout ce qui suit n'est que calomnie
ou erreur.

Au rebours de ce que dit Voltaire, c'était, nous l'avons
vu, le père de La Beaumelle qui était protestant, et sa
mère catholique.

Angliviel le père n'était ni soldat ni Irlandais : il était
Français, de vieille souche méridionale; et, comme son
revenu héréditaire, réduit sans doute par les amendes et
les taxes, ne pouvait lui suffire, il y joignait le produit de
quelque industrie locale. Lorsqu'il mourut, ses fils étaient
depuis longtemps majeurs : le cadet avait trente et un
ans.

Quant aux petites friponneries dont La Beaumelle,

(1) Voltaire, édit. Beuchot, XXXII, 81.

d'après Voltaire, se serait rendu coupable au collège, et qui l'en auraient fait chasser en 1744 ou 1745, cette accusation n'est appuyée d'aucune preuve et se trouve réfutée matériellement par les faits. En laissant de côté les dates que Voltaire reconnaît d'ailleurs ne pouvoir préciser, comment admettre que La Beaumelle, renvoyé du collège pour une faute déshonorante, ait pu librement y revenir un an après? Nous sommes plus porté à croire, avec Mme Gleizes (1), que ses professeurs, frappés des marques de talent qui éclataient déjà en lui, avaient voulu le pousser vers l'état ecclésiastique, et que ce fut pour se soustraire à cette pression qu'il quitta une première fois le collège, non en 1745, mais en 1742. Nous savons d'ailleurs qu'il conserva toute sa vie d'excellentes relations à Alais. Ses anciens professeurs, l'abbé de Vammale, l'abbé Bouge, le chanoine Lavie, M. Puech lui-même, ce directeur dont parle Voltaire, entretinrent avec lui une longue correspondance (2).

(1) Auteur d'une notice citée plus haut, p. 2, note.

(2) De l'abbé de Vammale (30 décembre 1754) : « ... On parle beaucoup de vous dans Alais. Nos jeunes gens de qualité qui, pour la plupart, ont l'esprit très poli et très cultivé, sont remplis d'admiration pour vos talens et lisent avec avidité tout ce que vous faites paraître... ils me prièrent dernièrement de leur communiquer votre lettre... » — Du même (20 janvier 1755). Il lui recommande un de ses parents, M. de Leiris, qui ira le voir à Paris; il lui annonce aussi la prochaine arrivée du missionnaire Bridaine : « C'est l'apôtre de nos Cévennes, et son nom ne doit pas être inconnu à un ancien pensionnaire du collège de l'*Enfance.* Son zèle, trop resserré dans nos montagnes, l'a entraîné dans la capitale, et c'est le troisième carême qu'il y prêche, avec un succès dont il est lui-même étonné. S'il vous prend quelque envie de vous convertir, vous aurez l'attention de vous adresser à luy. Il est juste qu'un missionnaire compatriote ait la préférence... » — Du même (6 décembre 1757) : « ... J'aurai donc bientôt le plaisir délicieux de vous voir et de vous embrasser! Arrivez donc, mon cher La Beaumelle. Venez montrer l'auteur de *Maintenon* à mes concitoyens qui vous admirent depuis longtemps... M. d'Alais [Jean-Louis de Buisson de Beauteville] me questionna beaucoup sur votre compte; il fait beaucoup de cas de vos talents; il voudroit bien vous voir et vous convertir. C'est là une envie d'évêque très louable et très obligeante pour

Les lettres qu'il leur adressait étaient attendues avec impatience, et faisaient événement. On les lisait aux élèves des classes supérieures, il était le grand homme du collège. Enfin, lorsque son frère, Jean Angliviel, se maria en 1757, et qu'il lui fallut obtenir, comme protestant, les dispenses de l'Eglise, ce qui ordinairement demandait beaucoup de temps et de démarches, La Beaumelle fut prié d'intervenir auprès de l'évêque d'Alais, qui, par considération pour lui, abrégea les formalités réglementaires.

Il est vrai que ce nom de La Beaumelle, qu'il prit en arrivant à Genève, n'était pas son nom patronymique : c'était un nom de terre qu'un de ses oncles maternels, M. d'Arnal, avait porté avant lui. Ce changement fut de sa part une simple mesure de prudence. Son voyage empruntait aux circonstances un air d'émigration des plus compromettants. Quoiqu'il n'eût que dix-neuf ans, ou même précisément pour cela, il pouvait très bien être poursuivi, sa correspondance interceptée, sa famille inquiétée par des enquêtes de police.

Voici d'ailleurs en quels termes il s'en est expliqué lui-même dès son arrivée à Genève, dans une lettre à son père, datée du 15 novembre 1745 :

Je n'ai changé de nom, dit-il, qu'en conséquence de la

---

vous. Je lui ai promis de seconder son zèle. » — De M. Lavie, chanoine d'Alais (17 mai 1758) : « Monsieur, il faut que je cède au désir que j'ay depuis longtems de me renouveler dans votre souvenir; peut-être aurez-vous oublié jusqu'à mon nom. Vous étiez si jeune quand vous quittâtes Alais! Quoy qu'il en soit, je vous assure bien sincèrement que, depuis cette époque, je ne vous ai pas perdu de vue; j'étois curieux de suivre le développement et les progrès d'un génie que j'avois vu naître pour ainsi dire... » Conseils pour sa traduction de *Tacite* : la garder quelques années sur le bureau; étudier les commentateurs; connaitre les différentes leçons des manuscrits; voir les traductions espagnoles et italiennes; il y en a d'importantes. (Archives des Angliviels.)

Nous nous bornons à ces quelques extraits; il serait aisé de multiplier les citations.

rétention de mon passe-port au fort de l'Écluse. Le major me dit en le gardant qu'il s'informeroit de ma conduite auprès de l'aumônier du Résident, et comme l'aumônier est une espèce d'espion, et que la République a de grandes mesures à garder avec la France, j'ai pris un autre nom, afin que si l'on me demandoit au magistrat sous mon nom véritable, on ne pût me trouver.

L'usage permettait alors ces changements. Cela ne tirait nullement à conséquence, et le fils du notaire Arouet avait moins que personne le droit de s'en scandaliser.

Il ne reste donc absolument rien de toute cette première partie du récit de Voltaire : la suite, comme nous le verrons bientôt, ne se soutient pas davantage. D'ailleurs, il importe de l'observer, cette addition aux *Questions sur l'Encyclopédie* n'a vu le jour que longtemps après la mort de La Beaumelle et de Voltaire lui-même, en 1829, alors qu'aucun témoignage contradictoire ne pouvait plus se produire (1).

(1) Disons pourtant que les enfants de La Beaumelle ont essayé, par tous les moyens en leur pouvoir, de rétablir les faits. Ils ont fourni aux biographes (Quérard, Michaud, Didot) d'utiles renseignements. Enfin, en 1853, à propos du livre de M. Ch. Nisard, intitulé *Les ennemis de Voltaire*, M. Maurice Angliviel, neveu de La Beaumelle, publia une brochure contenant les protestations de la famille : *Observations sur un écrit de M. Ch. Nisard, contre Angliviel de La Beaumelle, suivies d'une notice biographique et d'une lettre de La Beaumelle, publiée en 1770.* Paris, Cherbuliez, Le Doyen, 1853, 61 p. in-8°.

# CHAPITRE II

La Beaumelle arriva à Genève le 20 septembre 1745.
Il était dans toute l'ardeur première de sa conversion au
protestantisme, ardeur purement intellectuelle, qui ne
succédait pas à une crise intérieure bien profonde, et qui
ne pouvait durer qu'à la condition de se manifester librement par la parole et par la plume. Il rapportait du Désert,
où il avait vécu quelque temps, un petit ouvrage dans lequel était exposée l'évolution de sa pensée sous ce titre :
*Le déiste devenu protestant.* Tout, en lui, aboutissait à la
littérature.

Genève l'avait naturellement attiré. Il venait s'instruire
à ce qu'il croyait être la source pure de la doctrine et de
la foi ; il y venait avec le désir impatient d'enseigner, de
prêcher et d'écrire. Il s'était fait, disons-le, de la cité
de Calvin, du caractère de ses habitants, de l'éloquence
de ses docteurs, une idée assez éloignée de la réalité.
Genève sans doute n'avait rien perdu encore de son
prestige extérieur : sa persévérance en plein dix-huitième
siècle dans des traditions et des coutumes d'un autre âge
lui donnait entre toutes les capitales de l'Europe une ori-
ginalité piquante ; mais déjà elle n'était plus la ville sa-

vante, la ville sainte par excellence que La Beaumelle
avait rêvée.

Les mœurs des Genevois, innocentes et patriarcales,
justifiaient encore l'éloge qu'en avait fait en vers latins,
au siècle précédent, un landgrave de Hesse :

> Quisquis amat vitam castam sobriamque tueri,
> Perpetua esto illi casta Geneva domus... (1).

Ils avaient conservé leur division en quatre classes
(citoyens, bourgeois, habitants et natifs) et leurs lois somp-
tuaires qui interdisaient, par exemple, aux femmes de
la troisième condition, les dentelles larges et les bijoux.
Mais la pratique des vertus domestiques, la méditation et
la prière n'occupaient pas seules, tant s'en faut, l'activité
de ce peuple industrieux. « Il me semble, disait Rousseau dans sa *Lettre à d'Alembert*, il me semble que
ce qui doit d'abord frapper tout étranger entrant à Genève, c'est l'air de vie et d'activité qu'il y voit régner.
Tout s'occupe, tout est en mouvement ; tout s'empresse
à son travail et à ses affaires. Je ne crois pas que nulle
aussi petite ville au monde offre un pareil spectacle. Visi-
tez le quartier Saint-Gervais : toute l'horlogerie de l'Europe y paraît rassemblée. Parcourez le Molard et les rues
basses, un appareil de commerce en grand, des mon-
ceaux de ballots, de tonneaux confusément jetés, une
odeur d'Inde et de droguerie vous font imaginer un port
de mer. Aux Pâquis, aux Eaux-Vives, le bruit et l'aspect
des fabriques d'indienne et de toile peinte semblent vous
transporter à Zurich... Les bras, l'emploi du temps, la
vigilance, l'austère parcimonie, voilà les trésors des Genevois... » (2).

(1) *L'État et les délices de la Suisse, en forme de relation critique, par
plusieurs auteurs célèbres...* Amsterdam, 1730, 4 vol. in-12, IV, 265.

(2) J.-J. Rousseau, *Lettre à d'Alembert*, édit. Lefèbre, 1820, t. II, p. 138.

Les pasteurs de l'église de Genève, hommes très honorables, très attachés à leurs devoirs, bons humanistes, théologiens solides, ne se donnaient pas pour de fins lettrés; leur culture était des plus spéciales; ils manquaient de grâce et de goût. Ils avaient de plus une tendance assez prononcée à abandonner les dogmes reconnus par leur fondateur et à se rapprocher plus ou moins ouvertement du rationalisme. Quelques-uns même, si l'on en croit d'Alembert, n'admettaient plus la divinité de Jésus-Christ et n'avaient d'autre religion qu'un socinianisme parfait (1).

Dès lors, on peut se demander si c'était bien là que, après une retraite au Désert, un nouveau converti devait venir pour se fortifier dans la foi.

La Beaumelle descendit chez un réfugié cévenol, ami de sa famille, parent même de son père à quelque degré, M. Manoël de Nogaret, qui voulut bien lui servir de protecteur et de guide, le fit inscrire à l'Académie, et lui procura chez un négociant du quartier (2) un logement et une pension honorables.

Il suivit les cours de MM. Antoine Maurice, Jacob Bessonnet, Ami Lullin, Le Clerc, de la Rive, etc., professeurs de théologie, et de MM. Cramer et Calandrini, professeurs de philosophie. Il remplit cette année même, à l'église, les fonctions de lecteur. « Je lus à mon tour, le 24 octobre, écrit-il à son frère, dans la cathédrale de Saint-Pierre. Je voudrais que vous m'eussiez vu en habit noir, en cheveux abattus et en petit collet. Je ne puis me rappeler cet équipage qu'avec plaisir. »

Mais dès ces premières lettres, il se plaint du peu de talent des prédicateurs, de la platitude des chants qu'il lui

(1) Article *Genève* de l'*Encyclopédie*.
(2) Giraudeau l'aîné, auteur de *La banque rendue facile*.

faut entendre, et de ce que certaines de ses occupations ont pour lui de rebutant... « Le Genevois, dit-il, est en général fort intéressé et très dissimulé; il hait le Français qu'il caresse par politique, il est jaloux de ses droits et passionné pour la liberté; d'ailleurs ignorant, mal instruit et grossier... » — « Tâchez, lui répond Jean, de vaincre votre répugnance pour l'éloquence de vos prédicateurs. Faites en sorte de vous accommoder au goût du pays. Il est dangereux de se singulariser, et l'on ne gagne rien à vouloir réformer des abus qui se sont rendus recommandables... Le portrait que vous me faites de vos républicains me paraît bien outré. Je m'en étais fait une tout autre idée (1). »

D'Alembert, dans l'article de l'*Encyclopédie* cité plus haut, parle de la prédication et du culte à Genève en des termes qui confirment pleinement cette impression du nouvel étudiant. Il constate le goût peu délicat des pasteurs, la mesquinerie des cérémonies publiques dans les églises, la pauvreté des vers qu'on y chante. C'était également l'avis de Voltaire, avec qui une fois par hasard La Beaumelle se sera trouvé d'accord :

> Pour tout plaisir, Genève psalmodie
> Du bon David les antiques concerts,
> Croyant que Dieu se plaît aux mauvais vers.....
> Des prédicants la morne et dure espèce
> Sur tous les fronts a gravé la tristesse (2).

Malgré ce prompt désenchantement, La Beaumelle n'en continua pas moins pendant dix-huit mois ses études. Il sembla même un instant y prendre un goût très vif. Il était curieux, studieux à ses heures; et si les prédicateurs

(1) Lettre du 22 octobre 1745. Archives des Angliviels.
(2) *La guerre civile de Genève*, VOLTAIRE, édit. Beuchot, XII, 254.

genevois lui avaient paru faibles, il trouva ses professeurs excellents. « Nos auditoires, écrit-il le 4 décembre, sont rouverts depuis quinze jours, et je vais entendre assidûment MM. Maurice, Tronchin et Bessonnet. Que les deux premiers sont grands théologiens ! Que de profondeur, que de savoir, que de lumières dans les leçons de l'un ! Quelle délicatesse de choix, que d'ordre, que de jugement dans celles de l'autre ! Que leur méthode est excellente et instructive ! Qu'elle est diversifiée et attachante ! Un jeune homme qui a quelques dispositions et quelque application peut aisément faire ici de rapides progrès. Cette académie est la Sorbonne des réformés. » De leur côté, ses professeurs étaient satisfaits de sa conduite, louaient son intelligence, fondaient sur lui de grandes espérances. L'un d'eux, Ami Lullin, l'avait en particulière affection.

Lorsque M. Manoël de Nogaret mourut en avril 1746, ce fut M. Lullin qui prit soin du jeune homme. Il lui ouvrit sa maison et sa bourse, il l'adopta pour toute la durée de son séjour à Genève. « M. Lullin, professeur en histoire ecclésiastique et voisin de M. Manoël, — écrivait La Beaumelle à son père (1), — me fit appeler deux heures après sa mort. Il me demanda si M. Manoël, fournissoit à ma dépense ; je lui répondis que c'étoit vous ; je lui répétai ce que je lui avois dit plusieurs fois, que vous n'étiez pas en état de me soutenir longtems sur le même pié, que vous vous flattiez de me savoir bientôt placé, qu'à présent vous seriez plus inquiet que jamais sur mon compte... Il me dit que quoique M. Manoël fût mort, je devois vous tranquilliser par mes lettres et vous assurer que tous les honnêtes gens qui me connoissent, et lui en particulier, me prendroient sous leur tutelle ; que pourvu

(1) 23 avril 1746.

que je me livrasse tout entier à mes études, Dieu pour-
voiroit à tout.. »

Cette année, en somme, fut bonne pour La Beaumelle ;
il travailla beaucoup ; il s'exerça à la critique religieuse
et aux discussions théologiques ; il étudia à fond les textes
sacrés ; Lullin lui avait donné un exemplaire grec de la
Bible avec les commentaires de Grotius, qu'il fit interfolier
et qu'il couvrit de ses notes ; il apprit l'hébreu ; il publia
dans le *Journal de Neufchâtel* un travail sur les *Assemblées
des Réformés ;* il traduisit le catéchisme d'Osterwald ; il
composa enfin et débita, non sans succès, un assez grand
nombre de propositions et de sermons. Il plaisait à son
auditoire par l'aisance modeste de son maintien, par sa
parole claire, élégante, que ne gâtait déjà plus le moindre
accent méridional. Ses maîtres toutefois lui auraient
voulu un style moins coupé, moins chargé d'ornements
profanes, un ton plus grave, et, dans toute son attitude,
des signes plus marqués de vocation ecclésiastique. En
effet, son zèle religieux allait s'attiédissant de jour en
jour. Il continua de suivre exactement les séances de
l'Académie, ne manqua à aucun des exercices prescrits ;
mais ses loisirs furent de plus en plus absorbés par des
occupations purement littéraires et des distractions
mondaines.

Genève d'ailleurs n'était pas sans offrir quelque aliment
à la curiosité de l'homme de lettres qui perçait déjà en
lui sous l'apprenti ministre. Le libraire Philibert, dont il
ne tarda pas à devenir l'ami, recevait de Paris, de Hollande et d'Allemagne toutes les nouveautés. Sa boutique
était un lieu de réunion des plus agréables. En sa qualité
de franc-maçon, il était très émancipé, très indépendant,
même un peu révolutionnaire. Il avait une femme charmante, entourée de charmantes amies. Le soir, quand les

volets étaient fermés, on causait là très commodément, et les propos prenaient parfois un tour de galanterie assez libre. Toutes ces jeunes femmes à qui les ordonnances défendaient de se farder, de se poudrer, qui portaient des cheveux plats « honnêtement liés et joints à la tête comme le saint apôtre l'admoneste », n'étaient ni farouches ni prudes. L'esprit ne se dépensait pas en pure perte auprès d'elles. Mme Cramer, Mme Villiers, Mlle Gautier, Mlle des Marches — une jeune chasseresse doublée d'une artiste, « à la fois Diane et Minerve » — étaient armées pour la riposte; il s'établit entre elles et La Beaumelle un commerce réglé de madrigaux et d'épigrammes (1).

Les soirs où l'on n'allait pas chez Philibert, on se retrouvait encore chez Mlle Baulacre, nièce du bibliothécaire, qui réunissait dans le vieux bâtiment du collège où était installée la bibliothèque et où logeait son oncle, les amis de la maison et les siens. On rencontrait là quelques pasteurs, quelques savants, habitués de la salle de lecture, devant qui il fallait s'observer un peu. C'était M. Manoël de Végobre, avocat à Genève et jurisconsulte célèbre, frère de M. Manoël de Nogaret; c'était M. Pictet, l'astronome, qui devint dans la suite membre du conseil des Deux-Cents et syndic de Genève; c'étaient MM. Lesage père et fils : le père, écrivain médiocre, auteur de livres oubliés, mais homme aimable, d'un grand tact, n'entretenant que le moins possible ses amis de son ouvrage sur l'*Économie* et de son autre ouvrage sur les *Principes naturels des actions des hommes* qu'il préparait en ce moment même et qui parurent l'année suivante; le fils, mathéma-

---

(1) On peut lire dans le premier volume de la *Spectatrice danoise*, publié en 1749, page 225, une longue pièce de vers adressée par La Beaumelle à Mlle des Marches sur la mort réelle ou supposée de son faucon.

ticien et physicien de grand mérite, commençait alors la
curieuse série d'expériences qui l'amena à démontrer en
1774 la possibilité de la télégraphie électrique ; — c'était
encore, de temps à autre, M. Roques, pasteur de l'église
française de Bâle, et son fils, Jacques-Emmanuel, pasteur
comme lui, et l'un des plus intimes amis de La Beaumelle : il publia en 1755, à Hanovre, une brochure que
nous aurons l'occasion de signaler, et dans laquelle il fit
connaître au public la part qu'il avait prise, un peu malgré
lui, aux démêlés de La Beaumelle et de Voltaire ; — c'était
enfin le plus éminent des théologiens protestants d'alors,
l'honneur du clergé genevois, Jacob Vernet, le seul peut-
être de tous les pasteurs de Genève qui eût complètement
le droit de s'inscrire en faux contre l'article de l'*Encyclopédie*, ce qu'il fit d'ailleurs avec beaucoup d'autorité et de
succès. Mais en 1745 et 1746, aucune agitation n'était venue troubler encore les régions sereines où il vivait, et il
se bornait à lire aux soirées de Mlle Baulacre des extraits
de ses *Dialogues socratiques* ou *Entretiens sur divers sujets
de morale* auxquels il venait de mettre la dernière main.
Ces savants genevois étaient, par leur caractère et les habitudes de leur esprit, contemporains des grands érudits
d'autrefois, protestants pour la plupart, les Mélanchthon
et les Casaubon, les Vossius et les Bochard. L'érudition
faisait naturellement partie des traditions de la Réforme.
Léonard Baulacre, qu'il ne faut pas oublier au milieu de
ses hôtes illustres, publiait alors dans les Mémoires de
Trévoux et dans les autres recueils du temps des travaux
d'histoire littéraire, des dissertations philologiques qui,
cent ans plus tôt, eussent soulevé autant d'applaudissements que de controverses et assuré la réputation de leur
auteur. Mais le goût du public n'était plus là (1).

(1) Léonard Baulacre, né à Genève en 1670 y mourut en 1761, dans sa

Comme on peut aisément le penser, étant donnés les noms des personnages qui fréquentaient le salon de Mlle Baulacre, le ton des entretiens y était ordinairement assez grave. Ce n'est certes pas ainsi qu'on causera plus tard, à l'Arsenal, autour de Marie Nodier ; et cependant, ce petit cénacle genevois fait involontairement songer à l'autre. Il y a quelque ressemblance entre les principales figures des deux groupes, et le cadre est le même.

La Beaumelle, d'ailleurs, quoique le plus jeune et le dernier venu dans cette société, avait souvent la hardiesse et l'habileté de ramener la conversation sur ses sujets préférés. C'est là que l'idée lui vint d'écrire la vie de Mme de Maintenon. M. Baulacre était petit-neveu par sa mère de Renée Burlamachi, seconde femme d'Agrippa d'Aubigné, et il y avait encore des Burlamachi à Genève ; M. Lesage, le moraliste, était fils d'une d'Aubigné, cousine germaine de Mme de Maintenon. Le futur historien de la fondatrice de Saint-Cyr ne manqua pas de s'approvisionner, auprès d'eux, d'une foule de renseignements qu'il mit plus tard en œuvre. Après qu'il eut quitté Genève, il resta en correspondance avec Baulacre, qui lui fit parvenir des papiers de famille, des lettres, des documents de toute sorte, recueillis par lui et plus encore par sa nièce, chez leurs amis communs.

Les papiers que vous avez reçus, lui écrivait en septembre 1755 Mlle Baulacre, vous ont été envoyés par MM. Lesage. Je les pressai fort, il y a quelques mois, de vous rendre

91ᵉ année. Il fut reçu ministre du Saint-Évangile en 1699. Présenté dans sa jeunesse pour la place de précepteur du prince de Nassau, il ne fit pas les démarches nécessaires pour assurer sa nomination et se vit préférer un autre candidat. Il fut pendant de longues années bibliothécaire à Genève. On trouve la liste de ses ouvrages dans le 3ᵉ volume de l'*Histoire littéraire de Genève*, p. 38 à 46. Nous y relevons un *Mémoire sur un ancien manuscrit de papier d'Égypte*, conservé à la Bibliothèque de Genève, et une *Lettre sur la prétendue magie de Virgile*.

ce petit service... Ce sont des pièces très authentiques, à ce qu'ils disent. Je fus hier exprès chez eux pour m'informer s'il s'y trouvait encore quelque chose qui pût vous convenir. Mais il n'y a plus rien à espérer. Le père que vous avez vu ici radote actuellement au point de n'entendre plus raison et d'avoir égaré la plupart de ses papiers. Le fils est un bon philosophe, un habile mathématicien; il vous aurait, à coup sûr, rendu service s'il avait eu des connaissances plus étendues sur ce qu'il vous importe de savoir... Mon oncle n'est plus en état de faire aucune recherche. (Baulacre, âgé alors de quatre-vingt-cinq ans, était devenu presque aveugle.) Il a cependant conservé son emploi, parce que je lui lis tous les journaux, où il s'instruit des livres qu'il convient d'acheter. Il a, d'ailleurs, deux jeunes ministres qui lui aident à la Bibliothèque (1).

Mon père est aussi dans un âge avancé et retenu par ses infirmités... Votre ancienne amie vit de la façon du monde la plus retirée, mais qui ne laisse pas d'avoir ses douceurs, parce que j'ai conservé un petit nombre d'amis solides avec lesquels je passe agréablement les moments que je ne donne pas au devoir. Ces détails seront-ils de votre goût? Je me flatte que ouy. Les passions doivent être passagères, mais il est dans la règle des bons procédés d'y faire succéder l'estime et l'amitié.

Cette dernière phrase, qu'il ne faudrait pas sans doute prendre trop au sérieux, fait allusion au rôle d'amoureux platonique, d'amoureux à la Scudéry, que La Beaumelle semblait avoir adopté auprès de Mlle Baulacre. Celle-ci, plus âgée que lui de beaucoup d'années, dévouée sans partage à ses devoirs de famille et d'intérieur, pouvait tolérer ce jeu innocent et s'y prêter même de bonne grâce. La Beaumelle, dans sa réponse à Mlle Baulacre, réponse dont il garda le brouillon, se défend d'avoir rien

(1) La Bibliothèque de Genève, créée au seizième siècle par Bonnivard, était très riche en incunables et en manuscrits. On y conservait des tablettes en cire de Philippe le Bel; des lettres autographes de Calvin, de Théodore de Bèze, etc.; un grand nombre d'objets rares ou curieux, et environ deux cents portraits de personnages historiques ou de savants.

perdu des tendres sentiments qu'il lui avait voués. Il lui écrit d'Amsterdam, où il était venu faire imprimer ses *Mémoires sur Mme de Maintenon :*

Vous avez donc encore, Mademoiselle, quelque bonté pour moi. Je vis donc dans votre cœur, moi qui croyais être effacé de votre esprit! J'en suis comblé de joie, et j'ai relu vingt fois cette lettre trop aimable... Je la relis encore comme un enfant. Elle me rappelle mille choses délicieuses et mille désespérantes... Jetez les yeux, Mademoiselle, ces yeux que j'ai vus si beaux et qui le sont sans doute encore, sur les amusemens de mon loisir et sur les fruits de mes veilles... Mme de Maintenon ira à votre toilette; et vous croyez bien que je lui porterai envie... Je me flatte qu'à mon retour à Genève, vous voudrez bien m'admettre parmi ce petit nombre d'amis solides. Il n'en est point qui vous soit plus respectueusement attaché que moi. Je compte vous faire bien assidûment ma cour cet hiver. Je le passerai dans la ville sainte (à distance, Genève redevient la *Ville sainte* pour La Beaumelle) et j'y laisserai s'assoupir le bruit que fera Mme de Maintenon. Il n'est pas possible que dans six gros volumes, il ne me soit échappé quelques imprudences. Je ne m'arrêterai donc que quinze jours à Paris, et je me rendrai à Genève où vraisemblablement je m'établirai. Cet ouvrage-ci, en me donnant cette médiocrité que je cherche depuis dix ans, me mettra en état de ne dépendre que des lois de votre République et des vôtres, si vous daignez m'en donner... Mon cœur vous est trop connu pour que vous puissiez douter que la sécheresse de cette lettre ne me coûte bien des efforts... Je ne crois point que les passions soient passagères : oui, celles de l'esprit; mais celles du cœur ne meurent qu'avec nous. Je vous supplie, Mademoiselle, de remercier Messieurs *les Sages*, et celui qui radote et celui qui calcule. Le testament d'Agrippa d'Aubigné ne m'est point parvenu en entier, etc.

Quoique ces deux lettres soient postérieures de dix ans aux faits qui nous occupent, nous avons cru devoir en citer quelques passages, à cause des détails rétrospectifs qu'on y trouve sur le séjour de La Beaumelle à Genève.

Nous savons, d'autre part, que La Beaumelle dut en grande partie à la fréquentation de Baulacre et de ses doctes amis les progrès qu'il fit alors dans la connaissance de l'hébreu, des langues vivantes et des mathématiques.

Il passa les derniers jours de 1746, « le congé des moissons », à la campagne, tantôt chez M. Pelissary, « petit-fils de cette Mme de Pelissary dont parle Bayle et que Sarrazin et Pavillon ont chantée », tantôt chez M. Budé de Boisy, en Savoie.

Je suis à la campagne depuis une semaine; je m'y trouve parfaitement : bon air, bonne compagnie, commerce aisé, table délicate 'et abondante, grand feu, complaisances à foison... Je suis à merveille. Je ne tarirois point si je me mettois sur le compte de M. et de Mme de Boisi. On n'a jamais vu rien de pareil, rien de si doux, de si bienfaisant, de si poli. Quoique leur campagne soit dans un désert fort éloigné de Genève, j'y resterois toute ma vie. C'est vous en dire assez (1).

Pendant son séjour dans ces deux familles, il donna quelques leçons aux enfants de ses hôtes. Cette circonstance connue de Voltaire lui fit dire longtemps après, dans un libelle daté de 1767, que La Beaumelle avait été précepteur du fils de M. de Boisy, et que celui-ci, mécontent de ses services, l'avait congédié. En 1767, par bonheur, M. de Boisy vivait encore et put, comme nous le verrons, réfuter lui-même ce mensonge.

Le moment est venu de rendre la parole à Voltaire sur les faits mêmes que nous venons de raconter. Écoutons-le résumer à sa façon cette période de la vie de La Beaumelle.

A Genève, dit-il, Angliviel se lia avec M. Baulacre qui en était alors bibliothécaire. Mlle Baulacre, sa nièce, avait une petite société de veillée dans la cour du collège. La Beaumelle

(1) Lettre à son père (14 octobre 1746). Archives des Angliviels.

y fut admis; et, dans une conversation de femmes, il eut de quoi savoir la chronique scandaleuse de Genève. C'était plus qu'il n'en fallait pour alimenter sa malignité naturelle; mais il fallait, avant tout, se faire un nom. Voici comme il s'y prit. M. de la Visclède, secrétaire perpétuel de l'Académie de Marseille, venait de faire une *Ode sur la mort* qui avait été couronnée aux Jeux Floraux; il ne s'était point fait connaître. La Beaumelle s'en appropria une copie; il la fit imprimer en placard et en in-8° chez Duvillard, la dédia à M. Lullin, alors professeur d'histoire ecclésiastique, et jouit de la gloire d'être, à vingt-un ans environ, auteur d'une ode où il y avait de bonnes strophes. Cette célébrité lui plut; mais il fallait se donner le plaisir de la satire. En conséquence, d'après ce qu'il avait recueilli des médisances féminines, il composa un catalogue de livres dans lequel il déchira tout Genève. Je ne me souviens que d'un article, et le voici : *Le mauvais ménage,* opéra-comique par M. et Mme Gallatin. Tous les autres étaient dans ce goût. Cela fut su; il fut honni, s'intrigua, alla en Danemark, etc.

Dans une note, Voltaire ajoute : « Il logeait à Genève, chez M. Giraudeau l'aîné, auteur de la *Banque rendue facile...* Il y brouilla et perdit tout... Il y fit quelques fragments satiriques qui furent insérés dans le *Mercure suisse :* je ne peux me rappeler l'année ni le mois (1). »

Il est difficile, on en conviendra, d'amalgamer avec plus d'art le vrai et le faux. L'exactitude de la mise en scène, la précision de certains détails donnent ici à la calomnie une vraisemblance singulière. On comprend que beaucoup de nos contemporains s'y soient laissé prendre. Oui, il y avait à Genève un ménage Gallatin avec qui Voltaire eut d'étroites relations pendant son séjour aux Délices et à Ferney (2); mais ce nom n'est pas prononcé

---

(1) Voltaire, édit. Beuchot, XXXII, 83.

(2) Voir l'intéressant volume de Lucien Perey et Gaston Maugras, *La vie intime de Voltaire aux Délices et à Ferney,* p. 47 et suivantes.

une seule fois par les nombreux correspondants de La Beaumelle, qui ne disent mot du catalogue satirique attribué à leur ami; oui, La Beaumelle, nous l'avons dit nous-même, logea à Genève chez Giraudeau l'aîné; mais il n'y brouilla rien; nous en avons pour preuve les lettres pleines de sympathie et de déférence que le négociant-auteur écrivit en divers temps à son ancien pensionnaire; Giraudeau l'aîné figure sur la liste des souscripteurs aux *Mémoires de Maintenon* imprimée en tête de la première édition de cet ouvrage; oui, La Beaumelle envoya de Genève une ode aux Jeux Floraux; mais cette ode n'était pas sur la *Mort;* elle avait pour titre la *Paix de Dresde;* elle ne fut ni couronnée, ni imprimée. Quant à la Visclède qui avait triomphé trois fois déjà sous son nom aux Jeux Floraux, qui était, en sa double qualité de Méridional et de poète, infiniment sensible aux satisfactions d'amour-propre, est-il possible d'admettre qu'il eût négligé de revendiquer une quatrième récompense, et surtout qu'il en eût laissé l'honneur à un autre? Aussi bien personne ne s'est jamais occupé de M. de la Visclède, si ce n'est Voltaire lui-même, qui fit semblant de lui attribuer en 1776 le joli conte des *Filles de Minée.* Il assimilait ainsi ce nom un peu ridicule à ceux de Guillaume et de Jérôme Vadé; il l'employait à ses mystifications; il en avait fait un des accessoires de sa boîte à malices.

Pendant son séjour à Boisy, chez M. de Budé, La Beaumelle fut présenté à un gentilhomme danois qui cherchait un précepteur pour le fils du comte de Gram, grand chambellan et grand veneur du roi de Danemark. M. de Gram, d'une famille réformée, Hessois d'origine, était un personnage considérable par ses grands biens et les charges qu'il remplissait à la cour de Copenhague. Il avait alors à peine trente-neuf ans; le temps, par conséquent,

ne devait pas lui manquer pour suivre dans sa carrière
un jeune homme auquel il s'intéresserait et pour l'aider à
faire sa fortune. On pouvait s'attacher à lui avec confiance. L'enfant dont il s'agissait de diriger l'éducation
était l'aîné de plusieurs fils, et avait, disait-on, beaucoup
d'esprit. M. de Gram comptait le faire voyager dans
quelques années avec son précepteur. On offrait à celui-
ci cinq cents livres pour ses frais de déplacement et cinq
cents livres d'honoraires pour la première année. Il serait
« nourri, servi, éclairé, baigné, chauffé, blanchi », aurait
un carrosse de moitié avec son élève, et l'accompagnerait
dans les maisons royales où la cour passait les étés.

La Beaumelle, au moment même où l'on venait lui
faire des propositions si tentantes, cherchait un prétexte
pour quitter Genève; il ne se sentait pas le courage de
poursuivre pendant trois années encore (on ne pouvait
être pasteur avant vingt-quatre ans) ses études de théologie; la vocation décidément lui manquait. Il voyait, autour
de lui, de grandes fortunes acquises dans le commerce et
l'industrie; la vie sans luxe, mais aisée et large, de ses
amis le rendait impatient de s'enrichir comme eux. Dans
une lettre de ce temps à sa famille, il fait remarquer
qu'en Danemark toutes les charges de l'État sont ouvertes
aux étrangers. Il s'y voyait déjà fonctionnaire, grasse-
ment rétribué, et augmentant encore ses revenus du
facile produit de sa plume. On va voir que ses calculs, à
l'inverse de ce qui arrive d'ordinaire, ne furent nullement
déjoués par les circonstances, et qu'il ne tint qu'à lui
d'aller jusqu'au bout de cet avenir heureux qu'il rêvait.

M. Budé de Boisy lui donna des lettres d'introduction
auprès de personnes haut placées à Copenhague; les
francs-maçons de Genève auxquels Philibert l'avait affilié
lui ménagèrent l'appui et les bons offices de la Maçonne-

rie danoise (1); enfin, il s'en allait muni d'une pièce qu'il n'eut pas besoin sans doute de produire à la cour de Danemark, que plus tard même, après son retour en France, il dut cacher ou détruire, mais 'qu'il est important, pour sa mémoire, de pouvoir invoquer aujourd'hui : c'est le « témoignage honorable » qui lui fut délivré par la Compagnie des pasteurs. On conserve, dans les archives du consistoire de Genève, les procès-verbaux des séances de la Vénérable Compagnie des pasteurs et professeurs de théologie. Le volume où sont consignés les procès-verbaux des années 1744-1750 nous donne, page 234, le précieux renseignement que voici :

MM. les professeurs laïcs s'étant retirez (2), M. de La Beaumelle, étudiant en théologie, qui doit partir pour Copenhague, a fait prier la Compagnie de lui accorder un témoignage. — Oüi le rapport de MM. les professeurs, avisé de le lui donner honorable.

En nous communiquant cet extrait qu'il a bien voulu relever à notre intention sur les registres du Consistoire,

(1) Le certificat délivré à la Beaumelle par la Loge de Genève était ainsi conçu :

« Très V. 1er et 2d Sᵗ Mᵉˢ Cˢ et Afˢ, Salut.

« Nous, le V. et les Off. de la R. L. de Sᵗ Jean aux trois mortiers, primitive de Genève : certifions et attestons à tous ceux qu'il appartiendra, que le frᵉ Laurent Angliviel de La Beaumelle, âgé d'environ vingt-deux ans, taille dégagée, haut d'environ cinq pieds deux pouces, cheveux noirs, visage ovale, yeux noirs, a été reçu à fᵗ et Cᵒ dans notre R. L.

« Prions toutes les R. L. répandues sur la surface de la terre auxquelles notre cher frère se présentera, de vouloir bien l'y recevoir en cette qualité et lui rendre tous les bons offices qu'il dépendra d'eux, offrant d'en faire de même envers tous les frᵉˢ qui de leur part se présenteront à notre R. L. avec pareil certificat. Donné aux frontières de Genève, ce 14ᵉ mars 1747.

« *Signé* : Albrecht, maître de la Loge.

« Dᵗ Argand, secrétaire. »

Cachet de cire rouge
avec emblèmes maçonniques.

(2) Ils étaient venus discuter avec la Compagnie une affaire relative à l'Académie.

le savant conservateur de la Bibliothèque de Genève, M. H.-V. Aubert, nous fait remarquer qu'il ne s'agit nullement ici d'un certificat banal donné sans distinction et sans contrôle. Il fallait, pour obtenir un pareil témoignage, l'avoir dûment mérité. La Vénérable Compagnie des pasteurs qui exerçait à cette époque une surveillance aussi minutieuse que sévère sur la conduite de tout habitant de Genève, observait de plus près encore, cela va sans dire, la conduite des proposants.

# CHAPITRE III

Parti de Genève le 17 mars 1747, La Beaumelle traversa Lausánne, Bâle, Strasbourg, Francfort, Hanovre, Hambourg, Lubeck, et arriva le 15 avril à Copenhague. Il y reçut le meilleur accueil, grâce aux recommandations qui l'y avaient précédé ou qu'il apportait lui-même ; grâce surtout à sa qualité d'homme de lettres français et à l'influence prodigieuse qu'exerçaient alors dans toute l'Europe notre littérature et notre langue. Le Danemark, en ce moment même, inaugurait sous un nouveau roi, Frédéric V, une sorte de renaissance littéraire ; on rouvrait les théâtres, on réformait l'enseignement, on créait des académies. La Beaumelle rencontra dans le salon de M. de Gram un personnage dont la protection allait lui être très utile, le comte de Bernstorf, ami du Roi, bientôt son premier ministre, et l'instrument, sinon l'inspirateur de ses desseins. Bernstorf a sa statue à Copenhague ; ses contemporains l'ont surnommé le *Sully du Nord.* Le jeune précepteur lui plut à tel point qu'il l'admit de prime abord dans son intimité.

L'extérieur doux et modeste de La Beaumelle faisait illusion aisément sur son caractère aventureux et sur ses visées ambitieuses. Tout en s'occupant de son élève pour lequel il recueillit et traduisit avec une fidélité élégante

les *Pensées de Sénèque* (1), il nourrissait un projet que
le crédit de Bernstorf devait l'aider puissamment à réa-
liser. Dès avant son départ de Genève, il avait été frappé
de cette disposition libérale de la législation danoise qui
accordait aux étrangers l'accès de tous les emplois.
L'emploi qu'il désirait était celui de professeur de langue
et belles-lettres françaises dans l'Université de Copenhague. Il fallait préalablement démontrer l'utilité de
cette chaire qui n'existait pas encore, et en obtenir la
création. Il lui paraissait impossible qu'ensuite on s'a-
dressât à un autre que lui pour occuper des fonctions dont
lui-même aurait donné l'idée. D'ailleurs, il n'avait pas de
concurrents : les Français étaient encore peu nombreux
dans le pays ; et même il se promettait, dès qu'il se serait
rendu maître de la situation, d'appeler auprès de lui plusieurs de ses compatriotes pour l'aider à défricher l'esprit
danois. Copenhague deviendrait bientôt un autre Berlin ;
Frédéric V aurait son Maupertuis.

La Beaumelle avait alors vingt et un ans à peine ; il était
bien jeune, bien inexpérimenté pour remplir avec succès
le rôle auquel il osait prétendre. Il confia ses projets à
son frère, qui, pressentant de vagues dangers, essaya de
le retenir.

La chaire dont vous me parlés, lui écrivait-il, n'est pas

(1) *Pensées de Sénèque, recueillies par M. Angliviel de La Beaumelle,
professeur royal en langue et belles-lettres françaises dans l'Université de
Copenhague, et traduites en français pour servir à l'éducation de la Jeunesse.* Paris, 1752, 2 vol. in-12. — La dédicace à l'abbé d'Olivet est datée
de Copenhague, 4 mars 1749. « Je vous dédie ce volume, y est-il dit,
parce qu'il vous appartient en quelque sorte, puisque les *Pensées de Cicéron* m'ont fait naître l'idée de traduire les *Pensées de Sénèque.* D'ailleurs,
ne devais-je pas souhaiter de paroître sous les auspices d'un homme vertueux et sçavant, judicieux et spirituel, également versé dans la bonne
morale et dans la belle littérature?... » L'abbé d'Olivet se chargea de surveiller à Paris l'impression de l'ouvrage. Il traita au nom de La Beaumelle avec les éditeurs Le Mercier et Cie, qui payèrent le manuscrit quatre
cents livres.

un poste que vous deviés rechercher avec trop de soin...
Attachés-vous, si vous m'en croyés, à M. de Gram; n'ayés
d'autre objet que de bien élever Monsieur son fils, et donnés
à cela toute votre application... Lisés souvent les paragra-
phes 93 à 97 du traité de l'éducation de M. de Locke, où il est
parlé des qualités nécessaires à un gouverneur, et mettés en
pratique tout ce qui y est dit.

Le conseil était le meilleur que pût suivre alors La
Beaumelle. Le préceptorat exercé pendant quelques
années aurait laissé à son esprit le temps de mûrir. Il eût
été amené, au cours de cette éducation, à faire peut-être
bien des réflexions, bien des expériences sur lui-même.
Il est vrai que rien dans la famille de Gram ne pouvait
le séduire beaucoup : le grand veneur, réservé, silen-
cieux, tenait les gens à distance, et sa bienveillance,
d'ailleurs réelle, manquait de cordialité; sa femme était
peu cultivée et fort provinciale. Ils avaient une fille déjà
grande, élevée en princesse, et à qui La Beaumelle
adressait publiquement, sans que cela tirât à conséquence, des épîtres et des sonnets. D'autres enfants
venaient ensuite, dont l'éducation restait à faire. La Beaumelle aurait pu vieillir et mourir dans cette maison s'il
l'eût voulu; mais de plus sages que lui ne s'en scraient
pas souciés. Ce n'est point là assurément qu'un Doudan se
fût senti retenu à jamais et eût enfermé sa vie. Il fallait
seulement y passer le temps nécessaire, s'y faire apprécier, estimer, et en sortir ensuite pour s'élever plus haut.
Vers trente ans, ayant terminé sa tâche, connaissant
mieux le monde, se connaissant surtout mieux lui-même,
La Beaumelle eût pu sans présomption s'essayer à ce rôle
de missionnaire des lettres, de réformateur du goût pour
lequel il se croyait fait.

Averti de ses projets, M. de Gram s'efforça de l'en détourner.

Il m'a dit, écrivait à son frère notre précepteur, que cette affaire pourroit bien échouer, tant à cause de ma religion que parce que je n'entens assez ni l'allemand ni le danois. Ce qu'il y a de sûr, c'est que depuis quelques jours Son Excellence a augmenté mon honoraire de deux cents livres de France, de sorte que j'ai à présent sept cents livres d'appointemens. Il me dit obligeamment qu'un homme comme moi devoit être récompensé et non payé... Il a très à cœur l'éducation de son fils. J'ai sous moi son ancien précepteur qui lui fait des leçons de latinité, d'arithmétique et d'allemand en ma présence. Le plan qu'on m'avoit demandé a beaucoup plu à M. le Chambellan qui l'a montré à divers seigneurs de ses amis qui en ont fait tirer des copies... Le ministre de France, intime de M de Gram et fort aimable homme, lui a donné quelque relief en l'approuvant. Il s'agit à présent de l'exécuter sur mon élève. C'est un enfant de onze ans, d'une très jolie figure. Il a de grandes dispositions, beaucoup de docilité; de la vivacité autant qu'un Français. Son esprit est susceptible de toutes les impressions. Il a été jusqu'ici en fort mauvaises mains; cependant il est très avancé pour son âge... Il a une maîtresse à qui il écrit des billets doux; beaucoup d'attachement et d'amitié pour moi; l'un et l'autre s'étendent jusqu'à vous qui, quoique inconnu, lui êtes très cher, m'a-t-il dit, parce que vous m'appartenez. Il parle danois, allemand, français et anglais... Ces jours passés, le Roi lui demanda s'il étudioit bien; il lui répondit sans hésiter : « *Sire, j'étudie pour me rendre digne de servir Votre Majesté.* » Toute la cour applaudit et félicita M. de Gram.

Dans mes momens de loisir, je lis des livres de géographie, d'histoire et de philosophie; il faudra que je fasse des cours de toutes ces sciences. Mais, heureusement, j'ai de l'avance, comme on dit. Je donne une heure le matin à l'étude de la religion. Nous ne nous servons point encore de catéchisme, mais nous lisons la Bible, et nous mettons par écrit le précis des vérités contenues dans le chapitre. Quand la lecture de l'Écriture sainte sera achevée, nous reviendrons sur nos pas, et il faudra confier à la mémoire ce que nous avons confié au papier. Depuis neuf jusqu'à dix, je suis libre, parce que le sous-précepteur fait réciter les leçons de prin-

cipes de la langue latine et m'en rend compte. Depuis dix
jusqu'à onze, tantôt nous interprétons en français un trait
d'histoire du *Selectæ*, tantôt nous le traduisons de français en
latin, mais rarement. Depuis onze jusqu'à midi, nous voya-
geons, par la sphère, sur la terre et dans le ciel. Depuis midi
jusqu'à deux heures, nous faisons un cours d'histoire universelle; je fais actuellement l'extrait d'une histoire de ce genre
composée par une société de gens de lettres anglais. Le tra-
ducteur en a déjà donné sept volumes in-4°; elle est infiniment plus étendue que l'histoire ancienne d'Usserius (1), de
Petau et d'Hardouin. Depuis deux heures jusqu'à quatre, nous
sommes à table. Depuis quatre jusqu'à six, nous nous promenons ou nous jouons avec les demoiselles au volant, aux
cartes, aux dames, aux échecs. De six à sept, nous expliquons
ou le traité *De Amicitia* ou quelques vers des *Métamorphoses*
d'Ovide des plus aisés. De sept à huit, nous nous rendons
compte de ce que nous avons appris et retenu, et les choses
les plus remarquables sont écrites sur un grand livre alpha-
bétique. De huit à neuf et demie, nous nous promenons à pié
ou à cheval : la promenade à cheval est une récompense; la
promenade sans épée une punition. De neuf, et demie à onze,
nous soupons. Nous nous retirons ensuite. Mon élève couche
dans ma chambre. Il se lève à six heures. Je me lève à cinq.

Vous serez surpris de ce que je fais étudier si longtems cet
enfant; mais c'est ainsi que le veulent ses parens, qui assurément ne le gâtent point. Je tâche de lui *emmieller* l'étude,
comme dit Montaigne. Nous avons un laquais et un sous-
laquais pour nous deux. Le premier nous éveille, nous habille,
nous frise, nous sert à table, nous suit; le second fait nos
lits, nettoie nos habits, nous apporte de l'eau, fait nos commissions, et, quand nous chassons, porte nos fusils... Je
suis véritablement sur le pié d'un gouverneur, au logement
près.

Quelque absorbé qu'il fût dans ses fonctions, La Beaumelle trouvait le temps d'aller beaucoup dans le monde,

(1) James Usher, auteur des *Annales veteris et novi Testamenti* (Londres,
1650-54, 2 vol. in-8°).

d'étudier le pays et ses habitants, et de consigner ses
observations dans de longues lettres à son père et à
son frère. Ces lettres sont si intéressantes qu'on ne
nous saura pas mauvais gré d'en citer encore quelques
passages.

Le Danemark, écrivait-il (9 juin 1747), est une nation
très policée. Les mœurs y sont les mêmes qu'en France. Le
Danois se pique de renchérir sur la politesse française; mais
il tombe souvent dans une ridicule affectation, et prend pour
urbanité des compliments à perte de vue. Les seigneurs sont
plus simples, et, quoique très fastueux, n'ont point dans leurs
manières cet air du grand monde qui en impose. Entre eux, peu
de familiarité, peu de conversation. Les Danois sont en général
reconnaissans, humains, mais ombrageux et fainéants, à ce
qu'on dit. Ils sont robustes et bien faits, s'habillent à la française, saluent à la française, mais mangent, à la danoise, des
gruaux et des soupes de bière abominables. Le peuple est fort
gourmand; le paysan, quoique gueux et esclave, aime la
promenade, l'eau-de-vie et l'oisiveté... Tous les bourgeois ont
droit de porter l'épée depuis l'établissement de la souverai-
neté. Le gouvernement est pur despotisme, le Roi a droit de
vie et de mort sur ses sujets. Depuis que les choses sont sur
ce pié, le Danemark y a beaucoup gagné, ayant été toujours
gouverné par de bons princes. Les Danois n'ont qu'un maître,
et ils en avoient cent. Ils ne se sont mis dans la servitude
que pour se soustraire à une plus rude...

Les dames de qualité se laissent baiser la robe par les
roturiers, et la main par les gentilshommes ou soi-disant
tels : c'est la première civilité. Il faut être noble pour leur
donner la main quand elles montent en carrosse. Après le
repas, on va les saluer et leur baisoter la patte. En danois et
en allemand on les traite, en leur adressant la parole, de
*Votre Grâce*. Elles sont d'abord fières; mais cette fierté, qu'elles
croient être de bon ton, n'est que méthodique et composée...
Elles sont, dit-on, de la plus grande vertu, et, à la cour, la
galanterie n'a pas encore pris... Elles sont esclaves des modes
françaises qu'elles imitent en y ajoutant un peu de danois.
Madame de Gram est une fort belle femme... Elle me reçut

d'abord froidement, d'autant plus qu'elle ne savoit rien de
mon arrivée et qu'elle fut piquée de ce que ses desseins sur
la religion de son fils étoient traversés; mais je l'ai, à ce que
je crois, gagnée par mes politesses, mon attachement à mon
élève et une petite dépense d'humeur enjouée...

Vous me demandez mille choses qui m'embarrassent par
leur nombre. Les Danois parlent français et allemand. Ils ne
se servent de leur langue que pour parler à leur laquais :
elle n'est, à vue de pays, bonne à autre chose. Les vivres
sont ici fort chers : à peu près sur le même pié qu'à Genève.
Une bouteille de vin de Bordeaux coûte seize sous. On ne
mange dans les meilleures tables que du pain de seigle. Le
pain blanc est d'une cherté excessive. La main d'œuvre est
aussi très chère : une paire de souliers coûte, comme à
Genève, cent sous... L'établissement des fabriques et des ma-
nufactures, et l'exclusion des draps étrangers, font suer à
grosses gouttes les marchands et les particuliers qui n'y trouvent point leur compte. Aussi [ce commerce] commence-t-il à
tomber malgré les soins du prince. Un petit tonneau d'environ
quatre setiers de vin de Guienne paie quarante-cinq livres de
douane, qui ne se paient cependant qu'à mesure que le marchand de vin le débite; ce privilège ne regarde point le bourgeois qui paie sur-le-champ. Le lait, le beurre, le thé, le
tabac sont à fort bon marché. La viande de boucherie coûte
huit sols la livre. Les chevaux sont renommés et fort à bon
compte.

Copenhague est une fort belle ville depuis le fameux incen-
die de 1727; elle a environ cent mille habitants. Le port est,
dit-on, le plus beau de l'Europe; il est gardé par une flotte
de quarante voiles... L'Université est de trois mille étudians;
avec cela peu florissante, parce que les savans y sont clair
semés (1).

C'était donc le moment d'y entrer. Aussi l'ambitieux
jeune homme déployait-il, dans cette intention, auprès
des personnages en crédit, toutes les ressources de son
savoir-faire et toutes ses grâces de courtisan. Bernstorf

(1) Lettre du 9 juin 1747. Archives des Angliviels.

occupait à cette époque un poste diplomatique qui l'obligeait à de longues absences; il était ministre de Danemark à Dresde; La Beaumelle ne pouvait pas entretenir avec lui des relations aussi suivies qu'il l'aurait souhaité; mais il se fit admettre dans le petit groupe privilégié que fréquentait pendant ses séjours à Copenhague le favori de Frédéric V; il s'y lia avec plusieurs chambellans (cette cour en était remplie) : MM. de Korf, de Reuss, de Plessen, de Moltke, et surtout avec un jeune seigneur de beaucoup d'esprit, mais d'une conduite fort dissipée, le comte de Schmettau, lequel devint son compagnon d'étude et de plaisir.

Il avait remplacé, dès son arrivée à Copenhague, l'habit noir et le costume semi-ecclésiastique qu'il portait à Genève par des vêtements de cour qui lui allaient à merveille.

Vous ne me reconnaîtriez plus, écrivait-il à son frère : un chapeau enjolivé d'un plumet, le côté muni d'une épée; un habit à boutons d'or doublé de verd, une veste de droguet à franges; une queue à fouet achève le déguisement. Joignez-y un certain air qu'on n'acquiert point dans la poussière d'un auditoire académique... et vous aurés mon portrait. N'imaginés pas, mon très cher frère, que je m'en fasse accroire; *vous savés que je ne suis point petit-maître.* Mais, en vérité, un habit noir ne va pas quand la cour a quitté le deuil. Quand ce n'auroit été que pour le sacre, je devois m'habiller proprement. La libéralité du Roi a fait en partie les frais de mon équipage cavalier, et Son Excellence qui me fit la grâce de m'en prescrire l'arrangement, eut la bonté de me faire présent de la garniture qui est en vérité superbe et qui a bien coûté ici deux louis au moins...

Il portait, lorsqu'il suivait les chasses de la cour, un habit à retroussis, une culotte de peau jaune, de grandes bottes et un chapeau bordé en or.

. Il a beau dire, il est au fond ravi de cet *équipage cavalier,* de ce *déguisement* sous lequel il a si bon air, et quand il se défend d'être un *petit-maître,* il ne fait qu'aller au-devant d'un reproche qui lui sera souvent adressé plus tard. Voltaire, avant peu, s'amusera cruellement de son plumet.

Le roi de Danemark avait alors deux résidences officielles : Copenhague, où il séjournait depuis les premiers jours de novembre jusqu'à la fin d'avril, et, à deux lieues de Copenhague, le château de Jœgersborg (1), où il passait les six autres mois de l'année. L'hiver, là comme partout, était la saison des chasses, des bals, de la comédie ; l'été, celle des parties de campagne et des jeux en plein air : quant aux longs repas suivis de libations plus longues encore, ils étaient de toutes les saisons. Beaucoup d'affaires se traitaient à table. C'est à table que La Beaumelle eut le loisir de développer et sut faire accepter peu à peu le plan de son futur cours de belles-lettres françaises ; c'est à table qu'il conçut avec Schmettau le projet de la *Spectatrice danoise.*

Ce recueil dont il fut l'unique rédacteur ne dura qu'une année (mars 1749 à mars 1750). Il paraissait deux fois par semaine chez François Bugnion, fabricant de tabac dans le vieux Strand. Chaque numéro se composait de quatre pages in-8°, imprimées en petit texte : la collection complète forme trois volumes. Les articles de la *Spectatrice* que l'auteur appelle lui-même *Amusemens,* ne sont en général que des propos de table qui ont pris la forme d'amplifications littéraires. Tels sont : la *Lettre d'une cotterie de vaporeux,* la *Requête des brunes,* l'*Opéra,* le *Mariage,* la *Chasse,* l'*Ancienne galanterie danoise,* le *Point d'honneur,* le *Jeu,* la *Bibliomanie,* — tout cela entremêlé

(1) Jœgersborg veut dire, en danois, maison de chasse.

de vers libres, d'odes, de sonnets et de chansons à boire.
Une épître au comte de Schmettau commence ainsi :

> Il n'est rien tel que la bouteille,
> Pour inspirer des vers charmants;
> Un poëte gris fait merveille.....

Plus loin, après avoir comparé Schmettau, comme
poète, à Horace, et comme militaire au maréchal de
Lowendal, La Beaumelle le loue de suivre tour à tour
les lois

> Des folâtres plaisirs et du bon sens austère,

et lui promet une place au Parnasse à côté de La Fare.

La *Spectatrice danoise* avait des abonnés; on lui fit même
en Angleterre les honneurs de la traduction. Tout n'y
était donc pas sans mérite, et bien des choses qui nous y
paraissent fades pouvaient charmer les lecteurs d'alors. Il
y a notamment, cinq *Lettres sur l'Esprit des lois* qui furent
très remarquées.

En somme, si La Beaumelle n'avait eu d'autres titres
littéraires que ces feuilles aux hautes fonctions universitaires qu'il convoitait, le gouvernement danois n'aurait
pas été assez simple pour les lui confier. Mais, outre le
recueil des *Pensées de Sénèque* qui peut être regardé aujour-
d'hui encore comme un manuel excellent à mettre entre
les mains d'un jeune homme, il avait publié sous le titre
de l'*Asiatique tolérant* un petit livre visiblement inspiré des
*Lettres persanes*, et dans lequel il plaidait avec assez de
bonheur parfois et une certaine hardiesse de pensée la
cause de la liberté de conscience. Afin que son livre pût
pénétrer plus facilement en France et n'y attirât pas aussitôt l'attention de la police, il le présenta comme une
suite de l'ouvrage récent de Crébillon fils, intitulé : *Les
amours de Zéokinizul, roi des Kofirans*, c'est-à-dire les
amours de Louis XV, roi des François, et il mit en sous-

titre à son *Asiatique* ces mots : *Petit traité à l'usage de Zéokinizul... traduit de l'arabe du voyageur Bekrinoll...* Les noms cités dans le livre sont des anagrammes d'aspect bizarre et vaguement oriental. La France devient la *Kofiranie;* Paris, *Rispa;* Rome, *Emor;* la Turquie, *Kuietur.* Racine s'appelle *Kinera;* Marivaux, *Xauviram,* etc. L'*Asiatique tolérant,* grâce aux apparences, fut attribué à Crébillon fils; mais les gens avisés ne s'y trompèrent point; l'idée qui avait inspiré cet écrit était par trop étrangère aux préoccupations habituelles de l'auteur du *Sofa.*

La Beaumelle composa dans le même temps son livre de l'*Esprit,* qui n'a de commun que le titre avec l'ouvrage fameux d'Helvétius, et qui, n'ayant pu être publié pendant son séjour à Copenhague, ne le fut que longtemps après sa mort, par les soins de ses enfants, en 1802. Ce livre, disent les éditeurs, « fut commencé dans un pays où la liberté d'écrire était portée au plus haut degré : les circonstances ramenèrent ensuite M. de La Beaumelle sous le régime de l'inquisition littéraire et de l'inquisition politique. Il fut plongé deux fois dans les cachots de la Bastille, et lorsqu'il dut compte de son repos à sa famille, il crut devoir suspendre la publication de celles de ses productions dont la haine aurait pu profiter pour troubler la tranquillité tardive dont il jouissait (1). »

Il y a en effet dans ce livre un chapitre IV traitant de l' « influence du gouvernement sur l'Esprit et le Génie », qui n'eût pu être imprimé en France sous l'ancien régime, sans exposer libraire et auteur à l'amende et à la prison. Ce volume, que La Beaumelle retoucha d'ailleurs à diverses époques, marque un progrès dans son talent et peut encore se lire; la forme en est élégante; les idées

---

(1) L'*Esprit,* par M. de La Beaumelle, ouvrage posthume. Paris, an X (1802), 1 vol. in-12.

y sont ingénieusement présentées, avec trop d'antithèses, trop de parallèles, un trop grand souci de la symé-
trie, mais aussi avec des traits qui portent. « Quel esprit,
dit-il quelque part, quel esprit voulez-vous qu'on ait dans
un pays où l'on n'ose parler haut de peur d'être entendu,
où l'on n'ose parler bas de peur d'être écouté? » Beaumarchais, ce nous semble, écrira de ce style.

L'ouvrage de La Beaumelle, lors de sa publication,
passa inaperçu; il venait trop tard : les questions qu'il sou-
levait, les abus qu'il attaquait n'occupaient plus personne;
la tempête révolutionnaire avait tout balayé. Ajoutons
qu'une transformation radicale de la mode et du goût en
littérature était alors sur le point de s'accomplir, et que,
tandis qu'on exhumait sans bruit le petit essai sur l'*Esprit*,
en cette même année 1802, Chateaubriand publiait le
*Génie du christianisme*. — La Beaumelle, néanmoins, put
tirer quelque profit de ce travail; il en lut dans les salons de Copenhague des fragments qui furent très applau-
dis. On en parla comme d'une œuvre destinée à faire la
réputation de son auteur.

Son infatigable activité lui faisait aborder en même
temps bien d'autres sujets d'études. Il entreprit une traduction de Tacite qu'il acheva plus tard à la Bastille.
Nommé orateur de la loge des francs-maçons, il y prononça de nombreux discours; ce fut lui qui y harangua
le Roi lors de sa réception. Il soutint contre Holberg, dans
différentes feuilles périodiques, notamment dans la *Bibliothèque raisonnée*, des discussions littéraires, philosophiques
et religieuses. Et ce n'était pas un mince honneur que de
mériter l'attention du baron de Holberg, poète et théologien de grande réputation, professeur d'université distingué, le réformateur ou, pour mieux dire, le fondateur
de l'art dramatique en Danemark.

Les multiples travaux de La Beaumelle, leur publicité, leur succès, la faveur des salons habilement entretenue, servirent à souhait son ambition. Il put, dans les premiers mois de 1750, se donner le luxe de refuser la place de gouverneur du prince héréditaire de Brunswick-Wolfen-buttel, que le duc régnant lui fit offrir. Les éducations particulières, même chez des Altesses, ne lui convenaient plus. Il allait avoir mieux que cela.

L'année précédente, Jean-Élie Schlegel, professeur surnuméraire à l'Université de Soroé, étant mort, les protecteurs de La Beaumelle, Bernstorf et le grand maréchal de Moltke, avaient demandé pour lui au Roi la succession du célèbre poète et historien allemand. Mais cet emploi, dans la pensée du souverain, créé pour Schlegel seul, devait disparaître avec lui. L'affaire fut ainsi ajournée. Quelques mois plus tard, cependant, Frédéric V, cédant aux instances répétées de ses deux amis, décida en principe la création d'une chaire de belles-lettres françaises. En ce qui concernait le candidat, un dernier point très important restait à régler : La Beaumelle était calviniste, et les professeurs de l'Université de Copenhague qui faisaient, de droit, partie du Consistoire, devaient être nécessairement luthériens. Les choses, nous ne savons par quel expédient, s'arrangèrent enfin, et, le 5 août 1750, la nomination tant désirée fut signée. La Beaumelle se sépara, avec une satisfaction qu'il eut sans doute quelque peine à dissimuler, de la famille de Gram. Mais, avant de prendre possession de son nouvel emploi, il lui fallait, pour ne point perdre sa qualité de Français, et, par suite, ses « droits de légitime et de succession », obtenir une autorisation en règle de son gouvernement. Il se mit donc, toutes choses cessantes, en route pour Paris.

# CHAPITRE IV

Nous le trouvons, le 13 juin 1750, déjà installé dans
une petite chambre meublée, au-dessus du café Procope,
à deux pas de la Comédie. Il n'y perdit point son temps.
Le 17, l'abbé d'Olivet le conduisit chez Voltaire qui le
reçut parfaitement : il ne pouvait prévoir que ce jeune
homme si respectueux et si modeste allait devenir avant
peu son irréconciliable adversaire. On devait justement
jouer quelques jours plus tard, à Sceaux, sur le théâtre
de la duchesse du Maine, la tragédie de *Rome sauvée*.
Voltaire pouvait disposer d'environ cinquante invitations.
Il en offrit une à La Beaumelle, qui eut ainsi la bonne
fortune de voir dans son dernier éclat cette célèbre cour
de Sceaux, et d'assister à un très curieux spectacle. Il y
applaudit, mêlé à un public d'élite, Le Kain dans le rôle
de Lentulus Sura, et Voltaire lui-même dans celui de
Cicéron.

L'objet de sa visite à Voltaire avait été de lui demander son concours pour une édition des classiques français
qu'il se proposait de publier à l'usage du prince royal de
Danemark. Ce concours fut accordé de bonne grâce; on
se revit, on s'écrivit; il y eut pendant quelque temps
échange de compliments et de bons procédés. Nous ne
tarderons pas à raconter les incidents qui amenèrent entre
eux une rupture.

Montesquieu était en ce moment à Paris. C'était lui surtout que La Beaumelle brûlait de connaître. Leur ami commun, Jacob Vernet, favorisa sans doute cette première entrevue; mais La Beaumelle s'était recommandé lui-même à la bienveillance de l'illustre président mieux que personne n'eût pu le faire par ses cinq *Lettres* de la *Spectatrice danoise* sur l'*Esprit des lois*, lettres dans lesquelles la louange passait un peu la mesure, mais où vibrait un jeune et sincère enthousiasme.

Il y proclamait l'*Esprit des lois* « le plus beau livre qui ait encore été écrit de main d'homme ». — « Montesquieu, disait-il, a trouvé le secret d'être original en s'appropriant les réflexions de tous les tems et de tous les lieux : il crée pour ainsi dire les pensées d'autrui, ou du moins leur donne une nouvelle vie en les mettant dans un nouveau jour. Les sçavans passent leur tems à niaiser avec les livres grecs et latins : Montesquieu les a lus en homme de goût et ne les cite qu'en philosophe... Bayle emploie toute son érudition à établir le scepticisme, à plaider contre la certitude, à embrouiller les matières; on voit qu'à chaque instant il feuillette ses recueils : Montesquieu n'emploie sa prodigieuse lecture qu'à prouver des vérités, qu'à débrouiller le chaos des lois, qu'à rendre raison des exceptions, qu'à faire sentir les différences, qu'à montrer aux hommes comment ils devraient agir en leur montrant comment leurs pères ont pensé... Voilà désormais les principes de la politique fixés, etc. » Cette appréciation si flatteuse, si judicieuse en somme et si bien tournée n'avait pu être indifférente à Montesquieu. Son livre précisément venait de soulever en France les critiques les plus violentes et les plus injustes. Voltaire, tout en affectant quelques ménagements et une ironique déférence pour un homme qui était son collègue à l'Académie française et dont la renommée égalait la sienne, publiait contre lui des brochures anonymes et le harcelait d'épigrammes. Dans l'opuscule intitulé : *Remerciement sincère à un homme charitable*, il l'accuse de manquer d'ordre, d'altérer les textes qu'il cite, et d'être, en fin de compte, moins utile qu'agréable. Ailleurs, reprenant le mot connu de Mme du Deffand, il écrit cette phrase impertinente : « Dans un livre si bien intitulé de l'*Esprit sur les lois,* on prétend que les religions sont faites pour les climats (1). » Montesquieu n'avait rien dit de semblable ; il avait seulement noté l'inconvénient qu'il peut y avoir quelquefois à transporter une religion d'un pays dans un autre. — Pour La Beaumelle, on le voit, se rapprocher de Montesquieu, c'était déjà s'éloigner de Voltaire.

Les correspondances inédites auxquelles nous nous référons ne font pas connaître la date exacte de leur première entrevue. Ce dut être dans les premiers jours de juillet. Le 5 septembre, La Beaumelle recevait le billet suivant :

M. de Montesquieu a l'honneur de saluer très humblement M. de Labeaumel (*sic*); il le prie de lui faire l'honneur de venir dîner demain dimanche chez lui, et de lui donner cette marque de son amitié ; il lui demande la permission de l'embrasser.

Ce samedy, 5 septembre (1750).

A Monsieur de La Beaumel, chez Procope, vis-à-vis la Comédie (2). »

Le dîner dont La Beaumelle ne nous a pas laissé le menu fut probablement des plus simples. On sait que Montesquieu était frugal et passait pour très économe.

---

(1) *Pensées sur le gouvernement,* VOLTAIRE, édit. Beuchot, XXXIX, 435.
(2) Archives des Angliviels. Autogr. inéd.

Ce président avait une table de procureur. L'un de ses biographes, M. Louis Vian, cite de lui ce trait rapporté par Bernardau (1) : « Je me rendis chez M. de Montesquieu, rue Saint-Dominique, avec Dassier. Nous le trouvâmes occupé à déjeuner avec une croûte de pain et de l'eau et du vin. »

Mais la chère, ce jour-là, importait peu à La Beaumelle : il n'avait faim et soif que de la présence et de la parole du grand homme. Celui-ci, paternel et bienveillant, interrogea le jeune écrivain sur ses travaux, sur ses voyages, sur ses projets d'avenir ; il avait d'autres convives, vieux amis sans doute, qu'il négligea pour ne s'occuper que de lui. La Beaumelle, le lendemain même, rendit compte de cette journée à son père dans les termes suivants : « M. le président de Montesquieu me fit l'honneur de me mettre d'un dîner qu'il donna hier à trois académiciens et à deux autres savants. Il me dit qu'il seroit à souhaiter que la permission [d'occuper une chaire à Copenhague] fût pour un temps illimité (La Beaumelle l'avait obtenue pour trois ans seulement) ; que j'aurois dû l'employer dans cette affaire ; que, si le privilège étoit expédié, il falloit réserver sa bonne volonté pour l'année où le privilège expirera ; que j'étois dans un cas particulier ; et que, hors de la patrie, je servois la patrie... Je lui présentai le troisième tome de ma *Spectatrice* où il est question de l'*Esprit des lois*... je lui en lus quelques morceaux, et, comme les feuillets du livre n'étoient pas ouverts, il tira son couteau pour les couper. Je voulus lui rendre le couteau, il m'en fit présent ; je refusois ; il me le mit dans la poche. C'est une relique d'une vingtaine

---

(1) *Histoire de Montesquieu d'après des documents nouveaux et inédits*, par Louis VIAN, avocat à la Cour de Paris. Paris, Didier, 1879, 1 vol. in-8°, p. 169.

de francs... » Montesquieu se trouva amené par cette lecture à parler un peu de lui-même, de son livre nouveau,
de la Défense de ce livre qu'il venait de publier en réponse
aux attaques des *Nouvelles ecclésiastiques*, et enfin de la
réplique toute récente (24 avril et 1ᵉʳ mai) de la feuille
janséniste. La Beaumelle en fut indigné, offrit au président ses services et se montra impatient de prendre part
à la lutte. Montesquieu y consentit et lui fournit quelques
documents.

J'ai, Monsieur, lui écrivit-il quelques jours plus tard, fait
ce que vous avez souhaitté. Je vous envoye la copie de la
Nouvelle ecclésiastique du 4ᵉ juin que l'on me copia dans le
tems. Si vous faites quelque réponse ou quelque ouvrage
là-dessus, je vous demande en grâce de faire en sorte que le
nouvelliste ne vienne point me prendre au collet (1).

L'enthousiasme de La Beaumelle l'effrayait un peu.
Un scrupule même lui vint sur le danger auquel pouvait
s'exposer ce jeune homme en prenant à parti les jansénistes qui avaient alors en France des amis puissants. La
lettre qui précède, non datée, a été écrite un samedi; le
billet suivant, non daté encore, mais portant ces mots :
*Dimanche matin,* a dû être remis dès le lendemain à
La Beaumelle.

Je pense, Monsieur, qu'estant à Paris, vous ne devés point
entrer dans des querelles littéraires, ny par conséquent répondre au nouvelliste. C'est une chose finie; il ne faut pas
la réveiller ny vous faire des ennemis. Je vous donne le
bonjour.

Montesquieu.

La Beaumelle le rassura en lui promettant de ne pas
faire imprimer sa réponse avant d'être de retour en Danemark. Dès lors, Montesquieu n'avait plus d'objection à

---

(1) Autographe, inédit. Archives des Angliviels.

lui opposer; il mit à sa disposition ses conseils, ses livres et tous les renseignements qui pouvaient lui être nécessaires. Les billets suivants en font foi :

— Je vous envoyai hier, Monsieur, ma *Deffense*, que je vous prie de garder; et j'aurai l'honneur de vous envoyer ces feuilles que je vous prie de me renvoyer.

— Je voudrais avoir un mot de conférence avec M. Labeaumel (*sic*). Je le prie de me faire l'honneur de me mander à quelle heure je le trouverai chez lui ou à quelle heure il veut que je me trouve chez moi.

— Il m'est impossible de sortir; cependant j'aurais bien des choses à dire et importantes à monsieur de La Beaumelle. S'il pouvait venir prendre une tasse de thé ou de caffé chez moy, nous pourrions parler ensemble. Je l'embrasse de tout mon cœur. — Paris, samedy (1).

De ces conversations avec Montesquieu sortit le petit ouvrage que La Beaumelle intitula : *Suite de la Défense de l'Esprit des lois*, et qui, aux yeux des contemporains, ne parut pas écrit d'une autre main que la *Défense* elle-même. A ceux qui s'en informaient auprès de lui, Montesquieu, sans nommer l'auteur de la brochure, disait qu'elle était l'œuvre d'un protestant, « écrivain habile et qui a infiniment d'esprit (2) ». Il aurait pu ajouter qu'on faisait tort vraiment à sa modestie en lui attribuant un livre où il était loué sans mesure, où l'*Esprit des lois* était appelé le « chef-d'œuvre du génie, le triomphe de l'humanité, la Bible des politiques ». Il eut d'ailleurs l'occasion d'en parler avec quelque détail dans une *Déclaration au Nouvelliste ecclésiastique*, dont il communiqua, en février 1753, une copie à La Beaumelle. Qu'est devenue cette pièce?

(1) Ce dernier billet a été publié par M. N. Joly, à la fin de sa *Notice sur deux livres rarissimes, etc.*, Toulouse, 1870, p. 36. Les précédents sont inédits et tirés des papiers de La Beaumelle.

(2) Lettre de Montesquieu à l'abbé de Guasco du 4 oct. 1752, p. 160 de l'édition de 1767.

Nous en avons cherché en vain la trace dans le recueil janséniste et dans diverses éditions des œuvres de Montesquieu. Peut-être l'auteur a-t-il renoncé à la publier. Il l'avait envoyée à La Beaumelle avec la lettre suivante :

24 février 1753.

J'eus l'honneur de passer hier chés vous, Monsieur, vous n'y étiés pas. Voici la Déclaration que je veux faire au Nouvelliste ecclésiastique. Je vous prie de voir s'il y a quelque mot qui puisse vous faire la moindre peine. Comment consentirai-je à vous faire de la peine, vous qui êtes un des hommes du monde à qui je voudrois le plus faire plaisir ?

Lorsque vous avés fait cette brochure, vous n'avés pas pensé qu'on me l'attribueroit; et si vous aviés pensé qu'on me l'attriburoit, vous ne l'auriés pas faite. Elle est si pleine d'esprit que l'on a cru que l'auteur avoit été animé par la défense de sa propre cause.

J'ai l'honneur d'être, Monsieur, avec les sentimens de la plus parfaite estime, votre très humble et très obéissant serviteur.

MONTESQUIEU.

Ayés la bonté de me renvoyer la Déclaration; je n'ai que cette copie (1).

Plusieurs mois auparavant, le 4 octobre 1752, Montesquieu avait consulté l'abbé de Guasco sur l'opportunité de cette réponse à laquelle il songeait déjà. « L'auteur des Nouvelles ecclésiastiques m'a attribué, disait-il, dans une feuille du 4 juin que je n'ai lue que fort tard, une brochure intitulée : *Suite de la Défense de l'Esprit des lois...* L'ecclésiastique me l'attribue pour en prendre le sujet de me dire des injures atroces... Si quelqu'un a cru que je fusse l'auteur de cet ouvrage que sûrement un catholique ne peut avoir fait, seroit-il à propos que je donnasse une petite réponse en une page *cum aliquo grano salis?* Si

(1) Autogr. inéd. Archives des Angliviels.

cela n'est pas absolument nécessaire, j'y renonce, haïssant à la mort de faire encore parler de moi. » Guasco encouragea probablement Montesquieu à écrire ; mais celui-ci continua longtemps à hésiter, puisque la Déclaration ne fut terminée qu'en février. A ce moment, une dernière réflexion, la crainte sans doute de chagriner La Beaumelle, et surtout l'inutilité de ranimer une querelle éteinte, lui auront fait abandonner ce projet.

Montesquieu, durant les quatre ou cinq années qu'il vécut encore, conserva à son jeune admirateur des sentiments de véritable affection. Il lui en donna une preuve éclatante lorsqu'à force de démarches il lui fit ouvrir, en 1753, les portes de la Bastille. Il lui procura à Paris d'illustres et d'utiles relations ; il le présenta à Fontenelle, à Mme du Deffand et à son groupe, à la duchesse d'Aiguillon, et un peu plus tard à La Condamine.

La Beaumelle savait d'ailleurs au besoin se présenter lui-même. Pendant ce premier et court séjour à Paris, il eut accès dans tous les mondes, dans celui des salons, comme dans celui des théâtres et des plaisirs (1). Logé chez Procope, il vécut familièrement avec les habitués de ce café fameux, avec Duclos et Piron qui n'en bougeaient guère ; avec Marmontel, auteur d'*Aristomène,* et Bauvin, son ami, à qui l'on devait les *Chérusques.* Tous deux venaient de compagnie dans ce « Temple de la Critique »

(1) Il connut intimement Mlle Gaussin, alors à l'apogée de sa renommée et dans la pleine maturité du talent comme, hélas! de l'âge. Il en parle avec enthousiasme dans ses lettres au comte de Schmettau, qui, lui aussi, quelques années auparavant, avait beaucoup fréquenté la grande tragédienne. Ce souvenir amena même, sous la plume du gentilhomme danois, un aveu assez singulier, mais qui lui paraissait à lui le plus naturel du monde. Il avait aimé, disait-il, Mlle Gaussin plus qu'aucune autre femme, et il lui conservait toujours *du tendre,* malgré l'absence, malgré l'amour et l'estime supérieure que lui inspirait une *épouse respectable ,* et — tant il avait le don de la fidélité collective — « malgré sa passion présente pour une des plus belles femmes du pays! »

préparer le succès de leurs pièces, *faire leur salle*, comme
on dirait aujourd'hui. La Beaumelle retrouva là des compatriotes venus avant lui à Paris pour y chercher fortune ;
c'étaient, parmi beaucoup d'autres : l'abbé de Méhégan,
ancien élève du collège d'Alais, un futur encyclopédiste, et
Pierre Morand, correspondant littéraire du roi de Prusse.
Il y eut entre eux et lui des projets de collaboration dont
quelques-uns aboutirent. Il chargea Méhégan de lui rédiger la leçon d'ouverture de son futur cours de belles-
lettres ; il les associa tous deux à la rédaction d'une
« Gazette de la Cour, de la Ville et du Parnasse » qu'il
comptait répandre dès son retour à Copenhague dans la
haute société danoise. Bientôt il put leur adjoindre son
frère qui, s'ennuyant à Toulouse où il avait terminé ses
études de droit, vint passer quelques mois à Paris. Lui-
même n'avait guère le temps de travailler, car le peu
d'heures que lui laissaient chaque jour les visites et les
affaires se trouvaient absorbées par les séances littéraires, philosophiques et surtout bachiques du café Procope.

Il ne perdait pas de vue cependant le projet qu'il avait
formé à Genève d'écrire la vie de Mme de Maintenon. Il
cherchait partout des documents pour ce travail. On lui
conseilla de voir Louis Racine qui, par ses relations avec
Saint-Cyr, devait être mieux que personne en mesure de
le renseigner. Louis Racine vivait alors dans une retraite
absolue : il était dévot, peut-être un peu avare, homme
d'étude avant tout, et grand ami des livres ; sa seule dis-
traction était d'aller, assez rarement d'ailleurs, surveiller
à Saint-Cyr quelque répétition d'*Esther* ou d'*Athalie*. Il
avait, par une sorte de survivance, ses entrées dans
cette maison où le souvenir de Mme de Maintenon était
pieusement conservé, où elle vivait, où elle régnait

encore. Nous savons de plus que, pendant un séjour de quinze années à Soissons, comme directeur des fermes et gabelles, il avait vécu dans l'intimité de Mlle d'Aumale, autrefois secrétaire de Mme de Maintenon, sa dernière et sa plus fidèle amie. Il avait pu recevoir d'elle, quoiqu'elle aimât peu à les montrer, communication de certaines lettres, de certains mémoires inédits dont on parlait fort dans le monde; il avait pu même en prendre à titre confidentiel des copies ou des extraits.

La Beaumelle, averti un peu tard, n'alla chez Louis Racine que le 13 novembre, veille de son départ pour Copenhague. Il lui parla tout d'abord de sa future édition des classiques français dans laquelle l'auteur de *Phèdre* et d'*Andromaque* devait figurer au premier rang. Il demanda au fils du poète, poète lui-même et homme de goût, son adhésion et ses conseils; puis, cette politesse faite, il lui parla de Mme de Maintenon. Comment s'y prit-il pour obtenir que des documents si importants confiés à la discrétion de Louis Racine, et qui ne devaient point sortir de son cabinet, lui fussent livrés et, qui plus est, vendus? Nous l'ignorons. Chacun cependant a expliqué la chose à sa manière. Voltaire, dès que La Beaumelle les eut publiées, prit des informations sur la provenance de ces lettres qui lui paraissaient d'un intérêt capital. « Comment, écrivait-il à d'Argental (1), se peut-il faire qu'un nommé La Beaumelle, prédicateur à Copenhague, depuis académicien, bouffon, joueur, fripon, et d'ailleurs ayant malheureusement de l'esprit, ait été le possesseur de ce trésor?... On disait, il y a quelques années, qu'on avait volé à Mme de Caylus ses lettres et ses mémoires sur sa tante. N'en sauriez-vous pas des

_____

(1) 22 novembre 1752.

4

nouvelles? » — D'Argental répondit que les lettres prove-
naient du cabinet de Louis Racine. « Je m'étais toujours
douté, reprend Voltaire, que ce La Beaumelle avait volé
ces lettres. Il est donc *avéré* qu'il a fait ce vol chez Racine... » — Il écrivait encore dans le même temps à Roques : « J'oubliais de vous dire que les *Lettres de Mme de
Maintenon* ont été volées à M. de Margency (1), écuyer de
M. le maréchal de Noailles... » Et à Formey : « Vous
dites qu'il faudrait savoir par quelles mains ce dépôt (le
manuscrit des lettres de Maintenon) a passé : M. le maréchal de Noailles avait ce dépôt; son secrétaire le prêta à
un écuyer du Roi, et celui-ci au petit Racine. La Beaumelle le vola *sur la cheminée* de Racine et s'enfuit à Copenhague. C'est un fait public à Paris. »

Que plusieurs des notes transcrites par Louis Racine
dans son manuscrit lui eussent été indirectement fournies
par le maréchal de Noailles, c'est possible. Il dut en recevoir de divers côtés. M. de Margency lui reprocha plus
tard, à ce que prétend La Beaumelle (2), la vente de ce
recueil, comme une sorte d'abus de confiance à son
égard. Mais il est infiniment probable que Mlle d'Aumale et le comte d'Aumale, son frère, avec qui il fut
de tout temps extrêmement lié, lui avaient donné la
partie la plus intéressante et la plus neuve de ces documents.

Le récit de Lavallée, dans son introduction à la *Correspondance générale de Mme de Maintenon*, se rapproche beaucoup de la vérité.

---

(1) Adrien Quiret de Margency, connu par sa collaboration au *Voyage
d'Éponne*, de DESMAHIS, était du groupe de Mme d'Épinay (Grimm, d'Holbach, etc.) et l'un des hôtes de la Briche. V. la *Jeunesse de Mme d'Épinay*,
par Lucien PEREY et Gaston MAUGRAS, p. 465 et suiv.

(2) Lettre à Mme de Louvigny du 1er février 1754. Archives des Angliviels.

Louis Racine, dit-il, avait une belle bibliothèque et s'était fait une collection remarquable d'estampes, de manuscrits, de livres étrangers... il les montra au jeune La Beaumelle, et spécialement son recueil de lettres de Mme de Maintenon. Celui-ci vit d'un coup d'œil qu'il y avait là un trésor à exploiter, et il témoigna une passion extrême pour avoir ce recueil. *Après plusieurs pourparlers,* il obtint d'abord de le publier de concert avec Louis Racine, puis la cession complète du manuscrit, à la condition d'envoyer du Danemark, en paiement ou en compensation, des livres, des curiosités... du thé et des fourrures.

M. Lavallée, ne sachant pas que La Beaumelle s'était depuis longtemps déjà préoccupé de Mme de Maintenon, suppose que Louis Racine lui a spontanément et très imprudemment montré son manuscrit. Il suppose encore que plusieurs pourparlers avaient précédé la vente, tandis que nos documents démontrent que La Beaumelle fit à Racine une seule visite, la veille même de son départ. En revanche, son frère, Jean Angliviel, qui était venu le rejoindre à Paris vers la fin du mois d'août, et qui y demeura près de deux années encore pour lui servir de correspondant, alla plusieurs fois de sa part chez Louis Racine et lui remit à diverses échéances le prix en nature de son manuscrit : des pelisses, des livres, etc. La Beaumelle affirmait avoir déboursé de cette façon près de deux cents louis.

Il quitta Paris le 14 novembre. Nous avons sous les yeux son carnet de voyage : il traversa la Picardie, la Flandre, la Belgique et la Hollande. Chemin faisant, il ne manqua pas de parcourir son précieux recueil, et il eut le désappointement d'y constater de nombreuses lacunes, pour les périodes précisément les plus intéressantes de la vie de Mme de Maintenon. Aussi, dès le 18, s'étant arrêté à Valenciennes, pour y passer la nuit, il

adressa à Louis Racine, de l'auberge du *Lion d'argent*
où il était descendu, la lettre suivante (1) :

J'ai lu en route le manuscrit que je tiens de vous, Monsieur. Je le trouve très intéressant; mais il y manque bien
des choses; il y a bien du vuide dans ces mémoires. La curiosité y est toujours excitée, mais presque jamais entièrement
satisfaite. Oserais-je vous prier de faire de nouvelles recherches pour compléter ce petit ouvrage ? Vous vivez, Monsieur,
dans un pays et dans un monde où vous êtes à même d'avoir
bien des éclaircissemens sur un grand nombre de faits très
intéressans, et d'apprendre bien des anecdotes qui méritent
de passer à la postérité; vous m'obligeriez sensiblement si
vous daigniez prendre ce soin. Faites-moi la grâce, je vous
prie, de m'envoyer les deux lettres de M. Bossuet à Louis XIV
sur Mme de Montespan (2); vous dites, Monsieur, qu'elles
existent encore, et sans doute vous en avez une copie. A
propos de M. Bossuet, j'aurai bien de la peine à me résoudre
à faire imprimer l'éloge que vous lui donnez aux dépens de
M. de Fénelon que vous traitez de bel-esprit. Est-il possible
que vous jugiez si sévèrement l'homme de France dont les
talens, le cœur et l'esprit ont eu le plus de conformité avec les
talens, le cœur et l'esprit de monsieur votre père... Ne pour-
riez-vous pas découvrir quelque chose de plus positif sur le
mariage secret, et des particularités sur la vie domestique de
la dame depuis qu'elle fut élevée au rang suprême ?... Quels
chagrins avait-elle pour pleurer si souvent dans le tems de sa
plus haute faveur? Où pourrait-on trouver des détails sur la
maison de Saint-Cyr ? Mme de Maintenon a-t-elle encore quelques parens?... Les d'Aubigné subsistent-ils?... Tâchez, Monsieur, de m'éclaircir là-dessus; j'en aurai une reconnaissance
infinie. S'il vous est possible de répondre bientôt à quelques-
unes de ces questions, je vous prie d'adresser votre réponse

(1) Publiée par M. Lavallée, cette lettre provenait, avec d'autres documents dont il sera parlé plus loin, des héritiers du peintre Chardin, qui
s'était rendu acquéreur, vers 1755, d'une partie des manuscrits et des
livres de Louis Racine.

(2) Elles ont été publiées dans les œuvres de Bossuet; mais à cette
époque elles étaient inconnues. (Note de M. Lavallée.)

à MM. Westein et Smith, libraires à Amsterdam, où je séjournerai quelques jours, pour me la remettre à mon passage ; je vous prie de remettre le reste à mon frère, qui aura l'honneur de vous présenter ses respects...

Nous abrégeons cette lettre, qu'on pourra lire en entier dans le premier volume de la *Correspondance générale de Mme de Maintenon* (1). M. Lavallée, remarquant les questions dont cette lettre est pleine, en conclut que La Beaumelle ignorait alors évidemment les faits les plus vulgaires de la vie de Mme de Maintenon ; qu'il ne savait rien de sa famille, rien de la maison de Saint-Cyr ; qu'il n'avait, en un mot, d'autre document que le manuscrit qu'on venait de lui donner ; il ajoute que pendant les deux années qui s'écoulèrent entre le don de ce manuscrit et sa publication, il est presque impossible que le peu scrupuleux biographe se soit procuré des renseignements. M. Lavallée est dans l'erreur. Il nous suffira de rappeler les conversations de La Beaumelle à Genève avec Baulacre et les Lesage, ces cousins huguenots de Mme de Maintenon. Sans doute, ils pouvaient ne rien savoir des dernières années de leur illustre parente, ni des d'Aubigné français qui avaient pu lui survivre ; mais ils étaient pleins de traditions et de souvenirs sur Agrippa et Constant d'Aubigné et sur Françoise elle-même pour toute cette partie si romanesque et si pittoresque de sa vie.

On remarquera que La Beaumelle n'a publié, en 1752, avec les *Lettres*, qu'un seul volume sur trois de la *Vie de Mme de Maintenon;* la suite annoncée ne vint pas. Il refondit un peu plus tard ce travail dans les six volumes des *Mémoires*. Cette vie inachevée, que M. Lavallée n'avait sans doute pas lue, renferme un très grand nombre d'erreurs ; mais elle renferme aussi beaucoup de faits vrais

(1) Page vi de l'Introduction.

et nouveaux; et ces faits, La Beaumelle n'avait pu ni les inventer ni les deviner; il les tenait en partie de ses amis genevois qui devaient lui fournir encore, en 1755, pour l'édition définitive, un notable supplément d'informations.

Voici d'ailleurs comment lui-même exposait à Louis Racine, dans une lettre que M. Lavallée cite encore (1), le plan de sa future publication : « Je commencerai, disait-il, par donner les *Lettres* purement et simplement. Je n'y ajouterai aucune note : seulement une préface de huit ou dix lignes. Je donnerai ensuite la Vie de la Dame d'après l'historique de notre recueil et *quelques mémoires que je commence à rassembler...* » Répondant, dans cette même lettre, à une observation de Louis Racine sur le prix du manuscrit ou sur le mode de payement, il lui dit : « Qu'il ne soit plus question, je vous prie, de notre marché; je m'en tiendrai à ce que je vous ai promis... » Et plus loin : « J'expédierai incessamment à mon frère un ballot où il y aura pour vous : vingt-quatre portraits; un exemplaire des *Hommes illustres de Danemark,* in-4°, huit parties avec figures, qui coûte chez l'auteur même 30 francs; un *Saxo grammaticus,* un *Iter subterraneum* du professeur baron de Holberg; deux exemplaires de mon *Discours d'ouverture* (2) de l'édition royale, et une livre de bon thé à 20 francs la livre. Il faut que je prenne haleine pour les pelisses... » Les lettres de Jean Angliviel à son frère rendent compte de la remise à Louis Racine de ces objets, et d'autres qui furent expédiés plus tard. Le marché paraît donc avoir reçu sa pleine exécution.

Cette première publication n'a été que l'origine de tra-

(1) Introd. à la *Corresp. gén.*, p. IX.
(2) Le discours d'ouverture de son cours de belles-lettres françaises à l'Université de Copenhague.

vaux plus importants et plus complets dont il ne faut pas
la séparer. Nous la retrouverons à sa date, et nous étudie-
rons alors avec plus de suite, nous embrasserons mieux
l'œuvre entière de La Beaumelle considéré comme éditeur et comme historien de Mme de Maintenon. Ce sera
le côté délicat, comme aussi le point essentiel de notre
tâche.

# CHAPITRE V

Il revint en Danemark précédé et suivi de plus de bagages qu'un ambassadeur. Ses amis de Copenhague l'avaient chargé de faire pour eux à Paris des emplettes de toute nature dont son carnet de voyage nous a conservé l'invraisemblable liste. Il rapportait des estampes, des vêtements, des meubles, des bijoux, des liqueurs. Pour M. Iselin, « une petite bibliothèque choisie, un assortiment complet d'ouvrages anciens et nouveaux »... Pour M. Mourier, « des bas de soie et une histoire romaine »... Pour la comtesse de Schmettau, « quelques carottes du meilleur tabac de Paris, sans odeur étrangère »... Pour Mme Fabricius, « du ruban gris de lin »... Pour Mme Ross, « un canapé de la dernière mode »...

Plusieurs libraires et commerçants parisiens lui avaient en outre confié des livres et diverses marchandises qu'il s'était engagé à placer, en prélevant sur le produit de la vente son propre bénéfice. Il emportait ainsi, pour le compte de M. Plaisance, coiffeur de la Comédie, tout un lot de perruques.

Ce petit trafic, qui était assez dans les habitudes du temps, l'aida à couvrir ses frais de voyage. — Car il faut bien le dire, les fonctions de professeur de langue et belles-lettres françaises à l'Université de Copenhague, et celles de conseiller au Consistoire souverain de Danemark, n'avaient de fastueux que le titre, et étaient plus considérées que rétribuées. Le traitement de La Beaumelle fut fixé à 400 rixdales, soit environ 2,400 livres payables sur la cassette du Roi.

Il est vrai qu'il eut la liberté de joindre à son cours public un cours particulier pour des élèves payants; on lui donna en outre un logement au palais de Charlottenborg, siège de l'Académie des Beaux-Arts. Il avait là, à sa disposition, une bibliothèque, un Musée, et, pour ses leçons, une vaste salle que l'affluence des auditeurs rendit bientôt insuffisante et qu'il fallut agrandir. Enfin, comme s'il eût été à lui tout seul une corporation, le Roi lui accorda un sceau spécial pour sceller ses actes !

Il avait consulté à Paris plusieurs académiciens sur le plan d'études à adopter, sur la méthode à suivre, sur les livres qu'il conviendrait de mettre entre les mains des élèves. Méhégan lui avait rédigé tant bien que mal son discours d'inauguration. Il eut vite fait de compléter ses notes, de les classer et d'improviser son programme.

Il fit l'ouverture solennelle de son cours public le 27 janvier 1751. La *Gazette de France* rendit compte de la cérémonie, à l'article *Copenhague*, comme d'un événement de grande importance.

Le 27 de ce mois, le sieur Laurent Angliviel de La Beaumelle, professeur du collège que Sa Majesté a nouvellement établi pour la langue et les belles-lettres françaises, en fit l'ouverture dans le palais de Charlottenbourg par un discours où il examina si un empire se rend plus respectable par les arts qu'il crée que par ceux qu'il adopte.

Le grand maréchal comte de Moltke, que le Roi a nommé protecteur de ce collège, y présida. Tout le conseil, les ministres étrangers et autres personnes de distinction y assistèrent (1).

Le jeune professeur fut très applaudi. Il le fut pour sa bonne mine, pour le charme et l'aisance de ses manières, pour l'élégance de sa diction, bien plus sans doute que pour le morceau prétentieux et vide, platement paradoxal, mélange de lieux communs et de subtilités métaphysiques, que lui avait fabriqué Méhégan. On vient de voir quelle en était la donnée. Il s'agissait de démontrer que l'adoption des arts n'est pas moins glorieuse pour une nation que la création même. L'orateur, développant cette opinion, toute de circonstance, n'hésitait pas à préférer l'adoption ; elle avait, selon lui, quelque chose de plus grand ; elle faisait plus d'honneur à un peuple ; elle montrait avec plus d'éclat la grandeur du prince.

C'était se moquer et du prince et du peuple. Et cependant il ne paraît pas que ni l'auteur réel ni l'auteur supposé de cette thèse baroque ait été volontairement facétieux. Méhégan avait pris son travail au sérieux ; il en était fier, et, dès qu'il le put, sans compromettre La Beaumelle, c'est-à-dire dès que celui-ci eut quitté définitivement le Danemark, il se proclama l'auteur du discours sur l'adoption des arts et en donna plusieurs éditions successives. La Beaumelle, de son côté, avait publié, peu après sa séance d'inauguration, à l'imprimerie royale de Copenhague, ce même discours quelque peu modifié et remanié. Il y avait surtout ajouté, comme pour y mettre sa marque, des pointes et des antithèses dont le *Journal de Trévoux* lui fit compliment, et que par honnêteté Méhégan retrancha lorsqu'il reprit possession de son bien. Cette édition de Copenhague était, paraît-il, un chef-

(1) *Gazette*, année 1751, numéro 8, p. 85.

d'œuvre de typographie. La Beaumelle fut admis à en présenter un exemplaire au roi Frédéric V, dans une audience publique à Jœgersborg, en présence de toute la cour. Il a soigneusement noté sur son journal les détails de cette entrevue.

Ce 13 mai 1751, mercredi, à midi et un quart, j'ai eu l'honneur de présenter mon discours d'ouverture au Roy. Je lui dis : —Sire, le présent que Votre Majesté me permet de lui offrir est un présent bien petit, mais l'approbation d'un grand roy donne du prix aux moindres choses. J'ai consacré ma plume à écrire les actions de Votre Majesté. Votre règne, Sire, est le règne de la vertu; puisse-t-il être le règne des Arts! — Il m'a dit qu'il étoit bien aise d'avoir le plaisir de me voir; qu'il espéroit que je me comporterois bien. — De quoi n'est-on pas capable, Sire, lui ai-je répondu, quand on est animé par le désir de plaire à Votre Majesté? — Je suis persuadé, m'a-t-il dit, que cet établissement est très bon, et j'apprends avec plaisir que les officiers en profitent, surtout ceux de mer. — Je lui ai dit qu'oui; que les cadets se distinguoient, et qu'il y en avoit parmi eux qui faisoient des progrès et avoient de l'émulation. — L'émulation, m'a-t-il dit, est fort nécessaire, surtout dans les commencements. Je suis fort content, a-t-il ajouté. Et je me suis retiré.

A une heure, j'ai été présenté à la Reine. (Suivent les complimens.) J'ai vu à une heure un quart Mme la princesse Charlotte.

La série de ses visites à la cour dura toute la journée; il coucha au château de Jœgersborg. Son succès était complet. Les partisans de l'influence française à Copenhague s'en montrèrent ravis. La Beaumelle fut partout fêté, choyé, adulé. Les ministres, les feld-maréchaux l'invitaient à leur table; les trois ou quatre salons de Copenhague, ceux de Mme de Schulembourg, de Mme de Reventlau, de la comtesse de Holstein, se le disputaient. Les de Gram s'humanisèrent avec lui au point de laisser croire au public que ses attentions auprès de leur fille, ses petits vers, ses madrigaux, ses envois d'eau de senteur pour la toilette, de capillaire pour le rhume, n'avaient pas tout à fait peut-être le caractère désintéressé et purement platonique de galanteries à la Voiture. Il pouvait en ce moment prétendre à tout. Le prince héritier suivait ses leçons; on parlait de lui confier l'éducation de la princesse royale; le grand maréchal de Moltke l'encourageait à entreprendre une histoire du Danemark et lui promettait la charge honorablement rétribuée d'historiographe du Roi. Enfin, il avait l'orgueilleuse satisfaction d'être, à Copenhague, le correspondant de Montesquieu, de lui rendre en cette qualité de fréquents services, de parler de sa part aux ministres et au Roi même, et de recevoir de lui, presque publiquement, de constants témoignages d'affection.

Voici deux lettres adressées en cette année 1751 par le président à La Beaumelle; ces lettres sont inédites; nous les reproduisons d'après les autographes conservés dans les archives des Angliviels.

Monsieur votre frère m'a fait l'honneur de me faire voir, Monsieur, le beau programme que vous avés donné lors de l'ouverture de votre chaire; il m'a paru rempli de belles choses et d'un tour très nouveau. J'ai vu aussi l'apologie que vous avés bien voulu faire de l'*Esprit des lois*. J'ai l'honneur de vous en remercier. Vous m'avés vangé de beaucoup de critiques et de beaucoup de gens qui ont taillé leur plume avant de m'entendre; mais je serai leur spectateur et non pas leur adversaire.

Je crois, Monsieur, que vous feriés un grand bien à la république des Lettres si vous employés les grands talents que vous avés à nous traduire les bons ouvrages qui ont été écrits dans la langue danoise, surtout ceux qui concernent l'histoire, soit ancienne, soit moderne, même l'histoire naturelle, les voyages, etc. C'est à cette heure un goût répandu dans toute l'Europe de traduire tous les ouvrages des diverses nations. Outre que par là toutes se communiquent leurs lumières, il en arrive que les esprits et les cœurs même se rapprochent. Je crois avoir remarqué que depuis qu'on a traduit les bons ouvrages françois en anglois et les bons ouvrages anglois en françois, les deux nations se haïssent moins; elles se rapprochent, elles sont moins étrangères l'une à l'autre, elles tiennent à un point commun.

Je me souviens que feu M. le capitaine Norden, qui mourut à Paris il y a environ quatre ans et qui avoit fait un voyage en Égypte, payé pour cela, je crois, par votre cour, me donna des morceaux très curieux de pièces qu'il avoit fait graver sur les anciens monuments d'Égypte. Je ne doute pas que ses Mémoires n'ayent été portés à Copenhague, et qu'il n'y ait là dedans des choses très curieuses. Vous êtes dans un pays où règne un grand monarque et qui est gouverné par de grands ministres. L'Europe verroit avec plaisir les voyages du capitaine Norden. Mais il ne faut point vous encourager à travailler. Vous n'êtes point homme à rester oisif. J'ai l'honneur d'être, avec les sentiments de la plus parfaite estime, Monsieur, votre, etc.

MONTESQUIEU.

A Paris, ce 29 mars 1751.

[*P.-S.*] Quand vous verrés messieurs les comtes de Chulembourg, de Berzentin et de Bernestorph (Bernstorff), je vous prie de leur présenter mes respects.

J'ai, Monsieur, reçu la lettre dont vous m'avés honnoré, et je vous suis sensiblement obligé de vôtre souvenir. J'ai vu avec plaisir la liste du recueil que vous voulés faire imprimer : il n'y a que mes ouvrages qui y sont de trop. J'attends avec impatience l'exemplaire de votre programme et les voyages de feu mon ami le capitaine Norden. Je pourrai dans la suite vous donner quelques autres commissions pour quelques livres de chés vous; ainsi je vous prie de mettre le prix du livre du capitaine Novthem à la tête de mon mémoire et de ne faire pas surtout de complimens là dessus; cela me mettroit dans l'embarras pour d'autres commissions. J'ai ouï

parler de quelque relation nouvelle de Sibérie faite par un
Danois; je vous prie de la joindre à mon mémoire si elle est
exacte. Je continuerai toujours à vous encourager à nous
traduire les principaux livres danois, et je suis charmé que
monsieur le grand maréchal ait approuvé cette idée; je vous
prie de luy présenter mes respects très humbles, aussi bien
qu'à mes trois illustres amis, MM. le comte de Bergantin,
Bernestorf et de Chullembourg.

Comme je suis dans mes terres, je n'ai point vu M. votre
frère à qui je dois renvoyer deux livres qu'il m'a fait l'amitié
de me prêter.

J'ai, Monsieur, l'honneur d'être, avec les sentimens de la
plus parfaite estime, votre très humble et très obéissant serviteur.

MONTESQUIEU.

A Montesquieu, ce 5 d'aoust 1751.

La correspondance littéraire que La Beaumelle recevait à date fixe de Paris (1) et dont il distribuait des
copies parmi quelques abonnés de haute marque, était
fort recherchée. On y trouvait des comptes rendus d'ouvrages nouveaux, des anecdotes de théâtre, des nouvelles
de Paris et de la cour. Jean Angliviel en remplissait très
exactement chaque semaine six grandes pages qu'il expé-
diait à Copenhague sous le couvert du grand maréchal
de Moltke.

Après en avoir lu quelques numéros, le vieux comte
Rantzau, ancien vice-roi de Norvège, homme d'esprit et
de goût, possesseur d'une bibliothèque célèbre, adressa
à La Beaumelle une lettre dans laquelle il louait extrêmement l'ouvrage et l'auteur. Il applaudissait en même
temps avec enthousiasme à la création récente du cours
de belles-lettres. « Le Roi, disait-il, vous a appelé pour

(1) Voir p. 48.

faire aimer à ses sujets des sciences qu'à la vérité d'autres nations cultivent, mais que la seule France a su rendre aimables... Ce choix et vos progrès vont illustrer le règne du meilleur de nos monarques... Je vous en félicite et j'en félicite ma patrie encore davantage (1). »

C'est sur ce ton qu'on lui parlait; nous pourrions multiplier les témoignages : l'engouement était universel. Ce facile bonheur le grisa. Il n'était pas mûr, nous l'avons dit, pour une telle fortune; il n'en voulut pas voir les dangers que son frère pourtant, toujours sage, lui faisait toucher du doigt :

Songez, lui écrivait-il, que ce n'est pas impunément qu'on est comblé de biens et d'honneurs. Votre place va vous exposer aux coups de l'envie... elle ne négligera rien pour vous nuire. Une bonne conduite, des mœurs, de la modestie, beaucoup de douceur et de circonspection, voila ce qu'il faut lui opposer.

Et, comme précisément Jean Angliviel avait reconnu d'ancienne date chez son cadet une tendance fâcheuse à la raillerie, à la satire, avec trop de confiance en soi et de suffisance, il ajoutait :

J'ai vu dans les lettres de M. le baron de Polnitz que rien ne révolte tant les étrangers contre les Français que leur critique éternelle... Vous comprenez pourquoi je vous dis ceci.

Il le comprenait fort bien sans doute, mais il n'en tint aucun compte, ou plutôt il n'eut pas le temps d'y songer. Les visites, les soupers, la comédie où il avait ses entrées permanentes, le jeu où il perdait parfois de grosses sommes, lui faisaient une vie très dissipée et très dispendieuse. Il demanda des ressources à des travaux accessoires hâtivement exécutés; il écrivit dans presque tous les journaux du temps, aborda tous les sujets, traita sans

(1) Archives des Angliviels.

précaution des matières délicates, et souleva contre lui
des protestations, des mécontentements, des hostilités
sous lesquelles bientôt il succomba.

Le livre des *Pensées*, qui parut en août 1751, ne fut que
le prétexte apparent de sa disgrâce. Il s'était attiré à plusieurs reprises, de la part du grand maréchal de Moltke,
secrètement excité contre lui par le parti allemand, des
observations devant lesquelles il ne voulut pas s'incliner.
Ces observations portaient non pas, comme l'a dit
Voltaire, sur la conduite de l'homme privé, mais bien
sur l'attitude et le langage du professeur, sur certaines
digressions philosophiques, politiques et autres qu'il se
permettait trop souvent dans son cours, sur l'étalage
d'opinions que, même à Copenhague, on ne pouvait alors
exprimer publiquement, ni à plus forte raison enseigner.

Les choses en étaient là lorsqu'il publia *avec approbation*
ce petit recueil plein de talent, d'inexpérience et d'audace
qu'il intitulait *Mes pensées*, et auquel il mettait cavalière-
ment pour épigraphe ces mots qu'une maladresse de
l'imprimeur fit prendre d'abord pour le titre : *Qu'en
dira-t-on* (1) ? Dans la dédicace à son frère, il disait : « Si
mon livre vous plaît, j'en serai enchanté; s'il déplaît au
public, je n'en serai ni fâché ni surpris. » Il prévoyait
donc, il désirait presque le scandale qu'il allait causer. Ce

---

(1) « Ce livre fait grand bruit, et avec raison... La grande question est
de savoir quel en est l'auteur... [on le croirait] de quelque parlementaire
homme d'esprit. Selon moi, je ne vois que deux auteurs à supposer, le
président de Montesquieu ou Voltaire. Je soupçonnerois encore Diderot qui
se seroit appliqué à cette matière politique sur laquelle nous n'avons encore rien vu de lui... et je m'arrêterois à celui-ci sur des tours de phrases
et de pensées très vifs, très détournés, souvent inintelligibles, toujours
dans le grand, mais ne rencontrant pas toujours le juste. » *Mémoires* du
marquis D'ARGENSON, V, 126 à 128, édit. Jannet.

« Il vient de paroître un livre fort défendu depuis peu et que l'on ne
trouve plus. Il se nomme le *Qu'en dira-t-on?* Il est fort républicain. Il avilit
le ministère Machault sous des éloges affectés et un vrai sarcasme. Il loue

scandale fut grand, comme aussi le succès de l'ouvrage, qui eut cinq éditions en un an et fut traduit en plusieurs langues. « Avez-vous vu, écrivait à quelque temps de là Maupertuis, la nouvelle édition des *Pensées* de La Beaumelle? Il me l'a envoyée. Où veut-il donc aller vivre (1)? »

Le volume débute par un long chapitre sur les *projets* et sur les hommes à *projets*, c'est-à-dire sur les idées de progrès et de réforme et sur les apôtres de ces idées (Vauban, l'abbé de Saint-Pierre, etc.). C'était l'introduction naturelle d'un livre dans lequel La Beaumelle a mis lui-même ou a cru mettre beaucoup d'idées. Il y donne en effet son avis sur les plus graves questions de gouvernement et de politique générale ; il y indique des remèdes aux maux dont souffre l'humanité ; il y discute les intérêts des nations, leur force, leur avenir ; il y distribue des conseils, des critiques, des louanges à tous les souverains régnants. Et quand il les loue, croyez que ce n'est jamais sans quelque désobligeante réticence. Ainsi en use-t-il avec le grand Frédéric, se ménageant par là auprès de lui, pour le jour prochain où il ira lui offrir ses services, un très médiocre accueil. Il a beau l'appeler quelque part « l'Homme du siècle », dire en un autre endroit qu'il appartient par l'étendue de son génie « à tous les peuples et à tous les âges » ; il a beau glisser à son intention ce

---

et encourage le zèle du parlement de Paris ; il fait plus, il prouve qu'il a raison. Livre que le gouvernement a prohibé avec grande raison pour lui. *Plus de la moitié en est excellente*, un quart médiocre, l'autre quart rempli de pensées fausses... » *Mémoires et Journal* du marquis d'ARGENSON, édit. Jannet, IV, 70. Journal après le ministère.

« Il [La Beaumelle] a composé un ouvrage divisé en chapitres sur différents sujets : il y en a un ou deux qu'on croiroit du président de Montesquieu et beaucoup plus qu'on soupçonneroit d'être de son laquais. » VOISENON, *Œuvres complètes*, Paris, 1781, IV, 156.

(1) Billet de Maupertuis à...? (Venise, Bibl. Marcienne ; Ital. X, 33, ff. 26, 27.) Nous devons cette communication à l'amicale obligeance de M. Pierre de Nolhac.

compliment (peu flatteur, du reste, pour l'entourage du
Roi) : « Rien ne m'inspire plus de vénération pour un
prince que lorsque ses courtisans disent qu'il est avare,
et que son peuple ne le dit pas (1) », et cet autre encore
plus direct : « Un roi sans maîtresse est bien estimable,
s'il est en même temps sans confesseur (2) », l'imprudent gâte tout cela en insinuant ailleurs que le roi de
Prusse est grand lorsqu'on le compare aux autres rois,
mais que, s'il était né simple particulier, *ces mêmes talens
qui le tirent de la foule des princes l'auroient laissé peut-être
dans l'obscurité d'un sujet inconnu*, ou en auraient fait tout
au plus, grâce à la protection de quelque ministre, un des
présidents de l'Académie de Berlin (3).

Il prend à partie en maint endroit les petits princes
d'Allemagne, il les raille sans motif, quelquefois pour le
plaisir de railler. Les petits princes s'en souviendront, et
il aura l'occasion de s'en repentir lorsqu'il ira demander
un peu plus tard l'hospitalité à la cour de Gotha. Sa profession, ses goûts, ses malheurs le ramèneront un jour à
Paris, et, dès maintenant, il va se rendre impossible, ou
du moins très périlleux, l'accès de la France par ce trait
bien inutilement cruel à l'adresse de Mme de Pompadour :
« Il y a dix ans que les femmes soutiennent que Cloé est
passée et que les hommes avouent qu'elle passe, et cependant Cloé règne encore et règne seule (4). » Hélas ! elle
ne le lui prouvera que trop en le faisant mettre l'année
suivante à la Bastille.

Il a quelques belles pages sur les attributions et l'autorité nécessaire des parlements. Tout le morceau est

(1) *Mes pensées*, première édit.,   . 287.
(2) *Ibid.*, p. 226.
(3) *Ibid.*, p. 368.
(4) *Ibid.*, p. 181.

écrit de ce style ferme et serré que Voltaire même ne pouvait s'empêcher de louer, et justifie l'erreur des contemporains qui attribuèrent un moment le livre des *Pensées* à Montesquieu; mais là encore, dans les avertissements qu'il donne à Louis XV, dans l'éloge même qu'il fait de M. de Machault, il y a, avec des sous-entendus trop évidents, une liberté de ton et d'allure qui dut souverainement déplaire au Roi et au ministre.

Les pensées proprement dites, les maximes à la façon de La Rochefoucauld et de Vauvenargues ne remplissent guère que la moitié du volume. Il ne faut point, nous le savons — les chefs-d'œuvre une fois mis à part — s'exagérer le mérite de ce genre d'ouvrages. Un fin critique de notre temps nous en a dévoilé naguère tout le secret, qui tient, selon lui, en quelques formules; il nous a énuméré « les principales manières d'écrire des pensées sans en avoir », et, par de jolis exemples lestement improvisés sous nos yeux, il nous a fait voir combien cela est aisé et simple : c'est de l'algèbre amusante, c'est un jeu d'esprit comme un autre. Nous le tenons pour démontré; mais ce qui est démontré mieux encore, — et non pas certes au sens où l'entend avec trop de modestie l'écrivain dont nous parlons (1), — c'est qu'il faut de l'esprit, et beaucoup, pour réussir à ce jeu. La Beaumelle, croyons-nous, y a réussi quelquefois. On en pourra juger par les courtes citations que voici :

Quand un grand fait des bassesses, il compte bien s'en dédommager par des hauteurs.

Un long usage de la cour donne un air d'esprit à un homme dans le fond très sot, et un air de bonté à un homme dans le fond très méchant.

(1) Jules LEMAITRE, *Les Contemporains*, 2ᵉ série, 7ᵉ édition. Article sur la comtesse Diane.

En général, on exige trop de talens pour les petits emplois,
et l'on en exige trop peu pour les grands.

Il y a peut-être plus de gens qui ont manqué aux occasions qu'il n'y en a à qui les occasions ont manqué.

Qu'un ministre veille sur ses paroles : il lui vaut mieux
faire vingt sottises qu'en dire une.

On est impoli parce qu'on ne sait pas son monde : on est
trop poli par la même raison.

Souvent un homme n'est modeste que parce qu'il ne sait
pas être orgueilleux ; un ministre vous accueille avec affabilité parce qu'il n'a pas le talent de vous accueillir avec
hauteur. C'est un don naturel que celui des politesses insul-
tantes.

Tout cela est jeté un peu au hasard dans ce recueil dont
l'auteur n'a pas pris la peine de distribuer méthodique-
ment la matière. Lui-même l'avoue et s'en excuse avec
trop de désinvolture en disant que les gens sujets aux
migraines ne peuvent pas penser de suite.

Aux objections que pourrait soulever la liberté de ses
opinions et de ses jugements, il répond (et c'est la conclusion même du livre) : « J'ai cru qu'on pouvait étendre
au bon sens ce que le roi sous lequel je vis a dit du génie
dans ce beau mot : *Je ne veux pas que le génie soit contraint
dans mon pays.*

Cette précaution et quelques réflexions bienveillantes
pour le Danemark, habilement semées çà et là, n'em-
pêchèrent pas les ennemis de La Beaumelle de le dénon-
cer à Frédéric V comme un esprit dangereux, contemp-
teur de la religion et de la majesté royale. Holberg, qu'il
avait traité avec assez peu de respect lors de leurs discussions publiques, et à qui il avait adressé encore dans
ses *Pensées* quelques critiques blessantes, put dire aussi
son mot et fut sans doute très écouté. Toutes ces plaintes
vinrent mettre le comble au mécontentement du grand
maréchal de Moltke.

Nous avons indiqué plus haut la nature des griefs qu'on avait à lui reprocher. Une lettre du comte de Schmettau, conservée dans les papiers de La Beaumelle, y fait clairement allusion.

Parmi toutes les nouvelles qui me sont parvenues, lui écrivait-il le 15 septembre 1751, une de celles qui m'a fait le plus de peine vous regarde. Vous connoissés mon amitié pour vous. Aussi, vous me pardonnerés que je vous dise en être instruit et que je vous témoigne toute la peine que je ressentirois si ce qui est arrivé pouvoit vous nuire. Je connois trop bien le respectable caractère du digne grand maréchal pour redouter qu'il change de façon de penser pour vous; mais j'avoue que je serois au désespoir si vous donniés à vos ennemis *dont sans doute vous avez bon nombre*, assés de prise pour diminuer la protection que M. le grand maréchal vous accorde. Vous avés trop d'esprit pour ne point en sentir toutes les conséquences et pour ne point redoubler d'attention d'éviter toute occasion de vous attirer le moindre reproche...

Peu de jours après la réception de cette lettre, La Beaumelle, qui depuis quelque temps ne tenait plus très régulièrement son journal, y écrivit ce qui suit :

*25 septembre.* — On m'a conseillé de demander ma démission.
*27 septembre.* — Demandé.
*2 octobre.* — Obtenu.

Il obtint en même temps une gratification considérable, avec la faculté de revenir quand il le voudrait reprendre son poste. Mais c'était là une simple politesse, un adoucissement de pure forme au congé donné. Lorsque dans la suite, à plusieurs reprises, il tentera de rentrer par cette porte laissée ouverte, on la lui fermera doucement, mais obstinément. La rupture était définitive. Sa pension de quatre cents rixdales devenue vacante fut accordée, cette année même, à Klopstock.

La Beaumelle, heureusement, était homme de ressource. Il n'avait pas attendu sa disgrâce pour chercher
ailleurs un établissement digne de lui. Berlin, où était
alors Voltaire, l'attirait; il s'y était préparé des relations;
il allait y trouver de nouveaux protecteurs. L'abbé
Lemaire, envoyé extraordinaire du roi de France à Copenhague, réunissait quelquefois à sa table, dans des soupers
très libres, une petite société anacréontique composée
de militaires, de diplomates et d'hommes de lettres. La
Beaumelle y voyait souvent le chargé d'affaires de Prusse
avec lequel il se lia, dont il corrigea les chansons, et qui,
par reconnaissance, le servit activement dans ces négociations préliminaires. L'abbé Lemaire lui assura les
bons offices de lord Tyrconnel, ministre de France à
Berlin; les comtes de Schmettau et de Rantzau mirent à
sa disposition les hautes relations qu'ils avaient à la cour
de Frédéric et toute leur parenté allemande. Un ancien
élève du collège d'Alais, Portalès de Sumène, établi
depuis peu à Berlin en qualité de précepteur, reçut la
mission de lui choisir un logement.

Il quitta enfin sans aucun regret Copenhague le 20 octobre 1751. Il s'y était fait, en même temps que beaucoup
d'ennemis, des amis distingués qui ne cessèrent d'entretenir avec lui les plus affectueuses relations. M. de Gram,
plusieurs années après les faits que nous racontons,
et au lendemain d'incidents plus fâcheux encore pour
La Beaumelle, lui envoya à Paris son fils qui faisait, à
la fin de ses études, le tour d'Europe traditionnel, en
le priant de l'aider comme autrefois de ses conseils et
de le présenter dans le monde. Il est permis de croire
que le sévère grand veneur n'en aurait pas usé ainsi avec
lui, s'il n'eût laissé à Copenhague des souvenirs pleinement honorables.

# CHAPITRE VI

La guerre avec Voltaire. — Maupertuis. — La comtesse de Bentinck. — Propos de table du roi de Prusse. — Une aventure à l'Opéra. — Départ forcé de Berlin.

Nous touchons à un moment décisif de la vie de La Beaumelle, celui où commencent, pour ne finir qu'avec sa vie même, ses démêlés publics avec Voltaire. On se souvient de leurs premières entrevues à Paris et à Sceaux, et de ce projet d'édition des classiques français dont ils s'entretinrent dès lors de vive voix et ensuite par correspondance. Tout en sollicitant pour cette entreprise — et l'on va voir en quels termes — l'indispensable concours de Voltaire, La Beaumelle s'était rangé ouvertement parmi ses adversaires; il avait pris contre lui dans sa Défense de l'*Esprit des lois* le parti de Montesquieu, et chaque fois que, depuis, il avait prononcé son nom, ce n'avait été que pour le critiquer ou le contredire.

On donne généralement à sa haine contre Voltaire des mobiles misérables : l'orgueil, la vanité, une extravagante jalousie. C'est peut-être beaucoup dire. Tout semble prouver qu'il obéissait à une antipathie instinctive plus forte que sa volonté et que sa raison. Lui-même en fut la première victime; et si l'excès de son malheur ne peut faire oublier ses torts, on reconnaîtra du moins que, dans cette lutte inégale où l'avantage lui est resté plus d'une fois et d'où Voltaire est sorti très diminué

moralement, il a fait preuve d'un rare talent de polémiste
et d'un singulier courage.

Voltaire, qui lisait beaucoup, et que chacun renseignait
à l'envi, n'était pas sans avoir eu connaissance de tout ce
que l'auteur de *Mes pensées* avait pu dire et publier contre
lui. Mais n'en eût-il pas été instruit, la lettre suivante, que
lui avait adressée La Beaumelle quelque temps avant son
départ de Copenhague et qui resta sans réponse, eût justifié
déjà son mécontentement :

Je vous remercie, Monsieur, de l'intérêt que vous voulez
bien prendre à notre recueil d'auteurs français. L'on n'y fera
entrer que les ouvrages du premier *et du second beau;* les
vôtres, Monsieur, y ont donc un droit incontestable. L'exemplaire de la *Henriade,* que vous m'avez fait l'honneur de
m'envoyer, est fort exactement corrigé; je le ferai copier
fidèlement, et il ne nous sera pas difficile d'exécuter ici cette
édition avec plus de goût qu'on ne l'a fait en Allemagne.
Quoique pour le gros du public *il n'y ait guère à corriger dans
ce poème que quelques fautes d'orthographe,* vous l'avouerai-je,
Monsieur? j'ay été surpris de *ne pas trouver des corrections plus
essentielles* dans un exemplaire que vous avez revu apparemment comme le dernier que vous reverriez, puisque le plus
haut degré de gloire où puisse parvenir un livre est d'être
classique du vivant de son auteur. Je m'étois flatté que *vous
retrancheriez quelques morceaux, que vous changeriez quelques
vers, que vous rayeriez quelques fautes de langage,* et putero inspersos corpore nævos (1). Daignez du moins, Monsieur,
quand ce ne seroit que pour donner quelque supériorité à mon
édition, corriger trois ou quatre endroits qui, sûrement, ne
vous ont jamais plu.

1° *Qui par le malheur même apprit à gouverner... Même*
annonce quelque chose d'extraordinaire, et cependant rien de
plus ordinaire que d'apprendre à gouverner par le malheur.

(1) Souvenir d'Horace :

..... velut si
Egregio inspersos reprendas corpore nævos.

2° *Valois régnait encore, ou plutôt, en effet, Valois ne régnait plus...*

S'il m'étoit permis de faire des notes à ce recueil de classiques, je dirois que je doute si ce début est bien digne de la majesté de l'épopée.

3° *Ah! si du grand Henry ton culte est ignoré,*
 *Par qui le Roi des rois veut-il être adoré ?...*

On dit que ces deux vers ne vont pas bien dans la bouche de saint Louis; du moins est-il sûr qu'ils ne s'accordent point avec les idées que les déistes et les chrétiens ont de Dieu et des hommes...

Faites-moi la grâce, Monsieur, de changer ces bagatelles, etc., etc.

Il entre ensuite dans de longs détails sur le plan de son édition, puis il consulte Voltaire sur le choix des auteurs :

Jetez les yeux sur cette liste; voyez, corrigez, augmentez; je vous en laisse le maître, pourvu que vous la signiez... Comme M. de Bernstorff favorise beaucoup cette entreprise et m'a témoigné d'être prêt d'entrer dans les moindres détails, je luy envoie aujourd'hui la lettre que vous m'avez fait l'honneur de m'écrire à ce sujet (1). Il sera bien aise d'avoir votre avis là-dessus et bien flatté de vos sentimens pour luy.

J'ay l'honneur d'être, etc.

LA BEAUMELLE.

A Copenhague, au palais de Charlottenbourg,
le 22 juin 1751 (2).

Voltaire, habitué à rencontrer chez ses correspondants, même les plus considérables, une entière déférence et des égards délicats, dut trouver cette lettre singulièrement impertinente. En assignant à ses œuvres une place parmi les ouvrages du « second beau »; en lui corrigeant sa *Henriade* comme un devoir d'écolier; en l'avertissant

---

(1) Cette lettre ne s'est pas retrouvée dans les papiers de La Beaumelle ; Bernstorf l'aura sans doute gardée.
(2) Arch. des Angliviels. Brouillon de la main de La Beaumelle.

qu'on lui laisserait vis-à-vis du public la responsabilité de
ses conseils, La Beaumelle, qui n'était rien moins que
naïf, n'avait pu se méprendre sur l'effet qu'il allait produire.

Certains passages du *Qu'en dira-t-on?* relatifs à Voltaire,
dépassaient encore en hardiesse la lettre qu'on vient de
lire. Il y était admonesté pour des erreurs de jugement,
des fautes de goût, des bévues historiques ou philosophiques. « M. de Voltaire a dit et redit... M. de Voltaire
ne prend pas garde... M. de Voltaire se trompe, etc., etc. »
Enfin, on y trouvait la remarque suivante, que les biographes et les critiques ont tous citée jusqu'ici comme
l'unique grief que Voltaire pût avoir alors contre La
Beaumelle :

Qu'on parcoure l'histoire ancienne et moderne, on ne
trouvera point d'exemple de prince qui ait donné sept mille
écus de pension à un homme de lettres à titre d'homme de
lettres. Il y a eu de plus grands poètes que Voltaire; il n'y en
eut jamais de si bien récompensés, parce que le goût ne met
jamais de bornes à ses récompenses. Le roi de Prusse comble
de bienfaits les hommes à talens, précisément par les mêmes
raisons qui engagent un petit prince d'Allemagne à combler
de bienfaits un bouffon ou un nain (1).

Le terrain étant ainsi préparé, La Beaumelle, dès son
arrivée à Berlin, annonça sa visite à Voltaire. Il lui
demanda une entrevue, en lui disant qu'il avait été amené
en Prusse par le désir de voir trois grands hommes, et
que, bien qu'il fût (lui Voltaire) le second, il le verrait le
premier.

J'allai, dit-il, à Potsdam le 14 novembre... Je vis M. de
Voltaire quatre heures de suite. Il me fit l'honneur de me
donner à dîner. Il me questionna beaucoup et même jusqu'à

(1) *Mes pensées*, première édit., p. 69, nombre XLIX.

l'indécence. Toutes ses questions aboutissoient à savoir si j'avois des desseins sur la place de La Mettrie dont on venoit d'apprendre la mort (1). Comme j'avois un objet un peu plus relevé et que j'étois chez lui pour lui rendre des hommages et non pour lui faire des confidences, toutes mes réponses aboutirent à lui faire entendre qu'il ne pénétreroit pas mes vues (2).

Nous n'admettrons pas sans quelques réserves ce que nous dit ici et ce que nous dira plus loin La Beaumelle; mais son témoignage va se trouver confirmé sur les points essentiels par celui même de son adversaire. Or, n'est-il pas bien étrange que Voltaire, indisposé comme il devait l'être par les procédés équivoques de ce jeune homme, ait consenti à le recevoir, qu'il l'ait fait asseoir à sa table, et qu'il ait feint, dans cette longue conversation, de s'intéresser tant à lui? Il voulait apparemment le faire parler, l'amener à lui livrer ses plans pour les mieux déjouer ensuite. Cette tactique, on en conviendra, était bien peu digne d'un si grand esprit. La Beaumelle ne s'y laissa pas prendre; il fut très réservé, mais aussi, quoi qu'il en dise, très doux et très poli. Il ne cessait de l'être que lorsqu'il avait la plume à la main.

Voltaire me demanda quels étoient les deux autres grands hommes que je venois voir; je lui dis que l'un étoit le Roi. — Oh! me répondit-il, il n'est pas si aisé de voir le Révérend Père Abbé! Et l'autre? — M. de Maupertuis. — Il sourit amèrement. Il me parut qu'il auroit mieux aimé que ce fût M. Pelloutier, auteur d'une *excellente histoire des Celtes* (3).

(1) « Nous avons perdu le pauvre La Mettrie. Il est mort pour une plaisanterie, en mangeant tout un pâté de faisans... Il s'est avisé de se faire saigner pour prouver aux médecins allemands qu'on pouvoit saigner dans une indigestion; cela lui a mal réussi... Il est regretté de tous ceux qui l'ont connu. Il étoit gai, bon diable, bon médecin et très mauvais auteur; mais en ne lisant pas ses livres, il y avoit moyen d'en être content. » (Lettre de Frédéric à sa sœur, la margrave de Beireuth. 21 nov. 1751.)
(2) *Lettre sur mes démêlés avec M. de Voltaire.*
(3) *Ibid.*

Le trait est joli, mais La Beaumelle, pour être sincère, aurait dû ajouter qu'en parlant ainsi à Voltaire d'un rival qu'il exécrait (on était au début de l'affaire Kœnig), il attendait de lui tout autre chose qu'un sourire, même amer. Au surplus, il se défend d'avoir aucunement prémédité l'alliance qu'il allait contracter bientôt avec Maupertuis ; il assure même que son premier mouvement avait été de résister aux avis de lord Tyrconnel qui lui recommandait de s'attacher au président de l'Académie de Berlin comme à un honnête homme, et comme au seul Français peut-être que le roi de Prusse estimât réellement.

Je ne suivis point, dit-il, ce conseil, parce que je crus apercevoir de la passion dans le mépris que M. de Tyrconnel me témoignoit pour Voltaire. Je savois bien des faits qui n'étoient point à la gloire de ce poète ; mais mon admiration pour lui en rejetoit une partie, excusoit l'autre, en attribuoit beaucoup à l'envie... Presque tous ses adversaires me paroissoient si petits, qu'à mes yeux prévenus, il n'en devenoit que plus grand. Le plaisir que m'avoit causé la lecture de quelques-uns de ses ouvrages étoit bien propre à couvrir une multitude de péchés... Je pardonnois beaucoup de choses à l'auteur d'*Alzire* en faveur d'*Alzire*... (1).

Et aussi, ajouterons-nous, en faveur de la comtesse de Bentinck, femme charmante et de beaucoup d'esprit, l'orgueil des salons de Berlin, qui avait fait à La Beaumelle un accueil des plus distingués, l'avait séduit, conquis, et, grande admiratrice de Voltaire, lui avait communiqué un peu de son enthousiasme (2). Mais ces bonnes

---

(1) *Lettre sur mes démêlés.*

(2) Mme de Bentinck, née, en 1715, comtesse d'Altenbourg, avait épousé lord Bentinck, comte du Saint-Empire, s'en était séparée et avait soutenu contre lui un long procès dans lequel Voltaire, au grand mécontentement de Frédéric, s'était permis d'intervenir. Les services rendus dans cette affaire par le poète à la plaideuse avaient fortifié leur amitié déjà ancienne.

dispositions ne pouvaient durer, et, dès la première rencontre, nous les voyons s'évanouir.

Il me parla de son *Siècle de Louis XIV*, je lui parlai de mes *Lettres de Mme de Maintenon*. Il me demanda à les voir : je me rappelai qu'un certain manuscrit de *Lettres de Sévigné* que Thiriot lui avoit prêté s'étoit trouvé imprimé à Troyes. Je lui refusai le mien avec autant de politesse que si je ne me fusse pas rappelé cette anecdote. Il me répondit avec férocité : Eh! qui est-ce qui vous le demande?

Je tâchai de réparer ce refus; mais je m'aperçus que je n'avançois point dans son esprit : je le savois démesurément sensible à la louange; à chaque instant, j'allois l'encenser par réflexion. J'étois toujours retenu par une mauvaise honte. Je n'ai point le courage de louer en face ni les personnes que j'estime, ni celles que je méprise.

Je partis de Potsdam trop mécontent de M. de Voltaire pour n'être pas un peu mécontent de moi. J'avois été alarmé de la perfidie de son souris, de l'inégalité de son humeur, du brusque de son ton, des épines de son caractère. Mais, enclin à tout pardonner, je me dis : Il a mal digéré; c'est l'indigestion qui le rend faux, dur et cruel. Quel dommage que cette âme dépende si fort de cet estomac (1)!

Tout en désapprouvant le ton que prend ici La Beaumelle, nous ne saurions partager l'indignation qu'en a

Dans une lettre à Algarotti, il l'appelle, par allusion à son humeur voyageuse : *la signora errante et amabile*. Il l'appelle ailleurs : *la spirituelle, l'éloquente, la sucrée, la romanesque, la bavarde, la précieuse, la bégueule comtesse de Bentinck*. Il lui sut très mauvais gré des relations affectueuses qu'elle entretint avec La Beaumelle pendant le séjour de celui-ci à Berlin et longtemps après encore. Voici un billet d'elle, qui donne une idée bien agréable de sa conversation et de son esprit. Nous le détachons d'une lettre du marquis Chelli-Pagani à La Beaumelle. Mme de Chelli avait envoyé par son petit garçon un bouquet fait par elle, un bouquet de « fleurs d'Italie », à la comtesse. Celle-ci l'en remercie dans les termes suivants : « On ne sauroit voir un présent plus galant ni un ambassadeur plus aimable... Il (l'enfant) porte dans les yeux un caractère de dignité et de génie bien intéressant. C'est votre image, Madame; je souhaite qu'il vous ressemble en tout... Je n'ai point de fils si jeune et si joli à mettre à vos pieds; si j'y envoyois un jour les miens, ils sont d'âge, et de goût, j'espère, à n'en revenir jamais. »

(1) *Lettre sur mes démêlés.*

ressentie Desnoiresterres, ni surtout nous scandaliser
avec lui de ce que l'éditeur des *Lettres de Mme de Mainte-*
*non* ait osé citer ces lettres à côté et comme en regard du
*Siècle de Louis XIV.* Ce rapprochement n'a pas le caractère qu'on lui prête. La Beaumelle ne se compare pas ici
à Voltaire ; le livre qu'il oppose au sien n'est pas son
œuvre personnelle. Mais comme il le soupçonne et doit
l'accuser bientôt publiquement d'être un historien peu
fidèle, il est bien aise de lui faire savoir qu'il a entre les
mains des documents propres à le confondre ; et nous verrons qu'il parvint de la sorte à l'inquiéter beaucoup. Ce
qui nous choque uniquement dans l'ensemble de ce récit,
c'est cette absence de tout sentiment de respect, cette affectation de superiorité méprisante vis-à-vis d'un homme
à qui l'Europe entière témoignait une immense considération, que La Beaumelle lui-même regardait comme un
grand écrivain, et qui enfin était un vieillard.

Voltaire, d'ailleurs, en usa plus mal encore avec lui ;
il employa pour le combattre les moyens les moins honorables : la diffamation, le mensonge, la calomnie. Il était
de son temps ; et, dans les querelles littéraires d'autrefois,
on en venait vite aux injures. Écoutons-le :

Ce La Beaumelle est le plus hardi coquin que j'aie encore
vu. Il m'écrivit de Copenhague, de la part du roi de Danemark, pour une prétendue édition *ad usum Delphini Danemarki*
des auteurs classiques français. Il datait sa lettre du palais du
Roi. (Voltaire se trompe : le palais de Charlottenborg, d'où lui
écrivait La Beaumelle, était simplement le siège de l'Université.) Je le pris pour un grave personnage, d'autant plus qu'il
avait prêché. Mon prédicateur arriva avec un plumet à Potsdam. Il me dit qu'il venait voir Frédéric et moi. Cette cordialité pour le Roi me parut forte (1).

(1) Lettre du 18 décembre 1752 à d'Argental. VOTLAIRE, édit. Beuchot,
LVI, 253.

La Beaumelle, brouillé avec Voltaire, ne pouvait plus vivre à Berlin. De méchants bruits, dont l'origine n'était pas douteuse, furent répandus sur son compte. On exploita contre lui les imprudences du *Qu'en dira-t-on?* vendu sous le manteau à quelques personnes de la cour par le libraire Glassing, et dont il avait donné lui-même un exemplaire à Darget. On l'accusa d'y avoir mal parlé du roi de Prusse; on assura, malgré ses dénégations, qu'il n'était venu à Potsdam que pour demander la place de La Mettrie (1). Darget, par ordre du Roi, sans doute, l'engagea fort à quitter Berlin. « Je l'aurois fait peut-être, nous dit La Beaumelle, s'il ne me l'eût conseillé. »

Le 1er décembre, il reçut de Voltaire un billet lui demandant en communication le livre des *Pensées* « dont on disait beaucoup de bien ». Il sentit le piège et hésita longtemps.

Cet ouvrage, dit-il, étoit une espèce de mystère à Berlin... J'y louois le Roi : et je ne voulois pas qu'on crût mes louanges intéressées. Il me suffisoit qu'à Copenhague on eût vu de mauvais œil ces louanges exclusives. Il me paroissoit au-dessous de moi de chercher à me faire en Prusse un mérite de ce dont on avoit tenté de me faire un crime en Danemark.

Nous croyons qu'il avait d'autres raisons et de bien

(1) Il y avait à cela quelque vraisemblance. Nous trouvons dans une lettre du comte de Schmettau à La Beaumelle datée du 28 novembre 1751, après quelques regrets donnés à la mort de La Mettrie, la phrase suivante qui nous paraît significative : « Ne vous lassés point trop tôt, mon cher ami; cette place vous convient, et vous convenés au Roi; vous serés avec agrément dans ce poste. » On sait que les membres pensionnaires de l'Académie de Berlin recevaient un traitement proportionné à leur ancienneté et à leurs services, et pouvant s'élever à six mille livres. D'autre part, nous relevons dans une lettre de La Beaumelle à son frère (11 décembre) ce passage, qui semble bien se rapporter au même fait : « Je suis dans le plus grand embarras... Le ministre de Danemark, par qui j'ai été pénétré, m'a fait faire les plus fausses démarches du monde. En un mot, j'ai échoué. J'ai voulu m'en venger, j'ai été désavoué. Je n'ai pas le tems de vous en dire davantage. »

meilleures pour ne pas se proclamer l'auteur du *Qu'en
dira-t-on?* Ses louanges au Roi ne le gênaient pas à ce
point, puisqu'il en avait fait la confidence à Darget, secrétaire du Roi. La hardiesse même de l'ouvrage semblait en
quelques endroits avoir été calculée pour plaire au prince
philosophe. Mais dans d'autres aussi, l'auteur avait
étrangement dépassé la mesure, et Frédéric, roi avant
tout, ne pouvait tolérer certaines licences. Enfin, il était
évident que Voltaire connaissait le livre dont les journaux
avaient parlé, dont Fréron avait donné dans ses dernières
feuilles des extraits malignement choisis. Il avait donc,
en le demandant, une arrière-pensée : il voulait avoir en
main et se faire remettre par La Beaumelle lui-même une
pièce à conviction.

Cependant il fallait répondre. La Beaumelle confia son
embarras à Mme de Bentinck, qui le détermina à envoyer
le volume. Il y joignit une lettre dans laquelle il protestait contre le bruit semé par Voltaire de sa candidature
à la place de La Mettrie. De toute façon, il n'était plus
alors en situation d'y songer.

Au bout de trois jours, Voltaire lui renvoya le volume
par son valet de chambre, sans lui écrire. Il s'était contenté de faire une marque à la page 70, où se trouve la
réflexion citée plus haut sur les *bouffons et les nains.*
La Beaumelle comprit très bien ce que cela voulait dire ;
il n'en fut que plus impatient de revoir Voltaire ; et, le
7 décembre suivant, il lui rendit visite à Berlin, où la cour
venait d'arriver. Le malin poète l'attendait ; il lui parla
longuement de son livre et lui en fit une critique fort
judicieuse, dont La Beaumelle eut le bon esprit de tenir
compte dans les éditions postérieures. Puis il en vint au
passage incriminé, disant qu'il n'aurait pas cru que sa
complaisance à entrer dans le projet des *Classiques français*

dût lui mériter un pareil traitement. L'auteur voulut défendre son texte, assura qu'on l'avait mal interprété et soutint sans beaucoup de vraisemblance, mais avec chaleur, qu'il avait voulu dire simplement ceci : « Le roi de Prusse est au-dessus des princes qui font leurs délices des bouffons et des nains, autant que les savants de sa Cour sont au-dessus des nains et des bouffons. — Je ne sais donc pas lire? — Peut-être bien en ce moment; mais toujours est-il sûr que je ne vous ai offensé ni voulu offenser. »

Et, continue La Beaumelle, je retournai le passage de cent façons différentes; je ne pus le faire convenir du seul sens qu'il puisse avoir... Je lui demandai si le Roi étoit instruit de tout cela. — Oui, me dit-il, et même fort indigné; il l'a lu. — Et qui le lui a donc montré? Votre lettre m'avoit promis le secret. — Oh! me répondit-il, peut-il y avoir de secret après que vous avez confié votre livre à un homme sans honneur et sans foi tel que Darget?... Le lendemain, je fus chez Darget. Je lui fis des reproches de ce qu'il avoit montré mon livre au Roi contre la parole qu'il m'avoit donnée. Il me protesta que le Roi ne l'avoit point vu, et que Morand, son agent littéraire à Paris, lui en avoit écrit beaucoup de bien (1).

La Beaumelle alla conter ses peines à Mme de Bentinck. Elle l'assura que Voltaire était animé pour lui des meilleures intentions; qu'il prenait en toute occasion sa défense, et qu'au souper du Roi notamment, quand le malencontreux passage fut cité et commenté avec malveillance, il avait dit en retirant brusquement sa chaise : « qu'il était affreux qu'un jeune étranger ne pût paraître à Berlin sans être opprimé ».

Maupertuis, que La Beaumelle vit ensuite, lui rapporta tout autrement les faits. C'était, d'après lui, Voltaire lui-

(1) Nous abrégeons le plus possible ce récit, dont les détails sont connus. On les trouvera très complets dans l'ouvrage de M. Desnoiresterres, *Voltaire et la société française au dix-septième siècle*, t. IV, *Voltaire et Frédéric*.

même qui, citant le passage de mémoire et l'altérant à
dessein, en avait fait l'application aux personnes présentes. Celles-ci s'étaient montrées naturellement peu
flattées d'être comparées à des nains et à des bouffons ;
mais le Roi, ajoutait Maupertuis, avait pu, dans le fond,
trouver la comparaison assez juste. Sur ses conseils, et
pour édifier complètement Frédéric qu'il sentait mal disposé à son égard, La Beaumelle envoya au Roi un exemplaire des *Pensées*. Il chargea de la commission, non pas
Darget, dont, à tort ou à raison, il se méfiait, mais M. de
Frederesdorff, valet de chambre et grand trésorier du Roi.
Il avait joint au volume la lettre suivante :

Sire, je ne connois point de plus grand bonheur que de
plaire à Votre Majesté, ni de plus grand effort de raison que
de se consoler de lui avoir déplu. Comme je ne me sens pas
capable de cet effort, et que Votre Majesté est peut-être prévenue contre un livre que j'ai fait en Danemark, j'ai cru,
Sire, devoir le mettre à vos pieds et vous supplier très humblement de lui donner quelques instants de votre loisir philosophique. Votre Majesté verra que ce n'étoit point à Berlin
qu'on devoit me faire un crime de ce livre.

Qu'il me soit permis d'ajouter que cet ouvrage est cause
que je n'ai pu exécuter une entreprise déjà bien avancée touchant une édition des classiques françois, entreprise dont
j'aurois désespéré s'il n'y avoit eu dans le monde un roi de
Prusse. La gloire, me suis-je dit, de fixer la langue française
et le goût du siècle est sans doute réservée au Prince qui fait
le plus d'honneur à l'une et à l'autre. Si Votre Majesté veut
voir le détail de mon plan, j'aurai l'honneur de le lui envoyer... (1).

Quelques jours plus tard, le volume et la lettre même
de La Beaumelle lui étaient retournés par Darget au nom
du roi de Prusse, sous les yeux duquel, à ce que paraît

(1) Brouillon conservé dans les papiers de La Beaumelle.

croire leur auteur, dans le récit que nous suivons, ils n'avaient point été placés.

Je vous remets icy, Monsieur, lui écrivait Darget, tout ce que vous avés présenté au Roi. Sa Majesté a paru ne pas désapprouver votre liberté et voir avec bonté ce témoignage de votre zèle et de votre admiration.

C'est tout ce que j'ai reçu ordre, Monsieur, de vous faire connaître. Je crois pouvoir ajouter que vous ne devés attendre icy que de vous même la réussite du projet que vous avés formé sur le choix et l'impression des classiques français.

J'ai l'honneur d'être, avec bien de la considération, Monsieur, votre, etc.

*Signé :* Darget (1).

Il n'est pas admissible, comme le prétend La Beaumelle, que Darget ait pris sur lui de parler ainsi sans l'ordre et à l'insu du Roi; mais il est bien certain que Voltaire mit tout en œuvre pour amener l'expulsion de son ennemi. Ses médisances, colportées de bouche en bouche, revenaient continuellement aux oreilles du Roi, sans que celui-ci pût reconnaître toujours leur origine. Il semblait qu'il n'y eût qu'une voix à la cour contre l'intrus. Les rares personnes qui lui étaient favorables, sauf Maupertuis que sa brouille avec Voltaire rendait à cet égard légèrement suspect, n'osaient prendre sa défense. Mme de Bentinck, malgré sa brillante renommée, était à peu près sans crédit; son mari, contre qui elle plaidait, comptait, dans l'entourage du souverain, plus de partisans qu'elle-même. Frédéric, d'ailleurs, n'ignorait pas les motifs qui avaient contraint La Beaumelle à quitter Copenhague. Il aimait la compagnie et la conversation des gens de lettres, mais il redoutait leurs commérages, leurs rivalités, leurs querelles, ayant eu souvent à en souffrir. « Le diable, écri-

(1) Cette lettre, en original dans les papiers de La Beaumelle, porte la date du 20 décembre 1751.

vait-il à la margrave de Baireuth, s'est incarné dans nos
beaux esprits; il n'y a plus moyen d'en venir à bout (1). »
Certains incidents scandaleux auxquels Voltaire déjà
s'était trouvé mêlé, l'avaient rendu plus attentif dans le
choix de ses relations. Désormais, il voulait écarter de lui
les turbulents, les intrigants ou ceux du moins qui lui
paraissaient tels. La lettre de Darget, écrite probablement
sous sa dictée, était un congé poli. La Beaumelle reçut
encore d'autres avertissements dont il eût dû tenir compte.
Le chevalier de Saint-André fut chargé de lui faire entendre qu'il était essentiel pour lui de partir incessamment, ajoutant que le Roi l'avait dit en termes exprès à la
table de la Reine mère.

Une ode qu'il fit paraître vers ce temps-là, sur la mort
de la reine de Danemark, ne produisit pas l'effet qu'il en
espérait. « On la trouva très belle, dit-il, et elle l'était, pour
Copenhague, où je l'envoyai, et autant pour Berlin où il
y a peut-être moins de gens de goût qu'à Copenhague. »
Cela n'empêcha pas Voltaire de la proclamer détestable et
de faire partager son avis au Roi. Elle ne valait, à vrai
dire, ni plus, ni moins que tant d'autres pièces de circonstance, cantates, épithalames, éloges funèbres en vers
héroïques, dont les recueils littéraires du temps sont
remplis. Voltaire avait contribué tout le premier à mettre
ces pauvretés à la mode. Les vers de La Beaumelle eurent
le fâcheux honneur d'égayer Frédéric qui s'en moqua,
non plus entre intimes, à ses soupers, mais au grand
couvert, devant toute la cour. Algarotti, d'Argens, lord
Tyrconnel, les amis de Voltaire firent chorus (2). On parla

(1) Lettre du 13 mars 1753, édit. Preuss. Berlin, Decker. Voir aussi les
*Mémoires* de Dieudonné THIÉBAULT, t. I<sup>er</sup>.
(2) L'*Ode sur la mort de la reine Louise de Danemark* fut insérée dans
le *Mercure*. Six mois plus tard, le roi Frédéric V s'étant remarié, le *Mercure* publia une autre *Ode*, dont l'auteur, MALLET, venait de succéder à

de la publication projetée des *Lettres* de Mme de Maintenon, et le Roi dit que, vraisemblablement, elles avaient été
acquises par des voies qui ne permettraient guère à l'éditeur d'en prouver l'authenticité.

M. de Voltaire étoit le seul à qui j'eusse parlé de ces
lettres. Je l'avois assuré que je les tenois de bon lieu, quoique
je ne connusse aucun des parens ni des amis de Mme de Maintenon. Là-dessus il crut ou feignit de croire que je les avois
butinées... Mme de Bentinck porta mes plaintes à M. de Voltaire, qui convint qu'il s'étoit mépris, mais qui répandit
ensuite que ce recueil que je disois si précieux étoit à Saint-
Cyr à quatre louis. C'étoit abuser étrangement de l'ignorance où l'on est en Allemagne de la façon de penser des
dames de Saint-Cyr. Cette fausseté parvint jusqu'aux reines.
J'eus la satisfaction de les désabuser par des lettres qui ne
prouvoient pas à la vérité une entière discrétion, mais qui
prouvoient du moins l'imposture, je dirois de mes ennemis,
si je m'en connoissois plus d'un. Mme de [Bentinck], qui se
flattoit de nous rapprocher, gronda M. de Voltaire de ce
nouvel acte d'hostilité. Il le nia et dit que c'étoit un bruit
sorti de la maison de milord Tyrconnel; cela étoit vrai, mais
c'étoit lui qui l'y avoit foit entrer.

La Beaumelle dans la chaire de belles-lettres français. Les deux pièces,
également insipides, semblent être les deux parties d'un même poème.
    La Beaumelle avait dit :

> Tendre amour, fidèle hyménée,
> Jetez des fleurs sur son tombeau,
> Elle aimait, elle était aimée...

Mallet, à son tour, reprenait :

> O généreux Danois, peuple fidèle et tendre,
> La voix de tes regrets s'est assez fait entendre...
> L'hymen avec transport rallume son flambeau !

(Mercure de mars et octobre 1752.)

Dans une lettre portant la date du 27 juin 1752, et adressée à son frère,
La Beaumelle parle de son successeur à Copenhague en de fort bons
termes : « Je ne doute pas, dit-il, que Mallet ne réussisse : c'est un garçon
qui ne manque pas de talent. Pour de l'esprit, il en a cent fois plus que
moi, à en juger par les premiers essais que j'ai vus de lui. On ne pouvoit
faire un choix qui me plût davantage, ni plus propre à soutenir un établissement que j'ai formé. »

Toutes ces tracasseries n'empêchaient pas La Beaumelle de se montrer dans le monde et d'y avoir même quelques succès ; ses ambitions, dont il parlait d'ailleurs légèrement et d'un air détaché, rencontraient plus d'encouragements polis, plus de vagues promesses que d'appuis réels et efficaces. « Sans ma religion, que je ne veux pas sacrifier, écrivait-il à son frère, je serais déjà secrétaire d'ambassade... On travaille à me faire conseiller de légation du roi de Prusse. » Les faciles prospérités de ses débuts l'avaient rendu crédule.

Il se lia avec les jeunes comtes de Brancas-Lauraguais, alors de passage à Berlin, avec Formey, Lalande (1), Prémontval, d'Arcy, d'Hancarville, Caraccioli, le comte d'Arnim, MM. de Taubenheim, de Brœsicke, de Rosenberg, etc. Toutes ces relations n'étaient pas également bonnes pour lui ; il mena bientôt à Berlin la même vie qu'à Copenhague, joua, s'endetta, et les occasions de fortune qu'il était venu chercher, continuant à lui faire défaut, sa situation finit par n'être plus tenable. Il allait se décider à partir, lorsqu'il eut une aventure dont les conséquences eussent pu être pour lui très graves, et qui le priva, momentanément, de sa liberté. Quelque vulgaires que soient en eux-mêmes les faits dont il s'agit, nous croyons devoir les raconter, à cause des détails de mœurs assez curieux qui y sont mêlés.

Se trouvant le 24 janvier à l'Opéra, il vit, dans une des premières loges, avec les filles d'honneur de la Reine, une

(1) Les lettres de Lalande conservées dans les Archives des Angliviels témoignent d'une profonde et solide affection. Après la mort de La Beaumelle, Lalande resta dans les meilleurs termes avec la veuve et les enfants de son ami. C'est lui qui fut chargé par la famille de revoir le manuscrit de la *Vie de Maupertuis*, ouvrage posthume de La Beaumelle, publié après de longs ajournements en 1856. Voir DESNOIRESTERRES (*Voltaire et Frédéric*), pour bien des détails que nous ne reproduisons pas, sur leur rencontre et leurs premières relations à Berlin.

dame assez jolie et fort bien mise, qu'on lui dit être, et qui était en effet la femme d'un capitaine nommé Coquius. On la lui donna pour assez coquette et facilement abordable. Il alla « lui en conter » ; puis, comme elle l'écoutait, il la négligea; puis, comme à son tour elle l'agaçait, il lui demanda de la reconduire chez elle, ce qu'elle lui accorda volontiers. Ses agréments l'avaient séduit, ses facilités le détachèrent: il rompit l'entretien et n'y songea plus.

Au sortir du spectacle, raconte-t-il (1), je donnai la main à Mlle Dammon, qui me railla sur ce que je faisois attendre une dame; je lui dis que c'étoit une de ces femmes qu'on trouve toujours. En effet, je retrouvai ma princesse à la grande porte de l'Opéra, appuyée sur une manière de femme de chambre, plongée dans la boue jusqu'aux genoux, prête à partir à pied. J'en eus pitié, et j'eus la politesse de lui offrir mon carrosse... Elle accepta à condition que j'éloignerois mon domestique. Avant que d'entrer : Où irons-nous? lui dis-je; chez vous ou chez moi? — Chez vous, me dit-elle. Mais comment s'appelle votre hôte? — Madoré. — Madoré!... Ah! mon Dieu! allons chez moi; Madoré me connoît comme le loup blanc. — Elle ajouta que son mari étoit en *recrues* et ne reviendroit de plusieurs jours.

J'ai pour témoin de ce vertueux dialogue M. de Linsingen, capitaine au régiment de Haake, qui étoit prêt à monter dans le carrosse avec nous, et que j'avertis d'un coup d'œil que je voulois profiter seul de ma bonne fortune...

Chemin faisant (2), elle me permit des indécences décisives... Ces premières faveurs ne me donnèrent pas une haute idée des dernières, de sorte que, arrivés à sa porte, elle fut obligée de me prier de monter.

Il la suivit à contre-cœur. Elle avait fait prendre les devants à sa servante sous prétexte d'aller chercher des

(1) Brouillon incomplet d'une lettre portant la date de janvier 1752. Archives des Angliviels.

(2) Autre brouillon d'une lettre à Mme de Bentinck. Archives des Angliviels.

flambeaux, mais en réalité pour avertir son mari, lequel,
au lieu de lever des recrues en province pour son régiment, attendait tranquillement chez lui celles de Mme Coquius. Lorsqu'ils furent parvenus au troisième étage où
elle demeurait, La Beaumelle, peu soucieux de pousser
plus loin sa conquête, allait prendre à la hâte congé d'elle,
lorsqu'un homme en robe de chambre, armé d'un grand
sabre, s'élança sur lui et lui enleva son épée. L'imprudent
était tombé dans un coupe-gorge. Il eut la candeur d'offrir à ce singulier capitaine une réparation en règle. Celui-ci, déguisant à peine son vrai caractère, répondit qu'il
n'était pas si fou que de se battre avec le suborneur de sa
femme ; qu'il allait le déshabiller, le rouer de coups, et le
jeter tout nu à la porte, pour lui apprendre à entrer chez
lui sans sa permission. La Beaumelle abandonna sa
montre, sa tabatière, et, trop heureux d'en être quitte à
si bon marché, gagna la rue au plus vite. Mais au lieu de
remonter dans son carrosse, il eut la malencontreuse
idée de faire chercher la garde par son cocher, à qui il
donna aussi un billet pour M. de Kircheisen, conseiller
privé, lieutenant de police de la ville de Berlin.

Le cocher ne fit pas les deux commissions dans l'ordre
indiqué. Il alla d'abord chez le lieutenant de police, donnant ainsi le temps à Coquius de se reconnaître, et d'envoyer par une autre porte chercher pour son compte les
soldats du poste voisin. Ceux-ci accoururent et, ne sachant
auquel entendre, les arrêtèrent tous deux. L'officier de
la grand'garde du Marché-Neuf devant qui on les amena,
écouta tout d'abord la plainte du capitaine, et fut naturellement porté à lui donner raison. La Beaumelle, interrogé
en allemand, donna en français des explications auxquelles
l'officier ne comprit rien. Sa qualité d'étranger, le désordre de sa toilette, le rendaient d'avance suspect. Il

coucha au poste ; on l'y retint deux jours ; puis, sans interrogatoire, sans nulle procédure, sur un ordre de M. de Haake, commandant de Berlin, à qui la plainte de Coquius avait été transmise, on le conduisit à Spandau, où il fut, non pas enfermé dans la citadelle, mais gardé à vue dans un quartier de la ville, avec défense, sous les peines les plus sévères, de chercher à en sortir. Il dépêcha des exprès à Potsdam et à Berlin, écrivit au comte de Podevils, au grand chancelier, au prince de Prusse, leur exposant sa situation, invoquant les lois, demandant à être entendu et jugé.

Tout le monde, dit-il, m'abandonnoit, quoique tout le monde me sût innocent. M. de Maupertuis seul eut le courage de ne pas rire au récit que le Roi mal informé faisoit de mon affaire, et le courage de conter le fait de manière à ne pas faire rire le Roi (1).

Bref, Frédéric ordonna une contre-enquête, des commissaires furent nommés, et l'on reconnut aisément la culpabilité de Coquius et de sa femme, qui furent, dans les trois jours, arrêtés, confrontés, jugés et punis.

La Beaumelle eut soin de se faire délivrer, par le commandant de Berlin, une copie légalisée de l'ordre du Roi, dont voici la traduction :

Mon cher lieutenant général comte de Haake, voyant par votre rapport du 5 courant et les pièces annexées que le sieur de La Beaumelle a été calomnié de la part de Cochius et de sa femme, et que ceux-ci ont agi envers lui d'une manière infâme, il ne reste pas d'autre moyen que vous fassiez chasser ledit Cochius et sa femme, ainsi qu'il a été ordonné. C'est ce qu'il y a de mieux à faire. Je suis votre bien affectionné roi,

FRÉDÉRIC.

Potsdam, le 7 février 1752.

(1) *Lettre sur mes démêlés.*

La présente copie de l'ordre du Roi est certifiée conforme
à l'original par la signature ordinaire et par le sceau de l'au-
ditoriat général.

Fait à Berlin, le 12 février 1752.

*Signé :* DE PAWLOWSKI (1).

De retour à Berlin, La Beaumelle vit Mme de Bentinck
qui lui dit que Voltaire condamnait hautement la conduite
du comte de Haake dans cette affaire, et que même, si
l'on avait suivi son conseil, tous les Français présents à
la cour de Frédéric auraient été avec lui se jeter aux
pieds des reines, pour implorer leur intervention et pro-
tester contre l'indigne traitement infligé à l'un d'entre eux.
La Beaumelle ne songea pas à mettre en doute ce généreux mouvement, qui était assez dans les allures, sinon
dans le caractère de son ennemi ; il s'en montra recon-
naissant, et l'occasion lui parut bonne pour un raccommodement qu'au fond il devait souhaiter. Il alla remercier
Voltaire qui le reçut très bien, et de part et d'autre on se
promit d'oublier le passé. Mais La Beaumelle, c'est lui du
moins qui le prétend, avait été trop crédule. Au sortir de
cette entrevue, il rencontra le baron de Taubenheim qui
lui fit un tout autre récit. Voltaire, assura-t-il, avait dit
chez lord Tyrconnel qu'en effet, il serait honteux de laisser persécuter un compatriote, mais que cette affaire ne
regardait pas les Français, le personnage qui s'y trouvait intéressé n'étant pas Français, ou s'il l'était, étant
banni de France, ou s'il n'était pas banni de France,
l'étant de Danemark, etc., etc.

La Beaumelle pria la comtesse de faire part à Voltaire
de ce qu'il venait d'apprendre, ajoutant qu'il serait charmé

---

(1) **Archives des Angliviels.** — A cette pièce est jointe une lettre d'envoi
signée du comte de Haake.

de recueillir de sa bouche le désaveu des propos qu'on lui prêtait. Le lendemain, il fut invité par deux fois à passer chez Voltaire :

Je crus, dit-il, que Mme de Bentinck lui avoit parlé (1) et qu'il vouloit se justifier. A peine fus-je assis qu'il me dit : J'ai appris avec le plus sensible chagrin qu'on a débité ici quelques exemplaires de ce livre où un chambellan du Roi est traité de bouffon et de nain. — Je lui répondis qu'avant le traité de paix, j'en avois donné douze à un libraire, que hier j'en avois racheté la moitié qui m'avoit coûté 250 thalers, qu'ainsi il n'y en avoit que six exemplaires de distribués. — Six exemplaires ! s'écria-t-il, ce sont six coups de poignard. — Pas tout à fait, lui dis-je ; mais, ajoutai-je, je ne vous avois point promis de racheter des exemplaires, je l'ai fait par égard pour moi-même ; je m'attendois à des remerciemens, et vous me faites des reproches ! Je croyois que tout étoit fini, et vous recommencez avec plus d'aigreur que jamais. Quelle conduite !

Après avoir fait deux tours dans la chambre, il me dit qu'il y avoit un moyen de réparer l'outrage. Il faudroit, poursuivit-il, un carton où, par les contraires, vous désavouassiez le sens qu'on peut tirer de ce passage. Je lui répliquai que je n'aimois pas les cartons, que le livre étoit déjà répandu à Paris, qu'un carton étoit inutile et que je ne sçavois qu'y mettre. Il m'auroit bien tiré d'embarras si j'eusse voulu le lui laisser faire.

Ne faites-vous pas à Hambourg une seconde édition ? —

(1) Mme de Bentinck, en cette circonstance comme en toutes les autres, s'était faite sincèrement et éloquemment l'avocat de La Beaumelle auprès de Voltaire. Nous en avons la preuve dans ce passage d'une lettre de Prémontval, datée du 3 janvier 1755 (Archives des Angliviels) : « Je voudrois que vous vissiés les admirables lettres qu'elle écrivit à Voltaire dans le tems de ses folies ! Ce sont des chefs-d'œuvre d'esprit, de raison et de sentiment ; et encore a-t-elle la générosité de les tenir cachées, parce qu'elles achèveroient de le mettre dans son tort. On ne résiste point à des instances telles que celles-là, à moins que d'être enragé. Nous avons eu beaucoup de peine, ma femme et moi, à en obtenir communication, et c'est une faveur que nous ne partageons qu'avec un fort petit nombre de personnes. »

Oui, on y en fait une; mais vous ne sauriez y entrer; on en
ôtera tout ce qui n'est pas politique; on n'y laissera que de
grands hommes. — Mais vous y laissez M. de Montesquieu ?
— Assurément, lui dis-je; ni moi ni mon livre ne pouvons
vivre sans lui : mais M. de Montesquieu est un homme grand
dans le grand, au lieu que les poètes ne sont *grands que dans
le petit.* Du reste, je suis fort surpris que vous vouliez une
place dans un ouvrage dont il y a tant de mal à dire, et dont
vous en avez tant dit chez milord Tyrconnel. — Puisque vous
ne m'entendez pas, me dit-il, c'en est fait. — Volontiers,
repartis-je; aussi bien, n'étoit-ce que par égard pour le public
que j'en ai eu jusqu'ici pour vous.

A ces mots, son visage s'enflamme, ses traits s'allongent,
ses yeux s'arment de la foudre, sa bouche se remplit d'écume,
ses bras se placent à ses côtés avec une majestueuse fureur :
vous eussiez dit qu'il jouoit *Rome sauvée.* — Traiter ainsi,
s'écria-t-il, un officier de deux grands princes ! Traiter ainsi
un chambellan du Roi ! — Si vous n'êtes pas content, je vous
traiterai comme il vous plaira, vous n'avez qu'à dire. Cependant, il battoit en retraite vers un cabinet voisin, en assez
mauvaise contenance. Je lui dis :

*Que mes armes, Consul, ne blessent point vos yeux...*

Je ne violerai point l'hospitalité; mais, à cela près, crai-
gnez tout de moi. — Dieux ! s'écria-t-il, quelle insolence !
Dans ma maison ! Le téméraire s'en repentira. — Le repentir,
misérable que tu es, sera pour toi. Je sçais toutes tes noirceurs; je souillerois ma bouche en les répétant; mais je
sçaurai les punir... Je te poursuivrai jusqu'aux enfers; je
veux que tu dises : Hélas ! *Desfontaines et Rousseau vivent
encore !* Ma haine vivra plus longtemps que tes vers. — En ce
moment, j'étois si indigné, que je crus qu'il me seroit
possible de lui tenir parole. Que je connoissois mal mon
cœur (1) !

Il ne faudrait pas prendre ce récit trop à la lettre. La
Beaumelle certainement l'a dramatisé après coup, dans

(1) *Le siècle politique de Louis XIV* (à Siéclopolis, 1753), p. 328 à 331.

ce style déclamatoire et faux, de l'invective classique, si fort à la mode au siècle dernier. On peut remarquer d'ailleurs que les dernières éditions de la *Lettre sur mes démêlés* reproduisent ce dialogue avec des modifications qui en atténuent singulièrement la violence.

Il n'en avait pas moins été prononcé ce jour-là, de part et d'autre, des paroles irréparables. La scène, diversement racontée, fit scandale ; un comédien la mit en vers burlesques ; tout Berlin s'en amusa. On ne conçoit guère que Mme de Bentinck ait pu conserver encore, après cela, l'espoir de réconcilier ces deux hommes. Elle obtint pourtant de La Beaumelle qu'il adressât à son adversaire une lettre d'excuses. Il ne put s'empêcher d'y mettre, paraît-il, « un peu de cette hauteur qu'on prend sans s'en apercevoir quand on écrit à un homme qui s'est avili ». Il reçut le lendemain un billet de Voltaire non fermé, non signé, ne répondant pas aux propositions de paix, mais se plaignant de la façon dont avait été libellée l'adresse de la lettre sur laquelle ne figuraient point ses titres de chambellan et de gentilhomme ordinaire. Il reçut également « à son lever » une assez méchante épigramme qu'il attribua ou feignit d'attribuer à Voltaire, et dans laquelle on lui disait qu'après avoir agi en fou, il s'était, pour finir, conduit comme un sot et comme un fat. Il riposta par le quatrain suivant :

> Maître Arouet disoit à B*** [Briasson] :
> Je le ferai mourir sous le bâton.
> — Vous savez bien, mon cher Voltaire,
> Qu'on n'en meurt pas, répondit le libraire.

Le trait était cruel, injuste même, mais il atteignait l'ennemi à l'endroit le plus sensible, et cela seul importait. On sait que Voltaire avait, à deux reprises, dans sa jeunesse, reçu des coups de bâton : une fois au pont de

Sèvres, de la main d'un officier nommé M. de Beauregard ;
une autre fois à Paris, où, dans une sorte de guet-apens,
le chevalier de Rohan le fit battre par ses laquais. Il osa
demander à ce seigneur raison de l'outrage et fut mis
pour ce fait à la Bastille. La victime d'un si monstrueux
abus |de pouvoir ne méritait, semble-t-il, que des sympa-
thies. Mais Voltaire avait la manie de jouer au gentilhomme ; ce ridicule, qui ne fit qu'augmenter chez lui avec
l'âge, donnait trop facilement prise à la raillerie.

La Beaumelle, aux reproches que lui adressa la comtesse quand elle connut ces vers, répondit par une longue
lettre dans laquelle il protestait de son admiration pour
l'auteur désormais classique de la *Henriade*. Il savait,
disait-il, tout en détestant le caractère de l'homme privé,
rendre justice au mérite de l'écrivain. Il déplorait les mal-
heureuses circonstances qui venaient de le brouiller avec
lui pour jamais, et il donnait à ce regret la forme d'un
compliment rimé, qui était comme la contre-partie de son
épigramme :

> Tout esprit du sien reçoit la loi,
> Et tout être pensant devient son tributaire :
> Être mal avec Voltaire,
> C'est être mal avec son roi (1).

La Beaumelle passa encore trois mois à Berlin, retenu
par l'amitié quelque peu intéressée de Maupertuis. Le
pauvre savant contre qui Voltaire préparait, en ce moment
même, la *Diatribe du docteur Akakia*, était malade, affaibli, hors d'état de soutenir seul cette guerre à mort dont
on connaît l'origine et les suites, et que ses imprudences
avaient en partie provoquée. La Beaumelle, présent ou
absent, allait être pour lui un auxiliaire précieux. N'ayant
rien à perdre, par conséquent rien à ménager, il acceptait

(1) Achives des Angliviels.

d'avance, dans la lutte contre l'ennemi commun, toutes les responsabilités, tous les risques. Il n'eut pas à chercher bien loin un prétexte pour prendre publiquement l'offensive : il choisit parmi les œuvres récentes de Voltaire le *Siècle de Louis XIV* comme une matière plus particulièrement désignée à sa critique. L'ouvrage lui avait paru, « ainsi qu'à tous les gens de goût, nous dit-il, plein de pauvretés, de fautes et d'esprit ». Il entreprit d'en faire l'examen, ne fût-ce que pour désabuser quelques Allemands de sa connaissance qui s'en étaient montrés enchantés.

C'est alors, comme le remarque avec raison M. Desnoiresterres, qu'il devient véritablement redoutable. On savait qu'il possédait sur la seconde moitié du règne de Louis XIV des documents de premier ordre. Le témoignage de Mme de Maintenon pouvait contredire certains faits, en révéler d'autres essentiels à connaître, et diminuer d'autant l'importance d'un livre que Voltaire considérait à bon droit comme devant tenir une place capitale dans son œuvre.

La comtesse essaya de le faire renoncer à son projet; elle lui montra les dangers auxquels il allait s'exposer; elle le menaça de la vengeance certaine de Voltaire qui jouissait d'un grand crédit auprès de la plupart des souverains, et qui saurait le poursuivre et l'atteindre, en quelque lieu qu'il se réfugiât. Elle ne réussit pas à l'intimider. « Si vous m'aviez demandé, lui dit-il, de sacrifier mon travail à mon respect pour vous, je n'aurais pas hésité; mais en me rendant les menaces de M. de Voltaire, vous me mettez, vous et lui, dans l'impossibilité de ne pas continuer. »

Pourtant, il n'osa pas faire imprimer ses *Remarques* à Berlin même. N'ayant pu, malgré les démarches de ses amis et les siennes, obtenir du gouvernement danois d'être réintégré dans sa chaire de Copenhague, il prit le parti de se retirer à Gotha :

J'y aurai, écrivait-il à son frère, logement et bouche en cour; on m'y attend; j'ai promis... Je partirai le 27 ou le 28 : adressez-y vos lettres. Et soyez circonspect, parce que, dans ces petites cours, les lettres sont ouvertes sans exception... Engagez finement, mais engagez absolument l'abbé Raynal à parler de moi le plus avantageusement possible dans une de ses feuilles littéraires à Mme la duchesse. Je lui en aurai une obligation infinie. Qu'il ne sache pas encore que je suis à Gotha; cela sera mieux, et envoyez-moi l'extrait de ce qu'il aura écrit... Qu'il parle de mes lettres de Maintenon, de mes *Pensées*, etc., et d'une manière tranchante. Ces petites cours ont besoin d'être menées.

L'asile que venait de se choisir La Beaumelle était précisément le dernier auquel il eût dû songer. Louise Dorothée, duchesse régnante de Saxe-Gotha, la « Minerve de l'Allemagne (1) », tenait l'un des premiers rangs parmi les augustes amis de Voltaire. Il était depuis longtemps en correspondance avec elle. Il allait être bientôt son hôte. C'est sur sa demande et presque sous ses yeux qu'il allait composer les *Annales de l'Empire*.

La Beaumelle quitta Berlin au mois de mai 1752. Ses déboires à la cour de Frédéric ne semblent pas avoir modifié beaucoup (il faut le dire à son honneur) ses sentiments d'admiration pour ce prince. On sait aujourd'hui qu'il n'est pas l'auteur de certains pamphlets que Voltaire, moins innocent que lui à cet égard, s'est plu à lui attribuer. Il se contenta d'ajouter, dans un supplément du *Qu'en dira-t-on*, cette réflexion mélancolique : « Il faut voir les grands rois, les adorer et les fuir. »

(1) Lettre de Voltaire à Mme de Buchwald, 28 mai 1753. (Beuchot.)

# CHAPITRE VII

La Beaumelle à Gotha. — Il n'y trouve pas, comme il l'avait espéré,
« logement et bouche en cour ». — Nouvelles aventures. — Son départ
pour Colmar avec Mme de Schweicker. — Ses *Remarques* sur le *Siècle
de Louis XIV*.

Jean Angliviel était toujours à Paris, sans grande utilité désormais ni pour lui-même ni pour son frère (1). Le
peu qu'il savait directement ou indirectement des aventures de La Beaumelle lui causait de vives inquiétudes.

Je ne vous crois pas heureux, lui écrivait-il, et j'ai toujours dans l'esprit que votre sort ne sera plus si riant. Ce
qu'on me dit sur votre compte m'a tellement frappé que je ne
puis m'empêcher de croire que vous ne m'ayez jusqu'ici caché
bien des choses. Vous avez rusé avec moi ; vous m'avez dé-
guisé les véritables raisons de vos disgrâces... Vous êtes in-
certain, ce semble, si vous retournerés à Copenhague : pour
moi j'ai peine à croire que vous y retourniés. Je ne pense pas
même que vous soyés à Berlin. J'ai toujours dans l'esprit la
lettre de M. Darget. Prenez garde à vous bien conduire (2).

Les remontrances, les avertissements ne lui manquaient
pas. Partout où il était allé, il avait laissé des amis qui
suivaient de loin sa fortune et qui, le sachant « un peu
fou » — c'est le mot dont se sert l'un d'eux, — essayent
de le mettre en garde contre lui-même.

Vos amis assemblés chez moi, lui écrivait, le 29 avril,
Mme de Bentinck, font des vœux pour votre heureux voyage.
Ils veulent tous, Monsieur, que je risque encore une fois des

(1) Il y resta jusqu'au 30 juillet 1752.
(2) Lettre datée du 24 février 1752. (Archives des Angliviels.

conseils dictez par l'intérest que nous prenons en vous, et qui
n'ont que cette excuse de leur trop de franchise. On vous prie
de ne point oublier que c'est à Mme de Buchwald qu'il importe,
sur toute chose, de plaire, puisqu'elle est toute-puissante (1).
Vous aurés la bonté de vous souvenir aussi que c'est à une
Cour allemande que vous allez, et que, quand vous y trouve-
riez des airs ou des usages qui vous paroîtroient extraordinaires ou insensés, il est impossible que vous réformiez
l'Allemagne ; et que des gens épris de leurs usages ne feront
que vous vouloir du mal de les contrôler. Vous trouverez, à
ce que l'on me dit, des gens d'esprit ou en possession au
moins depuis longtemps de passer pour tels. Peut-être ne
leur en trouverez-vous pas ; mais si vous le leur faites sentir,
ils tâcheront de s'en venger, et, comme ils savent mieux les
corrections que vous, ils pourront y réussir.

Vous serez, après cela, dans une très petite ville au prix
de Berlin ; tout ce que vous y direz le soir sera seu partout
avant le lendemain midy. Tout dépend du premier coton que
vous allez jetter. On est fort en goût d'esprit à Gotha. On récompense bien ceux qui s'attachent au service de cette maison. Mais on est accoutumé à un extérieur soubmis et
respectueux. C'est la marotte de la Germanie. Condamnez-la,
j'y consens, mais ayez le pouvoir sur vous-même de vous y
soubmettre. »

Le voilà donc arrivé à Gotha. La comtesse l'a mis en
relation avec plusieurs personnages de cette cour ; elle a
sollicité pour lui les bonnes grâces de la princesse de
Zebst, belle-sœur du duc régnant ; le comte d'Arnim l'a
annoncé partout comme son ami ; de Copenhague même
on a écrit en sa faveur. Malheureusement, à toutes ces
recommandations était venue se joindre, si même elle ne
les avait pas devancées, la recommandation en sens in-

_____

(1) La comtesse de Buchwald était grande maîtresse du palais de
Gotha. Voltaire la nomme dans chacune de ses lettres à la duchesse ; il a
pour elle, comme pour la duchesse elle-même, mille jolis compliments
pleins de familiarité et de respect. Il l'appelle la *grande maîtresse des
cœurs*, et aussi la *Sévigné de la Thuringe*.

verse de Voltaire. Il lui suffisait, pour détruire l'effet de tant d'influences favorables, de mettre sous les yeux du duc et de la duchesse de Gotha certains passages du *Qu'en dira-t-on* relatifs aux petits princes d'Allemagne. On peut croire qu'il n'y manqua pas.

Le nouvel arrivant fut reçu avec une extrême froideur; il n'obtint pas ses entrées à la cour, et les quelques salons où il eût été important pour lui d'être admis lui furent également fermés. Il ne vit en particulier la duchesse qu'une seule fois, dans une audience, et la trouva lisant un manuscrit de Voltaire (1).

M. de La Beaumelle est ici depuis plusieurs semaines, écrivait-on à Formey, à la date du 1ᵉʳ juillet. L'idée avantageuse qu'il s'étoit faite d'une cour où l'on cultive les sciences et les belles-lettres lui avoit fait espérer d'être bien accueilli; mais la réception qu'on lui a faite n'a pas répondu à ses espérances... L'étiquette qui règne ici n'a pas permis qu'on lui accordât ce qu'on accorde ordinairement aux gentilshommes, de sorte que, se voyant sur un pied équivoque, il a pris le parti de passer la plupart du tems enfermé dans son auberge, où il s'occupe continuellement à écrire (2).

Il ne sortait guère que pour aller à la bibliothèque, plus riche, disait-il, et mieux tenue que celle de Copenhague et de Berlin, ou dans quelques maisons amies, chez le professeur et conseiller aulique Mascow, chez M. de Thun, ancien précepteur du prince héritier, chez M. d'Avestein, un courtisan plus indépendant que les autres, qui le tenait au courant des nouvelles et l'approvisionnait abondamment de gazettes et de brochures. La lettre adressée au

---

(1) L'*Histoire universelle depuis Charlemagne*. « Je l'ai vue reliée en parchemin in-4º, entre les mains de S. A. S. Mme la duchesse de Saxo-Gotha... » *Lettres de M. de La Beaumelle à M. de Voltaire*, Londres, 1763, p. 45.
(2) FORMEY, *Souvenirs d'un citoyen*, Berlin, 1789, t. II, p. 231.

secrétaire de l'Académie de Berlin, et que nous citons d'après lui, devait être signée d'un de ces noms-là.

Il nous a fait l'honneur, continue le correspondant de Formey, de nous venir voir souvent et de nous lire plusieurs morceaux de ses ouvrages, entre autres de celui qui est intitulé *Mes Pensées*, qui est écrit assez librement et hardiment, et qui pourroit bien, en France, faire mettre son auteur à la Bastille. Il l'a considérablement augmenté, et il auroit bien voulu le faire imprimer ici; mais on lui en a refusé la permission, parce qu'il n'a pas voulu se soumettre au jugement de quelques censeurs qu'on prétendoit lui donner.

Il adressa en effet à un ministre du duc une requête pour obtenir de faire réimprimer librement le *Qu'en dira-t-on*. Le brouillon de cette lettre a été soigneusement classé par lui dans ses papiers. On y retrouve cette assurance imperturbable, cette désinvolture, cette infatuation étourdie qui a été, surtout dans sa jeunesse, le trait dominant de son caractère. Il reconnaît que ce livre est très hardi, et que le manuscrit sur lequel il veut faire une seconde édition l'est encore davantage. Il s'étonne néanmoins des difficultés qu'on lui oppose.

On me parle, dit-il, de censeur, de révision, d'approbation. Vous jugez bien, Monsieur, qu'il ne me convient nullement de me soumettre à ces formalités, surtout après avoir refusé à Berlin de m'y soumettre. J'ai tout le respect possible pour l'ordre de Monseigneur le Duc, et j'entre parfaitement dans les vues de sagesse qui l'ont dicté; mais il me semble que cet ordre est bien rigoureux étendu à un étranger, étendu à un livre imprimé ailleurs, étendu à une nouvelle édition... Je n'ai pas l'honneur de connaître les réviseurs de Gotha; mais je sais en général qu'il n'y a en aucun pays du monde aucun livre imprimé avec privilège où le génie ait pris l'essor... Si madame la Duchesse veut me faire l'honneur d'agréer mon projet, je soumettrai avec le plus grand plaisir du monde mon ouvrage à son examen : j'aurai l'honneur de le lui lire, et s'il y a quelque endroit que Son Altesse trouve trop fort ou mal pensé, je le rayerai avec autant de célérité que de respect, persuadé que je ne puis avoir de juge plus éclairé. Je recevrai ses décisions avec la même vénération qu'on reçoit les oracles des dieux. Du reste, je voudrois que cette édition portât au titre *Gotha* et non pas *Londres*, parce que je me propose de faire une édition qui égalera les plus belles impressions du Louvre, et que ce seroit dommage d'en ravir la gloire à cette résidence...

Je vous avouerai pourtant, Monsieur, une petite difficulté; je fais l'analyse du gouvernement et de la constitution de l'Empire, et dans cette analyse, les usurpations de l'Empereur, ses facilités, le conseil aulique ne sont pas traités le plus favorablement du monde. Il pourroit donc arriver que, si mon livre alloit à Vienne, il déplût à cette cour; mais il y a remède à cet inconvénient.

Et il indique le remède, qui eût été d'accorder tacitement la permission d'imprimer, quitte à réprimander ensuite tout haut l'imprimeur et à faire défense au libraire de vendre l'ouvrage. On devine aisément de quel air le gouvernement ducal accueillit ces propositions. Il n'y fut répondu que par un dédaigneux silence.

La Beaumelle renonça dès lors à s'établir à Gotha. Sa correspondance, à cette date, laisse percer un profond découragement. Il se décide enfin à avouer à son frère (8 mars 1752) ses déceptions et ses chagrins. « Je n'ai point encore, lui dit-il, écrit à mon père : je ne sais que lui dire. Envoiez-lui un extrait de mes lettres. Je le plains encore plus que je ne me plains moi-même; j'ai bien mal rempli ses espérances. » Il se ressaisit toutefois assez vite, grâce à cet instinct de combativité que rien ne pouvait étouffer en lui. Il avait consenti, sur les instances de Mme de Bentinck, à détruire quatre feuilles déjà imprimées de ses remarques sur le *Siècle de Louis XIV*; mais puisqu'on ne lui savait aucun gré de ce sacrifice, puisque Voltaire, à en juger par l'attitude des princes ses amis, ne désarmait pas, il allait se remettre, lui aussi, en campagne, et reprendre sur nouveaux frais sa publication. Dans cette intention, il partit à la fin d'août pour Francfort.

Ici se place une nouvelle aventure qui eut un retentissement fâcheux pour sa réputation, et que Voltaire plus tard exploita contre lui avec sa mauvaise foi habituelle, en amplifiant et dénaturant les faits. La Beaumelle avait rencontré, à Berlin d'abord, puis à Gotha, dans une famille où elle remplissait les fonctions de gouvernante d'enfants, une veuve encore jeune et fort jolie, Mme de Schweicker. Il la désigne dans ses lettres à ses amis sous le nom d'*Églé*, et en parle avec enthousiasme. « Vous connoissez l'amour, écrit-il à Mme de Bentinck : Églé m'enchanta; Églé ne m'aimoit point; Églé fut malheureuse. Je la sauvai... Si ce fut une folie, ce fut du moins la folie d'un honnête homme et d'un cœur tendre. »

On voit d'ici comment les choses se passèrent. Elle lui conta ses malheurs, se plaignit de sa condition présente, le pria de l'aider à en sortir. Il lui donna rendez-vous à Erfurt, d'où ils partirent ensemble pour Francfort. Quant à elle, si l'on en croit Formey, qui ne fait que reproduire le récit d'un contemporain et d'un témoin, elle avait commis avant de s'en aller un ou plusieurs vols. Il s'agissait non d'argent, mais de bijoux qu'apparemment elle restitua, puisqu'il n'y eut pas de poursuite. Il est hors de doute que, tout d'abord, La Beaumelle n'en sut rien. La protection ouverte qu'il accorda à cette femme, les démarches qu'il fit de divers côtés pour elle prouvent qu'il ignorait sa conduite.

Je suis chargé, écrivait-il à un personnage qui paraît être un ministre, je suis chargé d'une affaire sur laquelle Votre

Excellence pourra me donner des éclaircissements... Mme de Schweicker, dame livonienne de la famille de Norbeck, se trouve, etc. (Il expose ici très longuement la situation de sa protégée.) A qui peut-on s'adresser plus convenablement qu'à Votre Excellence, dont elle dit qu'elle a l'honneur d'être personnellement connue ? — Je la supplie donc de vouloir bien faire dresser par quelqu'un de ses secrétaires un mémoire légal touchant sa famille, tant du côté paternel que du côté maternel, celle de son mari, le tems de sa mort, le nombre de ses enfans, l'état de ses affaires. On voudroit aussi avoir des nouvelles de Mlle Wilhelmine Frederique, sa sœur, qui doit être actuellement chez Votre Excellence. Elle demande surtout un extrait mortuaire en bonne forme de son mari.

Les pièces réclamées vinrent ou ne vinrent pas; toujours est-il que Mme de Schweicker prit et conserva dans la suite le nom et le titre de baronne de Norbeck. Elle accompagna La Beaumelle à Paris, où elle eut une installation particulière. Il lui écrivait, lui envoyait des vers, lui offrait à dîner, à souper, la conduisait au théâtre, etc. Elle eut recours pour vivre à diverses industries galantes et autres qui peu à peu l'éloignèrent d'elle. Il n'avait ni la passion, ni surtout, il faut le reconnaître, la nonchalante conscience d'un des Grieux. Il lui prêta de l'argent, le lui réclama, et ne fut jamais remboursé. Il déposa entra ses mains 1,500 exemplaires des *Lettres* et de la *Vie* de Mme de Maintenon, et lorsque, pleinement édifié sur le compte de la dame, il voulut se les faire restituer, il dut recourir aux menaces.

Voici quelques lignes d'une lettre adressée par lui dans les premiers mois de 1754 « à madame la baronne de Norbeck, rue des Fossoyeurs, derrière Saint-Sulpice »; cette lettre fixe à peu près la date de leur rupture et nous révèle ce fait assez inattendu : la Schweicker en relation avec Malesherbes! — Un directeur de la librairie au

dix-huitième siècle était exposé, on le voit, à toutes les
rencontres.

Je vous prie, Madame, de me faire savoir positivement
où vous en êtes avec Barrois (le libraire qui débitait les *Lettres*
et la *Vie* de Mme de Maintenon). Je vous prie aussi de retirer
les trois exemplaires des *Pensées*... Si vous les avez vendus,
je compte que vous tâcherez de les ravoir. Il me les faut absolument. MM. *de Malesherbes,* de Saint-Supplet et Copel ne vous
les refuseront pas, surtout dès que vous leur direz vos raisons.
J'attens votre réponse, et j'enverrai mon commettant chez
Barrois dans une heure d'ici.

Connoissez-vous Mlle Zikermann, et le docteur Wolffraht,
et le secrétaire Scheweickern? (Trois personnes qui en savaient long probablement sur le passé de la baronne.) J'ai
reçu des nouvelles, et désormais vous êtes en pays de connoissance, du moins vis-à-vis de moi. J'ai aussi des nouvelles
du lit nuptial qui a été acheté à Berlin. J'ai le jour.

Cette dernière phrase semble viser quelque méfait antérieur au vol des bijoux. La Beaumelle avait alors entre
les mains un dossier complet. On pourrait se demander
comment il ne se l'était pas procuré plus tôt, comment
même il avait pu, dès la première heure, ne prêter aucune
attention à la rumeur publique. Nous ne voyons à cette
ignorance prolongée d'autre explication que celle-ci :
d'abord, les bruits de Gotha ne devaient avoir à Francfort
qu'un écho assez affaibli : La Beaumelle n'y connaissait
personne ; il y vivait très retiré et très occupé. Ses amis
dont nous avons les lettres et qui auraient pu si facilement
le renseigner, lui demandaient au contraire des éclaircissements. « Qu'avait-il fait encore?... Qu'était-ce que
cette aventure de Gotha?... Quand donc serait-il enfin
raisonnable ? » Voilà ce que tous (Kelly, Brœsicke, Rosenberg, etc.) lui écrivaient. Nous venons de voir comment il s'expliqua à ce sujet avec Mme de Bentinck. —

Enfin, des personnes intéressées à lui nuire avaient peut-être voulu, en étouffant à demi l'affaire, lui donner le temps de s'afficher et de se compromettre à fond. Ce qu'il y a de certain, c'est que Voltaire garda l'histoire en ré-réserve jusqu'en 1767. Voici à quelle occasion et de quelle façon il la mit au jour.

La Beaumelle venait de se marier. Il était riche, tranquille, heureux, considéré dans sa province. Cette prospérité irrita son ennemi, qui prit prétexte d'une réimpression de la *Lettre sur mes démêlés* pour adresser au duc de Richelieu, à M. de Saint-Florentin, à tous les magistrats du Languedoc, un mémoire rempli de dénonciations calomnieuses contre La Beaumelle. On y lisait la phrase suivante : « J'atteste ce prince (le duc de Saxe-Gotha) et Mme la duchesse... qu'il s'enfuit de leur ville capitale avec *une servante, après un vol fait à la maîtresse de cette servante.* »

On voit ce que devient ici la vérité sous la plume de Voltaire, et à quel point la haine lui fait perdre tout sentiment de mesure, de modération et de justice. Son idée fixe est de déshonorer La Beaumelle. Il nous l'avait montré dérobant « sur la cheminée » de Louis Racine les lettres de Mme de Maintenon ; il nous le montre à présent transformé en rôdeur d'antichambre et se faisant le complice d'une domestique infidèle.

Il eut soin d'envoyer directement un exemplaire de son mémoire à La Beaumelle, qui, très ému du tort que pouvait faire à sa réputation une calomnie ainsi présentée et patronnée, écrivit à la duchesse pour la supplier de désavouer le témoignage qu'on invoquait abusivement contre lui. En réalité, le témoignage existait ; mais disons-le tout de suite, il n'avait ni la signification, ni la gravité que lui attribuait l'accusateur ; Voltaire avait dû, pour s'en faire une arme, le dénaturer complètement. Voici comment il se l'était procuré.

On n'aimait pas La Beaumelle à Gotha; il s'était donné la satisfaction, après son fâcheux séjour dans cette résidence, d'ajouter, par manière de représailles, à ses *Pensées* dont les éditions se succédaient rapidement des réflexions très offensantes pour la maison de Cobourg (1). La duchesse s'en était montrée indignée. Cependant elle eût difficilement consenti à intervenir dans cette misérable querelle, si Voltaire n'eût imaginé pour lui forcer la main, un cas honorable et pressant. Il supposa qu'un Français, dont il eût été bien embarrassé de dire le nom, s'était adressé à lui pour l'aider à confondre La Beaumelle, qui, disait-il, cherchait (après quinze années de silence et d'oubli!) à lui imputer l'aventure de Gotha :

Il n'est pas juste, Madame, que l'innocent pâtisse pour le coupable... J'ai donc cru que je ne manquais pas à ce que je dois à Votre Altesse Sérénissime en donnant un certificat authentique devant les juges du point d'honneur qu'on appelle en France la connétablie. Ce certificat atteste que *ce fut La Beaumelle et non un autre qui partit de Gotha avec une servante qui avait volé sa maîtresse.*

Remarquez la variante : c'est ici la servante seule qui a volé; dans le mémoire imprimé, la phrase est construite de façon à faire entendre que La Beaumelle a été en tout point son complice.

Cette affaire, ajoutait-il, est très importante pour le gentilhomme faussement accusé. Mon devoir est de vous en rendre compte. Je me flatte que votre équité approuvera ma conduite (2).

---

(1) Celle-ci entre autres : « Je voudrois bien savoir de quel droit les petits princes, un duc de Saxe-Gotha, par exemple, vendent aux grands le sang de leurs sujets pour des querelles où ils n'ont rien à voir. On s'est donné à eux pour être défendu et non pour être vendu. »

(2) Évariste Bavoux, *Voltaire à Ferney*, p. 281.

La duchesse, alors fort souffrante du mal qui devait bientôt l'emporter, envoya l'attestation demandée. Ce fut pour elle le commencement d'une série d'ennuis. Il lui fallut d'abord répondre aux réclamations de La Beaumelle; elle le fit par la plume du conseiller aulique Rousseau dans les termes suivants :

L'indisposition de S. A. S. Mme la duchesse l'empêchant de répondre Elle-même à votre lettre du 18 juin, dans laquelle vous vous plaignez, Monsieur, d'un outrage qu'on a fait à votre réputation en recourant à son témoignage et à celui de Mgr le duc. Elle m'a ordonné de vous déclarer qu'Elle se rappelle très bien d'avoir dit à M. de Voltaire que vous étiez parti d'ici avec la gouvernante des enfants d'une dame de ce pays-ci qui, après s'être rendue coupable de plusieurs vols, s'est éclipsée furtivement de la maison de sa maîtresse, ce dont le public est pleinement instruit ici; mais qu'Elle ne lui a jamais dit ni cru que vous eussiez eu la moindre part à ces vols ou à la mauvaise conduite de cette personne. Voilà le témoignage qu'Elle croit devoir rendre à la vérité.

Après m'être acquitté des ordres de Mme la duchesse, permettés-moi, Monsieur, de vous témoigner la part que je prends à ce qui vous arrive et de vous représenter en même tems combien il doit être désagréable à des souverains qui aiment les sciences et qui protègent et accueillent ceux qui les cultivent, de voir intervenir leurs noms dans des tracasseries qui font si peu d'honneur aux gens de lettres (1).

Voltaire eut connaissance de cette lettre, dont il envoya plus tard une copie à La Condamine. Peut-être en avait-il fourni lui-même à Rousseau un canevas que celui-ci n'aura qu'à moitié rempli. On le croirait à l'ironie blessante du reproche qui la termine et que Voltaire seul méritait; à ces dédaigneuses condoléances; à cet énoncé

(1) Évariste BAVOUX, *Voltaire à Ferney*, p. 283. — L'original conservé dans les papiers de La Beaumelle et dont nous suivons ici le texte, offre quelques légères différences avec la copie de Gotha, reproduite par M. Bavoux. Cette lettre est datée du 14 juillet 1767.

cru et bref des faits qui, sans doute, réduit de beaucoup
l'accusation, mais qui en même temps la précise.

La Beaumelle ne se tint pas pour battu. Il adressa au
conseiller Rousseau une nouvelle lettre de protestations
et d'explications qu'il le supplia de mettre sous les yeux de
la duchesse. Il affirmait qu'il était parti seul de Gotha et
demandait qu'on interrogeât les témoins de son départ
qu'il nommait; il indiquait l'itinéraire qu'il avait suivi
pour se rendre à Francfort en faisant un détour par Erfürt,
où il avait rencontré la Schweicker; il se plaignait qu'on
eût, par complaisance pour Voltaire, rabaissé la situation
première de cette personne en lui donnant des maîtres
comme à une femme de chambre, ce qui rendait sa liaison
avec elle et les suites de cette liaison particulièrement
humiliantes. Il reconnaissait d'ailleurs la folie insigne
qu'il avait faite en emmenant cette femme à Paris; il rappelait enfin comment, ayant découvert sa conduite, il s'en
était séparé.

Rousseau maintint obstinément les faits tels qu'il les
avait établis. Voici sa seconde lettre, que nous citerons
encore pour être complet. Il lui eût suffi de dire : Laissons là vos frasques de jeunesse; qui y songe et qui s'en
occupe? Il aima mieux discuter pied à pied la défense de
La Beaumelle, réfuter ses assertions, faire de son aventure, vieille de quinze ans, un scandale dont « tout Gotha »,
à l'en croire, se souvenait encore.

Monsieur, je suis on ne peut pas plus mortifié de voir, par
votre lettre du 23 août, que vous n'êtes pas satisfait de celle
que j'ai eu l'honneur de vous écrire par ordre de Mme la Duchesse; Son Altesse Sérénissime continuant à être malade et
gardant même le lit depuis près de quinze jours à cause d'un
abcès qu'elle a au cou accompagné de ressentimens de fièvre,
vous jugés bien, Monsieur, que dans ces tristes circonstances,
il ne convient point de l'entretenir de sujets aussi peu

agréables que celui dont traite votre lettre, et qu'avec tout le
désir que j'ai de vous obliger, je n'ai pas seulement pu approcher Son Altesse et lui en rendre compte. Souhaitant néanmoins, dans cet embarras, de répondre à la confiance dont
vous m'honorés, j'ai cru devoir aller à ce qui m'a paru le plus
pressé, c'est-à-dire de ramasser tout ce que la vérité des faits
pouvoit fournir de circonstances capables de vous tranquilliser, Monsieur, parce que je souffre véritablement de vous voir
dans un état duquel je me sçaurois un gré infini si je réussis-
sois à vous en tirer.

En conséquence, j'ai eu recours, autant que cela a pu se
faire dans l'espace de *vingt-quatre heures*, à la mémoire des
personnes les plus distinguées à la Cour et dans la ville de
Gotha, et mes informations ont abouti à constater *deux faits*,
l'un qu'il n'y a qu'une voix dans *tout Gotha* sur votre départ
et sur celui de la veuve Schweicker dans l'année 1752, non
pour Erfürt, mais pour Eisenach ; qu'au besoin plus de *cent,*
plus de MILLE personnes, TOUT GOTHA enfin, certifiera dans
la forme la plus authentique la rumeur publique, l'opinion
générale, l'assertion unanime que vous êtes partis ensemble
de Gotha, sans faire d'adieux ni l'un ni l'autre à qui que ce
soit, et que vous êtes arrivés ensemble à Eisenach. Comme
vous ne disconvenés pas, Monsieur, d'avoir fait le voyage de
Francfort avec la personne sus mentionnée, je dois vous
avouer franchement que je ne vois pas ce que vous gagneriés
à prouver (si cela se pouvoit) que vous soyés parti avec elle
d'Erfürth et non de Gotha, vu que, dans la supposition certaine que vous ayés ignoré le vol dont la Schweicker s'est
rendue coupable, il est parfaitement indifférent et égal duquel
des deux endroits vous soyés partis ensemble.

En effet, bien loin de vous soupçonner, et voici le second
fait, d'avoir pris la moindre part au méfait en question, je
suis bien aise non seulement de vous réitérer l'assurance du
contraire, mais encore d'y ajouter, sans crainte d'être désavoué, que LL. AA. SS. Mgr le Duc et Mme la Duchesse vous
connoissent trop homme d'esprit pour vous croire capable
d'avoir voulu vous associer publiquement sur une aussi
longue route qu'est celle (en vous jugeant par votre propre
aveu) d'Erfuth à Francfort, avec une personne que vous auriés

reconnue voleuse. Cela n'est entré dans l'esprit de personne,
et c'est ce qu'on est en état de vous certifier. Au surplus, s'il
y a eu de l'imprudence dans votre fait, elle est du genre de
celles qui ne sont pas criminelles.

Quant au mot de maîtresse que vous relevés, Monsieur,
je n'ai fait en l'employant, que me conformer à ce qui est
d'usage à cet égard en Allemagne, où une gouvernante d'enfans nomme le père et la mère des enfans dont l'éducation et
l'instruction lui sont confiées, son maître et sa maîtresse. Mais
je n'insisterai pas sur une bagatelle tout à fait étrangère à
l'objet principal; je n'entrerai pas non plus dans tous les
détails dont votre lettre est remplie parce que quinze ans de
tems les ont presque entièrement effacés de mon souvenir. Je
n'ajouterai qu'un mot encore, c'est que la dame chés qui la
Schweicker a servi en qualité de gouvernante d'enfans est en
vie et se trouve actuellement à Gotha, et qu'elle, aussi bien
que quelques domestiques qui l'ont servie dans le même tems,
se rappellent très bien la conduite de la Schweicker, son évasion et tout ce qui y a rapport.

Mais en voilà assés et peut-être trop sur une matière aussi
désagréable. Je n'y aurois cependant point de regret, si ce
que je viens d'avoir l'honneur de vous dire, peut contribuer
à rendre le calme à votre âme et vous engager à croire votre
réputation à couvert de tout reproche. Il me semble que votre
meilleur ami n'auroit pas de plus sage conseil à vous donner
que celui de vous en tenir là (1).

La Beaumelle comprit qu'il n'obtiendrait rien de plus
et n'insista pas. De son côté, la duchesse exigea de Voltaire qu'il cessât d'inquiéter son ennemi sur cette affaire,
à laquelle elle ne voulait pas que son nom fût mêlé. Elle
échangea avec lui, à cette occasion, plusieurs lettres qui
sont les dernières de leur longue correspondance.

Nous avons dit qu'au moment même où ces faits se

---

(1) Lettre datée du 5 septembre 1767. Nous la transcrivons d'après l'original conservé dans les papiers de La Beaumelle. V. BAVOUX, *Voltaire à
Ferney*, p. 284.

passèrent, Voltaire avait paru n'y prêter aucune attention
et n'en avait parlé à personne. Au contraire, effrayé du
projet deux fois abandonné et deux fois repris par La
Beaumelle, de publier une édition critique du *Siècle de
Louis XIV*, il avait fait faire auprès de lui une nouvelle
tentative d'accommodement. Il s'était adressé cette fois,
non plus à la comtesse de Bentinck, mais à M. Roques,
conseiller ecclésiastique du landgrave de Hesse-Hom-
bourg, que La Beaumelle avait connu à Genève, et avec
qui il était resté très lié. M. Roques était l'un des principaux rédacteurs du *Journal de Francfort*. Il disposait là
d'une publicité dont il fit largement profiter son ami. Il lui
rendit des services de plus d'une sorte. Nous avons sous
les yeux un billet daté du 1ᵉʳ octobre 1752, par lequel La
Beaumelle reconnaît devoir « à M. Roques, pasteur à
Fredericksdorff, la somme de dix carolins d'or, à dix
kreuzers le carolin ». L'acquit est au dos du billet.

Les conseils du sage ecclésiastique eussent été plus
utiles encore que sa bourse à La Beaumelle, si celui-ci eût
consenti à les suivre. Roques, en effet, n'avait pas attendu,
pour le détourner de son entreprise, que Voltaire l'en eût
prié. Il lui en avait montré toute l'inconvenance et fait
pressentir les suites nécessairement fâcheuses pour lui-
même. N'ayant pu le convaincre, il avait du moins voulu
que Voltaire fût loyalement prévenu de ce qui se préparait contre lui. Il lui avait envoyé, avec le consentement
de l'auteur, mais en les dépouillant de leur forme agres-
sive et satirique, quelques-unes des remarques tirées du
premier volume, alors sous presse. Voltaire ne fit pas
difficulté de les reconnaître fondées pour la plupart, assura
qu'il en tiendrait grand compte, et adressa à son correspondant les remerciements les plus empressés et les plus
courtois.

Je suis fâché, ajoutait-il, que M. de La Beaumelle, qui m'a
paru avoir beaucoup d'esprit et de talent, ne veuille s'en servir à Francfort que pour faire de la peine à mon libraire et à
moi qui ne l'avons jamais offensé. Je l'avais connu par des
lettres qu'il m'avait écrites de Danemark, et je n'avais cherché
qu'à l'obliger... Il vint à Berlin et il montra quelques exemplaires d'un ouvrage où quelques chambellans de Sa Majesté
n'étaient pas trop bien traités. Je me plaignis à lui sans amertume, et j'aurais voulu lui rendre service. Il alla à Leipsick, de
là à Gotha; il est à présent à Francfort. Il n'y fera pas une
grande fortune en se bornant à écrire contre moi; il devrait
tourner ses talens d'un côté plus utile et plus honorable. Il
avait commencé par prêcher à Copenhague. Il a de l'éloquence,
et je ne doute pas que les conseils d'un homme comme vous
ne le ramènent dans le bon chemin (1).

Voltaire essaye d'amadouer encore une fois La Beaumelle, il a oublié ses récentes colères, et ne songe pas
à l'effet que va naturellement produire un changement de
ton si brusque. Son adversaire sera ravi de lui avoir fait
peur, et comme il est trop passionné pour être habile,
il n'aura garde de s'en tenir là. Dans une seconde lettre
à Roques, Voltaire, mortifié et alarmé de son peu de succès, ajoute à ses plaintes quelques sous-entendus mena-
çants. Son libraire, Conrad Walther, s'est mis en frais
pour la nouvelle édition du *Siècle de Louis XIV*; il ne souf-
frira pas que La Beaumelle fasse imprimer impunément
une édition subreptice à Francfort, ville impériale, malgré le privilège de l'Empereur, dont lui, Walther, s'est assuré la jouissance.

Il est libraire du roi de Pologne; il est protégé; il est
résolu à attaquer M. de La Beaumelle par les formes juri-
diques. Cela va faire un événement qui, certainement, cause-
rait beaucoup de chagrin à M. de La Beaumelle et qui serait
fort triste pour la littérature. Il doit avoir gagné par l'édition

(1) *Œuvres de Voltaire*, édit. Beuchot, LVI, 204.

des *Lettres de Mme de Maintenon* de quoi pouvoir se passer du profit léger qu'il pourrait tirer d'une édition furtive. D'ailleurs, il doit considérer que toute la librairie se réunira contre lui. Les gens de lettres se plaignent d'ordinaire que les libraires contrefont leurs ouvrages, et c'est ici un homme de lettres qui contrefait l'édition d'un libraire, c'est un étranger qui, dans l'Empire, attaque un privilège de l'Empereur. Que M. de La Beaumelle en pèse toutes les conséquences... On m'écrit de Leipsick, de Copenhague, de *Gotha*, des particularités qui ne lui feraient pas moins de préjudice si je les rendais publiques (1).

A ces insinuations, dont la dernière surtout est à retenir, Voltaire ajoutait une fois encore de conciliants avis. Pourquoi, si La Beaumelle était plus instruit que lui du règne de Louis XIV, ne lui communiquait-il pas ses lumières? Les gens de lettres se doivent entre eux ces bons offices, et Voltaire en avait donné lui-même l'exemple à l'auteur des *Pensées*, en lui signalant dans ce livre quelques erreurs, qui depuis ont été corrigées. Ne pouvait-il d'ailleurs attendre pour juger le *Siècle de Louis XIV*, que l'édition de Walther, qu'il savait devoir être plus exacte et plus ample, fût achevée? Enfin, s'il avait fait quelques frais pour ce travail, Voltaire se déclarait prêt à l'indemniser.

J'ose vous prier, Monsieur, disait-il à Roques, de lui montrer cette lettre... Le mieux serait assurément de terminer cette affaire d'une manière qui ne causât du chagrin ni à ce jeune homme ni à moi (2).

Roques envoya de Fredericksdorff cette lettre à La Beaumelle, qui y fit sur-le-champ une réponse destinée à être mise sous les yeux de Voltaire. Il repoussait toute idée d'accommodement; ses notes, dont il n'avait, disait-il, livré qu'une partie encore au libraire, lui avaient rap-

(1) *Œuvres de Voltaire*, édit. Beuchot, LVI, 216.
(2) *Ibid.*, p. 215 et suiv.

porté, au lieu de ce *profit léger* dont on lui offrait l'équivalent pour les détruire, cent cinquante florins, cinquante
exemplaires de l'édition et quarante rames de papier
d'impression; et il les eût, au besoin, non vendues, mais
données. Il rectifiait certains faits inexactement racontés
à Roques par Voltaire. Il niait les services que celui-ci
prétendait lui avoir rendus, et se plaignait, au contraire,
qu'il eût tout fait pour le perdre dans l'esprit de Frédéric
et pour l'obliger à quitter Berlin. Il le menaçait à son tour
de rendre publiques certaines aventures dans lesquelles
l'auteur du *Siècle* avait joué un rôle peu honorable, l'*Affaire du juif* notamment. Enfin, il lui réitérait la menace,
qu'il lui avait faite de vive voix, de le poursuivre jusqu'aux
enfers.

Voltaire, en ce moment, n'avait pas tous ses avantages :
sa querelle avec Maupertuis commençait à prendre une
très mauvaise tournure, et déjà Frédéric préludait, par de
fréquentes et humiliantes boutades, aux terribles mesures
qu'il allait bientôt prendre, et contre l'*Akakia*, et contre
son auteur. Attaqué de tant de côtés à la fois, le
vieux lutteur perdait de son assurance et le laissait trop
voir. La Beaumelle triompha en lisant la faible réplique
qui lui fut transmise par Roques.

Il peut, disait Voltaire, me poursuivre jusqu'à la mort; il
n'attendra pas longtemps; il poursuivra un homme qui ne l'a
jamais offensé. Milord Tyrconnel est mort, mais ceux qui
étaient auprès de lui furent témoins que je rendis service à
M. de La Beaumelle... Je ne m'oppose point à la reconnaissance dont il me menace (1).

*Le Siècle de Louis XIV, nouvelle édition, augmentée d'un
très grand nombre de remarques, par M. de La B\*\*\**, parut au

_____

(1) *Œuvres de Voltaire*, édit. Beuchot, LVI, p. 234.

mois d'octobre 1752, sous le millésime de 1753, chez la veuve Knoch et Eslinger, à Francfort, en trois volumes in-8°. Quelques exemplaires, une cinquantaine peut-être, portent l'adresse de Bouchard le Jeune, à Metz. Ce sont ceux que La Beaumelle avait reçus d'Eslinger, au-dessus du prix convenu, de 150 florins, et dont il se défit en passant à Metz lors de son retour en France.

Cette édition qui se débita très rapidement, fit un tort considérable à celle de Walther. Le succès, cela va sans dire, était dû bien plus à l'ouvrage même et à son prix modique, qu'aux remarques dont il était accompagné. Celles-ci n'avaient été qu'un prétexte à la contrefaçon, et s'il se fût agi de les publier séparément, il est probable que l'éditeur n'en eût pas offert 150 florins. La Beaumelle a donc tiré de cette publication un profit qui nous semblerait aujourd'hui peu légitime, et il faut, pour ne pas le juger trop sévèrement, se souvenir que les mœurs de son temps n'avaient pas, à cet égard, la délicatesse des nôtres.

Il y a tout lieu d'admettre, ainsi qu'il l'a affirmé, que les notes du premier volume sont bien les seules qu'il ait composées. Ce sont les plus importantes par le nombre comme par l'étendue, et aussi les plus malveillantes. Celles des volumes suivants, qu'il attribue au chevalier de Mainvilliers, sont clairsemées, courtes, assez souvent élogieuses. Il n'y a pas de confusion possible entre les deux manières.

En tête de l'ouvrage, est un avertissement du libraire, annonçant cette publication comme la première d'une série où devaient successivement trouver place les chefs-d'œuvre de notre littérature. La Beaumelle ne perdait pas de vue sa fameuse édition de classiques français. Mais quelle idée avait-il eue d'y faire entrer un livre auquel il refusait, dans son commentaire, toute espèce de mérite?

L'avertissement est suivi de trois lettres à Voltaire, portant ce titre général : *Conseils à l'auteur du Siècle de Louis XIV*. Dans la première, La Beaumelle lui prodigue des louanges qui sont de purs sarcasmes et lui adresse d'ironiques encouragements.

Il est heureux, dit-il, que le seul homme capable d'exécuter un aussi beau projet ait été assez hardi pour l'entreprendre. Quelle leçon pour notre patrie, pour notre siècle! Quelle leçon pour la postérité si votre livre y va!

Il ira, rassurez-vous, Monsieur... Que les vaines clameurs d'une cabale jalouse ne prennent point sur votre tranquillité. Conservez à votre patrie un citoyen qu'elle estime, qu'elle aime, qu'elle regrette; à deux grands rois, un officier utile; à Potsdam, un solitaire aimable par son enjouement, par l'égalité de son humeur, par la vérité de son caractère, par son aversion pour l'intrigue; à Berlin, un négociant honnête homme; aux talens, un protecteur... aux pauvres, un père; à l'Univers, un sage.

Laissez à ceux qui détestent votre personne l'affreux plaisir de déchirer vos écrits : la haine meurt; le génie est immortel...

Que l'indécision où le public paroît être aujourd'hui sur le véritable prix de vos talens ne vous jette pas dans l'incertitude sur le sort de vos écrits. Quoi qu'en disent des experts injustes, corrompus, ingrats, je vous assure, Monsieur, et vous le savez bien, que vous êtes le premier homme du monde. Et quel autre que vous pourroit être le Tacite de la France après en avoir été le Lucain?

Il viendra un temps, et ce temps n'est peut-être pas éloigné, où l'on appellera le dix-huitième siècle le *Siècle de Voltaire...*

La Beaumelle ne croyait pas si bien dire. Dans les deux lettres suivantes, il désapprouve le titre et le plan même de l'ouvrage; il y voit une apologie outrée de Louis XIV;

il reproche à l'auteur d'avoir fait dans ce livre, non le tableau d'une époque, mais le portrait embelli et agrandi d'un seul homme (1).

Il ferme volontairement les yeux sur les qualités qui sont le propre du génie de Voltaire, et qui apparaissent ici encore plus manifestement qu'ailleurs : clarté, vivacité, agrément ; un souci extrême de l'exactitude ; un parfait sentiment de la mesure et du goût ; une intelligence qui est la lumière même.

Ce n'est pas d'ailleurs sans raison que La Beaumelle, accoutumé par Montesquieu aux idées générales et aux considérations philosophiques, signale à cet égard des lacunes dans l'œuvre de Voltaire ; il est le premier peut-être, il ne sera pas le seul à s'en aviser. Sa critique, malheureusement, prend un ton et une forme qui pourront en faire méconnaître la portée réelle.

De même, il sera fondé à contredire, dans ces notes du premier volume, certaines assertions, certaines opinions de l'historien ; et il aura des idées justes et hardies, par exemple, sur les origines de la Fronde, sur les causes de la révolution d'Angleterre, sur les affaires religieuses. Mais ses réflexions les meilleures seront gâtées par des impertinences ou des invectives qui lui en feront perdre tout le bénéfice.

En même temps que les *Remarques*, il avait fait impri-

---

(1) Grimm disait à propos des remarques de La Beaumelle : « L'objection la plus grave et la mieux fondée est celle que le commentateur du *Siècle de Louis XIV* fait sur le plan de l'ouvrage. Malgré le grand succès que le *Siècle de Louis XIV* a eu à Paris et partout ailleurs... on a de la peine à se cacher que l'auteur n'a pas rempli son objet ni satisfait au titre qu'il a donné à son livre ; même en adoptant le plan de M. de Voltaire, il faut avouer que la première partie n'est qu'un abrégé de l'histoire du règne de Louis XIV et non de son siècle, et le second volume, qui est le plus important, paraît fait à la hâte et sans soin, et n'est qu'une ébauche très légère du génie de ce siècle. »
*Corresp. littér.*, II, 254, édit. Tourneux.

mer chez Eslinger, sous le nom de Nancy, avec la fausse
indication de Deilleau, imprimeur du Roi, trois petits
volumes contenant : le premier, une Vie inachevée, et les
deux autres, les *Lettres de Mme de Maintenon*. Nous aurons
bientôt à nous en occuper.

# CHAPITRE VIII

Second séjour de La Beaumelle à Paris. — Il se lie avec Diderot et La Condamine. — Il est admis aux soupers de Mme Geoffrin, de Mme d'Aine ;
fréquente l'hôtel de Noailles. — Dénonciations de Voltaire. — Médiation
impuissante de Roques. — Mme Denis à l'audience de M. d'Argenson.
— Arrestation de La Beaumelle.

Il arriva à Paris le 23 octobre, porteur d'une lettre du
jeune Lauraguais (celui-là même que ses excentricités et
son esprit rendirent plus tard si célèbre) adressée à sa
grand'mère, la duchesse de Brancas, dame d'honneur de
la Dauphine, très spirituelle aussi, influente, amie des
gens de lettres. Elle s'employa pour La Beaumelle auprès
de M. d'Argenson et lui obtint au bout de deux mois une
permission de séjour. Il put quitter alors la maison de
son cousin, M. de la Cour, banquier à Paris, où il s'était
tenu jusque-là soigneusement caché, pour prendre à son
nom, rue de la Ferronnerie, un petit appartement. « J'ai
loué pour un an, écrit-il à son frère (4 décembre 1753),
et je suis dans mes meubles : chaises de paille, vieille
commode, vieux bureau, secrétaire neuf, tapisserie de
siamoise bleue et blanche, lit de même à baldaquin ; cour-
tepointe de même ; petite glace, chenets de fer poli. Une
chambre et une manière d'antichambre, voilà tout mon
appartement. J'y fais bon feu... Des gens illustres viennent m'y voir. »

Il avait réussi à faire entrer avec lui en France environ
six mille volumes, comprenant, outre sa récente édition
des *Lettres* et de la *Vie de Mme de Maintenon,* quelques

exemplaires du *Siècle* et des *Pensées*. Il en déposa une
partie à la chambre syndicale, une partie chez Mme de
Norbeck, ayant soin de n'en mettre qu'un petit nombre
à la fois en circulation par l'intermédiaire de colporteurs
qui lui en donnaient un prix plus élevé que ne l'auraient
fait les libraires et les revendaient très cher au public,
comme une marchandise prohibée et rare. Le seul volume
des *Pensées* se payait 48 livres.

La Beaumelle, satisfait du train que prenaient ses affaires, y vit une promesse assurée de fortune, et en fit part
à son frère, qui le rappela assez rudement à la réalité.

La date de votre lettre (*il veut dire le lieu d'où votre lettre
est datée*) m'a fâché sans me surprendre. Vos précédentes m'a-
voient assés fait voir que vous viendriés bientôt à Paris. Vous
y voilà donc; mais dans quel état et avec quelles espérances !
Jamais démarche plus mal réfléchie, ce me semble, que la
vôtre ; il falloit que vous fussiés terriblement embarrassé de
vous dans l'étranger. Mais votre embarras ne sera pas moins
grand à Paris. Vous voyés déjà que vous n'osés vous y montrer. Je souhaite que M. d'Argenson se laisse fléchir, et je le
crois, car enfin votre cas est très pardonnable. Mais ce qui
me fait trembler pour vous, c'est que vous ne retombiés dans
quelque imprudence. Vous avez amené avec vous 6,000 volumes, et vous avés réussi à les faire entrer... Mais, en vérité,
à quoi vous exposés-vous ?... Vos livres sont encore à la
chambre syndicale. N'avés-vous pas tout à craindre de la
visite de cette chambre ? Pourquoi ne pas laisser à Francfort
ou ailleurs une partie de tout cela ? Pourquoi ne pas y vendre
ce que vous auriés pu, afin de vous procurer de quoi attendre
à Paris le débit du restant ? Tout cela me passe et me paroît
bien peu réfléchi. Je ne doute pas que vous ne tiriés beaucoup
d'argent de votre marchandise, supposé que vous puissiés
avoir une permission. Mais si vous êtes obligé de faire vendre
sous le manteau, vous allés vous jetter dans des embarras
terribles...

Méfiés-vous des colporteurs et colporteuses. Ce sont tous

espions de police... J'en ai des preuves certaines... Prenés garde encore de leur donner rien à crédit si cela se peut; ils paient fort mal. Mme Amaurie est la plus achalandée de toutes et celle qui débite le plus promptement; mais elle est plus redoutable que les autres. Il y a à craindre que, si le débit est lent, on ne contrefasse *Maintenon;* ainsi, il faudroit peut-être se hâter de faire tout vendre à prix honnête... Il fait beau en vérité vous entendre dire : *A quoi cela peut-il aboutir ? à quatre mois de Bastille.* Et n'est-ce là rien ? Et puis, peut-être, pour toujours. Ah ! que vous êtes peu au fait des choses !... Quelque autre que vous qui se seroit trouvé dans votre cas auroit tout de suitte quitté Paris; et vous, vous quittez l'étranger pour venir à Paris !... Mais le produit que vous comptiés tirer de votre marchandise vous a tenté. Vous aviés déjà cru voir 6,000 livres. Et là-dessus, il a bien fallu tout risquer. Vous verrés les suites d'une telle démarche. Vous verrés combien il est affreux de trafiquer des ouvrages, d'être la dupe des colporteurs, de passer toute la journée à s'informer du débit. Vous avés dédaigné votre ancien poste, et vous ne dédaignés pas de devenir marchand de brochures. Vous ne voulés pas passer pour ramasseur d'anecdotes; et vous venés à Paris brocanter vos livres ! Qu'il y a chés vous de contradictions !... Vous avez supprimé dans la deuxième édition de vos *Pensées* tout ce qui pourroit déplaire ? Mais croyés-vous bien savoir tout ce qui peut déplaire ? Il y a tel trait que vous avés cru fort innocent et qui ne sera pas regardé ainsi. Il falloit mettre un titre tout nouveau à cette nouvelle édition, afin de faire oublier la première. N'en vendés aucun qu'après avoir consulté l'abbé d'Olivet. La *Vie* de Maintenon est sans doute parmi ces 6,000 volumes. Jettés-la dans la rivière, parce que, selon ce que vous m'avés écrit, il y a des choses qui pourroient vous nuire.

Je voudrois bien savoir quelles sont vos vues à Paris, et quelle place vous y croyés pouvoir obtenir qui vous soit convenable. Sur quels amis, sur quels protecteurs comptés-vous?... Je crois, ma foi, que vous avés manqué votre coup, et que vous ne trouverés rien nulle part.

Suivent quelques conseils d'économie.

Si vous vous habillés, mettez-vous en noir, cette couleur convient quand on n'est pas riche et épargne mille dépenses. N'allés pas au caffé et surtout chez Procope (1). Tachés de vous faufiler honorablement. Voyés si M. de Montesquieu est à Paris. Il pourroit vous rendre service et vous procurer quelque poste en Angleterre, car je m'imagine que tout vous est fermé ailleurs. Ne parlés jamais du gouvernement, ou, si vous en parlés, que ce soit selon les idées du ministère. Rien sur la religion. Soyés et paroissés royaliste à brûler; prenés pourtant garde au Parlement... N'écrivés que ce que tout le monde peut lire.

Cette dernière recommandation mérite qu'on la remarque. C'est presque mot pour mot, avec la verve et l'ironie en moins, la phrase fameuse du monologue de Figaro : « Pourvu que je ne parle en mes écrits ni de l'autorité, ni du culte, ni de la politique, ni de la morale, ni des gens en place, ni des corps en crédit... ni de personne qui tienne à quelque chose, etc. » Beaumarchais, on le voit, n'a rien exagéré. Mais tant de précautions ne pouvaient convenir à La Beaumelle. Il aimait mieux, en se gênant moins, courir le risque de quelques mois de Bastille. Plus tard, quand il en aura tâté, il sera plus circonspect.

Il avait d'ailleurs, comme paraît le soupçonner son frère, d'autres desseins que celui de vivre exclusivement du produit de sa plume. Il espérait avec un peu d'appui obtenir le privilège d'un journal nouveau qu'il intitulerait la *Gazette littéraire* et qui ferait concurrence au *Mercure*. Montesquieu, consulté par lui, avait paru trouver ce projet

(1) Mêmes conseils dans la lettre suivante (19 décembre) : « Apparemment que vous ne vous serés point laissé tenté par Plaisance (le coiffeur de la Comédie-Française). La chambre est trop chère et d'ailleurs ne vous convient point. Elle est trop voisine de *Procope* et de la Comédie. Voyés à vous loger du côté de la rue de l'*Arbre-Sec*. C'est le quartier où l'on est le plus à portée de tout. » (Arch. des Angliviels.)

réalisable. « Je parlerai, avait-il dit, de mon mieux à M. de Malesherbes, et je souhaite que cela réussisse. » Lauraguais, plus sceptique et, malgré sa grande jeunesse, plus au fait de certaines intrigues, indiqua à La Beaumelle une voie détournée pour arriver à son but. Une duchesse qu'il ne nomme pas, mais qui pouvait beaucoup auprès des ministres, avait à son service un intendant nommé Dufesq :

Elle le ruine, lui écrivait-il, par l'espoir qu'elle lui donne de le faire fermier général... et il est à parier qu'il n'aura pas plus cette place que moi; elle, de son côté, craint aussi qu'il ne puisse plus incessamment fournir à ce qu'elle lui demande... Je mettrois le feu sous le ventre à Dufesq. Je lui dirois : Pouvez-vous faire réussir cette entreprise? Je vous y intéresse de moitié. Allez trouver Mme de ***. Dites-lui que l'espérance qu'elle vous donne est éloignée et bien difficile par le nombre des concurrens; que vous êtes prêt à y renoncer si elle fait réussir cette affaire, et que, si elle ne le veut pas, alors, vous ne pouvez plus fournir aux dépenses. — Elle feroit tout au monde.

Dans l'ancienne société ces choses-là paraissaient toutes simples. La Beaumelle s'empressa d'entrer en pourparlers avec le personnage indiqué; celui-ci fit agir la grande dame; mais nulle entreprise n'était alors entourée de plus d'obstacles que la création d'un journal, et ces négociations, bientôt suspendues, d'ailleurs, par l'entrée de La Beaumelle à la Bastille, n'aboutirent pas.

Lors de son premier séjour à Paris, il avait été présenté par Montesquieu au bon La Condamine, qui s'était aisément laissé séduire, lui, l'explorateur infatigable, le curieux universel — curieux de nouveautés au moins autant que de vérités — par les idées hardies du jeune écrivain, son esprit d'aventure, sa vive conversation qu'aidait une mémoire immense, véritable magasin de documents et d'anecdotes.

La Condamine avait fait, quatre ou cinq ans auparavant, en compagnie de Bouguer, un voyage scientifique à l'Équateur pour déterminer la *grandeur et la figure de la terre*. Les deux savants, revenus brouillés de cette expédition, s'étaient décidés à prendre le public pour juge de leur querelle. Le public s'en amusa, et, comme La Condamine avait été dans cette discussion gai et spirituel, et son adversaire au contraire lourd et maussade, il eut les rieurs de son côté. La Beaumelle entendit la lecture de ces *Mémoires* contre Bouguer avant leur publication, y collabora quelque peu, et, en échange de cette complaisance, fut aidé de la même façon, par La Condamine, dans sa polémique avec Voltaire. D'ailleurs, La Condamine, ami intime de Maupertuis, venait, après les scandales de l'*Akakia*, de prendre publiquement parti pour le président de l'Académie de Berlin contre son rival. Il était également répandu dans le monde des lettres et dans la société aristocratique, et fit partager à La Beaumelle toutes ses relations. Ils se voyaient ou s'écrivaient chaque jour. Leur correspondance, commencée en 1753, dura jusqu'à la mort de La Beaumelle, sans être interrompue même par la réunion des deux amis qui, d'un étage à l'autre d'une maison où ils logeront ensemble, continueront à s'écrire. Nous connaîtrons ainsi désormais par le menu et dans ses moindres détails la vie de La Beaumelle. Son *Journal* suppléera, pour les années de Paris, à ce que cette partie de la correspondance, d'une correspondance entre voisins, aura forcément d'incomplet (1).

---

(1) Ajoutons que La Condamine, par crainte des perquisitions auxquelles La Beaumelle fut perpétuellement exposé à Paris, de 1753 à 1757, lui redemanda plusieurs fois ses lettres; il lui remettait en échange celles

De tous les conseils que lui avait donnés son frère, celui de se « faufiler honorablement » était pour lui le plus facile à suivre. L'habit noir et modeste qu'Angliviel lui recommandait en même temps lui convenait moins. Il resta élégant et ne renonça jamais entièrement à son plumet de Potsdam. L'une de ses prétentions était de n'avoir rien en lui qui annonçât la profession d'auteur. Il était le contraire précisément de ce que nous appelons aujourd'hui un *bohème;* ce mot nouveau (1) désigne une race très ancienne d'écrivains et de philosophes; les chansonniers amis de Piron, Gallet en tête, en fournissaient alors le type accompli. Fréron se rattachait autant par ses écrits que par sa façon de vivre à ce groupe de littérateurs débraillés. La Beaumelle ne le fréquenta pas; et, bien qu'un intérêt commun tendît à les rapprocher, il n'y eut jamais entre ces deux illustres victimes de Voltaire la moindre intimité.

En revanche, il voyait beaucoup Diderot et les amis de Diderot; il les rencontrait aux soupers de Mme d'Aine, cette amusante belle-mère du baron d'Holbach, cette amie si dégourdie de Mme d'Épinay, chez qui se tenait la conservation la plus salée et la plus libre de Paris (2). Il se faisait là de véritables débauches d'athéisme; et l'ancien proposant en théologie qui, plus tard, reviendra à la foi, mais qui alors était ou affectait d'être un franc libertin, y payait largement son écot.

Il allait aussi très régulièrement aux soirées plus cal-

qu'il avait reçues de lui. La Beaumelle, qui conservait tout, n'a eu garde de détruire ses propres lettres : la plupart d'ailleurs sont jolies et intéressantes.

(1) Nouveau dans le sens spécial où nous le prenons ici.

(2) Sa première rencontre avec Diderot chez Mme d'Aine fut pour lui un événement. Il en fit mention dans son *Journal* de la façon suivante : « Dîné avec M. Diderot chez Mme d'Aine, le 1er novembre 1753 : *Dies notatus meliore lapillo.* »

mes de Mme du Boccage. Il y racontait ses séjours à
Copenhague et à Berlin, y lisait les lettres de Mme de
Bentinck, du comte d'Arnim, du comte de Schmettau et
des autres amis qu'il avait laissés en Allemagne et en
Danemark. Tout salon alors était une agence d'informations organisée comme le sont aujourd'hui nos journaux.
La Beaumelle fournit quelque temps à celui de Mme du
Boccage la correspondance étrangère. Il y rencontra
quelques grands seigneurs et grandes dames qui l'attirèrent chez eux : Mme de Créqui (1), la comtesse de la
Marck, le maréchal de Lowendall, etc. Il y rencontra
aussi Fontenelle et Marivaux, hôtes habituels du salon
de Mme Geoffrin, chez qui bientôt ils l'introduisirent. Il
y fut accueilli avec la distinction due à un ami de Montesquieu; son esprit, son talent de causeur y furent très
appréciés. C'était la première fois qu'on pénétrait ainsi,
sans un long stage et des épreuves multipliées, dans ce
cercle d'élite qui exerçait à Paris, et de là sur toute l'Europe, une sorte de juridiction intellectuelle. Dès qu'on
était admis chez Mme Geoffrin, on avait ses entrées partout. Cela donnait un brevet de distinction et d'honorabilité.

La Beaumelle, à dater de ce moment, reçut plus d'invitations qu'il ne lui fut possible d'en accepter. Il dut
s'arranger de façon à avoir fini, comme Duclos, sa journée de travail à midi. Il s'habillait alors, montait en carrosse, se faisait conduire chez l'un des personnages que
nous venons de nommer, ou encore chez le maréchal de
Noailles, dont la parenté avec Mme de Maintenon l'attirait; chez le duc de Lauraguais, père de ses jeunes amis
de Berlin, chez le duc d'Aumont; près de qui Mme de Lau-

(1) « Passé l'avant soupé chez Mme du Bocage et vu Mme de Créqui,
tout esprit, tout saillie. » — *Journal* de La Beaumelle, 11 février 1753.

raguais l'introduisit par l'entrée la plus intime (elle avait, nous apprend le *Journal* de La Beaumelle, qualité pour cela). Après dîner, on lui demandait une lecture. Tantôt c'était un fragment de ses ouvrages, tantôt une brochure nouvelle de Voltaire, l'*Akakia* par exemple, qu'on le priait d'illustrer d'un commentaire. Il était galant et joli homme ; il sentait l'ambre et non l'encre : les belles dames en raffolaient. Il les conduisait chez la marchande de modes, chez le libraire en vogue, au parloir du collège Louis le Grand, quand elles y allaient voir leurs enfants. On le rencontra à Longchamps avec Mme de Margueritte et la marquise de Castellane. Il était lancé. Les gens de tout âge avaient pour lui plus que des égards ; on tenait compte de ses préférences et de ses goûts ; on le flattait, on le consultait sur les invitations à faire. La Condamine, ayant projeté avec lui une promenade en voiture, lui écrivait :

> Mon neveu (le vicomte d'Etouilly) en sera. C'est un bon enfant et un honnête homme.. Ah ! si vous faisiés élaguer les branches luxuriantes de votre esprit et qu'il pût en ramasser la tonte !... Pour avoir quelqu'un avec qui causer, vous cherchés un quatrième, et si Marmontel étoit de votre goût, il est à Paris et me viendra sûrement voir d'ici là. Mais je ne lui dirai rien que je ne vous aie vu.

Un autre billet de La Condamine nous apprend que Marmontel fut agréé. La Beaumelle d'ailleurs le connaissait depuis longtemps ; il le voyait chez Diderot, chez Procope ; mais comme il voulait se tenir soigneusement en dehors du cercle d'influence de Voltaire, et que Marmontel, au contraire, y avait toutes ses attaches, tous ses appuis, il ne poussa pas très loin cette liaison. Il eût pu, par lui, trouver accès auprès de Mme de Pompadour, effacer dans l'esprit de la favorite certaines impressions, combattre certaines influences. Il crut plus habile ou plus digne de se tourner du côté de d'Argenson. « J'ai en tête, écrivait-il à La Condamine, que M. d'Argenson me re-garde comme un bel esprit de café. Il faut que je le désa-buse. » Il obtint de lui une ou deux audiences qui eurent un effet favorable ; il gagnait réellement à être vu de près. Le ministre remarqua sa parfaite tenue, le ton excellent de sa conservation, la politesse de ses maniè-res ; il eut dans la suite l'oreille moins ouverte aux dénon-ciations, le traita en homme bien élevé et lui témoigna toujours depuis beaucoup de bienveillance et d'indul-gence.

Malesherbes, que ses fonctions de directeur de la librairie mettait en communication fréquente avec les gens de lettres, le reçut dans sa familiarité, lui donna souvent de bons avis pour ses écrits, pour sa con-duite ; lui fournit même des renseignements inédits sur Louis XIV et Mme de Maintenon.

La Beaumelle sut gagner également les bonnes grâces du lieutenant de police Berryer, et lorsque celui-ci reçut, bientôt après, l'ordre de le faire arrêter, il mit dans l'exé-cution de cette formalité tous les ménagements imagina-bles.

Cependant Voltaire ne perdait pas de vue sa ven-geance. Ses démêlés avec Maupertuis, sa brouille même avec Frédéric, tout en la lui faisant ajourner, la lui rap-pelaient sans cesse. La Beaumelle, en effet, s'était trouvé plus ou moins directement mêlé à la vie des principaux acteurs de cette tragi-comédie de l'*Akakia* qui avait eu la Cour et l'Académie de Berlin pour théâtre. Son nom est à chaque instant cité dans la *Diatribe*. Voltaire, en même temps qu'il écrivait ce libelle, préparait son *Supplément au Siècle de Louis XIV ;* il adressait à Roques lettres sur

lettres, essayant de lui faire honte de son amitié pour
La Beaumelle.

J'ai lu enfin l'édition du *Siècle de Louis XIV* que votre ami
La Beaumelle a faite en trois volumes... Il vous dit qu'il fera
imprimer à la suite... un procès que j'eus il y a près de trois
ans avec un banquier juif, et que je gagnai... Tout cela, Monsieur, est le comble de l'avilissement... (1).

Dans la lettre suivante, il insinue que La Beaumelle a
volé à un M. de Margency les lettres de Mme de Maintenon. « Cela, ajoute-t-il, a fait beaucoup de bruit à Paris. »
Roques, qui sait à quoi s'en tenir, qui a pu voir entre les
mains de La Beaumelle sa correspondance avec Louis Racine, réfute aisément cette calomnie.

Le sieur La Beaumelle, continue Voltaire (4 mars), n'est
pas digne d'être votre ami, et il faut que vous ayez bien de
l'indulgence pour lui pardonner ses écarts. Une âme aussi
honnête que la vôtre est incapable même de comprendre les
noirceurs de cet homme... Il ne vous a pas dit sans doute
qu'il a fait colporter une douzaine de libelles manuscrits
contre moi, et que des âmes de boue comme la sienne ont eu
soin de répandre partout. On m'écrit de Paris qu'on y a vu
des copies de ces belles productions.

Il s'agit ici vraisemblablement de la *Lettre sur mes
démêlés* qu'en effet La Beaumelle avait communiquée à ses
amis et à Roques lui-même.

Ah! Monsieur, que la littérature est avilie par les La
Beaumelle, et quelle humiliation que d'être obligé de répondre
aux attaques d'un pareil adversaire ! Votre philosophie gémit
avec moi de ces misères et voudroit la paix ; mais je vous
demande, Monsieur, si la conciliation est possible.

Roques pourtant persévérait dans son rôle de média-
teur, et Voltaire, sans lui parler encore du *Supplément*
qu'il préparait et qu'il comptait lui dédier, le remerciait

(1) Sans date dans l'édition de Beuchot. Probablement **novembre 1752.**

de ses efforts et se disait aussi animé que lui-même d'intentions pacifiques. La Beaumelle ajoutait peu de foi à ces protestations que lui transmettait son ami. Cependant il se pressait moins qu'il ne l'eût fait peut-être sans cela de publier sa brochure, et se laissait entraîner à d'autres soins.

Le maréchal de Noailles avait lu avec intérêt la *Vie* et les *Lettres de Mme de Maintenon*, et avait approuvé le projet de l'auteur d'en donner une édition plus correcte et plus complète. Neveu par alliance de la fondatrice de Saint-Cyr, il était mieux que personne en position de renseigner La Beaumelle. Il l'invita à venir le voir à Versailles, le reçut dix jours de suite à sa table (1), et mit à sa disposition, outre ses souvenirs personnels, tout le trésor de ses archives. La Beaumelle, logé à l'auberge du *Dauphin*, dans le voisinage de l'hôtel de Noailles, y passait ses journées et ses soirées. Le secrétaire du maréchal, Sicard, avait ordre de lui communiquer toutes les pièces qu'il désirait consulter et de l'aider dans ses recherches. Était-il autorisé aussi à lui vendre, comme il le fit, quelques-uns des documents les plus importants du dépôt dont il était le gardien? La vente fut-elle faite en son nom et à son profit, ou bien au nom et au profit du maréchal lui-même? Cette dernière supposition, à laquelle paraît s'être arrêté un moment La Beaumelle, est tout à fait inadmissible.

Mme de Louvigny, quand elle connut plus tard ces faits, s'en montra d'abord indignée : « Ne dites point qu'on vous ait vendu les lettres de Mme de Maintenon. Je trouve le trait diffamant plus qu'un libelle, et la charité veut qu'on le taise. Fi! quelle bassesse!... quoique je pense

(1) Du 14 au 25 janvier 1753. *Journal* de La Beaumelle. Archives des **Angliviels.**

que ce soit un profit pour le secrétaire seul à qui on l'aura généreusement abandonné (1). »

Nous relevons dans le *Journal* de La Beaumelle, à la date du 18 janvier, la mention suivante :

Acheté de M. Sicard :

| | |
|---|---|
| Les Mémoires de Mlle d'Aumale. . . . . . | 300 fr. |
| Les Mémoires de Saint-Cyr, 3 vol. in-folio. | 700 |
| Les Lettres de la maison de Noailles. . . . | 150 |
| Les Lettres de la reine d'Angleterre. . . . | 260 |
| Les Lettres de Mme de Caylus. . . . . . | 50    » |

Ces documents étaient pour la plupart des copies soigneusement collationnées et reliées en volumes. L'exemplaire des *Mémoires de Saint-Cyr,* rédigés par Manseau, intendant de la maison de Saint-Louis, était le manuscrit même de Manseau, pièce unique, dont personne, sauf La Beaumelle, n'a jamais fait usage. En voici le titre exact : « Les Mémoires de la Fondation, maison et communauté royalle de Saint-Louis, establie à Saint-Cyr, près Versailles, par Louis le Grand, en l'année mil six cent quatre-vingt-six. » Le troisième volume s'arrête à la fin de l'année 1691.

Les *Mémoires* de Mlle d'Aumale avaient, pour la biographie de Mme de Maintenon, une grande importance. Il n'en existait guère à cette époque que deux ou trois copies. Les lettres de Mme de Caylus étaient, à défaut de ses *Souvenirs,* encore inédits alors, et que le comte de Caylus ne communiquait à personne, pleines de renseignements sur les quinze dernières années du règne de Louis XIV.

La Beaumelle avait fait venir de Paris trois copistes

(1) Lettre du 31 janvier 1755.

qu'il occupait à transcrire les pièces dont il ne pouvait obtenir l'abandon complet ou le prêt à long terme.

La recommandation du maréchal de Noailles lui ouvrit, bientôt après, les portes de Saint-Cyr. De son côté, La Condamine, qui avait dans cette maison une nièce, fille elle-même d'une ancienne pensionnaire, y était reçu en ami ; il fut un intermédiaire très utile entre les dames de Saint-Louis et leur futur historiographe. Déjà il avait obtenu pour celui-ci d'intéressantes communications, et on lui en promettait d'autres à bref délai, lorsque La Beaumelle fut averti que Voltaire le dénonçait auprès des ministres, comme un homme dangereux, auteur d'écrits subversifs, qui méritait la corde ou tout au moins la prison. On lui remit un mémoire que Mme Denis distribuait à tout venant, et dans lequel le chambellan de Frédéric expliquait à sa façon l'affaire Kœnig, sa querelle avec Maupertuis et la part qu'y avait eue La Beaumelle. « Un homme que je crois Genevois, ou du moins élevé à Genève, nommé La Beaumelle, ayant été chassé de Danemark, arriva à Berlin avec la première édition du *Qu'en dira-t-on* ou de ses *Pensées*. Dans ce livre devenu célèbre par l'excès d'insolence qui en fait le prix, voici ce qu'on trouvait : (Suit le passage sur les nains et les bouffons.) C'est cet homme, proscrit dans tous les pays, que Maupertuis recherche dès qu'il est arrivé, etc. »

La Beaumelle prit un exemplaire de ce mémoire, le couvrit d'apostilles violentes et le renvoya à Mme Denis. Le passage cité plus haut était accompagné de cette note :

Que diroit-on, si l'on désignoit ainsi M. de Voltaire : Un homme célèbre par quelques bons vers et quantité de crimes, également digne de la fleur de lys et du laurier, nommé Arouet? — Je ne suis ni Genevois, ni né à Genève. J'y ai passé quelques mois avec la permission du Roi. Du reste, si je n'étois pas né Français, je voudrois être né Suisse, et je trouve très beau le titre que M. Rousseau met à la tête de ses ouvrages...

Dans une lettre jointe au *Mémoire* apostillé, La Beaumelle se plaignait à Mme Denis qu'elle eût répandu ce libelle.

M. de Voltaire, disait-il, a ses raisons pour me nuire, mais je ne sache pas que vous en ayez. Je vous renvoie le mémoire avec la réponse; je vous prie de la répandre aussi. Vous êtes trop juste pour me refuser cette espèce de réparation.

Je viens également de voir une lettre de Berlin où il me menace de mille personnalités dans un supplément de son *Siècle de Louis XIV*. Ne faisant que d'entrer dans le monde, il me seroit sans doute glorieux d'y être annoncé par M. de Voltaire, mais je n'aime point les personnalités... Si vous daignez, Madame, prendre encore quelque intérêt à lui, conseillez-lui de foudroyer mes ouvrages; je les lui abandonne; mais qu'il évite avec soin les injures : je ne les lui pardonnerois pas. Il dira contre moi des calomnies, je dirai contre lui des vérités. Il me blessera en me donnant des ridicules, je le poignarderai en publiant ses crimes dont j'ai une liste assez exacte. Il manque un tome à la *Voltairomanie;* je le ferai en donnant un abrégé de ses procédés à mon égard et une relation de l'Affaire du Juif sur laquelle j'ai des mémoires qui vous étonneroient. Voulez-vous, Madame, que je vous en envoie copie?

Cet ouvrage est trop contre mon caractère pour que je ne cherche pas à me l'épargner. Il vous feroit de la peine, et vous êtes, Madame, la personne du monde à qui je voudrois le moins en faire. Il soulèveroit contre moi les partisans de M. de Voltaire, et si, parmi les zélés, il n'y en a aucun que je craigne, du moins y en a-t-il beaucoup que je respecte et quelques-uns que j'aime... Je vous remets, Madame, les intérêts de sa gloire et de mon repos...

Nous abrégeons cette lettre qu'on peut lire en entier

avec quelques variantes dans le petit volume publié en
1753 « à Londres, chez Nourse ».

A cette lecture, la nièce de Voltaire, « cette petite
grosse femme toute ronde », dont Mme d'Épinay a
crayonné de sa main légère un si amusant portrait, se
précipita chez M. d'Argenson. Elle rencontra en chemin
le président Hénaut, qui l'assura qu'elle ne serait point
reçue sans lettre d'audience, l'emmena chez lui et lui
conseilla de rédiger une plainte qu'il remettrait lui-même
au ministre dans la journée.

J'espérais, Monseigneur, écrivit-elle, vous faire ma cour
aujourd'hui. Mais M. le président Hénaut m'a dit que peut-
être je ne pourrois jouir du bonheur de vous voir, et s'est
chargé de vous remettre une lettre et un mémoire que La
Beaumelle m'a envoyés remplis d'horreurs contre M. de
Voltaire.

J'avoue, Monseigneur, qu'il ne le traite guère mieux que
les rois dans une édition du *Qu'en dira-t-on?* qu'il appelle ses
*Pensées,* faite à Francfort. Il dit du roi de Pologne, père de
Mme la Dauphine, page 302 : *J'ai vu à Dresde un roi imbécile,*
*un ministre propre à ranger des magots, un héritier qui a des enfans*
*et ne sauroit en faire...* Il vient de faire une édition du *Siècle*
*de Louis XIV* de M. de Voltaire, avec des notes au bas des
pages remplies de critiques qui n'ont ni sens ni raison, et
d'injures violentes contre l'auteur... Des gens qui les ont lues
m'ont assuré que les notes de La Beaumelle traitent Louis XIV
et Louis XV de tyrans, et que la maison d'Orléans y est
insultée.

Je vous supplie, Monseigneur, de considérer qu'il seroit
triste pour moi d'être en butte à un homme aussi fou que
celui-là. Je ne l'ai jamais vu, je n'ai jamais parlé de lui, je
n'ai point publié ce mémoire dont il me parle ; je ne suis ni
roi, ni bel esprit. Que me veut-il, et à quel propos vient-il
m'insulter?

Pardonnez-moi ma faiblesse, Monseigneur, je crains les
fous. Mon sexe est timide avec raison. Que peut faire une
femme qu'on insulte ? Liez celui-là de façon que je puisse m'en

garantir, et permettez-moi de vous dire qu'il m'est bien doux de vous avoir des obligations. Les sentiments que vous m'inspirez sont inexprimables. J'ai l'honneur d'être, etc.

*Signé :* DENIS.

M. d'Argenson ne prit pas trop au tragique les doléances de la *sensible* veuve, qui n'était en cette occasion que l'interprète et l'agent de son oncle. A cette lettre de Mme Denis que nous avons vue en original (1), est resté épinglé un billet du ministre au lieutenant de police Berryer, ainsi conçu :

Voici, Monsieur, une lettre que je reçois de Mme Denis... Il est bon que vous en ayez connoissance avant que de parler à La Beaumelle ; elle renferme même certains faits qu'il sera bon que vous éclaircissiez avec lui.

Et Berryer a ajouté de sa main, en marge de la lettre, cette note :

J'ai mandé La Beaumelle qui est venu le mercredi 21 mars 1753. Je lui ai fait une vive mercurialle.

Cette mansuétude ne fit pas l'affaire de « la Denis », comme l'appelait irrévérencieusement Frédéric. Elle se rendit à l'audience de M. d'Argenson, armée de l'édition d'Eslinger, « remplissant l'antichambre de ses clameurs », montrant à tout le monde un trait du troisième volume contre le régent, et protestant au ministre que le duc d'Orléans, qui en réalité ne s'en souciait guère, était fort irrité contre l'auteur. L'abbé Sallier, l'un des spectateurs de cette scène, la raconta à La Beaumelle, qui se tint tranquille et, durant trois semaines encore, ne fut nullement inquiété.

Le 23 avril au matin. MM. d'Hémery, lieutenant de robe courte, et de Rochebrune, commissaire au Châtelet de

(1) Arch. des Angliviels.

Paris, se présentèrent à l'hôtel de Rennes, rue Saint-André des Arts, où il logeait, mirent ses papiers sous scellés et saisirent huit exemplaires du *Siècle de Louis XIV* d'Eslinger. Hémery, rendant compte à Berryer de l'exécution de ses ordres, s'exprimait ainsi :

Le sieur de la Beaumelle est convenu de la meilleure foi du monde d'avoir fait les nottes du premier volume, désavouant celles des deuxième et troisième volumes qu'il croit être du chevalier de Mainvilliers. Il nous a assurés que cette édition (bien que portant le nom de Bouchard de Metz) avoit été faite à Francfort, et que le libraire avoit mis, malgré les deffenses qu'il lui en avoit faites, les lettres initiales de son nom à la tête de l'ouvrage.

A la suite de cette perquisition, et après avoir rédigé et lui avoir fait signer un long procès-verbal (1), d'Hémery et Rochebrune, pleins d'égards d'ailleurs pour La Beaumelle, l'invitèrent à s'habiller, acceptèrent une tasse de café qu'il leur offrit, le firent monter en carrosse, et le conduisirent au château de la Bastille.

Que s'était-il donc passé, et qui avait pris soin de venger ainsi, presque à son insu, les injures du duc d'Orléans? Ce n'était pas d'Argenson. Tout se fût terminé, s'il n'eût tenu qu'à lui, par la « mercurialle » de Berryer. Or, ce qui ne se faisait pas alors par le ministre se faisait par la favorite. C'était Mme de Pompadour, la « Chloé » du *Qu'en dira-t-on*, qui, indirectement prévenue par Voltaire, avait voulu punir et réduire au silence son détracteur. Mais comme, d'autre part, il ne pouvait lui plaire d'attirer l'attention sur le délit même qui la concernait (2), ce fut, à la demande du duc d'Orléans, et non à la sienne, que l'ordre du Roi, en date du 22 avril, fut signé. « C'est M. le

(1) BENGESCO, *Bibliographie des Œuvres de Voltaire*, Paris, Rouveyre et Blond, 1882, t. Iᵉʳ, p. 349.
(2) Voir p. 66.

duc d'Orléans, écrira le marquis d'Argenson dans ses *Mémoires*, qui a demandé cette punition. » Telle est en effet l'apparence officielle, mais ce n'est qu'une apparence. Nous en avons la preuve dans un billet de La Condamine à M. de la Cour, daté du 29 avril. Il examine les moyens de venir en aide au prisonnier : « C'est, dit-il, auprès de M. le duc d'Orléans qu'il faut agir; *c'est de lui qu'on s'est servi, et on a parlé en son nom. M. Dupin pourra peut-être vous en apprendre davantage* (1). »

(1) Lettre publiée par N. JOLY dans une brochure intitulée : *Notice sur deux livres rarissimes qui font partie de ma bibliothèque.* Toulouse, 1870.

# CHAPITRE IX

La Beaumelle fut reçu avec beaucoup d'affabilité par le gouverneur de la Bastille, M. Baisle, qui lui promit d'apporter à sa situation tous les adoucissements possibles. En attendant, on l'enferma dans « la première chambre de la tour du coin », pièce assez petite, éclairée par une seule fenêtre, meublée d'un lit, d'une ou deux chaises, et d'une table ; les murs blanchis à la chaux étaient couverts d'inscriptions. Il y remarqua les noms de quelques gens de lettres, entre autres celui de Pidansat de Mairobert, qui avait été enfermé là en 1747, à l'âge de vingt ans. Il reçut le même jour la visite du lieutenant de roi de la Bastille, M. d'Abadie, et celle du major, M. Chevalier, qui prirent note de ses besoins et de ses désirs. Il demanda avant tout du papier et des plumes. Il avait depuis longtemps dans la tête une tragédie de *Virginie,* qui lui paraissait l'ouvrage le plus propre à être composé en prison. Dans son impatience, il en écrivit les premières scènes avec une aiguille sur les assiettes d'étain qu'on lui apportait à ses repas.

Sa table, quoique abondamment servie, ne rappelait que de loin les festins plantureux dont Marmontel, dans ses *Mémoires,* nous a fait une si alléchante description. Il n'avait pas été autorisé, comme l'auteur des *Contes moraux,* à conserver près de lui son domestique. La solitude, au bout de quelques jours, lui devint intolérable; il perdit l'appétit, il eut la fièvre; on craignit qu'il ne devînt sérieusement malade. La Condamine fut autorisé à venir le voir.

J'ai passé, écrit-il à M. de la Cour, deux heures avec lui; il en avoit grand besoin; au commencement de la conversation, il étoit tout égaré, et ne se remit que peu à peu. Il ne mange point. Je l'ai beaucoup consolé; je lui ai donné des espérances; et le pis qu'il lui puisse arriver, c'est, je crois, d'achever la *Vie* de Mme de Maintenon là où il est (1).

Enfin, le 29 avril, on apporta à La Beaumelle les plumes et le papier tant désirés. Il écrivit aussitôt aux religieuses de Saint-Cyr, pour les remercier des sympathies que La Condamine lui avait exprimées de leur part, les rassurer sur la durée et les suites de sa détention, et les supplier de lui conserver, malgré cet accident, la confiance dont elles lui avaient donné déjà des marques si précieuses. Il écrivit aussi à Montesquieu, dont les efforts combinés avec ceux de La Condamine, de Lalande et de Maupertuis, devaient amener quelques mois plus tard sa délivrance. On a dit que Montesquieu se trouvant dans sa terre de la Brède, près Bordeaux, au moment où La Beaumelle fut arrêté, était revenu tout exprès à Paris pour solliciter sa mise en liberté (2). Les documents que nous avons entre les mains, sans contredire absolument le fait, le rendent matériellement assez difficile à admettre. Une lettre de Montesquieu à Guasco prouve qu'il était encore à Paris le 5 mars. Il semble bien qu'il n'y était plus le 23 avril, date de l'arrestation de La Beaumelle; mais il n'en était pas très éloigné, puisqu'il y arriva le 29 du même mois. Il n'aurait pu, en cinq jours, être averti par une lettre et

(1) Ach. des Angliviels. Lettre sans date; apparemment de la fin d'avril.
(2) Louis VIAN, *Histoire de Montesquieu*, p. 302.

faire un tel voyage. Peut-être, en supposant qu'il fût retourné depuis le 5 mars à la Brède, était-il déjà en route
pour Paris, lorsque l'événement se produisit; peut-être,
et cette supposition paraît bien la plus vraisemblable,
se trouvait-il simplement en villégiature chez des amis, les
d'Aiguillon, les Dupré de Saint-Maur, ou à Pontchartrain,
chez M. de Maurepas (1), ou, plus simplement encore, à
Versailles : il y allait quelquefois ; le carême venait de
finir, et la cour reprenait, en cette fin d'avril, son train
habituel.

Quoi qu'il en soit, le 29 au soir, La Condamine écrivait
à M. de la Cour : « M. de Montesquieu est arrivé, je l'ai
manqué d'un moment (2). »

La Beaumelle, dans son Journal de la Bastille qu'il commence à cette même date, dit : « J'ai écrit à M. de Montesquieu quatre mots, mais quatre mots de trop. » Tant il
lui paraissait superflu de réclamer une protection qu'il se
savait tout acquise. Ce Journal se compose d'un petit
nombre de feuillets remplis d'une écriture très serrée; il
s'interrompt (nous verrons tout à l'heure pourquoi) du
6 août au 23 juillet, et n'est plus tenu très régulièrement à
partir de cette date. On y trouve d'assez curieux renseignements, qui aujourd'hui ne sont plus tout à fait des
révélations, sur le régime singulièrement doux et accom-
modant de la légendaire prison. Les inspecteurs, les officiers, les gardiens, sont d'une politesse, d'une bonhomie,
d'une discrétion admirables. Ils visitent le prisonnier,
causent avec lui longuement, s'évertuent à le distraire et
se montrent tout heureux dès qu'ils sont parvenus à lui

---

(1) L'année suivante, il écrivait au chevalier d'Aydies (12 mars) : « J'arrive de Pontchartrain avec Mme d'Aiguillon, où j'ai passé huit jours fort
agréables. »
(2) Lettre déjà citée p. 137 (publ. par Nic. JOLY).

rendre un peu de sérénité et de gaieté. La nudité de sa
chambre l'afflige ; il voudrait avoir autour de lui ses instru-
ments de travail; on l'autorise à faire venir des meubles,
des livres, et, en attendant qu'il les reçoive, le gouverneur lui envoie un excellent fauteuil et lui fait construire
des rayons pour cinq cents volumes. Il n'a pas d'appétit,
la nourriture fournie par la cuisine commune lui déplaît ;
La Condamine s'en est montré alarmé, et cela désole aussi
le bon gouverneur, pour qui les détenus sont véritablement des hôtes, et il met à la disposition de La Beaumelle
son propre maître d'hôtel.

Ce matin (1ᵉʳ mai), à dix heures, nous dit le *Journal*, le
lieutenant du Château est entré et m'a dit que les infirmités de
M. le gouverneur l'empêchoient de venir me voir, mais que je
n'avois qu'à demander ce qui me feroit plaisir... J'ai ordonné
un pigeonneau et le mangerai de bon appétit.
    *Mercredi 2 mai.* — Écrit au Gouverneur pour le remer-
cier de ses bontés. Envoyé un mémoire à son maître d'hôtel.

Et cela continue ainsi jusqu'à la fin.

En même temps, il recevait du dehors, par les soins de
La Condamine, bien des douceurs, du thé, du café, du
sucre, du quinquina, du « ratafia de Grenoble », un flacon
d' « eau de la reine », du tabac, etc., etc.

Pour ceux qui voudraient étudier sur le vif l'état d'âme
d'un prisonnier de la Bastille, le Journal de La Beaumelle
n'offre pas tout l'intérêt qu'un document de ce genre
semble promettre. Nous ne saurions en garantir l'absolue
sincérité, et lui-même, dès le début, nous met un peu sur
nos gardes. « Dans le compte, nous dit-il, qu'on se rend
de ses pensées et de son cœur, il est rare qu'on n'use pas
d'un peu de dissimulation avec soi-même. » Il sait d'ailleurs parfaitement qu'il n'écrit pas pour lui seul, et que
les murs de sa prison ont des yeux; peut-être, au fond,

serait-il bien fâché qu'ils n'en eussent pas. Il a des
réflexions flatteuses pour M. Berryer : « C'est un digne
homme, je l'aime d'inclination. Je le crois juste, il a beaucoup d'esprit et le sens profond. Il a des lettres ; il connaît
les hommes ; il est fait pour sa place, mais il est fait aussi
pour monter plus haut. » La Beaumelle projette un ouvrage
dans lequel entrera l'éloge de M. d'Argenson. « J'aurai,
dit-il, de belles choses à en dire : il est doux, plein d'esprit
et fort laborieux. Je lui montrerai que je me venge d'une
manière noble, et je veux qu'il dise en lisant ce morceau :
*Que diroit-il, si je lui avois fait du bien?* » Enfin, il y aura
dans ce même ouvrage un parallèle entre Louis XV et
Titus! De semblables confidences pouvaient, sans inconvénient, être laissées sur sa table pendant ses heures de
promenade.

Tout le Journal est écrit de ce style bref, sentencieux,
déclamatoire, qui ne se rencontre jamais dans ses lettres,
mais auquel il se laisse aller trop souvent dans ses
livres. Visiblement il songe au public.

Une chose très curieuse, dit-il, seroit la *Gazette de la
Bastille*, les sentimens des prisonniers, leurs pensées, leurs
espérances, leurs projets, la curiosité des anciens, les aventures des nouveaux, leurs jeux, leurs amusemens, les révo-
lutions qui arrivent dans leur façon d'être et leur manière de
penser, leurs efforts pour se communiquer leurs idées ou
leurs malheurs, leurs désirs de liberté. Tout cela seroit le
fonds de cette gazette infiniment propre à faire connaître
l'esprit humain.

C'est cette Gazette qu'il a essayé d'écrire, et là où nous
voudrions rencontrer l'homme, nous trouvons encore
l'auteur. Écoutons-le :

Je fus arrêté le 24 avril, à dix heures du matin, après

une visite fort polie de mes papiers qui dura deux heures. J'aurois pu m'échapper, mais il auroit fallu sortir de France, et je veux y vivre et mourir.

Arrivé ici, je ne perdis pas courage. J'avois consolé mes domestiques en partant ; j'avois dans le carrosse conservé mon sang-froid ; j'avois entretenu de choses agréables l'exempt : je ne me démentis pas ; j'entrai ici sans me manquer à moi-même. Je ne m'approchai pas de la fenêtre ; je m'amusai à lire sur les parois les noms de mes prédécesseurs...

J'ai fait vingt fois le souhait de Néron : *Utinam scribere nescirem !*...

Quel est mon crime ? Est-ce d'avoir été chez l'étranger mauvais Français ? Le certificat du ministre de Copenhague dit que j'y ai été très zélé pour mon prince et pour ma nation... Est-ce d'avoir fait le *Qu'en dira-t-on ?* Je l'ai fait en Danemark, sous les yeux du Roi qui l'approuva, en agréa le premier exemplaire. J'en ai été assez puni par un an d'absence forcée et par six semaines de craintes et d'allarmes à Paris. Et puis, ce malheureux livre m'a été pardonné par M. d'Argenson... Est-ce d'avoir fait les remarques du *Siècle de Louis XIV ?* Je n'ai fait que le premier volume. Encore a-t-il été affreusement défiguré, comme on peut le voir par le manuscrit que j'ai remis au magistrat.

8 *mai, mardi.* — ...J'ai pris, ce me semble, assez bien mon parti. Peu de désirs de liberté, point d'impatience, nulle curiosité. On se fait à tout, et je sens que je passerois ici fort bien une année si Dieu le juge à propos...

Quelques jours de retraite font perdre le goût de la dissipation et des plaisirs. Je ne suis point surpris que les moines d'Égypte restassent soixante ans dans les déserts...

...Après que mes livres seront arrivés, que me restera-t-il à désirer ? Que mes amis m'oublient.

...Si quelqu'un entroit dans ma chambre et m'ordonnoit de mourir, je recevrois son ordre sans peine...

...Il n'y a que l'amitié qui m'attache à la vie : je ne voudrois pas m'éloigner de mes amis ; je ne voudrois pas qu'ils me perdissent...

Est-ce une indifférence criminelle que cette indifférence que j'ai pour la vie ? Non, car elle ne m'ôte pas le désir de

faire du bien à mes semblables. Sans ce désir, sans cette
espérance, il y a quinze jours que je ne suis pas libre, il y a
quinze jours que je ne serois plus. Peut-être le ciel me ré-
serve-t-il à un grand personnage? Peut-être me portera-t-il à
un rang où je pourrai faire quelques heureux? Peut-être
quelques-unes des idées que je jetterai sur le papier servi-
ront-elles un jour au bonheur du genre humain...

Je ne suis point attaqué d'une mélancolie noire, je n'ai
point de vapeurs; mes sens ne sont point agités; mon âme
n'est point dans l'ivresse; l'idée de ma captivité ne la tire
point de son assiette tranquille, etc.

Tout cela n'est ni très naturel, ni très spontané, ni véritablement senti. C'est ainsi qu'un bon élève d'Alais, traitant en rhétorique un sujet de concours, eût fait parler un
prisonnier. Il semble que La Beaumelle se soit dit : « Étant
donnée une situation qui, par hasard est la mienne, quels
sont les sentiments qui conviennent le mieux à cette situation? » Et il y a répondu en s'inspirant de ses souvenirs classiques.

A ces réflexions dont nous ne donnons que de courts
extraits, sont mêlées des citations de toute sorte, des critiques, des impressions de lecture, des anecdotes, des
opinions philosophiques et politiques, des idées jetées sur
Mme de Maintenon et Louis XIV, sur Saint-Cyr, sur le
quiétisme, etc.

Dès que les livres qu'il avait demandés arrivèrent, sa
tragédie de *Virginie* étant terminée, il se mit à traduire
Tacite. Ce projet était né, comme son précédent travail
sur Sénèque, de la fréquentation et de l'exemple de l'abbé
d'Olivet. Le goût déclaré de Montesquieu pour Tacite
avait bien pu aussi ne pas y être étranger.

La Condamine lui avait fait parvenir, sur sa demande,
plusieurs éditions savantes des œuvres de l'historien latin,
à l'aide desquelles il établit son texte. Il mena ce travail

si rapidement qu'il l'avait presque complètement terminé à la fin de sa détention. Plus tard, durant ses années d'exil en Languedoc, il le revit à loisir; mais, malgré les offres séduisantes qui lui furent faites à plusieurs reprises par différents libraires, il ne se décida jamais à le publier. Ceux de ses amis à qui il montra cet ouvrage en ont fait un fort grand éloge, et il est probable qu'ils ne se trompaient pas dans leur jugement. La Beaumelle était très bon latiniste; le tour habituel de sa pensée, l'allure de son style qui vise à la profondeur et poursuit l'effet en tous sens, sa phrase courte, s'adaptaient à merveille aux idées et à la langue de Tacite.

Il ne pouvait prendre son parti des lacunes qui existent dans les *Annales*; il eût souhaité qu'on retrouvât dans les fouilles d'Herculanum des documents qui permissent de les combler. Il eut même une idée qui ne pouvait venir qu'à un homme de ce temps, une idée que Freinshemius avait eue au siècle précédent pour Quinte-Curce et Tite-Live, que Brotier plus tard reprendra pour Tacite même : c'était de restituer, en un latin de sa composition, les livres des *Annales* qui nous manquent, d'achever par le même procédé ceux dont nous ne possédons que des fragments, et de retraduire ensuite le tout. On aurait eu ainsi une *vue* de l'ouvrage dans son ensemble, réparé, mis à neuf, sans aucune trace de ruines. Singulière façon de comprendre le respect dû aux monuments. — Un scrupule le retint : il pria ses amis (La Cour, Lalande) de s'informer, auprès de quelques savants, de ce que ceux-ci diraient d'une semblable tentative. Les savants, que l'on consulta étaient hommes de goût; ils détournèrent La Beaumelle de cette inutile besogne.

Son imagination trouva d'ailleurs à la Bastille une autre occasion de se donner carrière. Il avait pris pour correspondre avec ses amis, afin d'être moins compromis si une lettre venait à être égarée ou saisie, un pseudonyme, un nom de guerre : « Je vous prie, écrivait-il à La Condamine (27 juin), de mettre comme adresse : A *Uranie.* C'est mon nom de Bastille. » Bourguignon, le garçon qui le servait et à qui il abandonnait chaque jour la bouteille de vin de son souper, paraît avoir été l'agent de cette poste clandestine. Une de ces lettres fut vue entre les mains de cet homme par un jeune prisonnier nommé d'Allègre, que ce nom féminin intrigua. Pressé par lui de questions, Bourguignon jugea bon, sans doute, de ne pas le détromper sur le sexe d'Uranie, et s'amusa à lui en faire un portrait enchanteur.

D'Allègre, qui fut plus tard le compagnon d'évasion du fameux Latude, et qui mourut fou, était un esprit ardent, romanesque, aventureux, que la prison exaltait encore. Il avait trouvé moyen, raconte Duval dans ses Mémoires, de correspondre avec tous les prisonniers de la Bastille. Il avait descellé une pierre dans un cabinet de la chapelle, avait creusé le sol en dessous, et avait fait de ce trou une boîte aux lettres (1).

La Beaumelle reçut une première fois, par Bourguignon probablement, un billet plein d'une tendre curiosité pour Mlle Uranie. On indiquait à cette jeune personne, pour le cas où elle daignerait répondre, le secret de la chapelle. Il lui parut, faute de mieux, assez amusant d'entretenir pendant quelque temps l'erreur de son correspondant inconnu, et un petit roman, un roman par lettres, commença entre eux. Chacun, de peur d'accident, devait brûler très exactement les lettres reçues. C'était un sacri-

_____

(1) V. dans le *Temps* du 12 juillet 1888 un article de M. Hugues le Roux sur les Archives de la Bastille et les travaux de M. Funck-Brentano.

fice douloureux, mais nécessaire. D'Allègre ne put se résoudre à détruire cette correspondance dont il était dupe et qui enchantait son ennui. Il en résulta qu'un inspecteur, en visitant sa chambre, découvrit les lettres d'Uranie et s'en empara. Il fut mis pour quelque temps au cachot.

La Beaumelle, averti de cette catastrophe par Bourguignon, ne douta pas qu'on ne le traitât avec la même rigueur que d'Allègre. Il attendit en tremblant la décision du lieutenant de police. Son Journal, qu'il fut bientôt forcé d'interrompre, porte la trace peut-être exagérée de ses angoisses.

Le trou a été découvert, écrit-il le 5 août. Je l'avois bien prédit. Si l'on m'avoit cru, il y a longtems qu'on l'auroit bouché.

M. d'Abadie est venu chés moi. Il n'y a pas eu moyen de rien tirer de lui. Je lui ai dit que je ne craignois que pour Tacite... Si on me l'ôte, je ne vivrai que cinq jours. Si on me le laisse, je le finirai, et, fini, je l'enverrai à M. Berryer. Et si ce plénipotentiaire n'obtient pas ma grâce, je dirai : *Nunc dimittis tuum servum, Domine.*

6 *août.* — J'attens aujourd'hui l'arrêt de M. Berryer. Il ne sera pas fort favorable. Je ne vivrai que cinq jours si on m'ôte mes livres, cela est décidé...

On ne lui ôta pas ses livres, mais on lui retira pendant quelque temps encre et papier.

Cependant ses amis agissaient. Dès le mois de mai, Montesquieu avait obtenu l'*exeat* du duc d'Orléans. Il lui fut moins aisé de fléchir le ressentiment non avoué et la résistance occulte de Mme de Pompadour, qui avait dans sa poche les clefs de la Bastille. On y parvint cependant en exaltant le talent du prisonnier et en faisant habilement entendre qu'il était prêt à le mettre tout entier au service de la marquise, comme il l'avait mis déjà au service de

Mme de Maintenon. On le présenta, en un mot, comme l'historiographe-né des favorites.

Il sortit de la Bastille le 12 octobre. Mais à l'ordre d'élargissement était joint un ordre d'exil qui lui prescrivait de se retirer à cinquante lieues de Paris. Il obtint assez facilement un sursis de trois mois qui fut plusieurs fois renouvelé; mais il demeura constamment sous la surveillance de la police, exposé à de fréquentes perquisitions. A diverses reprises on vint lui saisir ses papiers, les manuscrits et les exemplaires qu'il possédait de ses propres ouvrages. Ces alertes étaient généralement suivies d'explications bienveillantes de Berryer, de Malesherbes, qui le rassuraient pour quelque temps, et tout ce qu'on lui avait confisqué lui était fidèlement rendu.

Dès qu'il fut libre, il fit part de la bonne nouvelle à Montesquieu, qui avait dû retourner quelques semaines avant à La Brède. Il reçut du président une aimable et affectueuse réponse :

Je puis bien vous assurer, Monsieur, qu'il y a longtems que je n'ay eu de joie plus vive que celle que j'ai eue en recevant votre lettre par laquelle vous me marqués que vous avés repassé le Cocite, et que vous êtes sorti de la noire Bastille. Je comprends que, quoique la grâce ne soit pas entière, cependant vous avés gagné 90 pour 100 sur la partie, et qu'il sera plus aisé pour vos amis d'obtenir un retour. Je suis du nombre, Monsieur, encore plus dans cette occasion que dans aucune autre, et quand je serai arrivé à Paris, ce qui sera au premier jour, je travailleray à vous rendre tous les services qui dépendront de moy... Vous avez de beaux talens. Il faut songer à en gagner *cinq autres* et à travailler à une fortune indépendante de vos talents mêmes.

Adieu, Monsieur, je vous remercie des marques d'amitié que vous me donnés: je vous prie de compter sur la mienne. Je suis avec le sentiment de la plus parfaite estime, Monsieur, votre, etc.

MONTESQUIEU.

Cette lettre est du 8 novembre (1). Le 15 mars suivant, Montesquieu écrivait à La Condamine : « Je vous remercie des soins que vous vous êtes donnés pour La Beaumelle ; et, comme il peut avoir besoin d'argent, la Bastille n'en fournissant pas, je vous prie de disposer de moi... (2). »

Le succès qu'avait obtenu auprès du public la *Suite de la Défense de l'Esprit des lois,* la satisfaction qu'en avait témoignée Montesquieu, avaient donné à La Beaumelle le désir d'employer de nouveau sa plume, sinon au service, du moins à la louange de son bienfaiteur. Il avait composé dans cette intention un petit ouvrage intitulé *Démocrate,* dont le manuscrit était resté pendant sa détention entre les mains de La Condamine.

Je vous prie, lui écrivait-il de la Bastille, je vous prie de corriger *Démocrate.* Sur la fin, il y a du verbiage, et je voudrois qu'un ouvrage dont M. de Montesquieu est le héros fût parfait... Je vous prie de me pardonner toutes les peines que je vous donne ; mais vous connoissez, vous aimez le Dieu à qui je sacrifie... Quand tout cela sera imprimé (et il faut que ce soit en beau papier, beau caractère, du blanc entre les lignes, correction exacte), il faudra en envoyer un exemplaire à... [Suit une longue liste de noms.] Il faut mettre pour épigraphe : *Numque erit ille mihi semper Deus.* Il n'en faut pas parler à M. de Montesquieu, parce que, par modestie, il ne voudroit peut-être pas...

*Démocrate* devait être mis en vente en même temps qu'un autre volume contenant deux ouvrages de Montesquieu : le *Dialogue de Sylla et d'Eucrate,* célèbre depuis longtemps par les lectures qui en avaient été faites au Club de l'Entresol et ailleurs, mais qui cependant était resté

(1) En original dans les papiers de La Beaumelle. Archives des Angliviels.
(2) Cabinet d'Étienne Charavay. Lettre citée par M. VIAN dans son *Histoire de Montesquieu,* p. 302.

jusqu'à ce jour à peu près inédit(1), et *Lysimaque*, ce morceau d'une facture si noble et si simple, admirable page d'évangile stoïcien qui avait été le travail de réception du président à l'académie de Nancy. Le soin de cette publication avait été laissé à La Beaumelle et à un autre écrivain aujourd'hui bien oublié, Damours, avocat au conseil, secrétaire de Montesquieu, auteur d'un recueil de *Lettres de Ninon de Lenclos au marquis de Sévigné*. En sortant de la Bastille, La Beaumelle voulut reprendre ce projet.

Je ne sais, Monsieur, écrivit-il à Damours (4 novembre), si M. le président de Montesquieu me permettra encore de publier ce petit ouvrage dont je devois faire une édition avec vous. C'est à vous que je m'adresse pour avoir l'occasion de vous offrir mes services à Paris et pour lui épargner le soin d'une réponse. M. d'Argenson m'avoit exilé; il vient de m'accorder la permission de rester ici, et il me semble que ce ne sera pas en faire un mauvais usage que de donner pour notre compte commun *Lysimaque* et *Sylla* au public (2).

Comme la réponse de Damours tardait un peu, La Beaumelle eut l'imprudence de laisser voir ce précieux cahier au libraire Jorry, qui « le lui arracha » (la violence probablement fut douce) et le fit censurer par l'abbé Guiroi, son ami. L'impression était déjà commencée lorsque survint une lettre de Montesquieu qui se plaignait vivement et « avec la dernière surprise » de cette publication faite sans son aveu, et suppliait de tout arrêter.

Je suis, disait-il, dans des circonstances où je ne dois rien, imprimer... Cela même est d'autant plus mal à propos que cela me ferme la bouche pour vous-même et me commet de tous côtés... Si l'impression est faite, comme vous dites, je

(1) Montesquieu s'était contenté de le faire insérer dans le *Mercure* (février 1745).
(2) Arch. des Angliviels, brouillon de l'écriture de La Beaumelle.

consens de tout mon cœur à dédommager le libraire des frais qu'il a faits, pourvu que l'ouvrage ne paroisse [pas] et que je sois tranquille là-dessus (1).

La Beaumelle obéit bien à contre-cœur. Il alla trouver Jorry, l'indemnisa, se fit restituer le manuscrit et délivrer, avec un reçu de la somme déboursée par lui, une promesse formelle de ne laisser paraître aucun exemplaire de cette édition (2). Du même coup, *Démocrate*, dont l'existence était liée à ce volume et qui devait en être le satellite, rentra dans le néant.

La Beaumelle tourna son attention d'un autre côté. La besogne ne lui manquait pas. Mme de Maintenon et Saint-Cyr lui en fournissaient beaucoup, et Voltaire, auquel il eût été heureux maintenant de ne plus penser, ne se laissait pas oublier.

(1) Lettre du 12 janvier 1754.

(2) « Je promets à M. de La Beaumelle et lui certifie qu'il ne paroîtra de ma part aucun exemplaire de *Lysimaque* et de *Sylla* que j'ai imprimé pour son compte, ni de la part d'aucun de mes ouvriers.

« En foi de quoi nous avons signé le présent certificat.

« A Paris, ce 14 janvier 1754. *Signé :* Jorry.

     « Saugon.
     « Faugon.
     « Denaix. »

« J'ai reçu de M. de La Beaumelle la somme de trente-six [livres], pour trois demi-feuilles d'impression de *Lysimaque* et de *Sylla*, pour son compte, y compris dix pages qui ont été composées et non imprimées, et lui ai remis la copie et même les épreuves.

« A Paris, le 17 janvier 1754. *Signé :* Jorry. »

# CHAPITRE X

Le *Supplément au Siècle de Louis XIV* dédié à Roques avait paru dans le moment même où La Beaumelle venait d'être mis à la Bastille. La coïncidence, nous le savons, n'était nullement fortuite. Voltaire n'en fit pas moins le bon apôtre auprès de Roques. « Je suis fâché à présent, Monsieur, lui écrivait-il (18 mai), d'avoir répondu à La Beaumelle avec la sévérité qu'il méritait. *On dit qu'il est à la Bastille;* le voilà malheureux, et ce n'est pas contre les malheureux qu'il faut écrire. Je ne pouvais deviner qu'il serait enfermé dans le temps même que ma réponse paraissait. »

Roques avait constamment soutenu La Beaumelle dans cette affaire; il s'était montré moins flatté qu'effrayé de l'honneur que lui avait fait Voltaire en lui dédiant le *Supplément;* il avait protesté avec respect, mais avec fermeté, contre certaines imputations qu'il savait calomnieuses; il n'avait pas craint même de recourir à l'intimidation pour détourner Voltaire de publier ce factum. La Beaumelle, disait-il, est prêt à la riposte; « la manière dont il s'y prendra ne pourra que vous faire beaucoup de peine; et quand il auroit tout le tort du monde, le public

ne s'en informera pas et rira à bon compte (1) ». Cette
attitude irritait, embarrassait Voltaire ; il se crut obligé
d'ajouter à sa dédicace un post-scriptum où perçait sa
mauvaise humeur et qui faisait clairement connaître les
vrais sentiments de Roques. Ce post-scriptum détruisait
tout l'effet de la dédicace dans laquelle Roques était so-
lennellement appelé en témoignage devant l'Europe littéraire. Le témoin annoncé se dérobait, se récusait, et
l'accusation perdait ainsi son principal appui.

Tout le monde a lu le *Supplément*. C'est une œuvre de
vengeance et de colère bien plus qu'une œuvre de justice.
On n'attendait pas sans doute de Voltaire qu'il répondît
par le silence à la provocation si publique et si retentis-
sante de La Beaumelle : mais il avait le bon droit pour
lui, et il pouvait le démontrer à peu de frais ; il pouvait
rappeler son adversaire aux convenances, à la politesse,
à d'autres devoirs encore, car La Beaumelle s'était fait
bien étourdiment le complice d'une sorte de piraterie littéraire : il pouvait discuter, réfuter certaines critiques ; il
pouvait aussi — et cela certes n'eût pas été d'un mauvais
effet — en accepter quelques-unes. Il aima mieux répondre
aux injures par des injures, et il alla dans ce sens plus
loin encore que son agresseur. Les torts de ce dernier en
furent comme atténués, et ce qu'il en résulta de plus clair
pour lui fut d'avoir son nom accolé pour jamais à un nom
immortel.

Cependant Voltaire, quoique sa victime eût les mains
liées, ne jouit pas tranquillement de son triomphe. Tandis que le *Supplément*, un instant retenu par la police, se
répandait librement partout et obtenait un vif succès de
curiosité et de scandale, les amis de La Beaumelle, Roques

(1) Passage cité par Voltaire lui-même dans sa lettre à Roques, en tête
du *Supplément*, édit. Beuchot, **XX**, 490.

entre autres, et certainement aussi Maupertuis, faisaient imprimer une première fois à Francfort, au mois de mai, une seconde fois en août, dans le *Journal helvétique* (1), la *Lettre sur mes démêlés*, suivie du *Mémoire apostillé*, auxquels nous avons fait précédemment de nombreux emprunts.

En même temps, Frédéric adressait à milord Maréchal (Georges Keith), son ministre plénipotentiaire auprès du roi de France, une lettre autographe qu'il le priait de faire circuler « sans affectation » dans Paris, et qui contenait un récit de l'affaire Kœnig très défavorable à Voltaire. Le Roi racontait comment Voltaire, pour devenir président de l'Académie de Berlin à la place de Maupertuis, avait essayé de rendre celui-ci ridicule; comment il avait fait imprimer par ruse la *Diatribe du docteur Akakia;* comment ce libelle avait été brûlé par la main du bourreau, et son auteur condamné à rendre la *Clef* et la *Croix;* comment enfin, après avoir obtenu une dernière fois son pardon, l'incorrigible poète avait, en partant pour Plombières, « lâché » de nouvelles satires.

Comme c'est un méchant fol, disait en terminant Frédéric, il est capable de répandre à son retour en France toute sorte de calomnies et d'infamies, tant sur Maupertuis que sur ce pays-ci, ce que je vous prie de contrecarrer si vous le pouvez. Surtout vous ferez redemander à sa nièce, *la Denis*, l'engagement que j'avois, signé de son oncle, qu'il faut qu'elle rende, et vous pouvez dire partout que cet homme s'étant rendu odieux à tout le monde par ses fourberies, friponneries et méchancetés, j'ai été obligé de le chasser (2).

(1) *Journal helvétique* ou *Recueil de pièces fugitives de littérature choisie*, etc., dédié au Roi [de Prusse]. Neuchatel, de l'imprimerie des Journalistes, M.DCC.LIII, in-12, pages 168-193, du numéro d'août 1753. — Renseignement communiqué par M. Aubert, conservateur de la Bibliothèque de Genève. L'édition de Francfort porte ce titre : « Lettre à M***, sur ce qui s'est passé entre M. de La Beaumelle et M. de Voltaire. »

(2) *Politische Correspondenz Friedrich's des Grossen*, Berlin, 1882, IX, 396.

Il n'y a pas lieu de douter que les ordres du Roi n'aient été ponctuellement exécutés. La lettre si amusante de milord Maréchal à Mme Denis citée par M. Desnoiresterres dans son volume *Voltaire et Frédéric* (1), et à laquelle nous renvoyons le lecteur, peut servir de commentaire à celle-ci. Voltaire y est plaisamment bafoué; et si le peu de dignité de sa conduite et son défaut complet de patriotisme ne nous endurcissaient beaucoup à son égard, nous éprouverions quelque scrupule à le montrer en d'aussi humiliantes postures.

Frédéric d'ailleurs, malgré la réelle gravité de ses griefs contre Voltaire, était, comme on l'a fait justement remarquer, quelque peu ingrat envers lui. Otez, a dit Senac de Meilhan, ôtez de la vie de Frédéric le Grand la circonstance de ses liaisons avec Voltaire, et la renommée de Frédéric en sera diminuée (2).

Quoi qu'il en soit, La Beaumelle, en sortant de prison, se trouva à demi vengé. Il reconnaissait d'ailleurs qu'il était loin lui-même d'être sans reproche, et ce sentiment lui fit mettre dans le ton de sa *Réponse au Supplément* une modération singulière. Il l'écrivit dans les derniers mois de 1753, et la fit paraître au commencement de l'année suivante. Si quelque chose méritait d'être sauvé parmi la foule des libelles publiés au siècle dernier contre Voltaire, c'est assurément ce morceau. Il est capital dans l'œuvre de La Beaumelle, et nous ne connaissons guère que les lettres du président de Brosses qui, dans un ordre d'ailleurs tout différent, lui soient supérieures. On nous permettra d'en citer ici quelques passages.

« Tout le monde vous abandonne, Monsieur. Disgracié à

(1) P. 460.
(2) *Le Gouvernement, les mœurs et les conditions en France avant la Révolution* Edition de Lescure (Poulet-Malassis 1862, in-12), p. 295.

Berlin où il ne tenoit qu'à vous d'être heureux, on vous re-
bute à Hanovre où vous ne demandiez pour tout dédommage-
ment que mille livres sterling de pension. On vous refuse un
asile à Vienne où quelques mois auparavant on avoit eu la
faiblesse de vous accorder une lettre de cachet contre moi.
On rejette vos épîtres dédicatoires à Berne... On m'assure
que vous ne pouvez rentrer à Paris... Vos ennemis triomphent;
le pouvoir vous accable... Quel asile, quelle ressource vous
reste-t-il ? Colmar et ma pitié.

Oui, Monsieur, vos infortunes me touchent. Et dans
l'instant que je sors de ce château où une calomnie dont vous
connoissez l'auteur m'a retenu pendant six mois, j'apprens
vos malheurs et j'oublie ma vengeance...

Vous m'avez fait tout le mal qu'un homme peut faire à
un homme. Vous avez commencé de me persécuter à Berlin,
continué à Francfort, achevé à Paris. Vous avez attendu que
j'eusse les mains liées pour me porter les plus sensibles coups.
Je vous pardonne.

C'est beaucoup pour vous qui sentez combien je suis en
droit de vous haïr; c'est peu pour moi qui sais jusqu'où vont
les droits des malheureux. Je vous plains. Que ne puis-je
ajouter : Je vous aime...

Nous voilà libres. Vengeons-nous des disgrâces en nous
les rendant utiles. Laissons toutes ces petitesses littéraires
qui ont répandu tant de nuages sur le cours de votre vie, tant
d'amertume sur ma jeunesse. Un peu plus de gloire, un peu
plus d'opulence : qu'est-ce que tout cela ? Cherchons le bonheur, et non les dehors du bonheur. La plus brillante réputation ne vaut jamais ce qu'elle coûte : Charles-Quint soupire
après la retraite; Ovide souhaite d'être un sot.

Nous voilà libres : je suis hors de la Bastille; vous n'êtes
plus à la Cour. Profitons d'un bien qu'on peut nous ravir à
tout moment. Respectons cette grandeur dangereuse à ceux
qui l'approchent et cette autorité terrible à ceux mêmes qui
l'exercent. Et s'il est vrai qu'on ne peut penser sans risque,
ne pensons plus...

Après cela, dois-je répondre à votre *Supplément*... à cette
philippique bien plus écrite contre vous que contre moi ?

La certitude où je suis que vous voudriez ne l'avoir pas

faite, vos contradictions, mon goût pour la paix, mon aversion pour les disputes, mon mépris pour les disputes littéraires, des occupations plus importantes, tout concourt à m'en
détourner...

D'ailleurs, votre *Supplément* aura le sort d'une partie de
vos ouvrages : je n'ai donc rien à craindre de la postérité;
et votre passion est trop connue pour que j'aie rien à craindre
de mon siècle.

Mais vous attaquez mon honneur : je réponds...

Je vais me condamner et vous juger, non avec la par-
tialité d'un critique, mais avec la franchise d'un homme qui
a passé six mois avec lui-même. Il n'est pas question entre
nous de politesse : il s'agit de vérité et de sentiment. Peut-
être l'expression sera-t-elle forte, mais dans la solitude l'âme
se roidit; et qu'importe que l'esprit soit dur, pourvu que le
cœur soit bon?

Si ma réponse vous déplaît, vous n'en serez pas digne.
Si elle vous plaît, je serai fâché de l'avoir faite. Dans le doute,
je vais la commencer...

J'avois à me plaindre de vous quand je commençai l'*Examen du Siècle de Louis XIV*, et vous en verrez les raisons dans
le Mémoire que je joins ici parce qu'en mon absence on l'a
imprimé avec des additions que je désavoue et que je retranche. Un homme plus mûr se seroit méfié de son ressentiment; et ce fut en ce moment-là même que je pris la plume
*en jeune homme inconsidéré,* comme vous le dites très bien.

Je mêlai des railleries sur votre personne à des remarques
sur vos écrits, comme si l'auteur et l'homme n'étaient pas des
choses très différentes.

Je me manquai à moi-même au point de vous traiter avec
cette hauteur qui n'est pas même permise à la supériorité.

Peut-être aussi le chagrin m'arracha quelques remarques
injustes, et le Voltaire qui m'avoit nui auprès du roi de Prusse
me gâta le Voltaire que je lisois.

Je me dégoûtai bientôt de ce travail... et ne passai point
le premier volume...

Vous assurez que je n'ai relevé aucune de vos fautes...
Pourquoi avez-vous donc si souvent profité de mes remarques
dans votre nouvelle édition où vous annoncez des augmenta-

tions que vous n'y avez pas mises et où vous avez mis des
corrections que vous n'annoncez pas? Pourquoi ne répondez-
vous qu'à quelques-unes de mes notes critiques? Pourquoi y
répondez-vous en homme piqué de ses erreurs?...

Était-ce l'effet salutaire de son séjour à la Bastille et
des sages réflexions que lui avait inspirées la solitude?
Était-ce, comme il le dit, un sentiment de pitié pour son
ennemi malheureux? La Beaumelle, qui avait une belle
occasion de se moquer de lui, ne le poursuivit pas de ses
sarcasmes. Quelle matière à raillerie pourtant dans les
aventures récentes de Voltaire, dans sa fuite et ses ter-
reurs burlesques devant les agents du roi de Prusse, dans
sa captivité de Francfort qui ressemble à un opéra bouffe,
et où lui-même, et sa nièce, et Freytag, et l'irascible
Frédéric nous apparaissent comme de véritables fan-
toches! Tout cela est passé volontairement sous silence,
ou du moins, s'il y est fait allusion, c'est de la façon la
plus mesurée et la plus discrète.

La *Réponse au Supplément* eut plusieurs éditions. Celle
de Nourse (1753) renferme d'importantes additions, au
nombre desquelles se trouve un passage qui fut très remarqué et qui méritait de l'être. Voltaire, dans son *Supplément*, parlant du règne de Louis XIV, avait dit : « Je
défie qu'on me montre aucune monarchie sur la terre
dans laquelle les lois, la justice distributive, les droits de
l'humanité, aient été moins foulés aux pieds, et où l'on
ait fait de plus grandes choses pour le bien public que
pendant les cinquante-cinq années que Louis XIV régna
par lui-même (1). »

La Beaumelle, tout imprégné des idées républicaines de
Montesquieu, animé, comme protestant, d'une rancune
profonde contre l'auteur de la Révocation et des dragon-

(1) *Œuvres de Voltaire*, édit. Beuchot, XX, 520.

nades, ne put, en relisant cette phrase, contenir son indignation ; il écrivit une page admirable qui, à un siècle de distance, semble le prélude du réquisitoire enflammé de Michelet.

Quoi, s'écrie-t-il, Louis XIV étoit juste ¡quand il ramenoit tout à lui-même, quand il oublioit (et il l'oublioit sans cesse) que l'autorité n'étoit confiée à un seul que pour la félicité de tous ? Il étoit juste quand il armoit cent mille hommes pour venger l'affront fait par un fou à un de ses ambassadeurs ; quand, en 1667, il déclaroit la guerre à l'Espagne pour agrandir ses États malgré la légitimité d'une renonciation solennelle et libre ; quand il envahissoit la Hollande uniquement pour l'humilier ; quand il bombardoit Gênes pour la punir de n'être pas son alliée ; quand il s'obstinoit à ruiner totalement la France pour placer un de ses petits-fils sur un trône étranger ; quand il érigeoit contre les princes de l'Empire les chambres de Metz et de Brisach pour étendre son royaume par des arrêts ?

Étoit-il juste, respectoit-il les lois, étoit-il plein des droits de l'humanité quand il écrasoit son peuple d'impôts ; quand, pour soutenir des entreprises imprudentes, il imaginoit mille nouvelles espèces de tributs, telles que le papier marqué qui excita une révolte à Rennes et à Bordeaux ; quand, en 1691, il abîmoit par quatre-vingts édits bursaux quatre-vingt mille familles... quand il créoit des billets de monnoie qu'il donnoit à ses sujets et qu'il ne recevoit point d'eux en paiement... quand il chargeoit toutes les années l'État d'un million de rentes, non pour encourager l'industrie, pour défendre les frontières, mais pour donner des fêtes et bâtir Versailles ?

Étoit-il juste, quand de sa seule puissance et autorité il ravissoit en pleine paix aux parlemens le droit de remontrance, aux bonnes villes leurs privilèges, aux seigneurs leurs prérogatives ; quand il réunissoit à la couronne toutes les fortifications qui appartenoient aux propriétaires de fiefs ; quand il vendoit d'un côté la noblesse et de l'autre l'ôtoit à ceux qui l'avoient achetée pour la leur revendre encore ?

Étoit-il juste quand dans ses jugemens particuliers ou secrets il étoit plus sévère que la Loi ? Quand, sur un soupçon, il couvroit d'ignominie le duc et la duchesse de Navailles; quand il jetoit dans une prison éternelle Fouquet que des commissaires n'avoient condamné qu'au bannissement... quand il punissoit Dupuis pour avoir été impartial, d'Aremberg pour avoir délivré Quesnel... et tant d'autres dont l'unique crime étoit ou d'être jansénistes, ou de déplaire aux Jésuites, ou d'avoir un ennemi puissant...?

Protégeoit-il les lois, observoit-il la justice distributive, respectoit-il les droits de l'humanité... quand, par la déclaration du 17 juin 1681, il permettoit aux enfans de sept ans de se convertir et de se soustraire à l'autorité paternelle, aux consuls et aux marguilliers d'inquiéter la conscience des agonisans...? Quand, en 1683, il défendoit aux mahométans et aux idolâtres de se faire chrétiens réformés... aux huguenots d'avoir des domestiques catholiques et ensuite des domestiques protestans... aux villes épiscopales tout exercice de religion protestante contre la disposition et les termes exprès des édits les plus fameux?

Que dirai-je de la déclaration du mois d'août 1679 qui défend sous peine de mort la sortie du royaume; et de celle de mai 1685 qui, par un raffinement de cruauté, commue cette peine en celle des galères perpétuelles; et de celle du 12 octobre 1687 qui change la peine des galères en celle de mort contre les fugitifs et ceux qui les auront favorisés; et de celle du 13 septembre 1699 qui commue de nouveau la même peine de mort en celle des galères? Tant cette inique jurisprudence étoit incertaine et indépendante de principes fixes!...

La Beaumelle avait en lui peut-être (on en a le sentiment en lisant ces lignes) l'étoffe d'un grand écrivain. Il lui a manqué, comme à bien d'autres, ce don modeste sans lequel les dons les plus rares sont souvent stériles : un peu de mesure et de tact. Il lui a manqué aussi quelque fermeté dans les convictions. Il n'était huguenot qu'à demi, et ce beau zèle dont nous aurons à signaler encore certains élans tombait très vite.

Quoi qu'il en soit, la *Réponse au Supplément* est restée le meilleur ouvrage polémique que l'on ait jamais publié contre Voltaire. Grimm, très hostile à La Beaumelle, ne put s'empêcher d'y admirer, ce sont ses propres paroles, à travers beaucoup d'impertinences, une chaleur de style singulière et quelques plaisanteries très piquantes. La Harpe, parlant des dix-huit lettres dont se compose l'édition de Nourse, disait : « Elles sont pleines d'esprit et de sel. La Beaumelle n'a pas la grossière maladresse de Fréron qui va toujours niant le talent ou le génie de quiconque le méprise. Il convient de tous les avantages de M. de Voltaire et il attaque très malignement les faiblesses et les travers dont il n'y a point de grand homme qui ne soit susceptible, mais qui, présentés par une main ennemie, forment un tableau de ridicule (1). »

C'est ainsi, par exemple, que Voltaire s'étant échappé à dire dans son *Supplément* : « Apprenez que je suis gentilhomme ordinaire du Roi (2) », La Beaumelle, aussitôt, riposte : « Et vous, mon brave gentilhomme, apprenez que Molière n'a rien mis de si plaisant dans la bouche de M. de Pourceaugnac (3). »

La *Réponse* fut suivie d'une longue suspension d'armes entre les deux ennemis. « Voltaire, dit Sabatier de Castres, parut assommé du coup... et l'effet de son étourdissement fut de laisser M. de la Beaumelle tranquille pendant cinq ou six ans. »

Cette trêve va nous permettre de déterminer le rôle de La Beaumelle comme éditeur de Mme de Maintenon et

(1) *Correspondance littéraire*. Paris, Migneret, 1801, I, 241.

(2) Ces mots, dans le texte de Voltaire, sont mêlés à une longue phrase que nous ne reproduisons pas ici ; mais ils y sont bien. (*OEuvres de Voltaire*, édit. Beuchot, XX, 531.)

(3) La même idée est venue de nos jours à M. Emile Faguet. On se rappelle le début de l'article si remarqué qu'il a consacré à Voltaire dans son *Dix-huitième siècle* : « Je suppose, dit-il, en 1817, un vieil émigré sortant d'une représentation du *Bourgeois gentilhomme*, et je l'entends dire : C'est une très jolie satire. Elle me rappelle M. de Voltaire, comte de Tournay. »

d'étudier la collaboration qui s'établit entre lui et Saint-Cyr pour ce travail. Ce n'est pas seulement, nous l'avons dit, la réputation de La Beaumelle qui est en jeu dans la revision de ce procès; il s'agit aussi, il s'agit surtout d'éclairer par des documents nouveaux et de remettre en discussion un point d'histoire sur lequel on pouvait penser que le dernier mot était dit. On verra ce qu'il faut conserver, ce qu'il faut définitivement rejeter de certains traits, de certains faits de la vie de Mme de Maintenon. Il en restera beaucoup encore de douteux, et ce personnage énigmatique, sans redevenir ce qu'il a été longtemps pour M. Scherer, « un blanc dans l'histoire », ne nous dira jamais peut-être tout son secret.

# CHAPITRE XI

Avant d'aborder l'ouvrage définitif de La Beaumelle, celui pour lequel il a reçu les secours et les encouragements de Saint-Cyr, et dont il n'est pas seul responsable, il faut dire quelques mots de cette première publication faite en 1752 et qui comprenait, avec une biographie inachevée de la fondatrice de Saint-Cyr, deux volumes de lettres provenant du cabinet de Louis Racine et de quelques autres sources.

Cette publication très défectueuse fut, croyons-nous, son plus gros péché, celui pour lequel il mérite le moins d'indulgence. Le volume où se trouve la première partie de la vie de Mme de Maintenon avait été écrit hâtivement, sans méthode ni critique, et d'après des documents parfois très suspects. Quant aux *Lettres*, elles n'étaient point toutes, hélas! d'une authenticité absolue; plusieurs avaient subi des remaniements considérables; et l'on a pu accuser avec trop de vraisemblance La Beaumelle d'en avoir fabriqué quelques-unes de toutes pièces, soit à l'aide de mémoires inédits, soit, ce qui serait plus grave encore et n'a d'ailleurs été nullement prouvé, à l'aide d'anecdotes prises dans les recueils d'*ana* et les pamphlets du temps. Il est certain qu'il respectait peu les textes : ajoutons qu'il ne s'en cachait pas. Telle lettre publiée par lui dans des éditions différentes a subi chaque fois des retouches, des changements, des interpolations; il l'a allongée ou raccourcie à son gré. Dans la publication qui nous occupe, il a fait entrer plusieurs lettres de Mme de Maintenon déjà publiées en 1747, par Racine fils, à la suite des lettres de son père, et il n'a pu s'empêcher de les modifier. Il a retranché, il a ajouté ici et là quelques mots; d'une lettre à Mme de la Maisonfort il en a fait deux, etc. Il opérait donc au grand jour, sans souci du flagrant délit, et ne croyait pas mal faire. Au reste, il ne scandalisait personne. On admettait généralement alors qu'agir ainsi, c'était, de la part d'un éditeur, rendre service à l'écrivain dont il publiait l'œuvre posthume. Il pouvait, il devait corriger les négligences, donner aux phrases, selon l'expression de Sainte-Beuve, « un tour plus vif, une frisure, un coup de peigne ». On trouvait même bon, en certains cas, lorsque la réputation d'une personne illustre, ou la raison d'État, ou tout autre intérêt supérieur l'exigeait, que l'éditeur introduisît dans le texte les modifications nécessaires. C'est ce que fit pour Mme de Sévigné le chevalier de Perrin, c'est ce qu'avait fait, avant lui, Port-Royal pour les *Pensées* de Pascal. La Beaumelle a eu le tort de pousser ces libertés trop loin, et bien au delà de ce qui, même alors, pouvait être regardé comme légitime. Mais nous ne croyons pas qu'il ait jamais été jusqu'à travestir sciemment l'histoire, jusqu'à fausser de parti pris le caractère des personnages qu'il a mis en scène, ni jusqu'à tirer de son imagination aucun des traits, aucun des mots un peu importants qu'il leur attribue.

Les modernes admirateurs de Mme de Maintenon, préoccupés de rétablir l'unité de cette vie où tout, d'après eux, dut être noble et droit, où il ne put y avoir, en aucun temps, place pour une faiblesse, pour une défaillance, moins encore pour les calculs savants d'une ambition à longue portée, retranchent résolument de sa biographie les faits qui, sans preuves suffisantes, viennent contredire leur jugement.

Ainsi ils regardent comme tout à fait invraisemblable l'étroite liaison de Mme Scarron dans sa jeunesse avec Ninon de Lenclos. La lettre de Ninon à Saint-Évremond, dans laquelle il est parlé de la fameuse chambre jaune prêtée à Mme Scarron et à Villarceaux, est pour eux entièrement apocryphe (bien que La Beaumelle n'en ait pas été l'éditeur). Nous admettons volontiers le peu d'autorité de ce document; mais il n'en faut pas conclure que Mme de Maintenon n'a pu être l'amie de Ninon. Nous verrons que les dames de Saint-Cyr consultées sur ce point par La Beaumelle furent d'avis que, tout en détruisant la légende mensongère de la chambre jaune, on ne devait pas nier des relations que Mme de Maintenon elle-même avouait parfaitement. Les rapports d'ancienne amitié que Ninon de Lenclos entretint avec la famille d'Aubigné sont attestés encore par une lettre d'elle, authentique cette fois, adressée à la marquise de Villette, vers 1705, et publiée par M. Honoré Bonhomme dans l'ouvrage intitulé : *Mme de Maintenon et sa famille* (1).

On accuse La Beaumelle d'avoir fabriqué toutes les lettres (soixante environ) qu'il suppose adressées par Mme de Maintenon à Mmes de Frontenac et de Saint-Géran, et l'on se fonde non seulement sur les erreurs de fait évidentes, les anachronismes, etc., que plusieurs de ces lettres renferment, mais aussi sur ce que la conduite et la réputation de ces deux dames les rendaient indignes

(1) Paris, Didier, 1863.

d'être admises dans la société de Mme de Maintenon.
Pour un certain nombre de ces lettres les preuves matérielles de non-authenticité font défaut; mais aux yeux des
historiens dont nous parlons, l'impossibilité morale suffit.

Il n'en est pas moins certain que Mmes de Frontenac
et de Saint-Géran, cette dernière surtout, ont été à diverses époques en grande faveur auprès de Mme de Maintenon. Mme de Frontenac, très galante dans sa jeunesse,
mais femme du plus grand monde, d'infiniment d'esprit,
fort goûtée en tout temps à la Cour, occupait à l'Arsenal
un appartement qui, lorsqu'elle mourut, devint celui de
la duchesse du Maine (1). Elle était donc en situation de
connaître intimement Mme de Maintenon. Nous sommes
loin de soutenir l'authenticité complète des lettres qui la
concernent dans le recueil de La Beaumelle; mais nous
ne comprenons pas qu'on puisse être surpris ou choqué
d'y trouver son nom (2).

Quant à Mme de Saint-Géran, elle fut pendant fort
longtemps son amie presque inséparable. Dangeau la
nomme très souvent. Elle fait partie de ce petit groupe de
quatre ou cinq dames privilégiées qui accompagnent
Mme de Maintenon à Marly ou à Saint-Cyr. Elle est de
toutes les chasses, de toutes les loteries. Elle assiste,
faveur insigne, le 22 janvier 1688, à l'inauguration de
Trianon. « Le Roi, dit Dangeau, alla dîner pour la première fois à sa nouvelle maison de Trianon; il y mena
*dans son carrosse* Monseigneur, Mme de Maintenon,
Mme de Noailles, la comtesse de Guiche, Mme de Montchevreuil, Mme de Saint-Géran et Mme de Mailly (3). »

(1) *Journal de Dangeau*, XI, 296.
(2) La Beaumelle la disait parente de Mme de Maintenon. (Lettre inéd.
à la duchesse de Brancas du 11 décembre 1752. Arch. des Angliviels.)
(3) *Journal de Dangeau*, II, 98.

Lors du fameux dîner offert par la ville de Paris à
Louis XIV, le 30 janvier 1687, elle prend place, avec
les duchesses, à la table du Roi (1). On objecte que
Mme de Saint-Géran fut quelque temps disgraciée et
même exilée, pour certains soupers clandestins avec la
duchesse de Bourbon, et que Mme de Maintenon cessa
alors de la voir; on cite une lettre authentique du cardinal de Noailles qui le prouve : « Mme de Saint-Géran, à
qui je n'avois pas parlé il y a bien des années, etc. (2). »
La preuve était superflue. Chacun sait que Mme de Maintenon était une amie des jours heureux. En 1704, la
faveur étant revenue, l'amitié a repris ses droits, et nous
trouvons Mme de Maintenon dînant, le 29 décembre,
chez Mme de Saint-Géran, où elle n'a pas craint de conduire la duchesse de Bourgogne ! C'était donner, on en
conviendra, une singulière marque de confiance et faire
bien de l'honneur à « cette femme frivole, coquette, presque ridicule, à cette *suivante flatteuse* », comme l'appelle
Lavallée. Celui-ci, au reste, n'a pu nier que des relations
épistolaires très suivies aient existé longtemps entre cette
peu recommandable personne et la sévère marquise. Il
fut, en effet, averti au cours de son travail qu'un recueil
très volumineux de lettres écrites à différentes époques
par Mme de Saint-Géran à Mme de Maintenon était conservé dans les archives du château de Mouchy; c'est lui-
même qui nous l'apprend dans une note du premier volume de la *Correspondance générale* (3). Si La Beaumelle,
comme le croit Lavallée et comme c'est en effet probable,
n'a pas connu ce document, il a dû tout au moins en soupçonner l'existence, car il y est fait clairement allusion

(1) *Mémoires du marquis de Sourches*, II, 16.
(2) Deux ou trois ans au plus. (V. DANGEAU.)
(3) P. 227.

dans une lettre (publiée par lui) de Mme de Maintenon à
Mme de Saint-Géran : « Je vous prie de dater vos lettres ;
*Mme de Mornay en fait un recueil...* » Lavallée cependant
n'hésite pas, sur la foi de Louis Racine, à déclarer cette
lettre fausse, et il l'accompagne d'une observation que
nous ne pouvons pas ne pas relever. « C'est Mme de
Montchevreuil, dit-il, dont veut parler ici La Beaumelle.
Or, Mme de Maintenon ne la désigne jamais sous son nom
de famille. » Comment M. Lavallée ne savait-il pas que
Mme de Mornay et Mme de Montchevreuil étaient alors
deux personnes distinctes, la première belle-fille de la
seconde, et comme elle, et plus qu'elle peut-être, amie
favorite de Mme de Maintenon (1)? Nous serions tenté au
contraire de voir dans ce détail une preuve à peu près
certaine d'authencité. La Beaumelle ignorait en effet
complètement en 1752 ces noms tout saint-cyriens de
Mornay et de Montchevreuil ; il n'avait pas encore lu Dangeau ; il ne pouvait savoir que la jeune Mme de Mornay
faisait en quelque sorte partie de la maison de Mme de
Maintenon, qu'elle l'accompagnait en Flandre aussi bien
qu'à Marly ; qu'en un mot, elle ne la quittait pas. S'il a,
comme on le prétend, fabriqué cette lettre, il faut reconnaître que le hasard l'a singulièrement bien servi. Le fait
qu'il croyait inventer se trouvait être parfaitement vrai,
et, en attendant qu'on le reconnût tel, aucun nom ne
pouvait lui donner plus de vraisemblance aux yeux des
gens bien informés que celui auquel s'était arrêté son ca-
price. Un « faussaire » a rarement de pareils bonheurs.

L'abbé Millot, dans les *Mémoires du maréchal de Noailles*,
cite une lettre de Mme de Maintenon à Mme de Saint-
Géran. Il la cite d'après La Beaumelle. Cette lettre a trait

(1) DANGEAU, *passim*, et SOURCHES, II, 46.

au mariage du maréchal avec Mlle d'Aubigné (1); on y trouve, entre autres détails précis, le chiffre de la dot qu'apportait à son mari la jeune duchesse. Cela ne prouve pas sans doute l'absolue authenticité du document : l'éditeur, comme toujours, y a mis du sien; la lettre est toute en petites phrases, de ce style vif et coupé qu'il affectionnait; elle porte sa marque. Mais deux choses du moins sont à constater : premièrement le maréchal de Noailles, qui devait savoir à quoi s'en tenir sur les circonstances de son mariage, n'a relevé dans cette lettre aucune inexactitude; secondement il a paru trouver très naturel qu'elle eût été adressée à Mme de Saint-Géran.

Que d'ailleurs ces noms de Saint-Géran, de Frontenac, de Fontenay — car il y a aussi une Mme de Fontenay, très contestée (2) — aient été pris quelquefois par La Beaumelle, pour servir d'étiquette à des lettres dont le destinataire lui était inconnu, ou même à des fragments de mémoires, à des anecdotes qui prenaient sous sa plume une forme épistolaire, nous ne nous refusons pas à l'admettre : mais nous avons peine à croire que toutes ces lettres sans exception soient fausses; et, en tout cas, nous ne voyons rien que de très vraisemblable et de très naturel à ce qu'une correspondance amicale ait existé entre ces trois dames et Mme de Maintenon.

Il y a une trentaine d'années, dans le moment même où il préparait la publication de la *Correspondance générale,*

---

(1) Collection Petitot, l. 71, 2ᵉ série, p. 426.

(2) Mais également incontestable. Son mari est, en 1686, sous-gouverneur du duc de Chartres, après avoir été gouverneur autrefois du duc de Longueville. Il paraît être veuf à cette date. Il a un fils, militaire comme lui, qui épouse en 1690 Mme de la Mésangère, fille de Mme de la Sablière. Il a aussi très probablement une fille, Geneviève-Marguerite-Marie de Fontenay, qui entre à Saint-Cyr, dès la fondation de la maison, en 1686, l'année où lui-même est nommé sous-gouverneur du duc de Chartres. (**V. Dangeau et La Chesnaye des Bois.**)

M. Lavallée reçut communication d'un document de la plus grande importance qui venait, à point nommé, justifier ses doutes au sujet de l'authenticité des lettres publiées, en 1752, par La Beaumelle. Ce document se composait : 1° d'une note « enfermée secrètement » par Louis Racine dans un exemplaire de cette première édition ; 2° d'une série d'apostilles écrites de sa main, en regard des lettres, dans les marges du volume, et donnant sur chacune d'elles son opinion motivée. Il avait en outre collé à son exemplaire les deux lettres que La Beaumelle lui avait adressées de Valenciennes et de Copenhague, et dont on a pu lire au début de cette étude quelques extraits.

Ce document avait été acquis, disait-on, par le peintre Chardin, vers 1755, à la vente des livres de Louis Racine ; il avait passé ensuite en diverses mains et avait fini par appartenir à M. le duc de Noailles, chez qui en effet il est encore.

Nous ne pouvons nous dispenser de citer en entier la note de Louis Racine ; elle est très intéressante ; nous parlerons ensuite des apostilles.

Voici, dit la note, la première édition, qui parut en 1752. Elle s'est vendue pendant quelque tems douze livres l'exemplaire.

Ces lettres ne doivent pas toujours faire autorité par la raison que je vais dire.

Un ami m'avoit prêté un recueil de lettres de Mme de Maintenon qui en contenoit plusieurs très inutiles. Je lui demandai la permission d'extraire de ce recueil ce que j'y trouverois de plus intéressant. Aux lettres que je choisis, j'ajoutai quelques petits faits historiques que je trouvai dans le même recueil. Quelque tems après, je reçus la visite d'un étranger qui me dit être professeur de la langue française à Copenhague et qu'il se nommoit La Beaumelle. En lui faisant voir mes livres, je lui montrai le recueil que j'avois fait des lettres de Mme de Maintenon et de quelques faits concernant sa vie. Il me témoigna une grande passion pour l'avoir et me demanda ce que je voulois le vendre. Je le lui cédai à condition qu'il m'enverroit du Danemark quelques curiosités et surtout des livres.

Quand il y fut retourné, il m'en envoya quelques-uns; mais peu de tems après, il perdit sa place et se retira à Berlin.

Depuis longtems, j'ignorois ce qu'il étoit devenu, lorsque je vis paroître ce livre où je fus surpris de trouver plusieurs lettres qui m'étoient inconnues, et plusieurs autres composées sur les faits historiques recueillis dans mon manuscrit; dans quelques-unes des lettres conformes à celles de mon manuscrit, je trouvai des traits ajoutés. Voilà pourquoi dans cet exemplaire, je marque ce que je pense par des apostilles : inconnue, fausse, vraie. Je ne prétens pas accuser de fausseté celles qui me sont inconnues; elles me sont seulement *suspectes,* d'autant plus que l'éditeur imite fort bien le style de Mme de Maintenon. J'appelle *fausses* les lettres que je reconnois composées sur les faits historiques rassemblés dans mon manuscrit; je crois les faits vrais, mais ils n'ont jamais été écrits par Mme de Maintenon !

« Si je voyois M. de La Beaumelle, je lui demanderois d'où il a eu tant de lettres qui me sont inconnues; mais depuis trois mois qu'il est à Paris, il ne m'a pas honoré de sa visite et ne m'a pas même envoyé un exemplaire de son livre (1).

Il a vendu le reste de son édition à deux libraires de Paris avec de nouvelles lettres, qui composeront, dit-on, un troisième volume.

Cette note mystérieuse exhumée si à propos par Laval-

----

(1) Nous savons que, pendant quelque temps, La Beaumelle avait dû cacher sa présence à Paris. Il y vécut deux mois incognito, ne voyant que ses amis les plus intimes ; il aurait pu néanmoins, lorsqu'une permission de séjour lui fut accordée, aller voir Louis Racine ; mais leur correspondance dans laquelle, dès le début, se remarquait déjà une certaine aigreur, avait été brusquement interrompue, du fait même de Louis Racine, et il est assez probable que La Beaumelle se regardait alors comme à peu près brouillé avec lui.

lée nous avait inspiré longtemps quelque défiance. Un
autre document qu'il découvrit presque à la même époque et qu'il cite à l'appui de celui-ci, loin de dissiper nos
doutes, nous paraissait de nature à les augmenter encore :
c'est une lettre adressée par Louis Racine à l'ami qui lui
avait envoyé de Hollande l'exemplaire des *Lettres de
Mme de Maintenon* (1). Elle porte la date du 26 janvier 1753.
En voici les principaux passages :

Je vous suis bien redevable, Monsieur, de m'avoir envoyé les *Lettres de Mme de Maintenon*. Je ne puis comprendre
pourquoi celui qui les a imprimées en Hollande veut faire entendre par la première page qu'elles sont imprimées à Paris (2).
Cet exemplaire deviendra peut-être un jour très curieux, parce
que je vais marquer à la marge les lettres véritables et celles
(en très grand nombre) qui sont faites par M. de la Beaumelle. Je suis au fait, comme vous savez; je crois vous avoir
confié l'histoire de ces lettres dont M. de la Beaumelle ne m'a
pas même envoyé un exemplaire, quoiqu'elles lui aient rapporté bien au delà des deux cents louis qu'il m'a payés, à ce
qu'il dit (3), pour avoir mon manuscrit. Comme il a une grande
facilité pour faire des lettres, je ne suis pas surpris qu'à la
fin de cette édition, l'imprimeur annonce les troisième et
quatrième volumes sous presse. Nos libraires de Paris m'ont
dit en avoir acheté seulement un troisième qu'ils imprimeront
quand l'édition de Nancy sera épuisée (4).

Ce pressentiment de Louis Racine au sujet de l'intérêt
futur de son exemplaire qui, dit-il, *deviendra un jour très
curieux;* le soin qu'il prend de garantir aux yeux de la
postérité l'authenticité du document; tant de précautions

(1) « L'autographe, dit Lavallée, appartient aujourd'hui à M. Dubrun-
faut, qui a bien voulu me le communiquer. »
(2) L'ouvrage avait été imprimé, non en Hollande, mais à Francfort.
(3) La Beaumelle évaluait à deux cents louis la dépense qu'il avait faite
en livres, estampes, fourrures, etc., pour indemniser Louis Racine.
(4) Les libraires ont mal renseigné Louis Racine. Ils n'avaient fait et ne
firent aucune convention de ce genre avec La Beaumelle.

réunies autour du témoignage posthume d'un homme qui
aurait pu parler de son vivant avec pleine autorité et qui
s'est tu, tout cela, il faut en convenir, passe un peu la vraisemblance. Les doutes sur l'authenticité d'un tel document étaient d'autant plus permis, qu'à l'époque où
Lavallée le mit en lumière, les faux autographes circu-
laient abondamment dans le monde, et y étaient très re-
cherchés. C'est le moment où M. Chasle achetait à Lucas
Vrain huit cents lettres de La Bruyère ; c'est le moment
où M. Feuillet de Conches, après avoir fait condamner, par
la critique, La Beaumelle comme faussaire, à propos de
la *Vie de Maupertuis*, et sur des preuves tirées de son
cabinet, publiait lui-même une correspondance audacieu-
sement apocryphe de Marie-Antoinette. On se rappelle le
bruit que fit en France et en Allemagne cette scandaleuse
affaire ; on n'a pas oublié avec quel éclat et quel succès
Sainte-Beuve, Scherer, Sybel, MM. Geoffroy et Reclus,
intervinrent dans le débat.

Cependant nous avons vu de nos yeux, grâce à l'obligeante bonté du feu duc de Noailles, qui le conservait
précieusement dans la galerie de Maintenon, le petit
volume de Louis Racine ; nous nous sommes renseigné
sur l'origine de cette pièce dont on peut suivre, paraît-il,
la trace sans interruption depuis un siècle à travers des
collections connues ; nous avons examiné de près l'écriture, et il nous a paru impossible de voir là le travail
récent d'un faussaire.

Les apostilles que Louis Racine a placées en regard
des lettres publiées par La Beaumelle les ont fait ou
accepter ou rejeter, selon les cas, d'une façon définitive,
par Lavallée et les autres éditeurs de Mme de Maintenon. Tous les traits, tous les faits contenus dans les
lettres que conteste Louis Racine, devraient être, à

les en croire, regardés désormais comme mensongers.

La présente étude aura pour résultat, nous l'espérons, de modifier quelque peu ce jugement. On verra, par exemple, que le fameux mot : « Je le renvoie affligé et jamais désespéré » n'a pas le moins du monde été inventé par La Beaumelle; qu'il a été dit, avec une légère variante, par Mme de Maintenon, ainsi qu'elle-même l'atteste dans une lettre dont Lalande a vu l'original (1).

Aussi bien, il n'est pas juste de prétendre que La Beaumelle fût animé contre Mme de Maintenon d'arrière-pensées dénigrantes. Avant même d'avoir été présenté aux Dames de Saint-Louis et d'avoir reçu officiellement la mission de faire connaître au public sous le jour le plus favorable la fondatrice de Saint-Cyr, il n'avait rien dit d'elle qui ne fût à sa louange et à sa gloire. « Jusqu'ici, écrivait-il en 1752, dans la courte préface qui précédait les *Lettres,* jusqu'ici les sentimens ont été fort partagés sur Mme de Maintenon. Quelques-uns l'ont regardée comme une coquette adroite, quelques autres comme une dévote précieuse... Son caractère est trop marqué dans ces billets écrits sans art, écrits à des personnes avec qui elle n'avait pas besoin de politique, pour ne pas prévaloir à la fin sur la malignité du cœur humain. Que ceux qui douteront de la supériorité de son esprit fassent réflexion à sa fortune. On ne monte pas si haut sans ailes. On ne se soutient point dans ce vol sans efforts et sans vigueur. »

Nous ne cherchons pas, comme déjà on a pu s'en convaincre, à dissimuler les torts réels de La Beaumelle; nous nous efforçons seulement de les ramener à leurs proportions véritables. Bien qu'en général on s'en

(1) Lettre de Lalande du 21 juillet 1755, p. 228.

défende, on le juge trop d'ordinaire d'après le goût et les
usages modernes. On lui applique pour le condamner des
lois qui, de son temps, n'existaient pas.

Quelle a été sur cette première publication si imparfaite l'opinion de Saint-Cyr? Nous avons entre les mains
une pièce à cet égard bien curieuse. C'est un projet de
préface pour l'édition de 1755, rédigé, à la prière de
La Beaumelle, par Mme de Louvigny. Voici ce qu'elle dit,
ou plutôt voici ce qu'elle fait dire à l'auteur :

Mon premier essay (c'est-à-dire la première édition imprimée à Francfort), quelque informe qu'il fût, a trouvé plus de
lecteurs que je ne m'en étois flatté. Je sais qu'on m'a reproché
que c'étoit un roman; mais ce roman singulier n'a pas laissé
d'exciter la curiosité au point d'être traduit en diverses
langues. Ce roman contenoit bien des faits que ceux qui ont
eu le plus de connoissance de la vie de Mme de Maintenon
n'ont pu désavouer, et *je sais sans en pouvoir douter qu'à Saint-
Cyr on s'est écrié en disant :* Où a-t-il pu prendre tout cela, et
quelle main perfide nous a enlevé ce que nous ne jugions pas
devoir être dans d'autres mains que les nôtres?

Il nous a paru utile de rapprocher cette appréciation
des notes de Louis Racine. Elle les fait mieux interpréter; elle en est le complément et le correctif nécessaire.

# CHAPITRE XII

Premières visites de La Beaumelle à Saint-Cyr. — « La Cabale. » — Lettres d'une « Inconnue ». — Mme de Louvigny, *père de l'Église.* — Les scrupules de sœur Botro. — Perquisitions chez La Beaumelle provoquées par Louis Racine et les d'Aumale; confiscation de ses papiers.

La Beaumelle, introduit à Saint-Cyr, on s'en souvient, par le maréchal de Noailles, y avait été accueilli tout d'abord, malgré la très grande autorité de son protecteur, avec une certaine réserve. La supérieure, Mme de Mornay, avait paru se soucier médiocrement de donner en pâture à la curiosité du vulgaire les annales de sa chère maison. Elle était fort attachée au souvenir de Mme de Maintenon et aux intérêts de l'institut; mais la publication projetée l'effrayait. Elle y voyait une sorte de profanation; il en devait résulter, pensait-elle, plus de bruit, de soucis et d'embarras que de profit réel et de gloire. On ne put lui cacher en outre que La Beaumelle était huguenot, ce qui augmenta singulièrement ses appréhensions. Il ne se découragea pas, eut l'habileté de ne pas se montrer trop pressant, plaida sa cause avec discrétion, fit remarquer que, loin d'être un obstacle et un danger, sa qualité de protestant donnerait, au contraire, à son admiration pour Mme de Maintenon une signification et une valeur plus grandes; il s'engagea à parler avec une extrême réserve de tout ce qui regardait Saint-Cyr; à prendre les conseils des Dames sur tous les points importants, à soumettre enfin tout son travail à leur examen et à leur censure.

Mme de Mornay, moins persuadée sans doute que séduite par cet enjôleur, finit par lui donner son consentement; mais elle exigea qu'on n'en sût rien au dehors, et elle n'en instruisit pas la communauté. Le complot se forma au parloir, pendant les visites de La Condamine à sa nièce. Cinq ou six religieuses tout au plus y furent successivement mêlées. C'étaient, outre Mme de Mornay, qui ne se montra, dans la suite, que rarement, et dont l'adhésion demeura toujours un peu hésitante, Mme de Montchevreuil, sa sœur, Mme du Han de Crèvecœur, Mme de Montorcier, Mme de Genetines et enfin Mme de Louvigny, l'auteur des lettres qui nous occupent, le collaborateur direct de La Beaumelle, l'âme de la *cabale*, pour nous servir d'une expression qui reviendra plus d'une fois sous sa plume. — Dans les premiers temps, soit qu'elle fût malade, soit que Mme de Mornay, qui l'avait mise tout de suite dans la confidence, eût jugé nécessaire de modérer un peu son enthousiasme, elle ne prit aucune part aux conférences. La Beaumelle ne lui fut présenté que plus tard. Enfermée dans le pavillon des archives, elle recueillait et copiait pour lui des documents. Il y en avait de réservés qu'elle ne devait point lui faire connaître : elle passa outre et lui envoya tout. Rien, selon elle, n'était à cacher dans la vie de Mme de Maintenon et dans l'histoire de Saint-Cyr. Ses premières lettres, dont beaucoup ont été confisquées ou détruites lors de l'arrestation de La Beaumelle, en avril 1753, étaient signés l' « Inconnue ». Toutes ne passaient pas sous les yeux de la supérieure. Un domestique de confiance nommé Beaublé, une religieuse étrangère à la maison, nommée sœur Bessières, étaient chargés de certains messages que Mme de Louvigny appelait elle-même ses *Lettres secrètes,* et dans lesquelles son zèle pour l'œuvre et sa sympathie pour l'auteur s'épanchaient en toute liberté.

La Beaumelle mourait d'envie de connaître cette correspondante invisible qui écrivait si bien, qui était jeune sans doute, et probablement jolie. Elle, de son côté, semblait mettre quelque malice à prolonger son incognito. « L'amitié d'un cœur cloîtré a toujours un air de tendresse », écrivait-il à La Condamine (1) ; « ne voulez-vous pas que j'aille lorgner à Saint-Cyr cette ardente religieuse? » Il sortait alors de la Bastille et venait d'apprendre que pendant les six mois qu'avait duré sa détention l' « Inconnue » n'avait pas cessé un seul jour de penser à lui, de prier, de travailler pour lui.

Dès qu'elle le sut libre, elle le fit inviter par la supérieure à venir passer quelques jours à Saint-Cyr. On expliqua sa présence aux religieuses non initiées, en le leur donnant comme un jeune auteur, protégé du maréchal et chargé par lui d'écrire la vie de sa tante. Il eut l'appartement même de l'évêque de Chartres, y demeura toute une semaine et put connaître enfin Mme de Louvigny.

C'était une frêle personne, toujours souffrante, en proie aux migraines, mais gaie, vaillante, soutenue par une foi enthousiaste, par la passion du dévouement et du sacrifice, par l'intensité de la vie intérieure. Ses compagnes l'aimaient, l'admiraient, proclamaient bien haut la supériorité de ses lumières et de son esprit. Elles ne songèrent jamais cependant à lui confier le gouvernement de la communauté. Elle-même n'y aspirait pas. Elle

_____

(1) 17 novembre 1753.

se jugeait impropre à cette charge ; et elle l'était en effet, moins par l'absence de certaines qualités professionnelles que par l'excès de certaines autres. Sa vivacité, sa générosité lui auraient fait commettre mille imprudences. Elle n'entendait rien aux affaires. Mais elle disait très bien les vers, chantait à ravir, jouait en perfection du clavecin et de la basse de viole. « Elle est musicienne comme sainte Thérèse », écrira La Beaumelle. C'était à elle qu'était confiée l'éducation littéraire et artistique des demoiselles. Entrée à six ans dans la maison, Madeleine-Charlotte Bouvet de Louvigny y avait succédé de bien près à sa mère : elle était fille d'une de ces charmantes actrices d'*Esther* et d'*Athalie*, que Mme de Maintenon, après les avoir si bien préparées au monde, n'avait pu se dispenser de marier. Deux sœurs presque du même âge, Anne et Marie d'Osmond, chargées dans l'aimable troupe formée par Racine de rôles subalternes, s'y étaient fait remarquer par leur grâce et leur esprit. L'une avait épousé le marquis d'Havrincourt, à qui Louis XIV donna, pour la circonstance, le gouvernement d'Hesdin en Artois ; l'autre, le marquis de Louvigny, officier du duc de Grammont, « garçon plein de sentiments, disait son chef, fort appliqué à son métier, très valeureux et d'un cœur excellent ». Un Louvigny, contemporain de Louis XIV, avait suivi le Roi dans toutes ses campagnes et s'y était distingué : son nom figure, mêlé aux plus grands noms de France dans le recueil du Carrousel de 1662, avec cette devise : *Certasse juvabit.* On trouve un Louvigny, père ou grand-père de celui-ci, parmi les compagnons de Henri IV.

L'*ardente religieuse* était donc, autant qu'on pouvait l'être, de race noble et militaire et de famille saint-cyrienne. Sa tante, sa mère avaient grandi sur les genoux de Mme de Maintenon ; elle-même, enfant, l'avait très bien connue,

car, malgré l'air de jeunesse que gardait encore son délicat visage de recluse, elle avait, quand La Beaumelle lui
fut présenté, un peu plus de cinquante ans. Elle ne crut
pas inutile de rappeler souvent son âge à son correspondant et d'insister beaucoup sur le caractère tout maternel
de son affection pour lui : « Je me pare de ma vieillesse, lui écrivait-elle, comme une jeune fille le feroit
de sa quinzième année. Sans ma caducité, je ne pourrois
vous écrire ni recevoir de si jolies lettres d'un homme
de vingt-sept ans. Avoués qu'il est assez commode en
pareil cas d'être une petite bonne femme, à l'abri de la
critique et du scrupule. »

La Beaumelle, qui, avec son étourderie habituelle,
avait cru flairer une aventure — bien improbable en
pareil lieu — dut se contenter de trouver en Mme de
Louvigny une amie utile, pleine de sollicitude, veillant de
loin sur sa santé, sur tous ses intérêts, le grondant, le
sermonnant, le consolant selon les occasions, avec une
chaleur de cœur et une éloquence auxquelles il ne put
rester insensible. « Elle prêche, disait-il, aussi bien que
Bourdaloue... elle parle des choses saintes avec l'aisance
et la science d'un Père de l'Église... elle écrit mieux que
nous tous. »

Les sermons, cependant, n'avaient qu'une prise très
passagère sur le cœur léger et endurci du *petit huguenot*,
comme l'appelaient ces dames : ils étaient même parfois
assez mal accueillis. « Je reçus, écrit-il à La Condamine
(7 novembre 1753), je reçus un paquet avant-hier qui est
bien précieux, de l'*Inconnue* toujours. On m'en annonce
un plus précieux encore, et l'on me dit de croire au Pape.
Vous êtes de terribles gens ! Toujours persécution ou
corruption. » A quoi La Condamine répondait : « Je vois
que la lettre de Mme de Louvigny vous embarrasse. Mais

ne vous l'êtes-vous point attirée en vous plaignant qu'elle eût mal auguré de votre salut? Ma foi, convertissez-vous. Il ne faut pas être honteux de se rendre à un Père de l'Église (1). »

Pendant le premier séjour que La Beaumelle fit à Saint-Cyr (car il y retourna souvent), Mme de Louvigny causa peu avec lui et ne le vit guère qu'à la grille. Les honneurs de la maison lui furent faits par la supérieure et par l'archiviste, Mme de Genetines.

Celle-ci lui apprit qu'un ecclésiastique, attaché à la paroisse de Versailles, l'abbé des Molis, possédait une copie des *Mémoires* d'Hébert, ancien curé de Versailles, depuis évêque d'Agen, document de la plus grande importance pour l'histoire de Mme de Maintenon. Il courut à l'adresse indiquée et obtint communication du manuscrit, dont la lecture l'enchanta. « Les *Mémoires* de M. Hébert, écrivait-il quelques jours après à Mme de Mornay, ont différé les remerciements que ma reconnoissance vous doit. Ils m'ont retenu jusqu'à hier au

(1) Cette lettre de Mme de Louvigny est trop longue, et surtout trop étrangère, aux faits dont nous nous occupons, pour être citée ici en entier. En voici quelques passages :

« Pour moi, il me suffit de lire l'histoire de l'Église pour apercevoir qu'il n'y a de salut que dans l'Église romaine; et, sans argumenter, je ne veux que les commencemens de la séparation pour sentir de quel côté est la vérité... La synagogue des Juifs étoit la figure de l'Église. Que dit Jésus-Christ? Que c'est la chair de Moïse; que le salut vient de cette source; qu'il faut faire ce que disent les docteurs de la loi. Et, tandis qu'il attaque leur orgueil, leur hypocrisie, leurs traditions humaines, il rend témoignage qu'ils sont les dépositaires de la religion... Il falloit un chef : Jésus-Christ l'a établi; il falloit une autorité absolue : il y a pourvu, et depuis dix-huit siècles les successeurs de saint Pierre sont en possession de cette autorité. Voilà des titres bien forts que le bon sens saisit sans peine de prime abord. Ajoutés à cela le soin qu'a eu la Providence d'orner son Église de tant de grands hommes, de tant de saints, précisément dans ces malheureux siècles ravagés par Luther et Calvin... Ces héros du christianisme semblent être venus pour rassurer les fidèles ébranlés et pour leur dire comment il falloit croire, se soumettre et agir... »

soir à Versailles. J'y ai trouvé tant de choses que j'ai été
embarrassé du choix. Mme de Genetines ne pouvoit
faire une plus précieuse découverte, et *notre* ouvrage
(car je me flatte que, malgré ses imperfections, vous
voudrez bien l'adopter) lui aura des obligations infi-
nies... M. Hébert est l'homme du monde qui a su le
plus de détails de la cour, qui les a le mieux retenus et
qui les écrit avec plus de naïveté. Il parle de tout avec
une extrême liberté, des princes, du clergé, de ses amis,
du Roi même... Mais il parle toujours avec une vénération
extrême de Mme de Maintenon... Quelle femme c'étoit!
et que je me sais bon gré de m'en être fait, sur des
notions assez confuses, une idée que les témoignages les
plus authentiques confirment tous les jours!... Cette
sainte maison, où vous m'avez permis de voir par mes
yeux tant de choses que je savois seulement par le rapport d'autrui, ne me sort point de l'esprit... Que vous êtes
heureuses de l'habiter! Que ces enfans le sont d'y être
élevées! Je remercie mille fois toutes ces dames de m'en
avoir montré toutes les beautés avec tant de complaisance... Les grâces, l'esprit de vos élèves, leur piété,
leur docilité, la variété de leurs exercices, tout fait l'éloge
de votre institutrice et de celles qui en perpétuent les
vertus dans cette admirable retraite. Les *Conversations*
m'ont plu au point que j'en ai déjà projeté une : Mme de
Maintenon en est le sujet. J'en ai ébauché quelques pages,
mais je ne vous l'enverrai, Madame, que munie de l'approbation de quelques docteurs en Sorbonne... Je n'ai
point oublié ce que j'ai promis à Mme de Montorcier
pour le 4... Je la supplie d'agréer mes très humbles respects. J'en supplie aussy Mme de Louvigny, Mme de Genetines, Mme de Bourdon (1), Mme de la Tour, Mme de

(1) Il faut probablement lire *Bosredon.*

Montchevreuil, la Mère portière, qui m'a bien voulu
ouvrir cet auguste sanctuaire, toutes ces dames dont j'ai
oublié le nom..., la respectable maîtresse des Jaunes, qui
prie et fait prier pour moi avec tant de bonté, et toutes
les demoiselles qui causent, chantent, jouent, dansent et
brodent si bien (1). »

Moins d'un mois après cette visite, La Beaumelle re-
tournait à Saint-Cyr et y passait encore plusieurs jours.
Il y rapportait, après les avoir fait copier chez lui, les
*Conversations* de Mme de Maintenon. On lui remit en
échange plusieurs liasses de documents, parmi lesquels se
trouvaient près de deux cents lettres de Mme de Caylus,
« de Mme de Caylus même, charmantes, parfaites, divi-
nes ». C'est en ces termes que, dès son retour à Paris
(14 décembre), il faisait part à La Condamine de sa bonne
fortune. « J'ai été, lui disait-il, enterré six jours dans des
tas de papiers. J'ai tout examiné, marqué ce qu'il m'en
falloit. Cela ira bien à dix ou douze mille lettres, tant de
Mme de Maintenon que de Louis XIV, des princes, ministres, magistrats, évêques et cardinaux... La note que
j'en ai dressée contient deux grandes pages in-f°... J'aurai
une longue lettre de l'évêque de Chartres au Roi sur son
mariage. J'ai travaillé comme un forçat, mais on m'a fait
bonne chère et bon feu, et l'on m'a logé dans la chambre
qu'occupe l'évêque de Chartres, supérieur de la maison...
J'ai copié moi-même les billets de Louis XIV sur les originaux... J'ai vu le Mémoire de Mme de Maintenon sur
l'Édit de Nantes. Que direz-vous à présent du témoignage
unanime des historiens qui lui en imputent la révocation? Je vais travailler de grand cœur à cet ouvrage :

(1) Mme de Louvigny, par crainte des perquisitions auxquelles La Beaumelle était sans cesse exposé, lui réclama une ou deux fois ses lettres et
lui rendit quelques-unes des siennes, celle-ci entre autres.

il n'y aura pas d'histoire plus authentique. Saint-Cyr, ajoutait-il, recommande fort ma très étourdie personne à votre très prudente amitié. » Et La Condamine, pour accélérer la transcription des manuscrits, s'en faisait remettre une partie que quatre secrétaires copiaient sous ses yeux.

Les séjours de La Beaumelle à Saint-Cyr se multiplièrent pendant les années qui suivirent, mais furent toujours ignorés du public. L'évêque de Chartres, directeur spirituel de la communauté, n'en était même pas informé. Il eût difficilement toléré que la maison de Saint-Louis reçût un hérétique, lui ouvrît ses trésors, l'hébergeât, et que cet intrus, pour comble d'irrévérence, fût installé dans l'appartement qu'il occupait lui-même lors de ses visites épiscopales, et couchât dans son propre lit. On eut soin d'indiquer à La Beaumelle pour ses voyages les moments où il pouvait être sûr de ne point rencontrer le prélat. Toutes les fois que celui-ci était annoncé ou attendu, on faisait signe à l'historiographe de rester chez lui. « Je vous avertis, lui mande Mme de Louvigny, le 29 août 1754, que M. l'évêque de Chartres va faire sa visite icy. Il y sera plusieurs jours. Je pense que vous choisiriés très mal votre tems, en choisissant celuy-là pour y venir. Il y a des scrupuleux et des scrupuleuses qui le seroient assés pour blâmer des liaisons avec un profane doublement profane. Mme de Maintenon n'y feroit pas un clou. On iroit à l'évêque ; on lui porteroit comme un cas fort grave cette délicatesse. Il voudroit calmer les consciences, il interdiroit les relations. Chacun est dévôt à sa manière, et quand on l'est à un degré plus éminent que discret, on ne ménage rien. Voilà le nœud de nos mystérieuses réserves... Nous ne serons quittes de M. de Chartres que le 5 ou le 6 de l'autre mois... La Mère supérieure et nos *Discrettes* vous font leurs complimens. »

Quelquefois, afin de lui épargner la dépense d'une voiture, on le faisait prendre chez lui par le carrosse de la maison qui allait chaque semaine à Paris. On profitait pour cela des occasions, d'ailleurs assez rares, où les commissions de la communauté étaient faites non par l'intendant, qu'on n'avait pas jugé à propos de mettre dans la confidence, mais par une sœur converse, personne initiée et sûre, nommée sœur Botro. Sœur Botro, quoique d'âge canonique, était extrêmement timorée, et tout d'abord elle s'était effrayée beaucoup d'un semblable tête-à-tête. Mme de Louvigny s'amusait de ces scrupules. « Servez-vous du carrosse avec sœur Botro, écrivait-elle à La Beaumelle, et persuadez-lui que cela se peut en conscience. »

Il faisait chaque année à Versailles, dans la belle saison, de petits séjours pendant lesquels il allait presque quotidiennement à Saint-Cyr. Il partait de grand matin, « à la fraîcheur », comme le lui recommandait Mme de Louvigny, s'enfermait jusqu'à midi avec deux ou trois de ces dames dans le pavillon des Archives, dînait à la table de la supérieure, travaillait encore jusqu'au soir, et rentrait chez lui à la nuit tombante.

A peine, d'ailleurs, avait-il quitté Mme de Louvigny, que celle-ci éprouvait le besoin de lui écrire. C'était un renseignement qu'elle venait rectifier ou compléter; c'était une pièce d'archives trouvée après son départ et qu'elle ne voulait pas tarder un instant à lui signaler; c'était une recommandation déjà faite sur laquelle elle jugeait utile d'insister fortement; c'était souvent aussi quelque détail de biographie royale ou princière d'une nature délicate, qu'elle n'avait pas pu lui donner devant des tiers et qu'elle lui livrait, en le suppliant, pour l'acquit de sa conscience, de n'en pas abuser.

Une maladie de La Beaumelle vint interrompre pendant les premiers mois de 1754 ses relations directes avec Saint-Cyr. Mme de Louvigny faisait prendre de ses nouvelles presque chaque jour. Son inquiétude était telle qu'elle ne pouvait s'empêcher d'en entretenir ses élèves. La santé de La Beaumelle devint une des préoccupations de la classe bleue, la classe des grandes, qui faisait pour lui des neuvaines.

Voici dans quels termes, lorsqu'il se sentit sauvé, il remercia sa dévouée correspondante :

J'ai vu par vos allarmes toute l'étendue de votre amitié pour moi. Je ne vous parlerai pas de ma reconnoissance : elle est sans bornes, et je ne puis penser sans attendrissement à cette charité agissante que Dieu vous a donnée... Je suis infiniment sensible aux vœux de la classe bleue; et ce sera principalement pour les Bleues que je ferai l'abrégé de la *Vie* de Mme de Maintenon... Cette *Vie* m'a bien inquiété, bien agité; je me détachois de tout : je ne me détachois point de Mme de Maintenon... C'est là ma grande passion... Je me porte très bien, à beaucoup de faiblesse près (1)... Je ne suis plus en peine que de mon cher La Condamine. C'est moi qui l'ai mis dans le triste état où il est. C'est en venant me voir contre toute raison et malgré son médecin, qu'il a gagné ce rhumatisme

(1) Le même jour, il écrivait à son frère :

« Enfin, mon très cher frère, me voilà ressuscité... Treize saignées m'ont tiré d'affaire. Mon mal étoit pleurésie et inflammation de poitrine. M. de Vernage m'a traité fort décidément et m'a sauvé... Je m'étois fait transporter chez un chirurgien de mes amis pour être à portée de tous les secours de l'art. Il m'en a déjà beaucoup coûté, et je n'ai paié que la plus petite partie. Mais enfin je vis, et cette idée est bien propre à consoler de la dépense. M. de Montesquieu, l'abbé Le Maire et d'autres vinrent m'offrir leur bourse... Les dames de Saint-Cyr ont été dans des allarmes que leurs expressions seules peuvent peindre et qui intéressent bien ma reconnoissance. M. de La Condamine s'est surpassé, et malheureusement y a gagné un rhumatisme qui le tient dans un état ou d'immobilité ou de souffrance qui me fait saigner le cœur. » (2 avril 1754.)

qui le condamne à l'immobilité ou à la souffrance. Ayez moins d'amitié pour moi, Madame, il me semble jusqu'ici que l'amitié qu'on a pour moi porte malheur.

Sans précisément lui porter malheur, l'amitié de Mme de Louvigny pour La Beaumelle, et son zèle que rien n'arrêtait, lui attirèrent souvent de très grands ennuis. Elle se brouilla presque avec Mme de Mornay, qui partageait, comme supérieure, la responsabilité de toutes ses imprudences ; elle eut à essuyer les reproches de son amie et « compagne de larcins » Mme de Montorcier, qu'elle avait par trop compromise ; enfin, mais ceci la touchait beaucoup moins, l'excès du travail, les repas oubliés pendant les séances d'archives, les nuits entières passées à écrire, achevèrent de détruire sa santé. Ajoutons qu'elle rencontra bientôt, au sein même de la *Cabale*, une opposition assez vive : à mesure qu'elle devenait plus décidée et plus hardie, on s'y montrait plus timide ; on y multipliait les précautions et les réserves.

D'autre part, depuis sa sortie de la Bastille, La Beaumelle avait constaté un certain refroidissement dans l'accueil et les procédés du maréchal de Noailles à son égard. Le maréchal avait lu le *Qu'en dira-t-on*, avait été très défavorablement impressionné par cette lecture, et la conviction s'était aussitôt faite en lui qu'il ne pouvait confier à l'auteur d'un tel livre le soin de rédiger et de publier ses *Mémoires*.

Je vois assez souvent le M<sup>al</sup> de N..., écrit La Beaumelle à la Condamine, 22 juillet 1754. Mais il me reçoit avec plus de grandeur que d'amitié, avec plus d'amitié que de confiance... s'il vouloit que je travaillasse à son histoire, je n'hésiterois pas un moment ; je m'y dévouerois tout entier... mais je ne puis forcer un homme à vouloir ce que vraisemblablement il ne veut plus. Cette bastille m'a cassé le cou.

Au surplus, le maréchal était loin de professer pour
Mme de Maintenon les sentiments d'affection et de vénération dont Saint-Cyr entourait la mémoire de sa fondatrice. Il n'avait pas d'elle, à en croire La Beaumelle, « une
idée convenable » ; il était fort indifférent sur la question
du mariage. Peu lui importait qu'on la crût femme ou
maîtresse de Louis XIV ; il n'était pas éloigné peut-être
de partager à cet égard l'opinion de la plupart des seigneurs de son temps que choquait au plus haut point
l'étrange mésalliance du grand roi, et qui regardaient
la divulgation d'un tel fait comme une atteinte grave
portée à la majesté royale (1). Dans ses *Mémoires*, rédigés
sous sa direction par l'abbé Millot, le maréchal de Noailles
fait une part bien petite à Mme de Maintenon ; il apprécie
son caractère et son intelligence d'une façon bien sèche,
bien incomplète, presque injuste. Il semble ne faire mention d'elle que parce qu'elle est la tante de sa femme, et
qu'il lui doit en partie sa fortune ; elle n'est pour lui, his-
toriquement et politiquement, malgré l'influence qu'il lui
reconnait, qu'un personnage très secondaire (2).

(1) « ...J'imagine que M. le Maréchal se soucie assez peu de Mme de Maintenon ; qu'il est dans l'opinion, comme tous les grands, que son mariage
déclaré sera une tache pour le feu Roi et une honte pour le trône. »
(Mme de Louvigny à La Beaumelle, 8 janvier 1755.)

(2) Voici le portrait qu'en donnent ses *Mémoires* :
« La marquise de Maintenon, sœur du comte d'Aubigné, possédoit
depuis longtemps l'estime et la confiance de Louis XIV. *Elle avoit peut-être
jeté avec art les fondemens de son élévation* ; mais plusieurs excellentes qualités l'en rendoient digne. On ne doute plus du mariage secret qui l'unis-
soit au monarque ; on ne peut guère douter davantage, après la lecture
de ses écrits, qu'une piété sincère, pure dans les principes, *quelquefois
pusillanime dans les effets*, ne fût l'âme de sa conduite. Modeste et désin-
téressée au faîte de la fortune, *si elle eut trop d'influence dans les affaires,
surtout dans celles de l'Église*, du moins elle craignit toujours d'abuser de
sa faveur. On lui reproche de s'être trompée sur le mérite des hommes,
d'avoir procuré de grandes places à des sujets peu capables de les bien
remplir ; c'est que leur probité lui paroissoit préférable aux talents, etc. »
(Collection Petitot et Monmerqué, *Mémoires de Noailles*, I, 428, t. LXXI
de la Collection.)

Dès lors, les objections qu'on lui adressait à la Cour et ailleurs contre la publication que préparait La Beaumelle étaient aisément admises par lui; il en faisait part aux dames de Saint-Cyr; il leur recommandait d'observer la plus grande prudence dans leurs rapports avec l'historien et d'exercer sur tous les points de son travail, avant d'en autoriser l'impression, un contrôle sévère.

La Beaumelle avait à combattre encore auprès de Mme de Mornay une autre influence très hostile et très redoutable, celle de Louis Racine, qui avait toujours sur le cœur le recueil de 1752, dont il avait fourni en partie la matière, et qui avait été publié sans son concours. Nous avons rappelé à cette occasion les accusations de Voltaire, qui voulait faire croire à un vol commis par l'éditeur de ces lettres dans les papiers de M. de Margency, puis sur la cheminée de Racine. La Beaumelle, racontant ces faits à Mme de Mornay, lui disait (1er février 1754) : « J'ai laissé tomber ces bruits, et je me suis contenté de montrer à mes amis les lettres de M. Racine qui me faisaient foi du paiement. »

Louis Racine et La Beaumelle, s'étant rencontrés à Saint-Cyr, eurent une explication assez vive, à la suite de laquelle ils demeurèrent définitivement brouillés. On évita dès lors avec soin de les mettre en présence l'un de l'autre.

Racine, très considéré de Mme de Mornay qu'il voyait souvent, était mis par elle au courant de bien des choses; il sut que La Beaumelle avait entre les mains une copie des *Mémoires* de Mlle d'Aumale.

Soit par esprit de vengeance, soit plutôt par sollicitude pour les intérêts d'une famille qu'il avait beaucoup connue à Soissons, et pour laquelle il redoutait une publicité tout au moins intempestive, il prévint les d'Aumale. Ceux-ci avaient des amis à Paris, des amis puissants à qui le

lieutenant de police ne pouvait rien refuser. Ils dénoncè-
rent à ce magistrat l'historiographe de Mme de Maintenon comme ayant entre les mains, outre le manuscrit qui
les intéressait, des documents politiques dont il pouvait
être dangereux de lui laisser la libre disposition, et ils le
prièrent d'ordonner sans aucun délai la saisie de ses papiers.

Le 23 janvier, à huit heures du matin, La Beaumelle vit
entrer dans sa chambre quatre hommes parmi lesquels il
reconnut MM. d'Hémery, lieutenant de robe courte, et
de Rochebrune, commissaire enquêteur et examinateur au
Châtelet de Paris ; ce dernier le somma au nom du Roi de
lui livrer tous ses manuscrits, et particulièrement ceux
concernant Mme de Maintenon.

La Beaumelle était alité depuis un mois, et très grave-
ment malade ; ses papiers se trouvaient répandus sans
ordre sur sa table, sur ses fauteuils, sur son lit même, et
il lui était impossible d'en dissimuler aucun. Il se borna
à demander qu'on lui montrât l'ordre du Roi ou du moins
la signature du ministre. Les commissaires n'étaient
munis d'aucune de ces pièces, par la raison que Berryer,
vu l'urgence du cas, avait prescrit de lui-même, et ver-
balement, la perquisition. Ils firent leur office sans tenir
compte des protestations de La Beaumelle. Berryer
cependant, à quelques jours de là, pour régulariser la
procédure, fit signer à M. d'Argenson un ordre de saisie
antidaté. Ce détail nous est révélé par une note du lieutenant de police au ministre, conservée dans les archives
des Angliviels :

Pour autoriser, dit cette note, ce qui a été fait, M. le
comte d'Argenson est supplié de faire expédier un ordre à la
datte ci-dessus : 23 janvier 1754 (1).

(1) Il n'est peut-être pas sans intérêt de reproduire ici le procès-verbal
de perquisition dont une copie fut laissée à La Beaumelle :

Les manuscrits saisis avaient été empaquetés et scellés de deux cachets différents, l'un aux armes du commissaire de Rochebrune, l'autre aux armes de La Beaumelle. Le lieutenant de police dut attendre pour prendre connaissance de ces papiers que l'intéressé fût en état de venir assister dans son cabinet à la levée des scellés. Cette opération ne fut exécutée que le 7 mars suivant. Berryer examina toutes les pièces avec une extrême attention et en forma vingt-six liasses qui furent cotées et parafées par lui et par La Beaumelle. Ces manuscrits

« Procès-verbal de perquisition chez le sieur Laurent Angliviel de La Beaumelle.

« L'an mil sept cent cinquante-quatre, le mercredy vingt-trois janvier, sur les huit heures et demie du matin ou environ, nous, Agnan, Philippe Miché de Rochebrune, avocat au Parlement, commissaire enquesteur et examinateur au Châtelet de Paris.

« A la réquisition du sieur Joseph d'Hémery, lieutenant de robe courte, demeurant à Paris, rue Sainte-Marguerite, fauxbourg Saint-Germain, lequel nous a dit qu'il est chargé de nous accompagner dans une perquisition qu'il faut que nous fassions en exécution des ordres de Sa Majesté chez le sieur de La Beaumelle, à l'effet de saisir tous les imprimés et manuscrits concernant les lettres et la vie de Mme de Maintenon, et de les mettre sous un scellé.

« Sommes transportés rue de la Féronnerie dans une maison où pend pour enseigne à la Couronne d'or, et occupée par bas par le sieur Couturier, marchand bijoutier à Paris, lequel en est principal locataire, et étant montés au 2e étage et entrés dans une chambre ayant une vue sur ladite rue de la Féronnerie, nous y avons trouvé le sieur Laurent Angliviel de La Beaumelle, âgé de vingt-sept ans, natif de Valerauguе, diocèse d'Alais, demeurant dans ladite maison et appartement où nous sommes; et lui ayant fait entendre le sujet de notre transport, nous avons fait en sa présence perquisition de ladite chambre... ainsi que dans le surplus de son appartement, et les papiers qui s'y sont trouvés ayant trait au motif de ladite perquisition ont été par nous saisis en exécution des ordres de Sa Majesté et renfermés, sçavoir : les lettres particulières dudit sieur de La Beaumelle dans une feuille de papier sur laquelle nous avons apposé un seul cachet du sceau de nos armes et ledit sieur de La Beaumelle, son cachet qui est au champ d'azur à trois étoiles en chef, un noyer fleuri avec deux angles brisés en pointe surmonté d'une couronne de baron et supportée de deux sauvages, le tout en cire d'Espagne rouge, et nous avons mis dans la marge de la minutte du présent procès-verbal l'empreinte du cachet ci-dessus décrit.

« Nous avons ensuite renfermé le surplus des autres manuscrits et le

n'étaient en grande partie que des copies préparées pour
l'impression (1). En supposant qu'on ne les lui eût pas
rendus, la perte eût été, pour La Beaumelle, fort grande,
mais non irréparable.

Il avait eu soin de mettre en sûreté dans quelques maisons amies, chez La Condamine, chez le marquis d'Au-
bais, chez M. de la Cour, chez Mlle de Thourempré-Pom-
ponne, un assez grand nombre de pièces originales et
toute la partie déjà rédigée de ses *Mémoires sur Mme de
Maintenon.* Enfin, par le plus singulier des hasards, et
grâce au désordre même de ses papiers, les *Mémoires* de
Mlle d'Aumale, pour lesquels la police avait été mise en
mouvement, échappèrent aux recherches des commissaires ; un précieux recueil de lettres de Mme des Ursins que
Montesquieu avait fait venir de Rome, fut sauvé de la
même façon.

La Beaumelle avait ignoré tout d'abord le motif réel de
la mesure prise contre lui. Il s'en plaignit amèrement à

premier volume imprimé de la *Vie de Mme de Maintenon*, dans deux
feuilles de papier attachées ensemble avec de la cire d'Espagne formant
deux paquets sur l'un desquels nous avons écrit le titre suivant : « Lettres
à Mme de Maintenon et de Mme de Maintenon et de ses parens », et sur
l'autre nous avons écrit : « Mémoires pour servir à l'histoire de Mme de
Maintenon » ; et nous avons mis sur chacun desdits paquets deux scellés
du cachet de nos armes en cire d'Espagne rouge, et ledit sieur de La Beaumelle y a pareillement mis deux cachets de ses armes en cire d'Espagne
rouge, lesquels trois paquets ainsi scellés sont demeurés en la garde
dudit sieur d'Hémery, lequel s'en est chargé et rendu gardien pour en
faire la présentation toutes fois et quantes qu'il sera ainsy ordonné.

« Dont et de tout ce que dessus avons fait et dressé le présent procès-
verbal pour servir et valloir ce que de raison, et a ledit sieur de La Beaumelle signé en notre minutte avec ledit sieur d'Hémery et nous commissaire susdit et soussigné.

« Pour copie : DE ROCHEBRUNE. »

(1) Il n'y avait, comme originaux, qu'une vingtaine de lettres de Mme de
Maintenon adressées à Mme de la Lande et à Mme d'Heudicourt ; sept
lettres de la reine d'Angleterre, femme de Jacques II ; une lettre du chevalier de Saint-Georges ; une du cardinal de la Trémoille ; et enfin toutes
les lettres de Mme de Mornay et de Louvigny à La Beaumelle.

M. Berryer, dans une lettre dictée de son lit et dont voici les principaux passages :

Permettez-moi de vous témoigner ma surprise et ma douleur de voir qu'avec la conduite la plus mesurée, il n'y a pas un moment de sûreté à Paris. Ce matin, sous prétexte d'un ordre du Roy qu'on ne m'a point montré, quoique je l'aye demandé avec instances, quatre hommes enlevèrent chez moi tout ce que j'avois ramassé pendant cinq ans de papiers touchant Mme de Maintenon... On me prive d'autorité de mon bien... Je devois d'autant moins m'attendre à cette violence, que ces papiers conservés précieusement chez moi, sans que je les communiquasse à personne, ne pouvoient, ce semble, former ni une affaire de police, ni une affaire d'État. Je n'en avois point fait usage, je n'en pouvois faire mauvais usage puisqu'ils sont fort indifférents par eux-mêmes; il n'y avoit aucune preuve que je les eusse. Il est donc bien clair que cet ordre surpris à vous, Monsieur, ou à Monsieur d'Argenson, est le fruit des manœuvres de quelque ennemi secret attaché à me persécuter; et cette idée me pénètre d'amertume. Il est bien triste d'être perpétuellement le jouet et la victime de la délation calomnieuse, de la haine opiniâtre et de l'autorité surprise... Quand je vous demandois, Monsieur, la permission de rester à Paris, je ne comptois pas assurément demander la permission d'y essuyer de nouveaux malheurs; je croyois qu'une bonne conduite me mettoit à l'abri de tout, que mon bien étoit à moi, que je serois jugé sur mes œuvres et non sur des soupçons... Je vois bien que je me suis mépris, et qu'il faut craindre toujours, et que je n'aurai jamais dans ma propre patrie qu'une existence précaire.

Je vous supplie, Monsieur, de me faire savoir ce que j'ai encore à craindre ou à espérer... Je me flatte que, connoissant mon innocence, vous daignerez m'avertir des nouveaux malheurs dont la violence injuste qu'on m'a faite ce matin, n'est sans doute que le prélude (1)...

Deux jours après la saisie, le 25 janvier, La Beaumelle recevait par la poste un billet non signé, mais qu'à cer-

(1) Ce brouillon porte la date du 23 janvier 1754.

13

tains signes convenus, et à l'écriture mal dissimulée, il reconnut pour être de Mme de Louvigny. Ce billet très court finissait par ces mots : « C'est M. d'Aumale qui réclame les *Mémoires* de sa tante. »

La Beaumelle était fixé. Il tailla aussitôt sa meilleure plume et adressa, non au comte, mais au chevalier d'Aumale, son fils, la lettre suivante :

On me fait, Monsieur, en votre nom, une persécution dont il est naturel que je me plaigne à vous. Vous avez agi ou fait agir auprès du ministre pour surprendre un ordre tendant à m'enlever mon bien : c'est un manuscrit intitulé : *Mémoires de Mme de Maintenon*. C'est l'ouvrage de Mlle d'Aumale ; mais la copie que j'en ai ne m'appartient pas moins. C'est un morceau encore plus précieux pour moi qu'il ne m'a été chèrement vendu... Vous avez tenté, Monsieur, les voies de l'autorité ; vous n'ignorez pourtant pas que ce ne sont pas toujours les voies de la justice. Pour moi, j'ignore parfaitement ce qui peut m'avoir attiré un pareil procédé de votre part... Je vous prie donc, Monsieur, de vous désister de vos prétentions auprès du ministre ; je ne vous le demande point comme une grâce ; je suis sûr que votre conscience l'exige comme un acte de justice. Si vous m'aviez demandé le sacrifice de ce manuscrit, je sais trop ce que je dois à une dame que Mme de Maintenon a aimée pour avoir hésité un instant. Mais vous en avez sollicité l'enlèvement : je puis donc vous assurer que je ne consentirai jamais à vous le livrer... que je ne veux point d'indemnité, et que j'en regarderois l'offre comme une insulte...

Je suis très parfaitement, Monsieur, votre très humble et très obéissant serviteur. LA BEAUMELLE.

Le chevalier d'Aumale se trouvait en ce moment absent de Soissons ; peut-être était-il venu à Paris pour y connaître le résultat des perquisitions : ce fut le comte d'Aumale son père, ancien colonel d'infanterie, qui répondit à La Beaumelle. Il l'assura en termes très brefs et en même temps très vagues, au nom de Mlle d'Aumale, sa sœur, et au sien, *que rien n'était moins vrai que ce dont il les avait accusés auprès des ministres*. Il ajoutait que les *Mémoires* n'avaient été confiés qu'à la seule maison de Saint-Cyr (ce qui signifiait qu'on ne croyait point que La Beaumelle les eût achetés); et il finissait ainsi : « Mon fils, qui est absent depuis quelques jours, ne pourrait vous en dire davantage. »

Cette réponse hautaine, mais embarrassée, fut suivie à un très court intervalle d'une lettre sévère de Mme de Mornay, à qui le comte d'Aumale s'était plaint vivement de la réclamation offensante que lui avait adressée La Beaumelle. Celui-ci, qui se savait dans son droit, s'expliqua avec autant de modération que de dignité ; la supérieure ne lui garda pas rancune et redevint bientôt pour lui ce que en dépit de ses appréhensions et de ses réserves, elle avait été dès le premier jour, accueillante et favorable. Mais il n'en fut pas tout à fait de même d'une ou deux autres dames, amies des d'Aumale, qui, à la suite de cet incident, se détachèrent tout à fait de l'« auteur favori ».

Dans ses lettres à La Beaumelle, Mme de Louvigny lui fait connaître à mots couverts cette situation, et lui signale un danger nouveau qu'il n'avait pas prévu. Une personne connaissant très bien Saint-Cyr, et qui y est très connue, préparerait, dit-on, en ce moment même, un ouvrage sur Mme de Maintenon. Il importe de ne pas se laisser devancer par ce concurrent qui ne manque ni de mérite, ni d'appuis. Dans une lettre postérieure, elle est plus explicite. « Racine m'est suspect, écrit-elle le 16 juillet 1755 ; il est ami des d'Aumale, il ne serait pas impossible qu'ils lui eussent mis dans l'esprit de faire cet ouvrage avec les matériaux qu'ils ont, ou prétendent avoir. »

Ce projet de Louis Racine ne fut sans doute pas poussé

très loin. La mort tragique de son fils survenue au cours de cette même année, brisa les derniers liens qui l'attachaient au monde; il renonça à tout pour vivre dans la solitude et dans les larmes.

La Beaumelle, néanmoins, fut un moment très inquiet. Tout lui manquait à la fois. M. de Malesherbes, qui, on s'en souvient, avait été sur le point de lui accorder un privilège pour la création d'une gazette littéraire, lui fit entendre que la chose devenait difficile, sinon impossible. Montesquieu, dont l'intervention dès le début de cette affaire avait été si active et si efficace, ne s'en occupa plus que mollement. Il jugeait la partie perdue (1). Quelle apparence en effet qu'un homme dénoncé de toutes parts au gouvernement comme dangereux, exposé sans cesse à la prison ou à l'exil, pût être l'objet d'une faveur exceptionnelle, et même à peu près unique, telle qu'était alors le privilège d'un journal? Lui-même ne l'espérait plus. Il savait sa situation irrémédiablement compromise. Presque

(1) Voici la dernière en date des lettres de Montesquieu à La Beaumelle. Elle est inédite; nous la reproduisons d'après l'autographe conservé dans les Archives des Angliviels. Il y est parlé d'un projet de visite à M. de Malesherbes pour cette affaire du privilège. Nous savons par un billet de La Beaumelle à La Condamine (billet qui fit retour plus tard avec d'autres papiers à son auteur) que Montesquieu fit un peu à contre-cœur cette démarche; il en sentait l'inutilité; il craignait de se compromettre; cette même crainte lui avait, on s'en souvient, fait refuser à La Beaumelle l'année précédente l'autorisation de publier *Lysimaque* :

« Vous devés me trouver bien rustique, Monsieur, d'avoir répondu si tard à la lettre obligeante que vous m'avés fait l'honneur de m'écrire. Monsieur, je pars demain pour quelques jours pour Versailles. A mon retour, je verrai Monsieur de Malesherbes, et je vous rendray compte de ce qu'il m'aura dit. Je laisserai passer les trois semaines. Je dois vous parler de la jolie pièce de vers que vous avés faite à la louange de La Condamine. Je l'ai trouvée charmante, et Monsieur de Burigny que je vis hier, me dit qu'il l'avoit vue et qu'elle luy avoit beaucoup plu.

« Je souhaite, Monsieur, que votre santé devienne meilleure, et ay l'honneur d'être, avec les sentimens que vous me connoissés, votre, etc.

« MONTESQUIEU.

« A Paris, ce 15 février 1754. »

chaque jour, il recevait à des heures différentes, la visite de gens qu'il ne connaissait pas, qui invoquaient, pour l'aborder, les plus maladroits prétextes, et qu'il démasquait en leur demandant des nouvelles de M. d'Hémery. « Je n'ai plus, écrivait-il à La Condamine, un moment de sécurité... Il peut courir des libelles, des satires, des couplets sur les affaires du temps que je ne connais pas et qu'on m'attribue peut-être. La dévote Mlle d'Aumale peut avoir été saintement piquée de ma lettre à son neveu, en avoir envoyé copie à M. d'Argenson ; M. d'Argenson avoir été de mauvaise humeur, avoir dit : N'entendrai-je parler que de lui? et signé un ordre de me mettre en un lieu de repos et de silence. »

Il accabla d'Argenson de placets ; il osa même en adresser un à Mme de Pompadour. Dès qu'il put quitter son lit, il alla conter partout son aventure, mit en campagne tous ses protecteurs, et se présenta chaque semaine à l'audience du ministre. Celui-ci enfin, pour avoir la paix, lui fit rendre, le 25 septembre, ses manuscrits. Il les avait gardés huit mois.

# CHAPITRE XIII

Collaboration de Mme de Louvigny. — Ses lettres peuvent servir à contrôler l'exactitude des *Mémoires*. — La Beaumelle soumet son manuscrit aux Dames de Saint-Cyr : sur quoi portent leurs critiques.

En même temps que ses manuscrits lui étaient rendus, de nouveaux documents arrivaient en foule à La Beaumelle. La princesse de Rohan lui prêtait une copie, incomplète, il est vrai, mais importante encore, du *Journal* de Dangeau; il obtenait de la duchesse de la Trémoille toute une série de lettres originales de Mme de Maintenon à Mme des Ursins, ce qui allait lui permettre de donner au public, avec de moins grandes lacunes, cette correspondance si précieuse; le maréchal de Noailles lui-même, cédant à ses sollicitations, consentait à lui rouvrir ses archives; Saint-Cyr enfin, plus que jamais, laissait tomber sur son historien la pluie bienfaisante de ses communications.

Il se remit donc à l'œuvre avec un redoublement de confiance et d'activité, et c'est ici que la correspondance de Mme de Louvigny devient particulièrement intéressante. On y suit presque jour par jour le travail de La Beaumelle; elle l'éclaire, le complète, le corrige et très souvent aussi le justifie. Nous allons y puiser d'abondantes citations, sans observer toujours l'ordre des dates, nous appliquant plutôt à classer, à grouper les faits, afin d'en pouvoir tirer des conclusions plus frappantes. On verra tout ce que La Beaumelle doit à cette collaboration, et quels avantages plus grands encore il en eût pu tirer;

on reconnaîtra qu'en ce qui concerne les arrangements et mutilations de textes, la responsabilité se partage assez souvent entre Saint-Cyr et lui : il a été presque toujours approuvé, souvent excité, quelquefois même contraint. Enfin, nous le répétons, et l'on va pouvoir s'en convaincre, cette correspondance, loin de démentir le fond même des *Mémoires*, le confirme au contraire et en fournit pour ainsi dire les pièces justificatives.

Beaucoup de ces lettres, surtout au début, ne renferment que des compliments, des encouragements, des recommandations générales et particulières, des appels à la discrétion et à la prudence.

... Comptez que l'histoire que vous écrivés est un morceau étrangement délicat, qu'il sera terriblement critiqué; que le seul moyen de lui faire obtenir un bon accueil est non seulement de plaire par la diction, ce qui ne vous manquera pas, mais d'acquérir l'estime, par tout ce que la prudence et la raison vous suggéreront (1)...

... Si vous estes bien parlementaire ou prétendu bon citoyen, gare que vostre livre ne soit républicain et moins bien venu par là auprès de ceux qui environnent le trosne; Saint-Cyr fidèle, Saint-Cyr zélé pour la Majesté royale rejetteroit ce système comme l'erreur des Jansénistes et des Quiétistes. La Regina ancienne et la Regina nouvelle (2) comptent que vous aurés traversé tous les écueils avec une prudence infinie. Pour moy, je n'en veux pas douter un moment (3)...

Les dames de Saint-Cyr, celles du moins qui faisaient partie de la *Cabale*, s'attendaient à ce que le manuscrit des *Mémoires* leur fût communiqué par l'auteur; c'était, on s'en souvient, une des clauses de leurs conventions. Celui-ci, prévoyant d'inévitables critiques, des discussions, des

(1) 18-22 octobre 1754.
(2) L'ancienne et la nouvelle supérieure, Mmes de Mornay et du Han de Crèvecœur.
(3) 9 août 1755.

mécontentements, et la nécessité où il serait peut-être de sacrifier à des scrupules, selon lui très vains, une partie de son travail, essaya longtemps de se soustraire à cette obligation.

Je ne puis souffrir, lui écrit Mme de Louvigny (1), qu'on puisse vous accuser de manquer à votre parole, et c'est ce qui ne manquera pas d'arriver, si vous refusés la communication des Mémoires de la vie de Mme de Maintenon.

M. de la Condamine que j'ay eu l'honneur de voir hier, nous dit que vous balanciés à nous les envoïer... Les dames initiées au secret trouvent vostre réserve assés étrange. On ne prétendroit nullement garder vostre ouvrage, mais on voudroit le lire. Vous vous y estes engagé. On m'a pressée de vous sommer de [tenir] vostre parole, et je ne m'en puis dispenser. Que craignés-vous de nostre part? On vous pleint beaucoup de n'estre pas catholique, mais on ne vous fera pas un procès de ne le pas paroistre, surtout si vous ne paroissés que modérément protestant.

Je gagerois que vos difficultés roulent particulièrement sur le quiétisme... sur Bossuet, sur les anecdotes ou plutost les lettres de ce villain chevalier de Méré que je hais et qui me donneroit une gripe contre une demoiselle de son nom qui est icy si je ne m'élevois au-dessus de mes antipathies; puis sur les affaires du jansénisme que vous traités en parlementaire. Mais qu'arrivera-t-il de tout cela? Nous vous dirons nos raisons, vous nous dirés les vostres. Si vous ne souscrivés pas à nos avis, nous en serons quittes pour dire partout que vous ne nous avés sûrement pas consultées, que nous ne vous avons pas choisy. Si vous nous croiés, vous risquerés moins pour vous, car nostre prudence tempérera vostre vivacité et ce que vous appellés liberté de l'histoire; je sçai qu'il y faut dire la vérité, mais on peut supprimer des vérités surtout quand elles seroient dangereuses, ou, pour parler plus juste, quand il y a du danger à les mettre au jour.

La Beaumelle ne se rendit pas encore. Il n'avait pas

(1) 1er décembre 1754.

perdu l'espoir, à ce moment, d'obtenir un privilège en France pour la publication de son livre. Il s'était fait donner un censeur, l'abbé de la Palme, à qui il avait remis, dans le courant de septembre, son manuscrit à peu près terminé. L'abbé de la Palme s'était empressé de lire l'ouvrage et l'avait rendu à l'auteur avec sa critique très sommairement résumée dans la note que voici :

Le censeur de la *Vie* de Mme de Maintenon sent tous les égards qui sont dus à l'auteur de cet ouvrage. Il ne perdroit pas une occasion de lui en donner des preuves, mais il est obligé d'être attentif et de prévoir, malgré lui-même, tous les inconvéniens possibles. Il croit donc ne pouvoir se dispenser de faire les observations suivantes :

Page 3. — Les maisons de Rohan et de Grammont peuvent se plaindre du premier alinéa.

Même page, ligne 6. — La cour peut juger que c'est manquer à la mémoire de la Reine et de Mme la Dauphine que d'assurer *qu'elles se manquoient sans cesse l'une à l'autre.*

Page 4, ligne 2. — Le mot d'injustice appliqué à la Reine paroit trop dur.

Page 9, ligne 8. — L'auteur dit que le Roi confondoit quelquefois la gravité avec la majesté. Ce trait seroit bien hardi dans un livre imprimé en France...

Page 15, fin du premier alinéa. — L'auteur y condamne un usage qu'il semble supposer encore établi. N'est-ce pas accuser le gouvernement?

L'histoire du mariage ne peut être approuvée qu'avec l'assurance préliminaire que la cour n'en seroit point offensée.

Les chapitres du Quiétisme sont écrits d'un ton libre, romanesque et enjoué. L'ironie et la satire y sont quelquefois frappantes, et ce style appliqué à des matières de religion paroitroit très indécent.

Ces remarques sont rigoureuses, mais le censeur ne les a faites que pour s'épargner une imprudence. Elle seroit d'autant moins excusable, que M. de Malesherbes avoit condamné avant lui le morceau du Quiétisme. Les livres qu'on pourroit citer pour excuser l'auteur, ont été imprimés dans les pays

étrangers. S'ils l'ont été en France, on n'a pris d'autres mesures que l'approbation d'un censeur. Les permissions tacites
ont les mêmes bornes que les privilèges dans les matières qui
peuvent intéresser ou la cour ou la religion.

La Beaumelle envoya cette note aux dames de Saint-
Louis, et en prit prétexte pour ajourner encore la communication qu'il devait leur faire de son manuscrit. Voyez,
leur disait-il, où s'arrêteraient les corrections si j'avais à
tenir compte à la fois de vos critiques et de celles du
censeur! Il leur déclarait d'ailleurs, qu'il ne se soumettrait
pas à ce qu'exigeait de lui l'abbé de la Palme, et qu'il de-
manderait à M. de Malesherbes de faire choix d'une autre
personne pour examiner son livre. Mme de Louvigny lui
fit observer qu'il pourrait fort bien ne pas gagner au
change; qu'en tout cas, il allait, par cette récusation
vraiment peu motivée, froisser l'amour-propre de l'abbé
de la Palme et s'en faire peut-être un ennemi. « J'ai lu ses
remarques, ajoutait-elle, et, oserai-je vous le dire? si
elles sont toutes aussi justes que celles du Quiétisme, la
moitié du monde seroit pour luy contre vous; de grâce,
corrigez ce morceau dont l'agrément ne vous sauvera pas
d'une critique amère, et peut-être pis. »

... Otez, je vous en conjure, dans cette page 3, ce qui
pourroit blesser les maisons de Rohan ou de Grammont; la
princesse de Rohan s'est déjà expliquée si durement [sur l'inconvenance du mariage] qu'il ne faut pas augmenter sa mauvaise humeur; je ne vois presque que des gens offensés pour
la majesté du throsne et pour la gloire du feu roy de ces liens
sacrés avec Mme de Maintenon. Leur délicatesse m'irrite
autant qu'elle m'intimide (1)...

Quant à la communication du manuscrit, Mme de Louvigny, cédant aux conseils de La Condamine, se résignait

(1) Lettre du 13 octobre [1754].

à attendre encore. Mais sa curiosité et ses appréhensions étaient excitées au plus haut point, et nous la verrons bientôt s'opposer énergiquement à tout nouveau délai.

La Beaumelle regrettait fort, et cela se conçoit, de ne pouvoir faire connaître au public qu'il tenait de Saint-Cyr la plus grande partie de ses documents. Il avait, dans une lettre à laquelle Mme de Louvigny répond, exprimé ce regret assez vivement, se plaignant qu'on l'obligeât, non seulement à dissimuler, mais à nier la vérité.

Je comprends à merveille vos scrupules, lui répond-elle : un cœur droit se révolte et ne peut se résoudre à dire faux ; mais il est plus vray que vous ne le pensés que nostre république *en corps* vous eut refusé tout net la communication des matériaux que vous avés. Et si tost qu'on vous a sceu disciple de Calvin, on a témoigné des oppositions que la Mère supérieure n'a calmées qu'en nomant M. le maréchal. On lui devoit donc envoier tout [c'est par ses mains que les envois devaient passer]. Vous voiés ce qu'il en seroit résulté ; ma Sr de Montorsier et moy plus hardies que les autres, avons osé interpréter les sentiments de la Mère supérieure. Elle a fermé les yeux, et j'ay écrit tout ce que j'ay pu. Ainssy deux particulières vous ont effectivement fourni la plupart de vos matériaux. C'est encore un mistère pour nos dames... De quelque costé que vous soient venus les bons mémoires, je m'en réjouis, et je désire que les vostres fassent l'admiration et les délices du monde entier ; mais soiés en garde contre le trop de liberté. Vostre préface aura beau briller et pétiller d'esprit, elle ne vous sera point un rempart contre l'indignation de ceux que vous offenseriés ; je crois que vos réflexions sont toutes belles et bonnes, mais soiés sobre sur les réflexions come sur les traits ironiques ou satiriques ; le tissu des faits est intéressant par lui mesme. Vostre stile est précis, noble et aisé. Que vous faut-il de plus pour plaire ? Ne cherchés donc rien audelà, et me pardonnés cette multitude d'avis et cette maussade et longue lettre. Adieu, Monsieur, vous aurés la généalogie de l'Anglois, vous aurés la françoise, vous n'aurés point de lettres de spiritualité, et vous auriés les mines de Potosi s'il m'apartenoit de vous les donner. Je suis au delà des expressions, vostre, etc. (1).

Sʳ de Louvigny, Rᵉ de Saint-Louis.

Mme de Louvigny revient plus d'une fois et très longuement dans ses lettres sur la nécessité de dissimuler l'origine des documents. Elle craint même qu'en dépit de la discrétion de La Beaumelle, cette origine ne soit que trop aisément devinée. Mme de Marsan, gouvernante des Enfants de France, possédait de nombreuses lettres de Mme de Maintenon qu'elle ne voulait point communiquer. Ce sont, avait-elle dit, affaires de famille auxquelles le public n'a rien à voir.

Mais, écrivait Mme de Louvigny à La Beaumelle, de ces lettres-là vous en avés beaucoup. Mme la duchesse de Ventadour [nous] les prêta il y a douze ans; on en copia un grand nombre. Que diront les intéressées quand elles les reconnoîtront? Cette réflexion met mon zèle en échec, et je ne sçay pas trop comment nous en tirer, si ce n'est en redoublant de précautions pour ménager l'extrême délicatesse de tous ces grands-là; comptés que le ton seul dont écrivoit Mme de Maintenon à leurs proches leur déplaira, tant la hauteur est establie sur l'opinion de leur rang et la petitesse dont il leur plaît d'envisager à présent celuy de Mme de Maintenon. Cette injustice m'irrite... Toutefois, cachés au public ce qu'il faut lui taire. *Dites les larcins de Mme de* \*\*\* si vous voulés, mais n'attirés point de plaintes ni d'ennemis à nostre maison, et ne vous en faites point à vous-mesme...

Arrivons aux témoignages que nous fournit cette correspondance en faveur de l'exactitude et de la fidélité, d'ailleurs toutes relatives, mais quand même trop méconnues, de La Beaumelle comme historien et comme éditeur.

Il y a une anecdote de la jeunesse de Mme Scarron, à

_____

(1) Lettre du 13 octobre [1754].

laquelle on n'a pas voulu croire : c'est celle de l'amoureux Villarceaux, faisant peindre toute nue cette belle et cruelle personne, pour se consoler et en même temps pour se venger de ses rigueurs. Le fait est certain cependant. La Beaumelle ayant demandé à ce sujet quelques renseignements à sa correspondante, en reçut cette réponse : « Le portrait sortant du bain a été acheté par la *Regina mater* (Mme de Mornay) à une vente à Versailles. Nostre mère fut indignée de ce qu'elle apprit de ce portrait, et l'acheta pour le soustraire aux malins(1). » Une autre lettre nous apprend que les dames de Saint-Cyr firent peindre sur ce beau corps des habits décents, et le cachèrent en un coin reculé de leur maison.

Quelques personnes n'avaient pas trouvé bon que La Beaumelle eût montré, dans son petit volume de 1752, Mme Scarron, liée d'amitié avec Ninon de Lenclos. Ces personnes lui conseillèrent de ne pas reproduire, dans les *Mémoires*, une circonstance si peu honorable, disaient-elles, pour Mme de Maintenon. Mme de Louvigny fut d'un avis tout contraire.

Il seroit aisé, écrivit-elle, de faire revenir Mme d'H*** (2) sur ce qui regarde Ninon. Il n'est pas possible de nier sa liaison avec Scarron et de croire que Mme de Maintenon n'en ait eu aucune avec elle. De supprimer ce fait rendroit la sincérité de l'autheur très suspecte. Mais on pourroit l'adoucir, la donner dans un plus beau jour, etc. (3) :

Ce dernier conseil est à noter ; nous aurons l'occasion d'en signaler souvent de semblables et de plus significatifs encore. L'éditeur ne s'y est pas toujours conformé, et nous ne saurions lui en faire un crime.

(1) Lettre du 16 avril 1755.
(2) Mme d'Havrincourt, dont il sera parlé plus loin.
(3) 2 octobre 1755.

Mme de Louvigny, dans une autre lettre, recommande
à La Beaumelle de montrer son héroïne constamment
digne d'elle-même, esclave de son devoir, ne s'écartant
jamais du droit chemin.

Il est essentiel, ajoute-t-elle, d'éviter qu'on n'infère de
quelques variations inséparables de l'humanité ces odieuses
épithètes d'hypocrite qu'on lui donnoit, parce qu'en même
tems qu'elle écrivoit à l'abbé Gobelin avec piété, on la voit
écrire à Mme de Montespan avec déférence et avec éloges;
la malignité des hommes saisit ce contraste, et quoiqu'il puisse
s'allier, par les circonstances, à la plus austère vertu, n'importe, on conclut et on a conclu devant moi que Mme de M...
étoit pleine d'ambition et avoit employé la dévotion pour parvenir à ses fins...

Les dames de Saint-Cyr se refusaient à voir dans la
conduite si habile de Mme de Maintenon aucune trace
de calcul; sa sincérité, son désintéressement, leur paraissaient au-dessus de toute discussion; c'étaient pour elle
des articles de foi. Elles étaient mieux fondées, ce semble,
à défendre ses mœurs, contre lesquelles il n'y a jamais
eu de témoignages sérieux, et dont on se faisait pourtant
au dix-huitième siècle une idée assez peu favorable.
Mme de Louvigny disait sans cesse à La Beaumelle qu'il
ne saurait la faire trop vertueuse; elle eut même un jour
à ce sujet une bien fine et ingénieuse réflexion :

Voici ce qui m'a passé encore par l'esprit..., et qui me fait
croire que tout le mal qu'on a dit est bien faux : c'est que si
elle eust eu quelque chose à se reprocher contre les mœurs, si
elle avoit eu des foiblesses d'une certaine nature, elle auroit
eu moins à combattre contre la vaine gloire. L'humilité luy
auroit été aussy naturelle qu'elle luy estoit étrangère, je dis
dans le fond du cœur, car à l'extérieur tout démentoit cet
orgueil secret dont elle se plaint à son directeur. Il falloit
donc que ce fust une secrète estime d'elle mesme(1). Or,

_____

(1) La Beaumelle s'est souvenu de ces expressions dans la préface des

comment eust-elle pu s'estimer, avec la droiture qu'elle avoit, si elle ne s'étoit pas aperçue estimable, elle qui peint si bien, dans une de ses conversations, celles dont la réputation a été ternie par une mauvaise conduite, qui n'osent, dit-elle, lever les yeux quand on parle devant elles d'une femme de vertu... Je ne sai si ma réflexion est bonne, mais elle m'a plu (1).

Une anecdote que tout le monde depuis Voltaire a regardée comme un conte ridicule, se trouve rapportée dans cette correspondance, sur la foi d'un témoignage respectable, celui du Père Griffet, l'auteur du *Traité des preuves en histoire.*

Le Père Griffet était venu prêcher à Saint-Cyr, et les dames de Saint-Louis, le sachant très informé, par ses études et plus encore peut être par ses relations, des choses de l'ancienne cour, l'interrogèrent beaucoup. Mme de Louvigny eut soin de recueillir cette conversation et de l'envoyer à La Beaumelle. Le Père, passant en revue ses souvenirs, en était venu à parler du mariage de Mme de Maintenon et du Roi. « Il nous dit », raconte Mme de Louvigny, « que M. de Harlay, qui en fit la célébration, mit l'acte dans sa poche ; qu'il étoit si paresseux

*Lettres de Godet des Marais,* publiées par lui sous le pseudonyme de l'abbé Berthier ; il y a reproduit presque mot pour mot le passage qu'on vient de lire.

(1) 16 juillet 1755. — Elle recueillait pour les envoyer à La Beaumelle tous les traits de la *Vie de Mme de Maintenon* qui pouvaient donner une haute idée de sa vertu. En voici un, assez joliment raconté :

« M. de Bâville, intendant de Languedoc, parloit de Mme Scarron volontiers ; il l'avoit vue encore jeune à l'hôtel de Richelieu ; il étoit jeune luy-mesme, et faufilé avec tous les beaux esprits de son temps. C'est quelque chose d'admirable, disoit-il, que cette femme ait su allier tant de vertus à tant de charmes. Son regard seul en imposoit de façon que les plus libertins étoient timides devant elle. Je l'ay cent fois ramenée dans mon carrosse de l'hôtel d'Albret ou de Richelieu dans la rue Saint-Jacques où elle demeuroit. J'étois pénétré du mesme respect en sa présence que j'aurois eu pour la Reine. Voilà un témoignage non suspect et qui a été rendu dans un tems ou M. de Bâville n'attendoit rien de Mme de Maintenon. »

que, quand il changeoit d'habit, il renfermoit celui qu'il
quittoit dans une armoire plutôt que de tirer les papiers
de ses poches et de les mettre en sûreté, et qu'à sa mort
on trouva quantité de vieilles culottes sous la clef, dont
l'une renfermoit l'acte en question, qui passa de main
en main sans savoir ce qu'il est devenu (1). » Voilà encore un mensonge de moins à la charge de La Beaumelle.

Nous avons vu plus haut que les archives de Saint-Cyr
lui avaient fourni près de deux cents lettres de Mme de
Caylus, et que La Condamine avait fait copier ces documents chez lui par quatre secrétaires. Il est fort probable qu'avant de livrer toutes ces copies à l'imprimeur,
La Beaumelle ne se borna pas à les collationner, mais les
revit, les corrigea, y fit des coupures et des surcharges ;
cependant tout semble indiquer qu'il apporta dans l'arrangement de ces textes une exceptionnelle réserve et
qu'il n'y toucha que d'une main relativement discrète.
La correspondance de Mme de Caylus avec sa tante
forme le tome sixième du recueil. Presque toutes les
lettres de Mme de Maintenon contenues dans ce volume
ont été réimprimées par Lavallée d'après les originaux
appartenant à Feuillet de Conches ; M. Geffroy à son

---

(1) Lettre du 1er juin 1755. — « Il n'y eut point d'acte de célébration,
dit Voltaire ; on n'en fait que pour constater un état, et il ne s'agissait ici
que de ce qu'on appelle un mariage de conscience. Comment peut-on
rapporter qu'après la mort de l'archevêque de Paris, Harlay, en 1695,
près de dix ans après le mariage, ses laquais trouvèrent dans ses vieilles
culottes l'acte de célébration ? Ce conte, qui n'est pas même fait pour des
laquais, ne se trouve que dans les *Mémoires de Maintenon*. » Édit. Beuchot, XX, 190, note.
La Beaumelle eût mis sa responsabilité à couvert en citant le nom du
P. Griffet. Mais sur ce point, comme sur bien d'autres, il n'était pas libre.
« Gardez-vous bien, lui avait dit Mme de Louvigny en lui transmettant
l'anecdote, gardez-vous bien de nommer le père, qui ne se doute nullement
que mes questions étaient précisément pour vous rendre ces anecdotes
qu'il tient de gens sûrs. »

tour en a donné un certain nombre. Ces lettres garan-
ties authentiques par les derniers éditeurs ne diffèrent
pas autant qu'on pourrait le croire de celles qu'a publiées
La Beaumelle. Plusieurs même reproduisent littérale-
ment le texte de 1755. On en peut conclure que les lettres
de Mme de Caylus (celles auxquelles Mme de Maintenon
répond) sont, à bien peu de chose près, authentiques.
Mme de Louvigny d'ailleurs est là encore pour fortifier
de son témoignage cette probabilité ; voici ce qu'elle écri
vait à La Beaumelle, en février 1756, après avoir lu imprimée cette correspondance : « Les lettres de Mme de
Caylus m'ont paru bien, mais plus longues qu'il ne falloit. Vous en avés rapproché plusieurs ensemble, et c'est
bien fait ; *mais j'aurois voulu que vous eussiés corrigé des endroits qui me semblent trop négligés et trop embrouillés.* Elle
dit quelque part : « Je n'aime point les princesses. » Je
crois, sauf un meilleur avis, qu'il auroit mieux valu dire :
Je n'aime point la grandeur et la contrainte qu'il faut
devant les princes. J'ai peur que nos princesses ne soient
indignées d'un tel aveu. »

La Beaumelle était donc quelquefois trop exact au gré
de Saint-Cyr ; nous ne voudrions pas tirer de ce fait (qui
n'est pourtant pas un fait isolé) des conclusions trop générales ; mais cela augmente singulièrement notre confiance dans l'authenticité des lettres de Mme de Caylus.
Il serait bien à souhaiter qu'on en retrouvât les originaux
et qu'on pût admirer dans son naturel, en la débarras-
sant, s'il y a lieu, de sa parure d'emprunt, la prose épistolaire de cette aimable femme. Ses lettres n'existent que
dans le recueil de La Beaumelle (1) ; c'est dans La Beau-

(1) M. Raunié, qui a publié en 1881 la *Correspondance de Mme de Caylus*,
à la suite de ses *Souvenirs*, s'est servi du texte de La Beaumelle et l'a
reproduit sans aucun changement.

melle que Sainte-Beuve les a lues en 1850 : il était alors
sans défiance ; il les trouva charmantes, supérieures
même aux *Souvenirs ;* et, selon toute apparence, les traits
qu'a pu y ajouter çà et là l'éditeur ont été de nul effet sur
le jugement de l'éminent critique (1).

A Saint-Cyr, le souci de certaines convenances, le bon
renom de Mme de Maintenon et de son Institut étaient

(1) La Beaumelle, au moment d'imprimer son livre, l'avant-veille de son
départ pour Amsterdam, écrivit au comte de Caylus pour le prier de
lui communiquer quelques-uns des documents qu'avait dû lui laisser sa
mère... « Il y auroit sans doute de l'indiscrétion, Monsieur, lui disait-il,
à vous demander la communication d'un morceau aussi précieux que le
sont les *Souvenirs de Mme la comtesse de Caylus ;* mais je me flatte que
vous ne trouverez pas mauvais que je vous demande un extrait de tout
ce qui concerne la tante dans les *Mémoires* de la nièce. Je vous supplie
d'être assuré que j'en ferois usage avec toute la circonspection convenable. J'en ai déjà trois petits fragmens que je cite au bas de la page. Le
reste paraîtroit venir de la même source.
   « J'ai souvent occasion de parler, dans le particulier de Louis XIV, de
Mme de Caylus. Je vous conjure, Monsieur, de me guider à cet égard.
J'espère que vous ne désapprouverez pas que j'enrichisse mon recueil des
lettres d'une dame si célèbre par son esprit. J'en supprimerois tout ce
qui pourroit vous déplaire, de même que tous les détails domestiques...
J'en ai sept cents de Mme de Maintenon à Mme de Caylus, ou de Mme de
Caylus à Mme de Maintenon, belles, intéressantes, et copiées sur les originaux... Si vous en avez encore, ou à elle, ou à M. d'Auxerre, que vous
souhaitiez rendre publiques, je les recevrois avec beaucoup de joie et de
reconnoissance... »
   Voici la réponse de M. de Caylus. On y reconnaîtra le ton familier et
l'originale brusquerie du célèbre antiquaire.
   « Je voudrois pouvoir répondre efficacement, Monsieur, à la lettre polie
que vous m'avez fait l'honneur de m'écrire, mais je n'ai jamais rien gardé.
Dans le tems de la Régence, ma mère brûla les lettres les plus intéressantes de Mme de Maintenon. Je n'ai que les *Souvenirs* en question, et
des raisons particulières m'empêcheront toute ma vie de les donner. Enfin,
pour vous parler naturellement, je me suis toute ma vie *foutu de tout* dans
ma retraite. Ainsi, je ne pourrois vous être utile dans vos recherches qui
me paraissent d'une très grande étendue. Ce n'est ni par humeur ni par
réserve que je ne répons pas à votre désir ; mais si tant est que j'aye
quelques lettres qui vous fussent utiles, je ne saurois ma foi pas où les
trouver. J'ai l'honneur d'être, Monsieur, votre très humble et très obéissant serviteur.
                                                           « CAYLUS.
   « Mardi, 11 mars 1755. »
   Archives des Angliviels.

mis fort au-dessus, non pas précisément de la vérité, mais de l'exactitude historique. Dès les premiers temps de leurs relations, en janvier 1756, Mme de Louvigny écrivait à La Beaumelle :

J'ai vu il y a peu de jours une fort aimable dame qui m'a dit que la *Vie* de Mme de Maintenon étoit parfaitement bien écrite (je ne l'ignorois pas), et qu'elle l'avoit entendu extrêmement applaudir (ce qui ne m'a pas surprise); mais elle a ajouté qu'elle ne croyoit pas que toutes les lettres qu'on attribuoit à Mme de Maintenon dans les deux volumes fussent d'elle, parce qu'il y en avoit plusieurs qui ne répondoient pas à l'idée qu'on avoit de son esprit. Ce jugement, quoique très baroque, doit, ce me semble, vous engager, Monsieur, à une nouvelle attention sur le choix, et même à supprimer ou *corriger* ce qui a pu échapper de moins bien à Mme de Main-tenon, qui écrivoit avec précipitation, souvent interrompue et plus souvent encore gênée, depuis sa haute piété, par le scrupule de trop bien dire.

Ces recommandations, si conformes à sa propre manière de voir, lui étaient renouvelées presque dans chaque lettre.

Je crois bien que plus vous approcherés du naïf, *sans diminuer les traits ajoutés*, plus vous persuaderés de la vérité(1).

Il faut *rajuster* les lettres de Mme de Maintenon, afin qu'on les trouve aussi belles qu'elles sont dans le fond, et faire un triage de ce qui est médiocre(2).

... Tachés d'établir les tête-à-tête du Roy et leur donner la couleur, la tournure de conversations solides. Ajustés cela de façon qu'on voie Mme de M. toujours la sagesse mesme, car elle l'étoit en effet(3).

On trouve, et surtout la Mère supérieure, les *Entretiens* charmans. Les traits ajoutés le sont avec toutes les grâces imaginables(4).

(1) 23 janvier 1754.
(2) Sans date [1754 ou 1755].
(3) Sans date [1755].
(4) Sans date [1755].

Il est cruel de vous distraire; il faut vous laisser arranger en repos les lettres de Mme de Maintenon, où vous retrancherés l'inutile s'il y en a, le négligé s'il s'en trouve, le dangereux par rapport à bien des gens qu'il ne faut ni nommer ni fâcher. Gardez-vous bien surtout de mettre cette lettre de Mme la duchesse de Bourgogne, si forte que je ne la transcrivois qu'en hésitant. Elle prouve une confiance sans bornes de la princesse pour Mme de Maintenon, mais elle fortifieroit des soupçons qui blesseroient étrangement, et, encore une fois, à moins que d'en supprimer bien des termes, elle n'est pas de celles qu'il faut mettre au jour. L'éditeur, quel qu'il fût, pourroit le paier cher(1).

Rien de plus légitime d'ailleurs que cette dernière recommandation; et Mme de Louvigny, dans l'excès de son zèle, avait été bien imprudente en communiquant à La Beaumelle des pièces d'une nature si délicate et si évidemment confidentielle.

Le 13 mai 1755, Mme du Han de Crèvecœur fut élue supérieure, en remplacement de Mme de Mornay. Elle avait été associée à tous les complots de la Cabale : c'est par son secours, à l'insu de la supérieure, à l'insu même de Mme de Montorcier, « souvent zélée, mais quelquefois craintive », que Mme de Louvigny avait pu envoyer à l'historiographe les documents les plus secrets et les mieux gardés. Devenue supérieure, le sentiment de sa responsabilité nouvelle la rendit moins hardie; c'est bien probablement à sa prière que fut écrite la lettre qu'on vient de lire. Elle-même, peu de jours après, s'adressant directement à La Beaumelle, lui disait :

... On ne peut être plus prévenue que je le suis en votre faveur; et, quoique je me sente incapable de juger de vos talens, je ne laisse pas d'en avoir une très grande idée. Mais,

_____

(1) [Mai 1755.]

Monsieur, si la prudence la plus scrupuleuse ne les dirige,
vous courez de grands périls... Je me suis fait rendre compte
des matériaux qu'on vous a donnés; j'étois moins portée aux
réserves que qui que ce soit, cependant j'entrevois qu'elles
étoient plus nécessaires que je ne l'aurois cru. Vous avés surtout
une ou deux lettres de Mme la duchesse de Bourgogne qui ne
doivent jamais être mises au jour : ce sont celles où s'adressant à Mme de Maintenon, elle déplore de lui avoir déplu par
sa passion pour le jeu. Je vous prie, Monsieur, de les supprimer absolument et *de rendre les autres si agréables, soit en
ajoutant, soit en retranchant,* que le Roy puisse vous passer en
faveur du style d'avoir donné au public des lettres de sa
mère (1).

Dans une lettre du 10 mars précédent, Mme de Louvigny, à propos de cette même princesse, écrivait ceci :

J'ay ouï dire à feu ma mère qu'on ne s'étoit aperçu de son
foible pour M. de Nangis que parce qu'elle rougissoit en le
voïant; et qu'on avoit si bien saisi ce symptôme avilissant
qu'on prévenoit toutes les occasions afin que la princesse
n'eût pas à rougir souvent. Elle étoit gardée à vue.

Toutes ces circonstances doivent être tues. Il seroit offen-
sant pour le Roy de donner la moindre atteinte à la réputation
de sa mère. Cecy est d'une grande conséquence.

Comment Mme de Louvigny pouvait-elle croire qu'elle
réussirait à mettre son peu timide correspondant en garde
contre de telles indiscrétions, lorsqu'elle lui en fournissait
elle-même la matière? Le maréchal de Noailles, dans les
libres entretiens qu'il eut avec La Beaumelle au début
de leurs relations, lui en avait déjà dit long sur ce délicat
sujet. L'historiographe a eu grand soin de consigner tout
cela sur ses carnets. Voici ce qu'on y lit, à la date du 3 janvier 1755 : « M. de Nangis, premier écuyer de Mme de
Bourgogne, alloit souvent avec elle à la Ménagerie faire

(1) 14 juin 1755.

du fromage et *penser* (1) ; La Roche (2) étoit le confident.
M. Paris qui avoit bon nez épousa une La Roche, et sa fortune commença. »

C'est au maréchal de Noailles que Mme de Maintenon,
après la mort de la duchesse de Bourgogne, avait adressé
cette lettre si souvent citée :

Je pleurerai tonte ma vie Mme la Dauphine ; mais j'apprends tous les jours des choses qui me font croire qu'elle
m'aurait donné de grands déplaisirs. Dieu l'a prise par misé-
ricorde (3).

M. Geffroy s'est demandé à quelles erreurs, à quelles
fautes, ces graves paroles pouvaient faire allusion. La
réponse à cette question se trouve dans ces lettres que
La Beaumelle a publiées grâce à Saint-Cyr, et malgré
Saint-Cyr ; lettres qu'il n'est plus possible de croire apocryphes (4), et dont nos documents viennent de nous
fournir un édifiant commentaire.

Nous ne pouvons omettre de citer ici un passage de la
correspondance de Mme de Louvigny qui établit d'une
façon certaine l'un des points les plus contestés de la
biographie de Mme de Maintenon, et qui du même coup
met en lumière la sagacité de l'éditeur. Discutant avec
Mme de Louvigny, à l'occasion de quelques pièces très
importantes dont elle lui avait envoyé une copie (5), la
question de savoir dans quelle mesure Mme de Maintenon

---

(1) Ce mot a ici un sens conventionnel que le lecteur devinera aisément ;
La Beaumelle l'emploie souvent dans son Journal : « Pensé à une telle...
Pensé deux fois à une telle... » Et certaines particularités très précises
notées en marge complètent l'indication.
(2) Concierge de la Ménagerie ?
(3) GEFFROY, II, 307.
(4) M. Geffroy en a retrouvé des fragments dans les Archives du grand
séminaire de Versailles. (*Mme de Maintenon d'après sa correspondance*,
II, 131.)
(5) Les *Entretiens avec Mme de Glapion*.

avait pris part aux affaires du gouvernement, il arrache à sa correspondante l'aveu que voici :

Je n'ai dit que d'après M. de Sens (1) qu'elle ne se mêloit de rien; et M. de Sens ne s'est trompé qu'après Mmes du Perou et de Glapion, mesme après M. le Régent, dont il cite les paroles. C'étoit, ce me semble, à propos de Mme des Ursins, qui étoit fort intrigante. Le Régent dit, par contraste de cette femme et parlant de Mme de Maintenon : « Oh ! pour celle-là, elle ne s'est jamais meslée d'affaires. » *Il est vray, et je vous le confesse, que j'ay supprimé un petit mot dans ses entretiens avec Mme de Glapion*, qui me paroissoit contradictoire à cette opinion du Régent : c'est quand elle dépeint les soirées du Roy travaillant avec ses ministres, et elle à son ouvrage. Elle dit : « Quand on veut de moy, on m'appelle. » Et il faut mettre : « Quand il travaille avec ses ministres *et qu'on ne m'appelle pas, ce qui est très rare* (2). » Du reste, comptés que j'ay été très fidelle et plus fidelle que bien d'autres ne l'eussent été; je ne sçai comment allier ce trait, qui marque en effet la part que Mme de Maintenon avoit dans les délibérations, avec ce qu'elle a dit mille fois, qu'on s'abusoit quand on s'imaginoit que tout passoit par elle (3).

Dans les affaires religieuses surtout, l'influence de Mme de Maintenon est incontestable ; elle n'a pas inspiré peut-être, mais elle a approuvé certainement comme une rigueur nécessaire la révocation de l'édit de Nantes. Elle ne reculait pas au besoin devant la violence, surtout dans sa propre famille. On sait avec quelle désinvolture vraiment cruelle elle accueillit les plaintes de son cousin M. de Villette dont elle avait fait enlever la fille et le fils aîné, pour les convertir au catholicisme. « Je ne vous réponds point sur ce que vous me demandez votre

(1) Languet de Gergy.
(2) Il est piquant de constater que la version la plus exacte de ce texte a été donnée par La Beaumelle. Lavallée et après lui M. Geffroy ont reproduit la copie incomplète de Saint-Cyr.
(3) 21-22 février 1755.

fille ; jugez vous-même, si, ayant fait une violence pour l'avoir, je ferais encore la sottise de la rendre ; donnez-moi plutôt les autres par amitié pour eux... (1). »

La Beaumelle, dans une lettre qu'il suppose adressée à Mme de Saint Géran, prête à Mme de Maintenon cette phrase : « Le Roi pense sérieusement à la conversion des hérétiques, et dans peu on y travaillera tout de bon. »

Là-dessus, Lavallée se récrie : « C'est, dit-il, avec de telles phrases de roman que La Beaumelle a fait peser sur Mme de Maintenon la responsabilité de la révocation de l'Édit de Nantes ! » — Et quelques pages plus loin, dans cette lettre à M. de Villette, dont nous venons de citer un fragment, et qu'il reproduit d'après un manuscrit de Saint-Cyr, Lavallée, sans en paraître le moins du monde surpris, laisse dire ceci à Mme de Maintenon : « Si Dieu conserve le Roi, il n'y aura plus un huguenot dans vingt ans. »

Les deux phrases, vraiment, ont un grand air de famille, et la seconde (surtout si l'on veut bien se reporter au texte, et lire le passage entier) n'est pas moins compromettante que la première.

La Beaumelle, après une longue résistance, fut enfin forcé de céder aux réclamations de Mme de Louvigny : il lui communiqua un à un les premiers volumes des *Mémoires*. On lui fit d'assez nombreuses observations sur la préface : le ton n'en était pas assez grave, et le maréchal de Noailles, à qui on l'avait fait lire, avait dit que ce n'était pas là le style de l'histoire : on y releva des imprudences. Bref, il dut la recommencer. On se montra ravi de sa docilité, et le morceau sous sa nouvelle forme, sous sa forme définitive, fut trouvé excellent.

Le début de l'ouvrage, c'est-à-dire les chapitres consa-

(1) LAVALLÉE, *Correspondance générale de Mme de Maintenon*, II, 161.

crés à la famille d'Aubigné, à l'enfance et à la jeunesse
de Mme Scarron, ne soulevèrent aucune objection. C'est
à partir du second volume, lorsque l'historien, après avoir
introduit son héroïne à la cour, la montre mêlée aux
amours de Louis XIV, et s'étend complaisamment sur les
circonstances les plus scabreuses des fredaines royales,
c'est quand, un peu plus tard, il raconte, en y ajoutant ses
libres appréciations, les querelles du jansénisme et du
quiétisme, c'est lorsqu'il fait le portrait peu flatté du Roi,
des princes, des évêques (de Bossuet entre autres); c'est
alors que les critiques reparaissent, et d'autant plus vives
que maintenant il les discute, les repousse, et semble décidé à n'en plus tenir compte. Rendons un moment la
parole à Mme de Louvigny :

Je vous ay lu avec précipitation, Monsieur, je vous ay admiré rapidement; j'ay pris la liberté de vous contredire en
quelques endroits; mais je n'ay pas la capacité de bien juger,
non plus que le talent de persuader. Je vous renvoie donc à
vos propres réflexions, à vostre propre jugement, au bon goust,
à l'amour de la gloire, à la crainte d'une critique inexorable,
et aux sources où vous avés puisé. Il seroit bon de les confron-
ter, de voir celles qui se contredisent, et de donner créance à
celles dont vous avés lieu de moins douter. M. d'Agen m'a paru
partial; Mme de Bouju est, dit-on, très mal informée; Manseau
le devoit estre moins bien, sur ce qui a occasionné les vœux
solennels, que Mme du Pérou, et je vois que cet article n'est
pas conforme à ce qu'en disent nos manuscrits. Il seroit à souhaiter, ce me semble, que vous eussiés un peu plus ménagé le
feu roy dans ce qui le rendoit un sujet d'amertume à Mme de
Maintenon. L'humeur inégale qui luy faisoit dire : « De quoi
vous meslés-vous? » sur les choses mesmes où il l'avoit consultée, se fait deviner assés, sans rabattre son esprit et sa personne, sans parler de sa mauvaise odeur...

*J'ay eu l'honneur de vous dire ce que je pensois sur le quiétisme.*
*Ce morceau est très bien écrit, je l'avoue; mais à quoi sert de réveil-*
*ler une vieille querelle qui n'amusera guère,* qui blessera les zéla-

teurs de M. Bossuet et ne consolera pas ceux de M. de Fénelon ?
Tant de détails sur cette affaire ne paroistroient-ils pas trop
longs ?

La Regina trouve, et je le pense après elle, que l'ordre des
tems n'est pas assés gardé; par exemple, Mme de Brinon est
sortie de Saint Cir, et quelques pages après, on la retrouve
composant sa mauvaise tragédie et la faisant jouer, sans que
le lecteur, qui la croyoit bien loin, sache comment elle est revenue. Il faudroit donc quelque liaison : il en faudroit aussy
dans d'autres endroits qui m'ont frappée sur le champ et que
j'ay oubliés... Je ne vous dirai rien sur les maîtresses : vous
croiriés que c'est scrupule; mais je vous exhorterai toujours
à consulter d'habiles gens, à réformer tout ce qu'ils vous
diront qui en a besoin, à ne rien hasarder, ni contre vostre
gloire, ni contre vos intérets... il y a des endroits si beaux,
qu'il seroit dommage qu'il y en eust de foibles ou de faux,
qui, en jetant du doute sur ceux qui sont vrais, anéantiroient la
confiance du lecteur... Enfin, pesés tout avant de vous mettre
au grand jour, et jugés vostre livre, comme si Voltaire l'avoit
écrit (1).

Dans une lettre postérieure de quelques mois à celle-ci,
Mme de Louvigny renouvelle à l'historien ses recommandations au sujet de Bossuet. Ce qu'elle entend dire de La
Beaumelle à Saint-Cyr même, par Louis Racine et ses
amis, l'inquiète et l'irrite :

Je meurs de peur que vous n'aiés adopté et allongé les
anecdotes de Mlle des Vieux (2). Vous trouverés des vengeurs
de M. Bossuet qui pulvériseront votre livre ; on s'inscrira en
faux contre tout ce qu'il contient, et même contre les lettres.
On débite déjà qu'il est impossible que vous en aiés découvert
un aussy grand nombre que vous l'annoncés, et on ajoute que,
comme vous avés de l'esprit, chose que personne ne nie, vous
saurés contrefaire au naturel le tyle de Mme de Maintenon, et
que toutes les lettres que vous promettés seront de votre com-

(1) Février ou mars 1755.
(2) Mlle Desvieux de Mauléon, amie de Bossuet, et plus que son amie
selon certains pamphlets.

position… Otés tout ce qui n'a pas l'air de vraisemblance ou
ce qui est indécent. Je vous l'ai déjà dit : racontés les faits
comme si vous étiés au milieu d'un cercle de princes, de seigneurs et de beaux esprits. Il n'y aura qu'à retrancher quelques
morceaux. Car il faut convenir qu'il y en a de délicieux. Adieu,
on me cherche, et vous sentés bien que je ne veux pas être
prise sur le fait… Votre préface est devenue un chef-d'œuvre ;
il faut que le reste luy ressemble, et que Voltaire n'aille pas
dire que vous n'avés donné au public que le brouillon de votre
brouillon (1).

L'une des pièces les plus importantes et les plus
curieuses que Mme de Louvigny ait communiquées à La
Beaumelle, est une lettre écrite par l'évêque de Chartres
à Mme de Maintenon « sur les prières et l'assujettisse-
ment de son état ». Lavallée s'est bien trompé lorsqu'il
a dit que les dames de Saint-Cyr avaient certainement lu
et copié cette lettre *sans la comprendre*. Il les croyait par
trop innocentes.

La lettre de l'évêque est datée de septembre 1705.
Louis XIV avait à cette époque soixante-sept ans, et
Mme de Maintenon soixante-dix. Il s'agit d'un cas de conscience des plus délicats et sans doute aussi des plus
rares. L'épouse secrète du grand roi s'était plainte à son
directeur de certaines *occasions pénibles* auxquelles, malgré
son âge, elle était encore assujettie. Le prélat la rappelle
presque sévèrement à son devoir, et en des termes fort
clairs, quoique bibliques. « Il faut, lui dit-il, qu'elle serve
d'asile à une âme faible, qui sans cela se perdroit : il faut
qu'elle lui aide à marcher, comme Elisabeth et Zacharie,
dans toutes les justifications du Seigneur. Quelle grâce
d'être l'instrument des conseils de Dieu, *et de faire, par
vertu, ce que tant d'autres font sans mérite et par passion !* »

(1) [Juillet 1755.]

La Beaumelle a publié exactement, dans son recueil, cette
lettre dont Lavallée ne donne qu'un fragment. Il en a, en
outre, tiré tout un développement pour le chapitre VI du
quatrième volume des *Mémoires*, chapitre consacré aux
chagrins domestiques de Mme de Maintenon. Voici l'une
des réflexions que ce fait lui suggère : « L'assentiment
aux plaisirs *ou à ce qui en étoit l'image* devoit plus coûter
que les mortifications des sens à une femme qui, au
lieu de parures, portoit ces instrumens de pénitence
armés de pointes de fer, ou travaillés en crin, inventés
dans toutes les religions par des moines féroces, approu-
vés par une piété fervente et condamnés peut-être par
une piété éclairée (1). »

Nous ne pouvons citer la page entière ; Louis XIV, que
La Beaumelle n'aimait pas, y est représenté dans la moins
majestueuse des postures. Il eût été de meilleur goût de
ne pas tant appuyer sur ce détail. Écoutons encore
Mme de Louvigny :

Je me repends bien, lui écrit-elle, de vous avoir envoyé
cette lettre singulière dont vous ne faites pas un usage assez
respectueux pour Louis XIV. J'aurois voulu que vous en eussiez supprimé la date (2) pour qu'on ne vît pas un septuagé-
naire susceptible d'une misère dont on doit toujours rougir.
Mme de Maintenon, en s'y refusant, dans un âge plus voisin
de celui où elle a été si cruellement calomniée, eût mieux
prouvé sa vertu. De plus, je n'aurois point fait mention de
cette lettre dans les *Mémoires,* et j'aurois cru qu'une note eût
suffi, conçue à peu près dans ce sens : *Cette lettre n'a point eu
d'autre objet que Mme de Maintenon* (3). *Sa prudence et sa modestie*

(1) *Mémoires*, IV, 252, édit. de 1756.
(2) Il consentit à la reculer un peu ; la lettre, dans son Recueil, est
datée de 1696.
(3) Pour l'intelligence de cette phrase, il faut rappeler ici que la lettre
de l'évêque de Chartres était adressée à Mme de Maintenon sous un nom
supposé : *A ma sœur R.*

*exigeoient que l'évêque de Chartres ne s'exprimast et ne luy répondit qu'en tierce personne... Le respect auroit fait supprimer (cette lettre), mais elle constate un fait trop essentiel pour qu'on le taise; on y voit que cette admirable femme étoit bien éloignée du vice, puisqu'il lui falloit une loy de son directeur pour subir celle de son état, et avec un époux bien supérieur de toutes façons aux amans prétendus qui avoient, dit-on, ses bonnes grâces.*

Nous ne voulons point faire à La Beaumelle un trop grand mérite de n'avoir pas adopté l'arrangement de Mme de Louvigny; ce n'est probablement pas l'amour exclusif de la vérité qui l'en a détourné. Mais, quand il s'agit d'histoire, l'indiscrétion est encore préférable au mensonge, même officieux. Pour que la petite note proposée par Mme de Louvigny pût avoir quelque vraisemblance, il eût fallu rajeunir de près de vingt ans l'auguste couple; car, comment faire admettre aux âmes les plus simples que le Louis XIV de 1705, ou même celui de 1696, ait pu être jugé supérieur « de toutes façons » au Villarceaux de 1660?

A mesure que l'ouvrage de La Beaumelle approchait de sa fin, les appréhensions se montraient plus grandes à Saint-Cyr, et les critiques se multipliaient. « On reconnoissoit trop dans ce livre la main d'un hérétique... l'auteur étoit trop républicain (ce mot est plusieurs fois répété)... il avoit, sur les institutions et sur les personnes, des jugements d'une liberté telle, qu'ils équivaloient à des outrages... Enfin, disoit Mme de Louvigny, on a vu dans ce récit des indécences qui ont révolté. » C'est sur ces points-là, uniquement, que portaient les observations et les plaintes. On ne trouvait d'ailleurs dans tout l'ouvrage « que du *vrai* et de l'excellent ».

Poursuivons nos citations :

De notre maison de Saint-Louis, ce 28 octobre [1755.]

J'ay bien peur, Monsieur, que ce tempérament si vif dont

vous me rendés compte comme un enfant à sa mère, ne vous ait
donné de terribles armes contre moy. Vous aurés tout au moins
mis en pièces avec fureur mes deux dernières lettres. J'avoue
qu'elles étoient trop amères; j'ay eu tort; mais convenés que
vous en avés eu encore davantage, d'emploier des phrases aussi
venimeuses, et des traits aussy peu honnestes que ceux que je
vous reproche. Au bout de tout, je veux vostre gloire. N'y re-
noncés pas; prenés courage; rectifiés avec patience ce qui en
a besoin, et croiés que quand je vous gronde, je vous rends
peut-être le plus grand de tous les services; je ne saurois me
résoudre d'abandonner vostre âme. Il semble que la Providence
me fasse une loy de faire tous mes efforts pour l'attirer à Dieu.
Je n'ay cherché ni désiré les relations que j'ay avec vous; j'eus
mesme beaucoup de répugnance dans les commencements à
me mesler de cette affaire. Ma supérieure me le commanda,
j'obéis; et me voilà au point de ne m'en pas désister, quoyque
je sois mécontente de la licence de vostre plume qui me charme
d'ailleurs en tout le reste. Que n'écrivés-vous des livres comme
vous écrivés des lettres! Les vostres sont d'un agrément, d'un
naturel! Tout y respire l'homme d'esprit, l'honnête homme;
enfin, elles sont délicieuses... et quelquefois un peu ironiques,
car, ne vous déplaise, c'est se moquer de moy que de m'inviter d'estre après vous l'historien de Mme de M... Il vous sié-
roit bien mieux de faire vous-mesme cet ouvrage et d'en apaiser
la Regina douarière (1) qui ne pardonnera pas les larcins,
*surtout si son cousin Villarceaux fait des impertinences, ou plutôt si
vous les divulgués.*

Je m'attens à une réponse de vostre part, aussy aigre que
vos gronderies du matin, et je vous la pardonne d'avance, car,
encore une fois, je veux tout dévorer pour obtenir votre salut,
s'il est possible. Eh! pourquoi ne le seroit-il pas? (Suit un sermon
assez éloquent et très tendre.)... Je vous presche comme si vous
n'étiés pas encore tout fumant de dépit : c'est que je vous crois
comme moy : j'ay mes vivacités; elles passent comme un éclair.
Je tâche de les vaincre; souvent Dieu me fait la grâce de réussir, mais quelques fois je m'échappe, et vous l'avés vu. Je
pense que j'aurois obtenu ce que je vous demandois si je m'y

(1) Mme de Mornay.

étois prise d'une autre façon. Peut-être en est-il encore temps ?
*Je vous conjure, je vous supplie donc de travailler avec un nouveau
courage à ce livre si bon en mille endroits, si défiguré par la licence,
si intéressant par les faits, si agréable par la diction. Vos deux dernières feuilles sont charmantes.* Mais ne laissés point les premières
lettres des noms dans les lettres, quand il y a quelque trait
désobligeant sur les personnes. Adieu, Monsieur, je vous rends
toute mon estime, j'espère tout de votre complaisance, et je
suis toujours, au delà des expressions, votre, etc.

S<sup>r</sup> DE LOUVIGNY, R<sup>ce</sup> de Saint-Louis.

Souvenés-vous de ne faire qu'un usage très discret de la
lettre en tierce personne. Il ne seroit pas bon de révéler trop
haut la confession de Louis XIV. Il me semble que ce que je
vous ai mandé sur cela dans ma dernière, est un bon conseil...

Vostre cachet noir m'a inquiétée. Je prends part à la perte
qui l'occasionne. Je ne sçai cependant pas qui est-ce que vous
regrettés sur les trois morts qui vous ont frappé vivement,
excepté celle de M. de Montesquieu (1).

Vostre dernière lettre a désarmé la Regina régnante. Pour la
douarière, elle ne sait pas un mot, ni du procès que je vous ai
fait, ni des raisons que j'en avois. Vous devriés bien lui écrire
comme je vous en avois prié.

M. le Dauphin, Mme la Dauphine, Madame, Mesdames
veulent voir la tragédie d'*Esther* représentée par nos demoiselles. On la prépare pour après les couches de Mme la Dauphine. Ne doutés pas que cette circonstance ne double la curiosité de voir la vie de Mme de M... Mais si elle n'est corrigée,
si elle n'est bien décente, comment nos princesses la liront-
elles ? Au lieu que, si elle plaît à la cour, l'autheur y sera
festé, applaudi. Ne me répondés que dans une feuille à part,
sur notre querelle et sur les choses que vous sentés bien que
je ne dis pas à Mme de Mornay.

Je luy ai montré la petite lettre avec les deux feuilles bonnes
à montrer. Vous ne parliés point des lettres de l'évêque de

_____

(1) Montesquieu était mort à Paris pendant un séjour de La Beaumelle
en Hollande. Diderot suivit seul son convoi.

Ch[artres], sitost que vous en dites un mot, je me retranche sur le silence, et discrètement je ne montre pas vos lettres (1).

La Beaumelle, racontant, dans un des derniers chapitres de son livre, la disgrâce de Mme des Ursins, assure qu'après la mort de la reine d'Espagne, la célèbre aventurière conçut l'espoir, malgré son grand âge, de se faire épouser par Philippe V. « Quand ces nouvelles, dit-il, arrivèrent à Paris, Louis les rejeta comme des fables. Mais Mme de Maintenon, qui sut tout le détail de ces ridicules amours, dit à la marquise de Pompadour (2), qui l'a souvent répété à M. l'abbé ***, envoyé de Florence à Paris, et encore vivant : « J'espère que nous verrons bientôt Mme des Ursins reine, et reine déclarée (3). »

Cette histoire et le propos qu'y tient Mme de Maintenon parurent très suspects à Mme de Louvigny, qui en fit l'observation à l'auteur. Voici sur quelle autorité s'était appuyé La Beaumelle. Le 29 avril 1755, La Condamine lui avait envoyé de Sienne le renseignement suivant, que nous copions sur l'autographe : « M. l'abbé Franchini, ci-devant envoyé de Toscane, que j'ai beaucoup connu à Paris, où il a demeuré quinze ans, vient de me dire qu'il avoit ouï-dire à feu la vieille marquise de Pompadour qu'elle avoit entendu ces mots de la bouche de Mme de Maintenon en parlant de la princesse des Ursins : *J'espère que nous la verrons reine, et reine déclarée.* Vous

(1) Ces lettres que La Beaumelle, pour détourner les soupçons, publia sous le nom de l'abbé Berthier, mais dont il enrichit néanmoins son Recueil, avaient été dérobées dans les Archives de Saint-Cyr par Mme de Louvigny, aidée de Mmes du Han et de Montorcier. « C'est le coup le plus hardi que nous ayons tenté », dit dans une de ses lettres la correspondante de La Beaumelle.

(2) Gabrielle de Montaut, fille de Philippe, duc de Navailles, et femme de Léonard Hélie de Laurière, dernier marquis de Pompadour. Elle a été gouvernante du duc d'Alençon, fils du duc de Berry. (*Dictionnaire de la noblesse*, de La Chesnaye-Desbois.)

(3) *Mémoires*, **V**, 201, édit. de 1756.

pourriez faire usage de cette anecdote quelque part. »

On démontrerait aisément, croyons-nous, pour peu qu'on voulût examiner avec quelque attention les sources des *Mémoires*, que La Beaumelle a pu mal interpréter certains documents ; qu'il y a joint parfois des commentaires excessifs ; mais qu'en aucun cas il n'a inventé ou falsifié les faits. Mme de Louvigny lui en a fourni un grand nombre qu'il a reproduits dans son livre avec la plus entière exactitude. Nous nous bornerons à transcrire ici, d'après cette correspondance, deux anecdotes, prises parmi les plus intéressantes. On les retrouvera non seulement en substance, mais presque sous la même forme dans les *Mémoires* :

Ma S$^r$ de La Tour me disoit, il y a deux jours, à la récréation, que Mme de M... jetoit régulièrement au feu les lettres du maréchal, qu'elle s'en souvenoit très bien et qu'elle étoit présente. Je luy sçai mauvais gré de m'avoir conté si tard l'anecdote suivante : Ce fut lors des affaires de M. le duc du Maine ; le maréchal de Villeroy qui connoissoit le cœur de Mme de M... vouloit user de ménagement pour luy apprendre la détention de ce prince. Il luy écrivit et mit sa lettre dans une autre adressée à Mme de Glapion, qui étoit supérieure. Mme de Glapion étoit auprès de Mme de M... quand on lui apporta cette lettre. Mme de M... s'en saisit et la décacheta avec vivacité ; elle y leut la douloureuse nouvelle sans jeter un cri ni une plainte ; mais donnant la lettre à Mme de Glapion, elle se leva et courut dans sa tribune où elle fut plus d'une heure. Mme de Glapion, de son costé, lit, se trouve mal, ne reprend connoissance que pour suivre tout éplorée Mme de M..., reste à la porte de la tribune, respectant sa douleur. Mme de M... en sortit avec la fièvre qui ne la quitta presque plus jusqu'à sa mort. Ma sœur de La Tour dit que depuis cette époque elle n'eut plus un moment de santé ni de joye, quoyqu'on tachast de l'amuser autant qu'on le pouvoit, et qu'elle mesme, par religion, se fît des efforts extraordinaires (1).

(1) 10 juillet 1755.

Le second morceau est une relation de la visite faite par Pierre le Grand à Mme de Maintenon, en 1719 :

Le Czar arriva sur les neuf heures du soir à Saint-Cyr. Mme de M... lui fit demander la permission de rester sur son lit, où elle étoit et de ne point l'aller recevoir, à cause de sa vieillesse. La supérieure et la communauté en habit de cérémonie le receut à la porte de closture. Il fust tout de suite à l'appartement de Mme de M..., qui est de plain pied, suivi de quelques seigneurs françois, de sa petite cour qui n'étoit pas leste, et de la communauté. Il adressa la parole à Mme de M... L'interprète en dit moins qu'on n'en devinoit sur le visage du prince qui demandoit d'un air obligeant à Mme de M... si elle étoit malade ; elle répondit que sa maladie étoit la vieillesse. Sur ce mot, le Czar tira lui mesme le rideau de son lit, et fit signe qu'on l'ouvrît au pied. Il la considéra attentivement ; elle rougit ; et les dames de Saint-Louis qui la virent dans ce moment, dirent qu'elle dut luy paroistre belle, car elle avoit encore un air de beauté. Le Czar dit quelque chose avec une action qui en renfermoit davantage que l'expression de l'interprète qui dit cependant des choses obligeantes à Mme de M... La visite fut courte ; le Czar alla aux classes, regarda jouer aux échecs et à d'autres jeux de cette espèce dont chaque bande s'amusoit. C'étoit l'heure de la récréation. Il ne voioit rien d'une manière indifférente. Il alla dans le jardin, prit une rose dont il se jouoit, et avoit apparemment donné l'ordre de tirer le plan de la maison, car un de ceux de sa suite le fit en le suivant. Cette curiosité de ce prince étranger se borna à ce petit détail ; mais dans une maison où il fut à Paris, il y vit Mme de Caylus, et, aïant seu qu'elle étoit nièce de Mme de M..., il fendit la presse, l'aborda, la prit par la main, la regarda beaucoup, et lui fit, à sa mode, toutes les politesses imaginables (1).

(1) 14 juin 1755. — Il y a intérêt à rapprocher ce récit de celui de Golikof, l'historien russe de Pierre le Grand. Golikof, qui écrivait d'après des témoignages contemporains et d'après le journal même du Czar, confirme sur tous les points la relation de Saint-Cyr et, par suite, celle de La Beaumelle. (Voir la *Revue bleue* du 14 octobre 1893). On sait ce qu'est devenue cette anecdote sous la plume malveillante et peu scrupuleuse de Saint-Simon.

Il serait sans intérêt de multiplier les extraits des innombrables lettres que Mme de Louvigny adressa à La Beaumelle pendant la préparation de son livre. Nous avons suffisamment établi la collaboration et aussi la complicité de Saint-Cyr. Cette complicité sans doute ne s'est manifestée que sur des points déterminés et dans une mesure que nous ne voudrions pas exagérer : mais elle est indiscutable, et il importait de la mettre en lumière.

Il est d'ailleurs évident que, quand Mme de Louvigny approuve ou recommande les *traits ajoutés*, il ne s'agit le plus souvent dans sa pensée que de purs ornements de style, dont Mme de Maintenon, certes, n'avait aucun besoin, qui étaient loin de valoir sa simple et naturelle parure, mais qui plaisaient alors, ou du moins ne choquaient pas, parce qu'ils correspondaient aux idées, au goût, aux habitudes du temps.

M. Geffroy, dans l'introduction de son beau livre sur Mme de Maintenon, a cité un exemple bien frappant des fâcheuses retouches que subissaient ainsi les textes entre les mains de La Beaumelle. Mme de Maintenon, s'adressant au duc de Noailles, avait dit : « Il n'y a que Dieu qui mérite d'être servi comme vous servez. » Cette réflexion, très significative en sa brièveté, parut fade à l'éditeur, qui la remplaça par la phrase que voici : « Il n'y a que Dieu qui mérite le sacrifice que votre philosophie fait aux rois. » A Saint-Cyr, on dut trouver cela admirable. M. Geffroy concluait de ces interpolations, dont il avait relevé seulement un petit nombre, que, désormais, il faudrait rayer de l'histoire certains mots qu'on s'est plu jusqu'ici à citer, qui n'ont été attribués à Mme de Maintenon que sur la foi du seul La Beaumelle, et qui, d'ailleurs, nous la représentent sous un jour peu favorable. Parmi

ces mots condamnés, il en est un, pour ne parler que de
celui-là, qui l'a été bien à tort. Nous allons en donner la
preuve. Au moment où se terminait en Hollande l'impression des derniers volumes des *Lettres*, La Beaumelle reçut
une communication qui n'émanait pas de Saint-Cyr, mais
qui n'en doit pas moins, de toute nécessité, être mentionnée ici. Elle lui fut fournie par Lalande, avec qui il était
extrêmement lié, et qui, en mainte occasion, lui rendit de
signalés services.

M. de Mairan, — lui écrivait Lalande, le 21 juillet 1755, —
m'a montré une petite lettre de Mme de Maintenon très sûre
et très authentique, dont l'original étoit entre les mains de la
vieille Mme de Courtenvaux, écrite à Mme de Coulanges. Il
est parlé dans cette lettre d'une retraite que va faire Mme de
Maintenon à cause d'une jalousie de Mme de Montespan. On
y lit ces paroles *déjà connues :* « Ce maître vient quelquefois
« malgré moy *et s'en retourne désespéré sans être rebuté.* » La
lettre commence par ces mots : « J'ay eu tant d'affaires que je
« n'ai pu vous remercier, etc. », et elle finit par ceux-ci :
« Mais il n'y en a point où je ne souhaite de vos lettres. »
Si vous n'avez pas cette lettre, je vous en enverrai une
copie (1).

La lettre fut envoyée et prit place, non dans l'édition
en cours, déjà trop avancée, mais dans la suivante. Seulement, l'incorrigible éditeur avait jugé bon de substituer
au nom de la véritable destinataire le nom (qui décidément l'obsédait) de Mme de Saint-Géran. Il est certain
que, par sa date, par la nature des faits qu'elle raconte,
par le ton même et l'allure du style, la lettre dont il s'agit
entrait assez bien dans la série de ces lettres confiden-
tielles à Mme de Saint-Géran, dont il est parlé plus haut.

(1) Archives des Angliviels. — Cette lettre écrite de la main de Lalande
porte l'estampille de la poste. Le pain à cacheter qui la fermait, et qui n'a
pas été brisé, laisse voir encore l'empreinte peu marquée d'un cachet
armorié dont l'écu est surmonté d'une couronne de marquis.

C'est le choix précisément d'une telle confidente qui les
avaît rendues suspectes. On serait tenté désormais de les
restituer toutes ou presque toutes à Mme de Coulanges.
En tout cas, cêtte pièce, à laquelle une fausse étiquette a
donné longtemps l'apparence d'une pièce apocryphe, reprend aujourd'hui toute sa valeur, et le mot fameux qu'on
n'osait plus citer redevient un mot historique.

# CHAPITRE XIV

La Beaumelle se décide à publier son ouvrage à l'étranger et par souscription. — Amitié et bons offices de Mme Geoffrin. — Voyage en Hollande. — Séjour au château d'Havrincourt. — Procès avec les libraires
(affaires Gosse et Joly). — L'abbé de la Chau fait imprimer à Amsterdam, par les soins de La Beaumelle, la *Pucelle* de Voltaire.

Il nous faut maintenant retourner de quelques mois en
arrière et reprendre notre récit, que l'examen un peu
long, mais nécessaire, de nos documents était venu interrompre.

Le libraire parisien avec lequel La Beaumelle s'était
entendu pour la publication des *Mémoires* et des *Lettres*,
effrayé des tracasseries de la police, et prévoyant que le
privilège sur lequel comptait l'auteur lui serait finalement
refusé, avait pris prétexte de ces circonstances pour
rompre son marché. Et comme il avait, lui aussi, reçu la
visite de MM. d'Hémery et de Rochebrune, et s'était vu
enlever par eux un assez grand nombre de documents
originaux, en possession desquels il semblait ne devoir
jamais rentrer, il rendit La Beaumelle responsable de
cette perte et exigea de lui une forte indemnité.

La Beaumelle, sans argent pour payer la somme demandée ou pour soutenir un procès s'il ne la payait pas,
sans argent pour entreprendre à ses frais l'impression
de ses volumes, se trouva dans le plus grand embarras.
Il dut emprunter de diverses mains. La supérieure de
Saint-Cyr avait à sa disposition, pour certaines dépenses
imprévues dont elle n'était pas tenue de rendre compte,

un fonds annuel sur lequel il lui restait en ce moment
environ vingt-cinq louis. La « Cabale » décida de les offrir
à La Beaumelle, non pas à titre de prêt, mais comme une
première contribution au monument de la fondatrice. Il
devait faire graver, pour en décorer le premier volume
des *Mémoires*, un portrait de Mme de Maintenon : on le
pria de vouloir bien y employer ces six cents livres.
L'offre lui parut blessante pour son amour-propre; il la
repoussa avec beaucoup de vivacité. « Quand je serais
réduit à la dernière misère, écrivait-il à La Condamine,
je n'accepterais pas; et, si l'on y revenait encore, mon
honnêteté monterait sur ses grands chevaux. Les mains
d'un historien doivent rester pures comme celles d'un
ambassadeur. »

Mme de Louvigny, qui s'était chargée de faire agréer la
proposition, ne se tint pas pour battue : elle insista de la
façon la plus obligeante, en son nom et au nom de ses
compagnes; elle se plaignit du refus de La Beaumelle
comme d'un affront; elle lui reprocha, non sans une pointe
d'ironie, son excessive délicatesse.

> N'en déplaise, Seigneur, à votre race entière,
> Je trouve votre humeur un tant soit peu trop fière.

Vous mériteriez bien d'avoir un valet qui vous dît vos
vérités comme celuy de la Comédie. A-t-on jamais refusé un
portrait! une amitié! Vos procédés sont durs, farouches, et
si j'avois encore une plus grosse injure au bout de ma plume,
je vous la dirois... Les murmures, icy, sont fort vifs contre
vous; la belle Lyriane n'en sait rien rabattre. Refuser son
portrait, le refuser à peu près de sa main, sont des choses
qui brouilleroient les meilleurs amis. Le mépris de certains
dons est un mépris tacite de ceux qui les font. On voit bien
que vous n'acceptez pas le titre d'*enfant gasté*. On se gar-
dera bien, à l'avenir, de vous le prodiguer...

La Beaumelle finit par céder, et les vingt-cinq louis

furent envoyés à son parent, le banquier La Cour, chez qui étaient déposés tous les deniers destinés à l'impression des deux ouvrages.

Mais la caisse du banquier se remplissait lentement; Mme de Louvigny s'en désolait : elle savait le plus mauvais gré du monde aux ministres et à tous ceux de qui dépendaient les places et les pensions de n'avoir rien fait encore pour La Beaumelle. Les Noailles surtout l'exaspéraient par leur indifférence. « Mme de la Marck, s'écriait-elle (1), devrait bien deviner que vous n'avez pas cent mille livres de rente, et contribuer à vous mettre à l'aise. Pour le maréchal, il est honteux, entre nous, qu'il n'y ait pas pensé (2). »

Ce fut La Condamine qui s'avisa enfin du seul expédient possible. Il conseilla à La Beaumelle d'annoncer par un prospectus ses deux ouvrages, en ayant soin d'indiquer que le second serait le complément nécessaire, la suite naturelle du premier, et de publier le tout par souscription.

En quelques jours le prospectus fut prêt, et les amis de l'auteur (il en avait aux quatre coins de l'Europe) purent en commencer la distribution : Schmettau, l'abbé Le Maire, Maupertuis le répandirent en Danemark et en Allemagne; Clément, en Angleterre; Claude Philibert, en Suisse. La Condamine, obligé pour sa santé de passer le prochain hiver à Rome, se chargea de l'Italie; et La Beaumelle garda pour lui la Hollande, où, faute d'un privilège en France, il comptait faire imprimer sa première édition. Le prospectus habilement rédigé fit merveille. Aux souscriptions des princes souverains et des amateurs

(1) Marie-Anne-Françoise de Noailles, née le 21 avril 1713, fille du maréchal et filleule de Mme de Maintenon.
(2) 26 février 1755. Archives des Angliviels.

de tous pays, vinrent se joindre les abondantes com-
mandes des libraires en renom : Nourse, Meyer, Eslinger, etc.

A Paris, l'empressement ne fut pas moindre. Mme Geoffrin, chez qui La Beaumelle avait lu les chapitres les plus
piquants de ses *Mémoires*, et qui s'en était montrée enchantée, devint l'agent le plus actif de l'entreprise ; elle
distribuait à tout venant des prospectus ; elle avait sur sa
table des billets tout préparés qu'on n'avait plus qu'à
remplir : elle en plaça jusqu'à trente-trois dans une seule
journée ; sa propre souscription s'éleva à quarante-neuf
exemplaires, dont elle fit présent à ceux de ses amis pour
qui vingt-sept livres (prix des douze volumes de La
Beaumelle) eussent été une trop grosse dépense. Marmontel, Mairan, Burigny, Raynal, Thomas et consorts
reçurent l'ouvrage solidement relié en veau, comme supplément de gratifications ou d'étrennes.

Les dames de Saint-Louis ne souscrivirent ostensi-
blement que pour deux exemplaires ; mais La Ferté,
gentilhomme attaché à leur maison, et Astruc, leur intendant, en avaient retenu cent quatre-vingts, ce qui, joint
aux souscriptions individuelles, portait la part totale de
la maison à plus de deux cents exemplaires.

L'édition était donc enlevée d'avance.

Ce succès anticipé d'un livre qu'on supposait, non sans
vraisemblance, plein de révélations indiscrètes, inquiéta
fort le gouvernement. On agita dans le conseil du Roi la
question de savoir si l'on ne donnerait pas l'ordre au
marquis de Bonnac, ambassadeur à la Haye, de s'opposer
à cette publication. Louis XV, avant de se prononcer,
voulut voir le manuscrit, que d'Argenson fit aussitôt demander à l'auteur, en lui promettant de le lui rendre dans
un très court délai. La Beaumelle, pour plus de sûreté.

livra seulement ce qu'il avait en double, c'est-à-dire quelques chapitres de la *Vie* et un extrait des *Lettres*. « La curiosité du Roi, écrivait-il à La Condamine, mettrait un autre homme sur le pinacle ; mais comme je ne suis pas fait pour les bonheurs les plus communs, elle ne changera pas mon sort (1). »

Le résultat cependant fut meilleur qu'il ne l'avait présumé. Louis XV, après avoir parcouru les premières pages du manuscrit, se fit rendre compte du reste. L'impression dut être favorable, car le Roi dit à d'Argenson de ne pas inquiéter l'auteur. « *Qu'on le laisse faire.* » Ce furent ses propres paroles.

Nous connaissons, grâce à Mme de Louvigny, le nom du censeur officieux chargé par Louis XV d'examiner, pour lui en rendre compte, l'ouvrage de La Beaumelle. Ce censeur n'était autre que Mme de Pompadour. La bienveillance qu'en cette occasion la marquise crut devoir témoigner à l'auteur du *Qu'en dira-t-on* a de quoi nous surprendre, car elle avait contre lui des griefs bien récents, et elle n'était point femme à mettre l'intérêt de l'histoire ou des lettres, si tant est qu'elle le crût en jeu, au-dessus de son ressentiment : mais la destinée de Mme de Maintenon, si semblable par quelques côtés à la sienne, l'intéressait ; ce livre, où se développait dans un cadre merveilleux l'apologie d'une favorite, lui paraissait digne d'être protégé ; enfin, elle trouvait son compte à ce qu'il ne fût plus possible désormais de douter du second mariage de Louis XIV, et il lui semblait qu'un tel précédent valait bien la peine d'être enregistré, dût-elle ne jamais trouver dans l'avenir l'occasion de l'invoquer à son profit.

(1) Lettre du 2 juin 1754. Archives des Angliviels.

La Beaumelle, qui avait quitté Paris clandestinement, était installé depuis quelque temps déjà à Amsterdam, lorsqu'il reçut de M. d'Argenson, avec son manuscrit exactement rendu, une lettre fort gracieuse par laquelle le ministre lui faisait savoir que Mme de Pompadour souscrivait pour douze exemplaires de son livre. La liste des souscripteurs était close et déjà livrée à l'imprimeur, mais on trouva aisément moyen d'y ajouter ce nom qui devait servir de sauvegarde et comme de passeport à l'ouvrage pour entrer en France.

Le départ de La Beaumelle pour Amsterdam s'était décidé très vite, à la suite d'un entretien peu encourageant qu'il avait eu avec M. de Malesherbes. Mme de Louvigny, à qui il fit part de sa résolution, lui conseilla de partir le plus tôt possible, sans prévenir même ses amis, et de voyager sous un nom supposé, celui du chevalier de Valleraugue, par exemple. « Il faudroit feindre de retourner en Languedoc, sortir de Paris travesti, à pied, à la brune; ou acheter des chevaux pour ne pas courir le hasard des ordres qu'on pourroit donner à la poste. Je suis, ajoutait-elle, encore plus ingénieuse que vous à me tourmenter. »

Connaissant l'itinéraire qu'il devait suivre, elle lui conseilla de faire, à son passage en Flandre, une courte halte chez la marquise d'Havrincourt, dont le château se trouvait presque sur sa route. Mme d'Havrincourt, née d'Osmond, était, nous l'avons déjà dit, la tante maternelle de Mme de Louvigny. Initiée dès le début aux projets de La Beaumelle, s'y intéressant beaucoup, elle appartenait, elle aussi, à la Cabale; elle fut très heureuse de recevoir le jeune écrivain.

Mme de Louvigny cependant ne crut pas inutile

d'adresser à La Beaumelle quelques recommandations
sur l'attitude qu'il aurait à observer vis-à-vis de Mme d'Havrincourt. « Je vous avertis, lui écrivit-elle, qu'elle est
comme vous, c'est-à-dire un peu haute ; qu'elle aime la
dignité, mais qu'elle ne s'accommoderoit pas d'un air trop
aisé. La précaution que je prens vous paroîtra impertinente... Vous l'excuserés... Je n'en userois pas ainsi avec
quelqu'un qui ne seroit pas si sûr que vous devés l'être
de tous mes sentimens. »

La Beaumelle trouva auprès de leur mère, au château
d'Havrincourt, deux des enfants de la marquise, la comtesse de la Myre, personne d'une conversation agréable,
très au courant des choses parisiennes, très éprise de littérature, et le chevalier d'Havrincourt, officier aimable et
instruit, qui prenait chaque année un congé de plusieurs
mois pour venir, en l'absence de son frère aîné, ambassadeur en Suède, faire les honneurs de cette maison
hospitalière.

La Beaumelle passa là huit jours qui ne furent pas
perdus pour lui. Mme d'Havrincourt, autrefois attachée à
la personne de Mme de Maintenon, compagne favorite à
Saint-Cyr et à Versailles de la duchesse de Bourgogne,
très liée de tout temps avec Mme de Caylus, n'ignorait
rien de l'histoire intime de l'ancienne Cour. Son fils aîné
avait épousé une nièce de Languet de Gergy, archevêque
de Sens, auteur d'une histoire alors inédite et qu'on ne
montrait à personne, de Mme de Maintenon. La Beaumelle, par une faveur unique, obtint l'autorisation de voir
ce manuscrit et d'y prendre les renseignements d'ailleurs
peu nombreux qui lui manquaient encore.

La marquise avait reçu, peu de temps après son mariage, une lettre de Mme de Maintenon remplie de conseils
pratiques pour sa conduite dans le monde. Cette lettre

qu'elle avait longtemps relue chaque matin, à la suite de ses prières, et qu'elle savait par cœur, La Beaumelle l'écrivit sous sa dictée. Il l'a insérée au tome II de l'édition de 1756, p. 260 (1).

Lavallée qui l'a publiée depuis, d'après un manuscrit de Saint-Cyr, a relevé dans le texte de son devancier des changements et additions qui, sans modifier le sens du document, en altèrent un peu la physionomie. Cette lettre n'est pas la seule de ce genre que Mme de Maintenon ait écrite ; beaucoup d'élèves de Saint-Cyr, à l'occasion de leur mariage, en avaient reçu de semblables ; on en avait gardé des copies qui furent communiquées à La Beaumelle. Il en publia plusieurs, et écarta les autres comme faisant, sur certains points, double emploi ; ces dernières cependant lui fournirent quelques traits qu'il ne voulut pas perdre, et qu'il ajouta à celle-ci.

Tous les soirs, dans la chambre d'assemblée, La Beaumelle lisait à ses hôtes un chapitre ou deux des *Mémoires*, qu'on applaudissait sans réserve. Ce qui préoccupait surtout Mme d'Havrincourt, c'était le choix des lettres à publier. Elle eût voulu qu'on n'en donnât aucune qui ne fût à la gloire de Mme de Maintenon ; elle était pour la revision des textes, pour les corrections, pour les rajeunissements, pour les embellissements. Elle proscrivait tout ce qui n'était point parfaitement noble. Cette préoccupation se retrouve dans les lettres qu'elle adresse ensuite à La Beaumelle : « Me permettez-vous, Monsieur, lui écrivait-elle (2), de vous donner un avis qui seroit de retrancher la lettre de Mme de Maintenon à Mme d'Aubigné, sa

_____

(1) Avec une note d'où nous détachons le passage suivant : « C'est à ces conseils exactement suivis qu'elle (la marquise d'Havrincourt) doit cette haute piété qui édifie toute sa province, une maison bien affermie, et une famille florissante, quoique nombreuse. »

(2) 20 mai 1755. Archives des Angliviels.

belle-sœur, dans laquelle est le détail de la dépense qu'elle peut faire dans son ménage? Tout le monde condamnera que de telles minuties soyent placées parmi les productions de Mme de Maintenon... »

La Beaumelle eut le bon esprit de ne pas tenir entièrement compte de ce scrupule, et il inséra dans son recueil, en l'abrégeant un peu, cette lettre importante. Parmi les détails qu'il supprima comme trop bas, ou comme faisant peu d'honneur à Mme de Maintenon, se trouve celui-ci :

Je vous ferai venir un laquais... Si celui qui viendra ne vous accommode pas, il faut le renvoyer et ne se pas lasser, jusqu'à ce que vous en ayez un bon ; et pour cela, *il faut faire serrer leurs haillons, afin de* [les] *leur remettre sur le corps, et qu'il n'en coûte rien* (1).

Un pareil trait n'était pas de nature à rehausser beaucoup le prestige de celle que Mme d'Havrincourt se plaisait à appeler « son auguste et sainte héroïne ». La marquise s'en montra choquée, et ce fut par égard pour elle que La Beaumelle retrancha le passage cité plus haut. Il crut d'ailleurs devoir joindre à ce document une note ainsi conçue :

Cette lettre, qu'on a déjà vue en partie dans l'édition de Nancy, a déplu à quelques personnes. Je l'aurois retranchée de celle-ci si elle n'avoit plu à d'autres... C'est une lettre de caractère : elle donne une idée juste du luxe et du prix des denrées de ce tems-là... J'aurois dû sans doute supprimer de ce recueil beaucoup d'autres détails aussi minutieux. Mais les copies manuscrites de la plupart de ces lettres étant assez communes à Paris, j'ai craint qu'un libraire ne les recueillît et ne fît acheter deux fois au public le même livre en annonçant une édition plus complète.

(1) La lettre telle que Lavallée l'a publiée, d'après l'autographe communiqué par Feuillet de Conches, est adressée, non à Mme, mais à M. d'Aubigné. *Correspondance générale de Mme de Maintenon*, II, 65.

Des considérations de cet ordre n'étaient pas pour touchér beaucoup Mme d'Havrincourt. Il n'y avait, selon elle, dans tout ceci, qu'un intérêt en jeu, celui de Mme de Maintenon. Puisqu'on la montrait au public, il fallait qu'elle parût à son avantage, telle que le monde de son temps l'avait connue : irréprochable de langage et d'attitude, très simple, il est vrai, et très modeste, mais d'une modestie et d'une simplicité royales. Car elle avait été reine ; et jamais on ne le dirait, jamais on ne le démontrerait assez.

La supérieure de Saint-Cyr, Mme de Mornay, par un sentiment de stricte obéissance aux intentions de Mme de Maintenon, laquelle, sans doute, n'avait fait que se conformer elle-même, sur ce point, à la volonté du Roi, estimait que toutes les preuves du mariage ayant été volontairement anéanties par les intéressés, on n'avait point le droit de mettre au jour celles de ces pièces qui avaient pu échapper à la destruction. Et, dans cette conviction, elle avait retiré des archives de la communauté et enfermé chez elle, une lettre de Godet des Marais, évêque de Chartres, à Louis XIV, dans laquelle le prélat faisait une claire allusion à la nature du lien qui unissait Mme de Maintenon au Roi. Mme d'Havrincourt, instruite de ce fait, supplia instamment et à plusieurs reprises la supérieure de ne pas intercepter un pareil témoignage. Elle devint si pressante et si persuasive que Mme de Mornay, dont la charge, d'ailleurs, était sur le point d'expirer, et qui pouvait s'attendre à ce que la personne appelée à lui succéder gardât moins sévèrement qu'elle le précieux dépôt, finit par lui envoyer une copie de cette lettre. L'auteur des *Mémoires* à qui Mme d'Havrincourt s'empressa de la transmettre, la reçut pendant l'impression de l'ouvrage. Il eut le temps, néanmoins, d'en faire son profit. On la trouve citée dans la

première édition, au chapitre XXII du tome IV, et reproduite *in extenso* au tome VI, parmi les pièces justificatives.

Il est nécessaire de nous arrêter ici un moment. Lavallée a cru devoir, et cela se conçoit, faire entrer cette pièce
importante dans la correspondance de Mme de Maintenon. Il y a joint la note que voici : « Les dames de Saint-
Cyr possédoient l'original de cette lettre ; au dos, étoit écrit
de la main de Mme de Maintenon : *Lettre très secrète*. Il
est probable que le Roi, après l'avoir lue, l'aura donnée
à Mme de Maintenon, et que celle-ci l'aura laissée aux
dames de Saint-Cyr. *Nous n'avons rien de plus fort*, dit la
dame qui l'a communiquée à La Beaumelle, et, en effet,
c'est un témoignage authentique du mariage de Mme de
Maintenon avec Louis XIV. L'original de cette pièce est
perdu, mais Languet de Gergy en avoit une copie, et *La
Beaumelle l'a publiée exactement* (1). »

A première vue on doit croire, d'après cette note, que
l'éditeur de la *Correspondance générale* a comparé le texte
de La Beaumelle avec une copie provenant de Saint-Cyr,
la même peut-être qui avait été envoyée jadis à l'auteur
des *Mémoires* par la dame de Saint-Louis citée plus
haut. Or, si nous nous reportons à la longue et très intéressante préface de la *Correspondance générale*, nous voyons
que Lavallée a eu en sa possession toute une liasse de
papiers trouvés à la Bastille en 1789, et qui avaient ap-
partenu à La Beaumelle. Ces papiers comprenaient : 1° des
copies d'un grand nombre de lettres de Mme de Maintenon ; 2° des notes historiques des dames de Saint-Cyr ;
3° enfin, un mémoire dans lequel une religieuse, inconnue
de Lavallée, et qui n'était autre que Mme de Louvigny,

(1) *Correspondance générale*, IV, 193.

répondait, numéro par numéro, à plusieurs séries de questions. La réponse portant le numéro dix-neuf est ainsi conçue : « Pour la lettre au Roi, c'est un volume ; *nous n'avons rien de plus fort ;* on la *montrera* (1) ; elle n'est point datée ; mais elle est apostillée de Mme de Maintenon : *lettre très secrète* (2). » — « C'est, dit Lavallée, une lettre de l'évêque de Chartres qui prouve le mariage. On la trouvera dans la *Correspondance générale.* » Oui, sans doute ; mais ce qu'on n'y trouvera pas, et ce que nous cherchons, c'est la pièce de provenance certaine, la copie authentique à laquelle l'éditeur se réfère ; cette copie n'est pas dans les papiers venus de la Bastille. Où donc est-elle ?

Languet de Gergy, nous dit-on, en avait une autre. Eh bien ! voyons les *Mémoires* de Languet. Page 205 de l'unique édition de cet ouvrage, donnée par Lavallée lui-même, on lit ce qui suit : « Les Dames de Saint-Cyr... m'ont assuré que M. l'évêque de Chartres d'aujourd'hui, neveu et successeur du défunt, avoit en main une lettre où l'énigme de l'alliance du Roi avec cette dame étoit plus clairement développée ; mais que ce prélat ne vouloit pas la leur communiquer. Peut-être dans la suite des tems cette lettre sera connue, et alors elle servira à perfectionner ces *Mémoires.* »

Les Dames de Saint-Louis reçurent, non pas seulement en communication, mais en dépôt, le précieux document ; elles ne le montrèrent point à Languet de Gergy. Mieux informé que lui, son éditeur, Lavallée, a pu donner, dans une note, le passage le plus caractéristique de cette lettre ; il a fait cette citation d'après le texte de la *Correspondance générale*, qui n'était, nous le savons maintenant, que la

(1) Donc on n'en envoyait pas la copie. Aussi bien nous venons de dire que Mme de Mornay s'était opposée à cette communication.

(2) *Corresp. générale*, I, p. 34.

(3) M. de Mérinville.

16

reproduction pure et simple — non contrôlée et non
avouée — du texte de La Beaumelle.

Hélas! les historiens les plus sûrs ont eux-mêmes leurs
faiblesses. M. Lavallée, apologiste ardent de Mme de Maintenon, ne voulut pas douter ou, du moins, ne voulut pas
que le lecteur doutât de l'authenticité d'une telle pièce. Il
donna donc bravement sur ce point (sur cet unique point)
à La Beaumelle un certificat de fidélité. Mais voyez la
malice des choses! Dans toute la correspondance de
Mme de Louvigny, dans ces six ou huit cents lettres
dont les plus courtes n'ont pas moins de quatre grandes
pages, où pendant et après sa publication l'ouvrage de
La Beaumelle est l'objet du plus minutieux examen, où,
mêlés à de nombreux témoignages d'approbation, les critiques, les reproches même, ne sont pas épargnés à l'auteur, nous n'avons pu relever qu'une seule plainte au sujet
d'un texte altéré; et de quel texte s'agit-il? précisément de
cette lettre de Godet des Marais à Louis XIV!

Il y a, ne vous déplaise, trop du vostre, et pas assés de
M. de Chartres dans la lettre au Roy. Vous courés risque, par
de tels changemens, de passer pour apocryphe dans tout le
reste. J'aurois voulu ne retoucher cette lettre que légèrement
et faire seulement des abatis, mais conserver le texte tant
qu'il auroit été possible. Vous auriés bien plu à Mme d'Havrincourt, qui vous aime, de la mettre au jour telle qu'elle vous
l'a envoiée (1).

La Beaumelle conserva avec la famille d'Havrincourt
d'excellentes relations. Le chevalier lui écrivait souvent (2). Il reçut, pendant un séjour à Amsterdam, plusieurs lettres de la marquise, pleines de renseignements,
de conseils et d'éloges. Elle lui avait fait promettre de

(1) 26 août 1755. Archives des Angliviels.
(2) « Vous voilà donc en commerce avec mon petit cousin favori. »
(Mme de Louvigny. Lettre du 16 avril 1755.) Archives des Angliviels.

s'arrêter de nouveau chez elle, lors de son retour en France. « Je vous prie, lui disait-elle dans une de ses dernières lettres, de me mander en quel tems à peu près vous comptés venir ici, afin que je puisse arranger mes voyages de cet été sur le retour du vôtre, car je me fais un sensible plaisir de réitérer celuy que nous ont procuré vos charmantes conversations, et de cultiver la connaissance que nous avons eu le bonheur de faire de votre personne et de votre mérite (1). »

Cependant, sa publication étant terminée, il quitta, comme on le verra plus loin, Amsterdam, sans repasser par Havrincourt. Peut-être n'était-il pas entièrement rassuré sur l'effet qu'allait y produire son livre. Il avait conscience de n'avoir pas tenu un compte suffisant des recommandations que lui avait faites Mme de Louvigny. « Je vous avertis, lisons-nous dans une lettre qu'elle lui écrivait le 4 octobre précédent, je vous avertis de retrancher tout ce qui pourroit faire froncer les sourcils, et de ne rien mettre que vous craigniez de faire voir à vos amis d'Havrincourt. Le chevalier qui exalte votre esprit jusqu'aux nues, relève surtout qu'avec tant de génie vous avés la docilité d'un enfant. Ma tante vous aime comme le sien; vous estes attendu comme le Messie dans son château. Croiés que si vous faschiés de si bonnes gens, vous en fascheriés grand nombre d'autres. »

S'il ne les fâcha pas, nous allons bientôt voir qu'il leur causa, comme aux dames de Saint-Cyr, d'assez vifs mécontentements.

Parti d'Havrincourt le 23 mars, La Beaumelle continua son voyage à travers la Flandre et les Pays-Bas, coucha

(1) 14 juin 1755. Archives des Angliviels.

à Valenciennes, à Mons, à Bruxelles, à Anvers. D'Anvers
il alla à Rotterdam, où il prit la barque de nuit pour la
Haye. Il s'arrêta quatre jours dans cette ville, siège du
Conseil d'État des Provinces-Unies, résidence officielle
de la princesse gouvernante, des ambassadeurs, en un
mot, le Versailles de la Hollande. Il y était annoncé et
recommandé. Sa garde-robe, richement fournie, le mettait
en état de se présenter partout. Il avait (ses carnets nous
l'apprennent) pour les visites et les audiences de jour un
habit complet de soie cannelle et un autre de velours ci-
selé, et pour le soir des habits de velours cramoisi et de
soie pourpre, des habits pailletés et brodés, des vestes
de satin blanc à boutons de strass et à fleurs d'or. Le
marquis de Bonnac, ambassadeur de France, ami de La
Condamine, le présenta à la cour et chez les ministres, et
lui fit obtenir, avec la promesse formelle d'un privilège,
la permission de commencer immédiatement, chez un
libraire de son choix, la publication de son ouvrage.

Il avait été averti de se méfier de Gosse, libraire des
États à la Haye, qu'on lui signalait comme capable de
l'exploiter à outrance, s'il se mettait entre ses mains, ou
de lui susciter mille affaires désagréables, s'il s'adressait
à un autre. La Beaumelle eut avec lui plusieurs conférences qui lui parurent confirmer ces indications. Il s'empressa de partir pour Amsterdam, où il était installé dès
le 31 mars. Sans perdre de temps, il s'entendit avec un
imprimeur, Lebrun, qui s'engagea à lui livrer dix feuilles
d'impression par semaine; avec un papetier, Jordan, qui
promit de lui fournir, dans les délais convenus, tout le
papier nécessaire; avec un libraire, Joly, à qui il confia le
dépôt et le débit de cette première édition.

Gosse, de son côté, se mettait à l'œuvre. Il avait contrefait déjà, en 1753, la *Vie* inachevée et les deux volumes

de *Lettres* de l'édition de Nancy. Il annonça dans les gazettes, comme étant déjà sous presse, une contrefaçon du livre nouveau. Il disait avoir entre les mains, grâce à l'infidélité d'un copiste, un double du manuscrit de l'auteur; mais la vérité est qu'il comptait séduire son confrère Joly, et obtenir de lui, feuille à feuille, communication de tout l'ouvrage. Il avertissait, en outre, le public que sa contrefaçon coûterait moitié moins cher que l'édition originale. Et, en même temps, il faisait auprès du gouvernement hollandais de pressantes démarches pour obtenir la révocation du privilège accordé à La Beaumelle.

Celui-ci remit sa cause entre les mains de son ambassadeur, se plaignit aux magistrats, prit des dispositions en vue d'un procès possible, et publia une brochure dans laquelle il dénonçait au public la friponnerie de Gosse. Nous devons nous borner à mentionner cette pièce que nous n'avons pas vue et dont il n'existe peut-être plus un seul exemplaire, mais, parmi les papiers de La Beaumelle, se trouvent les minutes de deux lettres qui renferment, probablement, toute la substance de cette brochure. En voici les principaux passages :

*A M. C*** (Clément, auteur des *Cinq années littéraires*) (1).

Vous avez eu la bonté, Monsieur, de vous intéresser au succès de ma souscription; je vous en fais mille remercimens. Vous me donnez avis que les menteuses annonces de M. Gosse font impression sur quelques-uns de vos amis. C'est une nouvelle obligation que je vous ai. Je ne puis les mieux désabuser qu'en vous envoyant la copie de la lettre que je viens d'écrire à ce libraire. Vous y verrez des traits qui pourront servir un jour à l'histoire de la librairie des Provinces-

(1) « Je vous conjure, lui avait écrit Clément, de ne point envisager cette affaire-ci avec la légèreté française, mais de prendre toutes les mesures nécessaires contre celles de Gosse, pour le prévenir, pour faire valoir votre privilège des États, etc. »

Unies, et sûrement vous serez indigné de voir qu'un homme que je ne connois pas et à qui je n'ai jamais fait de mal, tâche de me ravir le fruit de cinq années de dépenses et de travail...

Je suis, etc.

*Lettre à M. Gosse Junior, libraire de S. A. R. Mme la princesse gouvernante.*

A Amsterdam, ce 25 juin 1755.

Dès que le prospectus du recueil des *Lettres et Mémoires pour servir à l'histoire de Mme de Maintenon et à celle du siècle passé* parut à la Haye, un de mes amis m'écrivoit que vous éclatiez en plaintes contre moi.

Je demandai sur quoi rouloient ces plaintes; on me répondit que vous étiés piqué de ce que j'avois choisi pour mon libraire le sieur Jolly. Je répliquai à mon ami que, mon ouvrage ne devant rien à personne, j'étois sans contredit le maître de choisir tel libraire et tel imprimeur qu'il me plaisoit.

On me répondit que vous disiés que j'en avois mal usé avec vous. Je repartis que si vous pouviez articuler le moindre sujet de plainte contre moi, je consentois de vous donner mon édition...

Cependant, dès le mois de juin, vous écrivîtes à M. Jolly une lettre fort vive, la lettre d'un homme furieux de se voir enlever sa proye. Vous l'assuriés que vous contreferiez son livre, et que vous vous ruineriez plutôt que de ne pas lui nuire. Si l'avidité du gain, si l'envie ne vous eussent point aveuglé, vous auriez vu que M. Jolly n'étoit point responsable de la préférence que je lui avois donnée sur vous.

Vous lui reprochiez de s'être saisi d'un manuscrit qui devoit vous revenir, attendu que vous aviez déjà contrefait trois brochures du même auteur. Si votre lettre eût été moins emportée, il vous eût répondu : 1° que l'ouvrage qu'il imprimoit n'avoit rien de commun avec celui que vous aviez contrefait; 2° que vous pouviez vous en convaincre vous-même par l'inspection du manuscrit et de l'imprimé; 3° que le titre suffisoit pour vous en éclaircir et qu'il y avoit entre la vie de Mme de Maintenon et un recueil de mémoires pour servir à sa vie la même différence qu'entre une maison et les pierres dont on la bâtit ; 4° que la préface même vous indiquoit cette différence par ces mots décisifs : *J'avois projeté l'histoire de Mme de Maintenon, et j'ai fait celle de son tems ;* 5° que prétendre que ce que vous aviez contrefait vous donnoit droit à ce que vous n'aviez pas contrefait, c'étoit une contradiction révoltante ; 6° que si votre prétention étoit fondée, il s'ensuivroit qu'une douzaine de libraires qui ont fait la même contrefaçon de mon ouvrage, auroient le même droit que vous ; 7° que, par conséquent, je serois obligé de vendre à ces douze libraires mon manuscrit, sans qu'aucun des douze fût obligé de l'acheter : ce qui seroit le comble de l'absurdité...

La Beaumelle avait déjà fait insérer dans les journaux de Hollande, en réponse à l'avis par lequel Gosse annonçait sa contrefaçon, une note prévenant le public que son édition serait prête le 1ᵉʳ octobre suivant :

On souscrit, disait cette note, chez tous les libraires de l'Europe, et en Hollande *chez le seul J. F. Joly,* à Amsterdam, sur le Rockin, à 13 florins ou 27 livres de France, payables comptant de la part des souscripteurs non connus, et en promesse conditionnelle de la part de ceux qui seront connus.

Gosse répliqua comme il suit :

Les personnes qui voudront souscrire (à 4 florins 4 sols d'Hollande, ou 8 livres 8 sols de France) peuvent s'adresser audit Pierre Gosse Junior seul, et ne paieront rien d'avance, mais le tout en recevant l'ouvrage complet.

Cette guerre d'annonces à la quatrième page des gazettes de Hollande continua tout l'été entre l'auteur qui défendait légitimement son bien, et le libraire qui prétendait, contre toute raison et toute équité, mais non, paraît-il, sans quelque chance de succès, s'en emparer de vive force. On voit à quel point était imparfaite et confuse l'idée qu'on se faisait alors de la propriété littéraire.

La Beaumelle acquit bientôt la certitude que Joly était

le complice de Gosse. Le travail de l'édition originale avait sur celui de la contrefaçon une avance d'une feuille, avance qui se maintenait toujours. Si l'on se trouvait retardé, à Amsterdam, par un remaniement de texte ou par l'intercalation de documents nouveaux, le même temps d'arrêt se produisait infailliblement à la Haye. La trahison était flagrante, et il ne fallait pas beaucoup de perspicacité pour s'en apercevoir.

Ce qui se passa alors entre La Beaumelle et Joly ne nous est pas nettement connu. Il y eut, selon toute apparence, une rupture, puis un raccommodement sur les bases suivantes : l'auteur ferait déposer à l'avenir chez le libraire les feuilles de son livre par paquets scellés; il ne lui laisserait entre les mains qu'un unique exemplaire de chaque feuille. Cet exemplaire défectueux, contenant des fautes ajoutées à dessein, serait, comme par le passé, communiqué au contrefacteur. En même temps paraissait dans la *Gazette d'Amsterdam* (1) l'annonce suivante :

Le public est averti d'être en garde contre la contrefaçon du sieur Gosse, attendu que l'auteur a pris des mesures pour la rendre, si elle se fait, la plus mauvaise du monde.

Cependant Gosse et La Beaumelle avaient l'un et l'autre porté leur cause devant les tribunaux. On plaidait, et l'affaire menaçait de traîner en longueur. L'avocat de Gosse obtint qu'en attendant l'issue du procès, l'ouvrage de La Beaumelle, dont l'impression était presque terminée, serait saisi et gardé dans les magasins mêmes de Joly, à la disposition de la justice.

Mme de Louvigny, à qui La Beaumelle avait fait part de ses ennuis lui écrivit qu'autour d'elle, à Saint-Cyr, on croyait reconnaître dans tout cela la main de Voltaire.

(1) N° du 15 août 1755.

Ce soupçon, ajoutait-elle, en fait naître un autre de ma part *qui est peut-être mieux fondé*. Supposez qu'il soit vrai que Racine, ou quelque autre, écrive la Vie de Mme de Maintenon : leur projet, sûrement, est de vous devancer, et, pour y réussir, de vous susciter tous les embarras imaginables. S'ils ont promis ou donné de l'argent aux libraires, si quelqu'un de chez M. de Bonnac, mû par des gens d'une certaine façon de ce pays-ci, contribue à cette trame... la malignité de Gosse, l'absurdité de Joly et la lenteur des juges ne me surprendront plus. *Je ne vous parle pas si fort en l'air et par soupçon* que vous ne fissiez très bien de profiter de mon avis, et de perdre plutôt six mille francs que d'en risquer soixante. Faites un pont d'or à Joly ; retirez au plus tôt votre édition (Mme de Louvigny semble, d'après ceci, ignorer que l'édition a été mise sous séquestre) ; tâchez que ce soit secrètement, faites-la partir de même ; plaidez durant ce temps-là par décorum... mais agissez, comme je vous le marque, avec une grande diligence... Ne pensez pas d'ailleurs qu'il y ait icy personne qui autorise ou favorise des desseins qui vous soient contraires : je dois à Mme de Mornay de vous assurer qu'elle seroit bien fâchée qu'on allât sur vos droits (1).

Nous avons cru devoir prendre acte du soupçon exprimé ici par Mme de Louvigny. On remarquera avec quelle insistance elle appuie sur le bien fondé de ses suppositions : Louis Racine, décidément, n'avait pas sa confiance.

Lorsque La Beaumelle reçut cette lettre, une transaction favorable était intervenue entre les libraires et lui ; on lui avait rendu son édition confisquée ; une édition nouvelle, préparée par ses soins et pour laquelle il avait reçu du libraire Hochereau la somme de dix-huit mille livres, allait bientôt paraître, à la suite de la première ; Gosse renonçait, pour le moment du moins, à publier sa contrefaçon ; enfin un gros scandale littéraire, à la préparation duquel La Beaumelle n'avait pas nui, était

_____

(1) 14 oct. 1755. Archives des Angliviels.

sur le point de s'accomplir. Comme cet incident se rattache à l'histoire des œuvres de Voltaire, et que nous
pouvons, grâce à nos documents, compléter ce qui en a
été dit jusqu'ici par les biographes et les critiques, nous
nous y arrêterons un moment.

Le 9 août 1755, La Beaumelle recevait de l'abbé de
la Chau, bibliothécaire du duc d'Orléans, la lettre suivante :

... Il m'est tombé une copie très nette et sans contredit
la plus parfaite qu'il y ait de la *Pucelle d'Orléans* en douze
chants. Seriez-vous curieux que je vous l'envoyasse ? Cela fait
environ cinq mille vers. Il y aurait là un bon coup à faire.
Je doute que cela s'imprime jamais ici. Je sais qu'on l'a tenté
et qu'on a aussitôt tout arrêté. Ma copie me vient très directement de la première main. Ce poème héroï-comique est la
chose la plus plaisante, la plus impie, la plus impudique, la
plus ingénieuse qu'il y ait au monde. On s'arrache le peu de
copies qu'il y en a ici.

Mme la comtesse et bien d'autres personnes me demandent de vos nouvelles. Que puis-je leur répondre ?

Dites et faites quelque chose de ma part à certaine gentille personne (1).

Vous savez et qui je suis, et ce que je vous suis.

Paris, le 9° d'aoust.

La lettre est sans signature, mais elle se trouve dans
une liasse qui en contient d'autres, écrites de la même
main et signées. Cet abbé de la Chau était un jeune
libertin de beaucoup d'esprit, qu'à ce double titre le duc
d'Orléans venait tout récemment d'attacher à sa personne ; il était le boute-en-train des petits soupers ; il
tournait à ravir une chanson à boire ou un conte grivois ;
il fut un peu plus tard, comme auteur et comme acteur,

(1) Ceci donne à supposer que La Beaumelle n'était pas parti seul de
Paris.

l'une des ressources du théâtre de Bagnolet; il avait pour amis tous les mauvais sujets de son temps, Piron, Collé, La Morlière. Enfin, c'était, de l'avis de tous, un aimable garçon que n'embarrassait aucun préjugé.

Voltaire, depuis longtemps déjà, s'attendait à voir paraître la *Pucelle*. Les copies de ce poème s'étaient tellement répandues qu'il lui semblait impossible qu'un libraire ou quelque homme de lettres peu scrupuleux ne cherchât pas, un jour ou l'autre, dans un esprit de haine ou simplement de lucre, à en tirer parti. « Cette publication imminente était pour lui, écrivait-il à d'Argental (1), comme une bombe qui devait crever tôt ou tard et l'écraser. » Il fit prier par Mme Denis le lieutenant de police de rechercher le fabricateur et le vendeur de ces copies manuscrites. On ne trouva rien d'abord, mais bientôt les soupçons se fixèrent, nous dit l'éditeur de Voltaire, sur un certain « abbé de la Chau, ancien habitué de l'hôpital, et brouillé avec l'archevêque (2) ».

Ce fut alors que notre homme, se sentant découvert, adressa à La Beaumelle les propositions qu'on vient de lire. Ces propositions ayant été acceptées, l'affaire marcha bon train.

Vous avez dû recevoir par le dernier courrier, écrivait La Chau le 1ᵉʳ septembre, les quatre premiers chants de la *Pucelle*... En voilà cinq encore... Vous aurez les cinq autres par le courrier prochain... Je ne parlerai jamais de ceci à qui que ce soit. Ayez la même précaution... Je suis horriblement pressé. Dites et faites quelque jolie chose en mon nom et mémoire à la petite Parisienne. Il me tarde bien de la revoir.

Autre lettre du même au même datée du 7 novembre :

... J'ay entendu dire à cent personnes : *Il est en Hollande;*

(1) 8 septembre 1754.
(2) BEUCHOT, préface du 11ᵉ vol., p. IV.

*il est sûr qu'il le fera imprimer.* Mme Geoffrin et Mme de la
Marck m'ont [demandé] dix fois si je n'en savois pas des nouvelles. La première s'est offerte à moi pour [m'aider] à m'en
défaire. La seconde me manda un jour tout exprès pour me
dire de vous écrire que vous prissiez bien garde d'y ajouter
les grosses choses et surtout les personnalités (1). Soyés sûr
de ma discrétion... D'Arnaud est le seul à qui j'aie dit que
j'apprenois par mes correspondances d'Allemagne que cela
s'imprimoit... Tenez-vous sur la négative, et ferme. Pour le
soupçon, vous ne l'éviterés pas.

Mais arrivés donc, et arrivés avec toutes vos besognes.
Prenés bien vos précautions, et puis nous agirons de concert.
Où irés-vous débarquer ? Faites-le-moi savoir. Je verrai, je
préviendrai les Fréron, les Laporte ; reposés-vous-en sur
moi. Je vous dirai ce qu'ils feront... Le Palissot est à Avignon,
où on lui a procuré un médiocre emploi dans les fermes ; la
comtesse (2) l'a bien servi...

Enfin, dès les premières semaines de 1756, l'impression du poème étant terminée, La Beaumelle est prié
d'en envoyer sans retard des exemplaires à Paris.

... Faites partir, écrit l'abbé, une *Jeanne* à l'adresse de
M. le comte de Saint-Florentin, ministre et secrétaire d'État...
c'est une commission du duc d'Ayen. Ne craignés pas d'être
compromis : j'ai toujours dit que vous ne faisiés là-dessus
que l'office d'ami à mon égard... Je suppose que vous tacherés
de faire passer le plus possible de cette belle édition de *Jeanne.*
Cela sera d'un prompt débit.

Ni Beuchot, ni Quérard, ni même M. Bengesco, dans
sa précieuse *Bibliographie des œuvres de Voltaire,* n'ont connu
la véritable origine de cette édition. L'épître dédicatoire,
soi-disant adressée par l'imprimeur à l'auteur du poème,
est de la composition de La Beaumelle, qui n'a pas même
pris soin de déguiser son style ; on y lit ce qui suit :

(1) Preuve évidente que La Beaumelle n'est pas l'auteur de ces « grosses
choses », ainsi que l'en a accusé Voltaire.
(2) Très probablement la comtesse de La Marck.

Je vous supplie, Monsieur, de ne pas dire que j'ai imprimé votre ouvrage sur une copie imparfaite : car j'en ai
acheté huit pour m'assurer d'une bonne. Dans toutes il manque
des vers : ici il n'y en a pas un seul de manqué... La plupart
n'ont que douze chants : ici il y en a quatorze... J'espère que
vous avouerez que, puisqu'un libraire devoit avoir votre
*Pucelle*, il n'y a pas de mal que ce soit moi qui l'aie eue...
Cependant, je ne l'aurois pas mise sous presse, si je n'avois
appris que quatre ou cinq de mes confrères se préparoient à
l'y mettre... (1).

Cette publication causa à Voltaire une profonde contra-
riété. On en retrouve l'écho dans sa correspondance de
1756. Il s'y lamente sur le tort, réellement considérable,
fait à sa réputation par ce livre ; il s'y répand en impré-
cations contre La Beaumelle, qu'il suppose être le principal, sinon l'unique coupable. Certains vers satiriques
contre Mme de Pompadour (2) l'inquiètent par-dessus
tout.

Comment, écrit-il à d'Argental, se justifier de ces horreurs (3)?... Je crois qu'à présent je n'ai rien à faire qu'à
déplorer la méchanceté des hommes. M. le duc de la Vrillière
m'a mandé les mêmes choses que vous ; il veut bien se charger
d'assurer Mme de Pompadour de mon attachement et de ma
reconnaissance pour ses bontés, et il répond qu'elle ne prêtera
point l'oreille à la calomnie (4).

(1) M. Bengesco ne donne pas cette édition comme étant la première en
date. Mais « c'est certainement, dit-il, une des premières éditions parues »,
et il fait remarquer que l'existence des réclames au bas des pages révèle
une impression faite hors de France. — Une particularité à noter, c'est
que, au-dessous du titre, La Beaumelle avait lui-même fait imprimer ces
mots : « Première édition. » La plupart des exemplaires de cette édition
portent, comme nom de ville, Paris, et quelques-uns seulement Bâle, avec
le millésime commun : 1755.
(2)                  « Telle plutôt cette heureuse grisette
                    « Que la nature ainsi que l'art forma
                    « Pour le b... ou bien pour l'Opéra. »
Chant 2ᵉ. Beuchot, XI, 38.
(3) 28 nov. 1856.
(4) 20 décembre.

Il est à peine besoin de dire que ces vers contre Mme de Pompadour, dont Voltaire repoussait avec tant de frayeur la paternité, étaient parfaitement de lui. Les éditions définitives, celle de Beuchot en tête, les placent, non parmi les variantes, mais dans le corps même du poème.

La lettre à d'Argental dont nous citons plus haut un passage se termine ainsi : « Il n'est pas douteux que La Beaumelle n'ait été l'auteur et l'éditeur, avec ses associés, de cet abominable ouvrage; je le reconnais à cent traits... Il y a des horreurs contre le Roi même. Leur platitude ne les rend pas moins criminelles. Ce livre est un crime de lèse-majesté... » Ces plaintes que Voltaire adressait à d'Argental, au maréchal de Richelieu, à Thiériot, à d'Alembert, à Mme du Boccage, avec l'espoir que ceux-ci les répandraient partout, n'eurent pas l'effet qu'il en pouvait attendre. Les salons de Paris s'en amusèrent, et l'opinion du plus grand nombre fut que La Beaumelle avait joué à son ennemi un très bon tour. Éditeur par occasion de la *Pucelle*, l'historiographe de Mme de Maintenon ne semble d'ailleurs avoir retiré aucun bénéfice pécuniaire de cette entreprise. On lui attribua un certain nombre d'exemplaires dont il fit hommage à diverses personnes. Plusieurs lettres de remerciements signées presque toutes de noms illustres et que nous retrouvons dans ses papiers, en font foi. En voici une du comte de Stainville, le futur duc de Choiseul :

A Rome, le 23 décembre 1755.

J'ai reçu, Monsieur, [l'exemplaire de la *Pucelle*] (1) que vous avez bien voulu m'envoyer. Je vous en suis on ne peut plus obligé; je serais fort aise de trouver quelque occasion

(1) Ces mots ont été biffés. La rature, sous laquelle on peut encore les lire, paraît être de la même encre que la signature. Choiseul, en signant, les aura effacés par prudence ou par discrétion.

de vous marquer les sentiments avec lesquels j'ai l'honneur
d'être, etc.

CHOISEUL DE STAINVILLE.

Chose bizarre, Voltaire, après avoir tout d'abord, comme
nous venons de le rappeler, accusé nettement La Beaumelle, crut plus tard s'être trompé dans ses soupçons.
D'Alembert, qui cependant savait fort bien à quoi s'en
tenir, puisqu'il ne bougeait de chez Mme Geoffrin, aurait
fini, si nous en croyons Beuchot, par lui persuader que
cette édition devait être attribuée à un capucin défroqué
nommé Maubert.

Quant à l'abbé de la Chau, cause première de tout le
mal, il échappa, malgré les indications de la police, à
l'attention et au ressentiment du poète. Nous le retrouvons en 1776 lauréat de l'Académie des inscriptions pour
un Mémoire sur les attributs de Vénus. Il a conservé
ses fonctions auprès du prince ami des lettres et des plaisirs. Il porte les titres de bibliothécaire, secrétaire,
*interprète* et garde du cabinet des pierres gravées de
S. A. R. Mgr le duc d'Orléans. Voltaire, à qui il a envoyé
un exemplaire de son Mémoire couronné, lui adresse une
très spirituelle, très leste et très aimable lettre. « Votre
ouvrage, Monsieur, lui dit-il, est utile et agréable. Je vous
sais bon gré de l'avoir orné de monuments très instructifs.
Votre Vénus émergeante est admirable, et pour votre
Callipyge... Enfin, je vous crois interprète de la déesse
autant que M. le duc d'Orléans. »

# CHAPITRE XV

Cependant les souscripteurs s'impatientaient. Mme Geoffrin, à qui, selon l'expression de l'abbé Trublet, « la création du monde en six jours eût fait bouillir le sang », ne cessait de réclamer ses exemplaires. A Saint-Cyr, l'attente était mêlée de beaucoup d'anxiété. On ne doutait pas que l'auteur n'eût laissé dans son ouvrage, malgré toutes les recommandations qu'on lui avait faites, mille choses inconvenantes et compromettantes. Lui-même, dans un mouvement d'impatience, écrivant à Mme de Louvigny, la prévenait qu'elle serait loin d'être contente, et qu'elle trouverait son livre fort insolent.

Là-dessus, la Cabale s'assemble; et l'on convient d'adresser à La Beaumelle par la plume de Mme de Louvigny un suprême avertissement. Nous ne reproduirons pas cette lettre, qui n'est que la répétition des précédentes; nous en citerons seulement le post-scriptum :

Voici le petit mot tout bas, Monsieur, car vous sentés bien que ma lettre est vue et corrigée. Il est certain que l'on tient de fort mauvais propos; qu'on décrédite votre livre; qu'on doute qu'il puisse paroître, et qu'enfin vous avez bien des ennemis; si par malheur vous leur donnés prise, vous estes un homme perdu, et c'est très sérieusement que je vous conseille de ne pas revenir en France. Au nom de Dieu!

corrigés, s'il en est tems encore, les hardiesses qui, de votre aveu, vous feront donner l'odieuse épithète d'insolent; que si vous ne pouvés vous y résoudre, ne vous exposés donc pas à l'orage : ce seroit une vraie témérité... Je vous avoue que je suis dans d'étranges inquiétudes. Vous dites qu'il seroit bien difficile de vous mettre à la Bastille; mais je vous assure, moi, que des gens malintentionnés tâcheront de vous y faire mettre, et pourront bien y réussir... Je vous informerai de tout ce que je saurai, quoique je ne sois pas contente, ou plutôt que je doive être très fâchée, si vous avés compté pour rien tous mes avis (1).

La Beaumelle s'efforça de rassurer Mme de Louvigny. Elle n'était pas bien placée, selon lui, pour juger de certaines choses. Son état, son éloignement du monde la rendaient timide; les libertés les plus permises étaient à ses yeux d'énormes licences; elle voyait des dangers partout. Il lui proposa de prendre pour arbitre leur ami commun, l'abbé Trublet, homme, disait-il, plein de savoir, d'expérience et d'un solide jugement.

Elle y consentit. L'abbé, après avoir lu l'ouvrage en feuilles, s'en déclara extrêmement content, aussi bien que de la docilité de l'auteur qui, de la meilleure grâce du monde, avait fait en divers endroits, sur les indications du critique, des corrections importantes. Cette attestation rassura un peu la *Cabale* et lui fit prendre patience.

Le 2 décembre 1755, Mme de Louvigny écrivait à La Beaumelle :

Je n'ay reçu qu'hier vostre lettre du 20, Monsieur; j'attens une autre réponse de vous que je puisse montrer à la douarière. On me demande si j'ay de vos nouvelles; je dis que j'en attens. Je me plains de n'avoir pas vos livres; je joue un peu

(1) 9 oct. 1755. Archives des Angliviels.

la comédie, parce qu'on est ombrageux, qu'on inféreroit de
vostre dernière que je vous écris souvent, que je vous informe
de tout, qu'il y a une grande intimité entre vous et moy, que
j'en fais mystère, et cent choses en conséquence de tout cela
dont je n'ay que faire. Voilà ce qui m'a empeschée de faire
voir bonnement tout ce que vous m'écrivés et ce que je vous
écris. On y trouvoit souvent à redire; il falloit recommencer
mes lettres. Mais il est à propos qu'on en voie par cy par là
quelques-unes. Un silence trop-absolu grossiroit les soupçons.
C'est pour vous voir à mon aise que je voulois vostre arrivée
invisible; mais si vous croiés que cela ne soit pas convenable,
et qu'il le soit mesme davantage de demander d'abord la Regina
douarière (toutefois après la régnante), commencés par là et
gardés-vous de rien avouer. Je laisse soupçonner tout ce
qu'on veut; je ne dis mot; j'agis avec beaucoup d'égards, de
politesse, de reconnoissance, et je me tais. Autrement, je
commettrois bien des gens à qui il n'est pas juste de laisser
essuier des reproches. Je compte que tout le mécontentement
s'éclipsera par le succès de vostre ouvrage. C'est beaucoup
qu'il ait plu du premier coup d'œil au dieu du goust (1). Je
ne crains pas l'examen; j'augure bien des détails, et mieux
de vostre docilité. Cette qualité n'appartient qu'à ceux qui ont
vraiment de l'esprit. Les gens qui n'en ont que médiocrement sont les plus entestés de leurs productions, et, généralement parlant, l'opiniâtreté vient autant de défaut de lumière
que d'orgueil et de présomption...

Ma sœur de Genetines, très zélée pour vous, très zélée
pour vostre âme, a érigé une confrérie pour vostre salut...
L'élite des saintes y est enrôlée. J'y suis, moi, misérable; je
n'ay osé le demander; on me l'a proposé, et vous pensés bien
que je n'ay pas refusé.

L'ouvrage enfin terminé arriva à Saint-Cyr dans les
premiers jours de décembre. Ce fut un gros événement :
on s'inscrivit pour avoir à tour de rôle communication
des volumes. Les retouches qu'avait obtenues Trublet et

(1) Trublet.

dont il s'était contenté furent loin de satisfaire les religieuses; la seconde partie des Mémoires surtout excita parmi elles de vifs mécontentements. Elles tremblèrent pour l'auteur, qui leur semblait voué tout au moins à l'exil perpétuel; elles tremblèrent pour Saint-Cyr même, à qui déjà Louis XV témoignait fort peu de bienveillance et qui allait se trouver, par un contre-coup inévitable, singulièrement compromis. Mme de Louvigny rendait compte chaque jour à La Beaumelle de ses impressions et de celles de la communauté.

Le premier volume, qui n'avait, à la première lecture sur le manuscrit, soulevé aucune critique grave, plut cette fois encore extrêmement.

... J'ai reçu hier bien tard une lettre de M. l'abbé Trublet, et quatre volumes de votre édition. La Mère supérieure, trop attentive à ma santé dérangée, n'a pas voulu que je passasse la nuit à lire. Elle m'a fixé l'heure. Je n'ai pas absolument obéi et je n'ai pu lire que la moitié et un peu plus du premier volume. Votre préface m'enchante. Elle est parfaite, et votre style n'est pas moins séduisant dans le reste. On dévore, on lit avec délices, et ce n'est que par une réflexion qui vient après coup qu'on s'avise de critiquer. Je n'ai guère dormi, et j'ai beaucoup pensé à ce qu'on pourroit dire des Mémoires de Théodore Agrippa. J'ay peur qu'on ne les trouve apocryphes, et j'aurois désiré que vous en eussiez abrégé surtout ses rodomontades ou plustost ses hardiesses avec le roy de Navarre, que l'on ne croira pas; non plus que d'Aubigné, la mort sur les lèvres et avec une blessure dangereuse, soit revenu trouver Mlle de Talcy pour mourir entre ses bras. Cela est absolument romanesque, aussy bien que la valeur du blessé qui délivre M. de Talcy de ceux qui le vouloient contraindre à livrer d'Aubigné. Il faudroit rabattre beaucoup de toutes ces gasconnades pour en faire croire la moitié. On s'inscrira en faux aussy sur le compromis avec les parents de Suzanne de Lezay.

... Je crois qu'il seroit mieux et plus simple de dire que

les parens de Mlle de Lezay, fiers de sa haute naissance, ne la vouloient marier qu'à un homme de la première qualité ; que d'Aubigné le sut, en fut piqué et produisit ses titres auxquels on n'eut rien à répliquer. Il prouva sa généalogie et montra ses armes, qui sont, etc. Si cela n'est pas exactement suivre les mémoires, c'est, au moins, le moien de donner plus de force à la vérité...

Plus je lis, plus je suis enchantée. La cloche sonne, il faut partir, quelle douleur!...

J'en reviens à Théodore Agrippa. Il est important de donner un tel air de vérité à ses hauts faits qu'on ne croie pas que c'est une fable. Je sens bien que vous en avés diminué ; mais point encore assés. Au reste, je vous dis mes pensées sans prétendre vous y asservir... Je suis très flattée de la lettre que l'abbé Trublet m'écrit ; vous lui aviés vanté les miennes : ma réponse le désabusera. La Mère supérieure ... m'a ordonné d'expédier vite afin qu'elle pust lire elle-mesme... La reine douairière et la cabale jouiront à leur tour du mesme plaisir. Il y a plusieurs choses que j'aime mieux passer que de relever, et qu'une religieuse ne doit pas entendre. Si l'abbé Trublet n'en dit mot, il n'y aura rien à en dire ni à en retrancher... Vous estes terriblement huguenot... Bonsoir. Je suis assurément la plus zélée de vos servantes.

Elle insiste dans un post-scriptum sur la nécessité d'abréger, de corriger les Mémoires d'Aubigné : « On révoquera tout en doute, dit-elle, si nous débutons par indisposer le public... *en les donnant tels qu'ils sont* (1). »

La Beaumelle eut le bon esprit de ne rien changer au pittoresque récit d'Agrippa, qui d'ailleurs avait été publié en 1729, et auquel il pouvait renvoyer le lecteur ; mais il eût agi prudemment en faisant quelques réserves sur l'autorité d'un tel témoignage.

Mme de Louvigny, poursuivant sa lecture, lui écrivait le 8 décembre :

(1) 6 décembre 1755.

Je ne vous dissimulerai point, Monsieur, qu'il s'en faut de beaucoup que je sois aussy contente du second volume que du premier. Le commencement m'a fait plaisir, le milieu m'a donné du dépit, du chagrin, et, si vous voulés mesme que je vous le dise, de l'ennuy. La fin m'a réveillée. J'ay fait mes notes à mesure que je lisois... je les laisserai dans leur naturel afin que vous jugiés mieux de ce que je pense... La postérité a bien affaire d'estre informée des raffinemens de Mme de Montespan. Louis XIV avoit des faiblesses, mais je ne puis croire qu'elles allassent jusqu'à l'infamie la plus outrée, ni que Mme de Montespan, née sage et qui n'avoit failli que par ambition, se livroit à des abominations dans ce genre. Quand cela seroit, le public n'a point besoin d'en estre instruit... Quiconque fait l'anatomie de tant d'ordures ne se lave guère du soupçon de les aimer. Quand on a le cœur pur, on glisse sur ces choses-là; on les passe rapidement; on n'y revient pas sans cesse...

Vous rougissiés d'avoir répété Scarron et sa famille dans l'édition de Nancy ; il y a bien autrement de quoy rougir icy, et moy [la] première pour vous, désireuse de vostre gloire, de vostre réputation; j'en suis consternée.

Nous ne reproduirons pas toute cette lettre qui est longue et un peu diffuse. Nous y relèverons seulement, parmi beaucoup de critiques de moindre importance et sur lesquelles d'ailleurs Mme de Louvigny aura l'occasion de revenir, les deux observations suivantes :

Premièrement : un passage relatif à la duchesse de Richelieu, cette ancienne protectrice de Mme Scarron, devenue la rivale et l'ennemie de Mme de Maintenon, a paru trop dénigrant. « Elle était ambitieuse en effet, dit Mme de Louvigny, mais plus simple qu'hypocrite. Elle fut la dupe de ses bonnes intentions pour Mme de Montespan. Au reste, fort jalouse de Mme de Maintenon; elle lui rendit de mauvais offices à la Cour et mit tout en œuvre pour lui enlever la confiance du Roi. » La Beaumelle trouva

sans doute l'observation fondée, car il a rectifié ce passage, en même temps que beaucoup d'autres pour lesquels,
ainsi que nous le verrons bientôt, il se résigna à faire des
cartons. Ce qu'il dit de Mme de Richelieu dans l'édition
définitive diffère peu de ce qu'on vient de lire, et s'accorde tout à fait avec ce qu'en dit elle-même dans ses
*Souvenirs* Mme de Caylus.

Deuxièmement : il y a vers la fin du second volume
une historiette à la Tallemant, dans laquelle un Jésuite
défroqué vient se recommander à Mme de Maintenon, en
lui rappelant qu'autrefois, lorsqu'elle était toute petite
fille, à la Rochelle, il lui avait souvent donné de la
soupe à la porte de son couvent. « Ce trait n'est point
vrai », dit Mme de Louvigny; et elle fait remarquer avec
beaucoup de raison que si jamais Mme d'Aubigné, mère
de la jeune Françoise, eut quelque argent, ce fut à son
retour des Iles, où elle venait de vendre le peu qu'elle
possédait. Et d'ailleurs, ajoute-t-elle, « si ce défroqué lui
avoit dit la chose en secret, on n'en auroit rien su; s'il
l'avoit dit tout haut, on en auroit fait des chansons. Au
nom de Dieu, ne prenés, n'adoptés que ce que vous
trouvés dans des mémoires bien sûrs, et quand ils ne
paroissent ni vrais, ni décens, ne les croyés pas. »

La Beaumelle ne se laissa pas persuader. Grand ama-
teur d'anthithèses, il était ravi d'en trouver une si complète
dans la destinée de Mme de Maintenon. L'anecdote, assu-
rait-il d'ailleurs, lui venait de bonne source : il l'avait
empruntée à un mémoire manuscrit que M. de Saint-Yenne
lui avait fait parvenir à Amsterdam. Cela ne parut pas
suffisamment concluant à Mme de Louvigny, qui maintint
son opinion. La Beaumelle défendit la sienne dans une
lettre qui n'est pas venue jusqu'à nous, mais où il disait
en substance que l'orgueil seul pouvait empêcher sa cor-

respondante de s'incliner devant le témoignage de M. de
Saint-Yenne (1).

Mme de Louvigny, forcée de céder, tint du moins à
montrer qu'elle n'était pas convaincue :

Laissez si vous voulez le trait de l'aumosne ; je ne le crois
pas vray, vu la rigidité de Mme d'Aubigné à garder sa fille à
vue. Je n'en ai jamais entendu parler. Mme de Glapion me
l'auroit aussy bien raconté qu'elle me dit celuy d'une dévote
de Chartres qui vint par scrupule dire à Mme de Maintenon
qu'elle scandalisoit l'univers, et qu'il étoit étonnant qu'avec
de la piété, elle ne comprist pas qu'il ne luy étoit point permis
de vivre familièrement avec le Roy.

Mme de Maintenon l'écouta, la remercia et luy dit : « J'ay
consulté les prélats les plus saints et les plus habiles théologiens, qui ne sont pas de votre avis ; je ne vous suis pas
moins obligée de me l'avoir donné. » La dévote fut si édifiée
d'une si grande douceur et peut estre plus touchée encore des
bienfaits de celle que son zèle reprenoit, qu'elle ne trouva
plus de scandale dans sa conduite. La Mère Supérieure qui a
lu et admiré vostre livre, dit que vous pouvés fort bien laisser
ce trait, en mettant pour préliminaire, *on dit, on prétend,* et en
ajoutant à la suite que Mme d'Aubigné n'étoit pas femme à
laisser sa fille avec une troupe de mendians. Si tous ces ajoutés
vous paroissent superflus, vous pouvés encore les supprimer.
Mon orgueil n'est pas si choqué de ce trait que vous le pensés,
et si je le croiois vray, mon orgueil y souscriroit volontiers.
J'en suis à vostre troisième tome qui me plaît mille fois mieux
que le second. Vous estes huguenot comme Lucifer le seroit
s'il prenoit une forme humaine ; mais vous y parlés avec
autant d'esprit, et il y a des beautés dans ce livre que Tacite
avoueroit, qui désoleront Voltaire et qui vous rendront aussy

(1) Nous ne savons qui La Beaumelle désigne ici sous le nom de M. de
Saint-Yenne ; mais une note très authentique de Mlle d'Aumale, citée
par M. Honoré Bonhomme, mentionne le même fait. « Il vint ici, il y a
quelque temps, dit cette note, des Jésuites qui assuroient que Mme de
Maintenon avoit été si pauvre dans son enfance, qu'elle alloit avec une
écuelle recevoir du potage qui se distribuoit en certains endroits. »
H. Bonhomme, *Mme de Maintenon et sa famille,* p. 226.

recommandable à Saint-Cir que vous en serés blasmé par vostre licence... L'article du mariage et tout ce qui l'entoure est d'une perfection qui me rend plus sensible aux petits défauts que je vous reproche. Je voudrois qu'il n'y en eust aucun dans vostre outrage. C'est un malheur qui n'est que pour vous de vous méprendre sur la vérité de nostre croïance. Je vous plains, mais je n'en admire pas moins vostre manière d'écrire. Vous pourrés vous faire des affaires, et je voudrois que Mme de Maintenon ne vous en attirast pas de mauvaises. Plust à Dieu qu'elle fist vostre fortune dans ce monde et dans l'autre!

    ... L'endroit où vous parlés de l'opération de la fistule est admirable. La page 23 est ornée d'un bon et très méchant mot contre les Jésuites : *Ils instruisirent et ils opprimèrent...* Mais j'ay tort de rien relever, puisque je m'y entens si mal (1).

Nous passons sur une foule d'observations relatives à des erreurs de fait peu importantes, à des répétitions, à des omissions involontaires, à des fautes d'impression même qui furent en grande partie corrigées par La Beaumelle lorsqu'il se décida un peu plus tard à faire des cartons. Les points sur lesquels il refuse toute satisfaction à Mme de Louvigny, sur lesquels aussi Mme de Louvigny, avec une opiniâtreté égale à la sienne, revient constamment, ce sont : les hors-d'œuvre politiques, les satires contre la Cour, contre la royauté, contre la religion, et enfin certaines peintures, certains épisodes qu'elle juge par trop licencieux.

Sa critique, au reste, est pleine de bon sens, de justesse et de goût. « Je ne vous demande pas, lui dit-elle, d'oster l'odieux du portrait de Mme de Montespan, ou plutost de ses débauches; mais je vous demanderois plus de pudeur en les faisant entendre. Il faudroit que ce fust comme un

(1) 7 janvier 1756.

groupe dans l'éloignement, et non pas la dissection d'une pourriture qui fait mal au cœur, ainsi que le portrait de Villarceaux... Toute l'histoire de Jacques II et ses malheurs sont malignement rapportés; portrait avilissant; satire contre les Jésuites tirée aux cheveux. Jacques n'étoit point de leur ordre. *Ceux, dites-vous, qui l'avoient vu sans mœurs n'étoient point surpris de lui voir tant de cette espèce de religion.* Voltaire à peine en diroit autant (1). »

La Beaumelle a reproduit (et, disons-le, avec beaucoup d'exactitude) parmi les pièces justificatives de son livre le Mémoire souvent cité de Mme de Maintenon sur le *Rappel des huguenots* (2). Il y a joint un commentaire qui est un réquisitoire violent contre la politique religieuse de Louis XIV, et dans lequel Mme de Maintenon elle-même n'est pas très favorablement jugée. Il n'a rien été écrit de plus hardi sur ces matières au siècle dernier. On y trouve des opinions comme celles-ci :

La puissance civile n'a aucun droit sur la conscience du peuple... Le Roi ne peut influer sur ce qui regarde la religion que par son exemple... Des hérétiques protégés par leur prince, comme les autres sujets, n'ont jamais rien entrepris contre lui. Ce n'est que la tyrannie de la religion dominante qui a produit, en France et en Angleterre, ces guerres civiles qui ont fait croire aux François que le calvinisme étoit par lui-même porté à la révolte, et aux Anglois, que le catholicisme étoit séditieux... Quel est le plus coupable, du prince qui veut plier l'opinion de son sujet à la sienne, ou du sujet qui, forcé de choisir entre l'ordre du Roi et ce qu'il croit être l'ordre de Dieu, préfère le second au premier ?... L'éducation des enfans appartient aux pères de droit naturel; on ne

(1) Lettre du 10 janvier [1756].
(2) Le texte de La Beaumelle ne diffère que par des variantes insignifiantes et fort peu nombreuses de celui qu'a publié, d'après une copie de Saint-Cyr, M. Geffroy. (*Mme de Maintenon, d'après sa correspondance authentique*, I, 293.)

peut imaginer aucun gouvernement où les pères soient dé-
pouillés de ce droit. A Sparte, les enfans appartenoient à
l'État : mais ils étoient toujours sous le pouvoir des pères,
puisque les pères faisoient les lois... Ravir des enfans à leur
père, c'est ravir à la nature ses premiers droits, à la société
ses plus sacrés principes... à la religion les exemples de la
primitive Église. En vain on dit, pour excuser ces enlèvemens,
qu'on arrache les enfans du sein de leur mère pour leur procurer les biens spirituels : c'est s'attribuer un droit réservé
à Dieu seul; et c'est un axiome de morale chrétienne que,
pour faire le plus grand bien, il n'est pas permis de commettre
le plus petit mal...

Ces notes éloquentes où se retrouve l'ardeur, un moment si sincère, du proposant genevois, de l'élève brillant
des Lullin et des Vernet, et auxquelles Voltaire dans son
traité sur la tolérance fera plus d'un emprunt, troublèrent
et scandalisèrent profondément les dames de Saint-Louis.
Contester au roi de France le droit de maintenir dans ses
États la foi catholique, c'était, selon elles, attaquer la
Constitution même de la monarchie. Parmi les attributs
des Rois Très Chrétiens, celui-ci peut-être était le plus
essentiel. Chaque souverain, lors de son avènement, s'en
décorait de préférence à tout autre. Le serment de défendre la religion et d'exterminer l'hérésie avait trouvé
place dans la courte formule du sacre.

Mme de Louvigny, après cette lecture, faillit rompre
toute relation avec La Baumelle.

Encore quelques avis, Monsieur, lui écrivit-elle, et puis
je me retire. L'inutilité des miens jusques icy devroit me
rebuter, mais mon zèle pour vous l'emporte sur le peu de cas
que vous en faites.

C'est uniquement pour vous que je vous avertis que je n'ay
lu aucun autheur protestant qui ait osé dire ce que vous dites.
Si vostre ouvrage étoit dogmatique et de controverse, on vous
le passeroit; mais pourquoy, à propos de Mme de Maintenon,

embrasser avec péril une pareille matière? pourquoy essaïer, par des notes critiques, de rabattre le mérite de son mémoire sur le rappel des huguenots? Ces notes m'ont paru séditieuses, et je ne serois point surprise qu'elles vous conduisissent à la Bastille. Songés-y bien : un peu de prudence vous avertiroit du danger. Je ne sais si les ministres huguenots que vous voiés en Hollande, et qui ne risquent rien en se servant de vous pour dire ce qu'il leur plaist, n'entrent pas pour quelque chose dans ces notes; mais je prévoi qu'elles vous seront funestes et que vous feriés très bien de les supprimer et de ne pas faire revivre une ancienne querelle. Le Parlement, si tolérant pour les jansénistes, se fera un point d'honneur de ne l'estre pas pour vous et pour vostre livre... Vous tenés à ces notes, m'avés-vous mandé, de manière à ne les pas supprimer; on vous arracheroit plutôt l'âme. Eh bien, restés donc expatrié, car il n'y a pas moyen d'éviter sans cela les malheurs que je prévois qu'elles vous attireront. Si l'abbé Trublet ne les relève pas, c'est qu'il ne les aura pas lues (1); mais j'en serois fort surprise, et je ne pense pas qu'il ose jamais prendre sur luy de solliciter un accès favorable à vostre ouvrage auprès de M. de Malesherbes. Ce livre ne sera débité que sous le manteau, et l'autheur fera fort bien de se tenir caché.

... Adieu, Monsieur, je vous ai souhaité du bonheur; j'ay fait plus, je me suis donné bien de la peine pour contribuer au vostre, pour vous faciliter une grande réputation, des protections puissantes; tous mes projets ont échoué, malgré l'étendue d'un beau génie qui auroit pu prétendre à tout, s'il avoit été accompagné de prudence et d'un jugement plus mûr... Ce sera là ma dernière lettre... (2).

La Beaumelle fut vivement affecté de cette rupture, qui d'ailleurs n'était qu'apparente. Il céda sur quelques points,

---

(1) L'abbé Trublet ne partageait pas les craintes des dames de Saint-Louis. Quant à La Condamine, tout en conseillant à La Beaumelle de ne pas trop leur résister, il lui écrivit à ce propos, le 3 mars suivant : « [Ces dames] n'y entendent rien... Il faut qu'il reste dans le livre des preuves qu'il n'a pas été fait d'intelligence avec Saint-Cyr. Il seroit moins bien reçu de beaucoup si on le croyoit avoué de cette maison. »

(2) 10 janvier 1756.

promit de corriger les endroits relatifs à Villarceaux, à
Mme de Montespan, à Mlle Choin, et s'engagea à introduire ces changements, non pas seulement dans la seconde
édition qui déjà s'imprimait, mais dans la première, à
l'aide de cartons. Ce fut la supérieure, Mme du Han, qui
lui répondit. Saint-Cyr n'était pas pleinement satisfait
par ces concessions. L'ouvrage, après ce remaniement,
renfermerait encore bien des traits offensants pour la
conscience des religieuses. Les notes sur le mémoire de
Mme de Maintenon, celle entre autres dans laquelle l'auteur montre les évêques tourmentant les mourants de
toutes les religions, refusant les sacrements aux jansénistes qui veulent les recevoir, et forçant à les recevoir
les calvinistes qui les refusent, cette note leur paraissait
insoutenable.

Retranchez-la, écrit Mme du Han : ma Sœur de Louvigny
sera enchantée de vostre docilité et reprendra pour vous tous
les sentimens de la maternité, en supposant qu'elle s'en fût
départie, ce que je ne crois pas (1).

La Beaumelle répondit qu'il adoucirait légèrement ce
passage; que d'ailleurs il avait, de son propre mouvement, augmenté, et de beaucoup, les corrections pro-
mises ; il assura que les cartons s'imprimaient; que ses
deux éditions, également corrigées, allaient être prêtes;
qu'on en faisait des ballots qui seraient expédiés sous peu
de jours dans toutes les directions; que lui-même allait
partir incessamment pour la France, et qu'il viendrait à
Saint-Cyr, dès le premier moment de son arrivée, pour
saluer ces Dames et implorer d'elles son pardon.

Nous n'avons exigé, Monsieur, nous n'avons menacé que
par intérêt pour vous, lui écrit Mme du Han, et, par ce mesme

_____

(1) 4 février 1756. Arch. des Angliviels.

intérest encore, je ne suis pas sans inquiétude. Je crains que
malgré vostre judicieuse correction, les notes sur le Mémoire
ne vous causent de l'embarras.

... [A cela près]... j'espère beaucoup du succès de vos travaux, et que le public en jugera aussy favorablement que
l'abbé Trublet. Je me réjouis de votre retour. Vos ballots arri-
veront heureusement, sy mes vœux sont exaucés. Je puis vous
assurer que ceux de la *Grondeuse* ne vous manqueront pas
non plus, et que vous estes fort bien dans ses papiers, surtout
depuis que vous avés corrigé ce que son zèle pour Mme de
Maintenon et pour vous trouvoit à redire dans vostre livre...
Nous vous verrons avec grand plaisir, si le peu de tems que
vous serés à Paris, ou vos affaires, vous le permettent, et si la
présence de M. Racine qui sera icy les jours gras pour montrer aux actrices... (1) ne vous déplaist point. Je ne voudrois
pas vous commettre ny vous causer le plus petit embarras... (2).

Mme de Louvigny pendant ce temps s'apaisait; elle
avait presque terminé la lecture des *Lettres*, et n'y avait
trouvé matière à aucune observation.

Le huitième volume du Recueil renferme les lettres de
piété et de direction adressées à Mme de Maintenon par
Godet des Marais, évêque de Chartres. La Beaumelle
devait la connaissance de ces lettres à un larcin de
Mme de Louvigny. Il les publia à part, sous le pseudonyme de l'abbé Berthier, à qui il feignit ensuite de les
emprunter pour en enrichir sa collection. Cette supercherie, connue seulement de Mmes de Louvigny, du Han
et de Montorcier, avait été imaginée pour détourner les
soupçons de Mme de Mornay, qui, lorsqu'ell était supérieure, s'était vivement opposée à cette communication.
Elle avait enfermé dans sa cassette les précieuses lettres

(1) On préparait une représentation d'*Athalie.* On venait d'en donner
une d'*Esther* qui avait fait grand plaisir aux princes et à toute la Cour.
(2) 21 février 1756.

et les y croyait en sûreté tandis qu'on les imprimait en
Hollande (1). La Beaumelle n'avouant pas la paternité de
cette édition n'en fut que plus à l'aise pour l'arranger à
sa guise. Il lui avait paru nécessaire, et sa collaboratrice
l'approuva en cela complètement, de faire subir au style
lourd et sans grâce de l'évêque de profondes modifications. Mais le pseudo-abbé Berthier avait mis en tête de ce
volume, sous forme d'éloge historique, une vie de Godet
des Marais vraiment remarquable par la gravité du ton,
la justesse des appréciations et l'exactitude des détails (2).
Mme de Louvigny, tout à fait réconciliée, lui écrit à ce
propos : « Je ne m'étonne pas que l'abbé Trublet ait regret
que vous ne vous déclariés pas l'auteur [de ce morceau] :
il est charmant; partout on y respire le vrai; tout y est
naturel, intéressant, et je vous assure qu'il plaira beaucoup. » La lettre se termine ainsi : « Adieu, Monsieur;
je suis bien tentée de vous dire comme la Mère de Glapion quand elle m'avoit grondée : *Hé bien, m'avés-vous par-
donnée?* D'un autre côté, je pense que si vous avés été en
colère, vous n'aurés pu dans bien des endroits vous
empêcher de rire, car mes gronderies ont cela de singulier
qu'on en rit quelquefois, et cela me désespère (3). »

La Beaumelle quitta Amsterdam le 20 février et arriva
le 29 à Paris. Il apportait avec lui un certain nombre
d'exemplaires non brochés des *Mémoires* et les cartons
récemment terminés qu'il fallait y introduire. Il confia le
tout à un relieur, et se rendit sans plus tarder à Saint-Cyr,
où il reçut, bien qu'il se présentât les mains vides, l'accueil le plus affectueux. Une rumeur inaccoutumée agitait

(1) V. la note de la page 224.
(2) L'*Éloge historique de Godet des Marais* manque dans un grand nombre d'exemplaires de la première édition.
(3) Sans date [février 1756].

en ce moment la royale maison. On venait d'y donner, en l'honneur du Dauphin et de la Dauphine, une représentation extraordinaire d'*Esther*, dont le succès avait été tel que, sur la demande des princes, on préparait maintenant *Athalie*. La Beaumelle trouva Mme de Louvigny « abîmée » dans les multiples soucis des répétitions. Elle était chargée, avec le concours de l'organiste Clérambault, de la partie musicale. — Malgré le froid, elle ne bougeait du théâtre, de ce théâtre si joliment décoré, mais ouvert à tous les vents, qu'on avait construit dans le vestibule des dortoirs. Tantôt, debout sur la scène, elle conduisait les chœurs, réglait le chant et le maintien des actrices, rejouait même devant elles, pour mieux leur en inculquer la tradition, ces rôles qu'à l'exemple de sa mère, elle avait joués tout enfant; tantôt, assise à l'orchestre, avec sa basse de viole, dans la jolie attitude que prête à Madame Henriette de France le portrait célèbre de Nattier, elle faisait sa partie d'accompagnement, à côté de Clérambault qui exécutait la sienne au clavecin.

Mme de Montorcier s'occupait de la déclamation et de tous les détails matériels de la mise en scène, sous le contrôle bien peu effectif de Louis Racine, qu'absorbaient son deuil tout récent et son immense chagrin.

La représentation d'*Athalie* fut fixée au 22 mars. La Reine, qui n'avait pu venir à *Esther*, avait fait cette fois espérer sa présence. Les invitations, comme au temps de Louis XIV, étaient limitées aux personnes occupant les plus grandes charges de la Cour, et à quelques prélats. Par une exception sans précédents, La Beaumelle et l'abbé Trublet figurèrent sur cette liste, qui fut soumise à Marie Leckzinska et approuvée par elle. L'historiographe et son ami furent placés en très bon rang, sur les gradins des Bleues. Ils avaient fait entrer en même temps qu'eux, et incognito, avec l'autorisation de la supérieure, l'abbé de la Chau et le jeune de la Cour, qui probablement n'inspirèrent pas une suffisante confiance aux suisses et aux tourières chargés de surveiller les abords du théâtre, car on les pria poliment de se retirer. Quant à La Beaumelle, on le retint à souper, et il ne retourna à Paris que le lendemain. Mais il ne put avoir cette fois l'appartement de l'évêque de Chartres, qui avait assisté, lui aussi, à la représentation, et qui coucha à Saint-Cyr ; il fut donc logé moins commodément que d'habitude, et Mme de Louvigny lui en fit beaucoup d'excuses.

Ne nous flattés pas, lui écrivait-elle quelques jours après, sur le succès de nos actrices. Mes enfants ont bien mieux chanté hier auprès de moy, qu'elles ne l'ont fait devant la Cour. J'en étois à les admirer, ce qui ne m'arrive jamais...

Il me reste à vous marquer mon dépit de ce que j'ay appris que vous aviés eu un mauvais gite icy, un lit sans rideaux, une chambre sans tapisserie, etc. La Mère supérieure en est outrée, et vous fait mille excuses. Portés les nostres, je vous supplie, à M. l'abbé de la Chau, à qui on a enlevé la place que j'avois obtenue et que je croyois plus sûre qu'aucune. Cette aventure me fait une nouvelle peine chaque fois que j'y pense ; et je ne puis m'empescher de le témoigner à M. de la Cour qui vous remettra cette lettre (1).

Après ces fêtes qui firent événement, et dont le duc de Luynes, dans ses Mémoires, rend compte avec beaucoup d'éloges, le calme se rétablit bien vite à Saint-Cyr, et le livre de La Beaumelle, qu'on savait prêt à paraître, redevint la préoccupation unique de toutes ces dames. En attendant les exemplaires corrigés, on faisait circuler les autres. « Nostre mère et moi, écrit Mme de Louvigny, avons relu ce cinquième volume avec délices et admiration. Mme de Montchevreuil, qui ne jette pas son encens à

(1) 26, 31 mars 1756. Arch. des Angliviels.

la teste, est enchantée de celuy qu'elle a vu. Les deux
sœurs (Mmes de Montchevreuil et de Mornay) disent que
l'on est entraîné par cette lecture; elles n'osoient se la
permettre aux approches de l'office, de peur de ne pouvoir résister à la tentation de lire malgré le son de la
cloche... (1). » — En même temps, comme on croit impossible que, malgré toutes les corrections qu'il y aura faites,
l'ouvrage de La Beaumelle, dès qu'il paraîtra, ne conduise
son auteur à la Bastille, on le supplie de se soustraire à
ce danger certain par un prompt départ.

Je ne puis vous voir si près d'estre en butte à la critique
et à la malignité de vos ennemis, sans vous désirer dans un
asile qui vous mette à l'abri de leur mauvaise volonté; vous
savés que vous serés reçu à bras ouverts chés mes parents (2),
et que le trajet seroit plus court pour passer ailleurs s'il en
étoit besoin. Ne vous exposés pas, je vous en prie, à des revers
fascheux. *Je say que vostre ouvrage ne contient que du vray et de
l'excellent;* mais souvent le vray offense, et je vous citerai un
endroit surtout qui alarme pour vous... Quoi qu'il en soit, je
vous conseille d'entendre vos louanges ou vos blasmes de
loin... (3).

On verra bientôt à quel point les craintes de Mme de
Louvigny étaient fondées.

Cependant, les volumes munis de leurs cartons arrivèrent à Saint-Cyr. Ce remaniement, qui transformait
l'ouvrage, a été attribué de nos jours par plus d'un biblio-
graphe aux exigences de la censure. On n'a pas pris
garde à ce fait pourtant très simple, que le livre ayant été
publié à l'étranger, et par conséquent sans privilège du
Roi, n'avait pu être soumis à un censeur (4). Nous con-

(1) 31 mars 1756.
(2) A Havrincourt.
(3) 26 mars 1756. Arch. des Angliviels.
(4) La Beaumelle, dès qu'il sera à la Bastille, protestera contre son arrestation, et prétendra n'avoir imprimé et débité son livre qu'avec permission

naissons maintenant l'origine de ces corrections. Elles portent précisément sur tous les points incriminés par Mme de Louvigny : récits et tableaux licencieux ; traits de satire d'une application trop directe aux puissances du jour ; emprunts à des pamphlets violents contre Louis XIV, Louvois, Bossuet, les Jésuites, etc. ; allusions imprudentes à ces bruits d'empoisonnement qui coururent en plus d'une occasion, notamment à la suite des morts si rapprochées du Grand Dauphin, du duc et de la duchesse de Bourgogne, de leur premier enfant, le duc de Bretagne. Les changements en quelques endroits furent tels, qu'on dut réimprimer jusqu'à six pages consécutives (1).

Mme de Louvigny achevait une retraite au moment où lui parvint l'édition *cartonnée*. Elle ne put écrire que quelques lignes à La Beaumelle :

Pour vous faire une belle lettre de remerciemens, Monsieur, lui dit-elle, il faudroit pouvoir vous lire, et je m'en abstiens, parce que je suis en retraite. Cela rappelle le sacrifice d'Abraham répandant l'eau de la citerne devant le Seigneur, malgré son ardente soif. Je fais le mien, pendant quelques jours, à votre intention (2).

Le surlendemain, la retraite étant finie, elle a pu se remettre à lire, et elle envoie à La Beaumelle ses nouvelles impressions :

Je lis, je dévore, je suis contente; vostre livre fait un

et sur le rapport favorable d'un censeur. Mais la vérité est que M. de Malesherbes avait simplement, à la prière de l'abbé Trublet, promis de fermer les yeux. L'abbé Trublet, censeur royal, qui avait lu le livre de son ami, avait pu en rendre *officieusement* un compte favorable au magistrat ; mais il l'avait fait de lui-même, et sans qu'on lui en eût donné commission.

(1) Voir dans le *Bulletin du bibliophile*, année 1863, p. 293, une *Note* de M. Ad. LABITTE, sur les *Mémoires de Mme de Maintenon* publiés par LA BEAUMELLE. Voir aussi sur le même sujet la brochure de N. SAINT-YBARR (Charles Barry), intitulée : *Restitution du texte primitif des Mémoires pour servir à l'Histoire de Mme de Maintenon par La Beaumelle*. Toulouse, imp. Caillol et Baylac, 1869. 40 pages in-8°. (Extrait de la *Minerve* de Toulouse.)

(2) 22 mai 1756. Arch. des Angliviels.

bruit incroyable; on le loue, et personne ne prend plus de part
à vostre gloire, que moy, Monsieur. Mme la duchesse de Beauvilliers m'a dit que vostre style étoit fort applaudi; et elle m'a
ajouté que cet ouvrage ne nous conviendroit pas, que le titre
vous donnoit la liberté de tout dire, et que Mme de La Vallière et Mme de Montespan n'étoient pas oubliées; qu'elle pen-
soit que nous nous soucierions peu de leurs aventures. Notre
médecin a renchéri sur les éloges répétés par Mme de Beauvilliers, et prétend qu'on s'arrache vostre livre, et qu'il se vend
quarante francs. Si vous ne vous hastés pas de réimprimer, je
crains que vous n'aïés pas assés d'exemplaires... Vos cartons
ont fait merveille... Notre Mère n'a pu encore lire une seule
page. Je suis très édifiée de vostre docilité pour elle, car vous
avés retranché ce.qu'elle vous a demandé sur Mme de Montespan... (1). *Une des louanges qu'on vous donne à la Cour, c'est
d'avoir écrit décemment.*

La Beaumelle reçut de toutes les dames de Saint-Cyr,
des lettres de félicitations et de remerciements. La communauté lui offrit, en témoignage de bon souvenir et de
gratitude, une écritoire et des flambeaux d'argent.

Ce présent était accompagné d'une lettre spéciale,
signée des dames du Conseil (2), et destinée, dans leur

---

(1) Voici (pour ne citer que celui-là) en quoi consistait le changement
dont Mme de Louvigny remercie La Beaumelle :

| TEXTE PRIMITIF : | TEXTE EXPURGÉ : |
|---|---|
| ... Elle se livroit à tous ses désirs (à tous les désirs du Roi), et, après les avoir tous satisfaits, elle lui communiquoit encore tous les siens; et pour les éteindre les derniers efforts de la lubricité la plus savante ouvroient les dernières sources de la volupté. | ... Elle se livroit à tous ses désirs, elle lui communiquoit les siens. Ce n'étoit plus l'amour, c'étoient toutes les fureurs de la passion. |
| Mme de Maintenon ne concevoit pas comment Mme de Montespan, encore dégoûtante des ordures du vice, l'œil égaré, le front fumant, la main tremblante, osoit lever la tête et braver le mépris public. | Mme de Maintenon, en voyant le vice de plus près, apprenoit à le haïr davantage, et ne concevoit pas comment Mme de Montespan osoit lever la tête et braver le mépris public. |

(2) Mmes du Han de Crèvecœur, supérieure, de Genetines, assistante,

pensée, à être montrée au besoin, comme un certificat honorable.

En voici les passages essentiels :

... Nostre reconnoissance vous venge aujourd'hui, Monsieur, de toutes nos défiances, de toutes nos réserves, et mesme de nos refus. Nous aurions souhaité une plume catholique, mais nous n'en aurions pu désirer une plus brillante, et plus agréable que la vostre. Nous ne l'avons pas choisie, comme vous le savés, mais nous acquiesçons avec joye aux décrets de la Providence, qui vous destinoit à mettre au jour des vertus si capables de vous ramener aux lumières de la vérité... (1).

L'ouvrage de La Beaumelle, comme lui-même l'a dit dans sa préface, et comme l'a remarqué Grimm après lui, venait à son heure. Vingt ans plus tôt, les faits qui s'y trouvent rapportés eussent été trop présents à toutes les mémoires ; vingt ans plus tard, ils eussent été peut-être trop oubliés. A ce moment du siècle, on touchait encore par quelques points au grand règne ; il restait des témoins de ce passé glorieux ; l'histoire de Louis XIV et de Mme de Maintenon n'avait pas cessé d'être de l'histoire contemporaine, et il se produisait chez les Français d'alors, pour les choses de ce temps, une curiosité comparable à celle qui, de nos jours, vers 1840, s'est manifestée pour les choses du premier Empire.

Cependant, dès son apparition, et au moment même de sa plus grande vogue, le livre de La Beaumelle fut très discuté. Ce que l'on reprochait surtout aux *Mémoires*, c'était leur peu de cohésion et d'unité. Les idées les plus disparates, les opinions les plus contradictoires s'y

---

de Mornay, de Bosredon, maîtresse générale des classes, de Tessières, dépositaire.

(1) « De nostre maison de Saint-Louis », sans date [juin ou juillet 1756].

heurtent en mille endroits. Ce défaut résulte en partie des complaisances obligées de l'auteur pour les scrupules de Saint-Cyr : moins docile aux conseils de Mme de Louvigny (conseils qui n'étaient pas tous également sages), La Beaumelle ne se fût pas exprimé tantôt en calviniste ardent, tantôt en bon catholique, ainsi que l'a justement observé le duc de Luynes; et il n'eût point encouru le reproche que lui fait Grimm, d'avoir outragé et encensé tour à tour « avec une vile adresse » les mêmes personnages. Nous savons d'ailleurs, grâce à un certain nombre d'exemplaires qui ont échappé aux cartons, que le livre, sous sa forme primitive, n'offrait encore que trop de prise à la critique.

On reconnaît partout dans cet ouvrage les traces d'une composition trop hâtive; le style s'élève quelquefois très haut, puis tombe et se traîne; les pages brillantes, spirituelles, éloquentes n'y sont pas rares : mais l'abus du trait et de l'antithèse, une recherche trop visible de l'effet, des saillies de mauvais goût gâtent souvent les meilleurs endroits.

Cependant, le fond même du récit est plus solide que les apparences ne pourraient le faire supposer : le tour romanesque adopté par l'auteur, sa façon défectueuse de présenter et de mettre en œuvre les documents les plus sûrs, sa manie de vouloir trop prouver, et aussi l'obligation qui lui était imposée de dissimuler la véritable origine de ses informations, tout cela prévenait mal le lecteur et lui inspirait une défiance que la réalité, croyons-nous, ne justifie pas entièrement. Il y a sans doute, dans ces *Mémoires*, des opinions erronées, des faits controuvés, un assez grand nombre d'erreurs matérielles; mais il faut reconnaître qu'ils sont, dans leur ensemble, intéressants, amusants, pittoresques, pleins de révélations, plus exacts même sur certains points, et empruntés à de meilleures sources que le *Siècle de Louis XIV* (1).

La Beaumelle, dans sa préface, a prévu le reproche qu'on allait lui faire, d'avoir recueilli trop d'anecdotes, trop de menus détails, de s'être attaché aux petits côtés de l'histoire, et il y a répondu en de fort bons termes :

> D'où naît, dit-il, le charme des *Vies* de Plutarque ? de ces petits faits que les esprits superficiels affectent de dédaigner, et que l'esprit philosophique rassemble, combine, décompose. L'histoire privée de ces hommes qui ont civilisé l'univers, est aussi utile et plus agréable que l'histoire de ces empires qui l'ont asservi : on lit froidement la *Rome* de Florus ; on est enchanté de l'*Auguste* de Suétone ; on aime à *guetter* avec Montaigne *les grands hommes aux petites choses*.

Nous n'ajouterons qu'un mot : malgré tous les défauts qu'on y peut relever, l'agrément et les ressources de ce livre sont tels, que bien des historiens, de ceux mêmes qui l'ont le plus décrié, en ont fait, sans oser l'avouer, un fréquent et abondant usage. Walknaer l'a remarqué avant nous :

> Les écrivains, dit-il, qui ont tracé des histoires ou des notices sur la vie de Françoise d'Aubigné... témoignent un mépris complet pour l'ouvrage de La Beaumelle, et s'abstiennent de le citer, ou ne le citent que fort rarement. Je suis néanmoins en mesure d'affirmer qu'on ne trouve chez aucun d'eux un seul fait, un seul détail de faits, une seule appréciation favorable ou défavorable, une seule vérité, une seule erreur qui ne soit dans La Beaumelle (2).

Ceci ne saurait, en aucune façon, s'appliquer aux travaux publiés depuis vingt ans, par des écrivains dont il est superflu de rappeler les noms, avec un souci de la

---

(1) C'est en ces termes à peu près que les apprécie Lavallée dans son introduction à la *Correspondance générale de Mme de Maintenon*.

(2) WALKNAER, *Mémoires sur Mme de Sévigné*, V, 432.

vérité, un sens historique et une méthode d'investigation jadis inconnus. Mais Lavallée, qui cite dans le premier volume de son édition l'observation de Walknaer, aurait pu encore très légitimement en prendre sa part.

L'approbation de Saint-Cyr, comme on le pense bien, n'allait pas sans beaucoup de réserves. L'ouvrage de La Beaumelle (*Lettres et Mémoires*) entra dans la Bibliothèque de la maison, mais prit place parmi les livres défendus aux demoiselles, défendus même aux religieuses qui n'avaient pas atteint l'âge canonique. On le serra dans l'armoire soigneusement close de l'*Index ;* on l'eût mis à l'*Enfer*, s'il eût pu y avoir à Saint-Cyr un *Enfer*.

Mme de Louvigny caressait toujours le projet d'une édition spéciale, assez complète pour être utilement consultée par les dames de Saint-Louis, assez expurgée pour être lue dans les classes. Elle en avait souvent parlé à La Beaumelle. Elle eût voulu qu'il publiât ce travail sous un pseudonyme, comme il avait fait pour les lettres de l'évêque de Chartres. « Ce ne serait point, à proprement parler, lui disait-elle, une nouvelle édition, ce serait plutôt un nouvel ouvrage d'après l'ouvrage original. On pourrait le supposer écrit et composé par une ancienne élève, une Méridionale, une Languedocienne, qui s'appellerait, par exemple, Mlle de Cardillac. » De cette façon, l'auteur, en changeant de sexe, ne changerait pas tout à fait de tempérament ; il ne fallait pas lui demander l'impossible.

La lettre suivante, sous un air de bonhomie négligée, n'est pas exempte de quelque malice, et montre que Mme de Louvigny connaissait très bien le fort et le faible de La Beaumelle :

Écoutés, lui écrit-elle le 25 juillet (c'est-à-dire très peu de temps après la mise en vente de la première édition), écoutés une folie qui me passe par la teste. Je voudrois que

Mlle de Cardillac écrivit une *Vie* de Mme de Maintenon où
Mme de Montespan, Mme de la Vallière ne seroient qu'en
groupe, en lointain; les belles vertus, les vertus chrétiennes
feroient la principale figure dans ce nouveau tableau. Le colo-
ris seroit simple, doux, naïf, et tel qu'il appartient à un pin-
ceau féminin. Je voudrois du vray, du solide; qu'on fist vostre
procès dans ce livre, mais à la manière de la *Critique de l'École
des femmes*, c'est-à-dire une fine et très fine apologie des beautés dont vos seuls ennemis ne veulent pas convenir, et un blasme
modéré sur les défauts qu'en bonne conscience vous pouvés
vous reprocher. Si j'avois de l'esprit comme vous, j'entrepren-
drois cet ouvrage, ne fust-ce que pour le plaisir d'estre applaudi par mes ennemis, et de jouir d'un éloge non suspect à
tous égards. Il faudroit mériter ceux des catholiques, présenter aux recluses un appast pour enrichir leur bibliothèque,
et, en un mot, faire en sorte qu'on courust à ce livre avec
fureur. Si mon imagination vous paroist extravagante, ne
l'adoptés pas; mais ne vous en moqués pas non plus. Démeslés
mon motif; il ne déroge point au désir de vous obliger. Vous
entendés bien qu'il faudroit que le style fust entièrement différent. Vous prenés facilement celuy qui vous plaist. On
n'exigeroit pas autant de perfection d'une femme que d'un
homme. Il faudroit peindre Louis XIV plus grand homme :
on vous reproche de l'avoir rapetissé. On vous reproche
trop d'esprit; c'est un beau défaut; mais on vous reproche
pis que cela, c'est de dire du mal de tout le monde, de médire
pour le plaisir de médire; de chercher bien loin des méchancetés pour les mettre en évidence sans qu'elles aient nul
rapport à vostre sujet. Enfin, vous avés des ennemis outrés,
et je vous assure que vous ferés très bien de retrancher
ce qui allume leur bile, car il n'est pas possible que vous
l'ignoriés...

La Beaumelle, sans se prononcer sur la forme définitive
de l'ouvrage, adopta avec empressement l'idée d'une Vie
abrégée de Mme de Maintenon, à l'usage de Saint-Cyr.
Déjà même, il avait donné à ce projet un commencement
d'exécution, lorsque de nouveaux malheurs contre les-

quels ses amis depuis longtemps le mettaient vainement en garde, vinrent tout à coup l'interrompre.

La première édition des *Lettres* et des *Mémoires* était entièrement distribuée, la seconde allait paraître : on y souscrivait publiquement. Ce livre, imprimé sans permission, entré en France par surprise, était dans toutes les mains. « Tout le monde, écrit le duc de Luynes, veut le lire, et convient de l'avoir chez soi (1). » M. d'Argenson qui tenait son exemplaire directement de l'auteur, l'en avait fait remercier; la Reine lui avait envoyé par les dames de Saint-Louis ses félicitations, en disant qu'il était bien dommage qu'un écrivain si habile fût calviniste; le Dauphin, le Roi même, avaient laissé tomber des paroles d'approbation. Ces augustes suffrages inspirèrent à La Beaumelle une sécurité trompeuse. Il ne voulut pas entendre les rumeurs menaçantes qui s'élevaient de toutes parts contre lui.

Mme de Pompadour, devenue dévote depuis qu'elle n'était plus que l'*amie* du Roi, se montra blessée de certains passages très libres des *Mémoires*, dont plusieurs pouvaient lui être trop facilement appliqués. Si elle ne se fâcha pas tout à fait, ce fut sans doute par égard pour Saint-Cyr, où elle allait quelquefois, et où elle était tenue en grande considération. On la croyait sincèrement convertie et refugiée en Dieu. Elle venait de se mettre sous la direction du Père de Sacy, Jésuite de la maison professe, « homme de beaucoup d'esprit », nous dit Barbier (2). On ne doutait point que sa vie ne fût maintenant irréprochable. Mme de Louvigny allait jusqu'à lui trouver les traits et la sagesse d'une *vestale!* Le mot, dans son innocence, est bien piquant, si l'on songe aux fonctions nouvelles

(1) *Mémoires du duc de Luynes*, XV, 144.
(2) *Chronique de la Régence*, Charpentier, 1857, in-12, VI, 247.

que venait de se donner la marquise, et à la nature du feu
dont elle s'était constituée la gardienne. Mme de Pompadour, quoique très mécontente de La Beaumelle, ne fit
donc rien pour lui nuire : mais un mot d'elle eût pu le
sauver, et elle ne prononça pas ce mot.

Ce fut Voltaire qui, cette fois encore, par ses dénonciations acharnées, força la main au ministre. Dès le commencement de juin, ayant reçu l'ouvrage, auquel, des
premiers, il avait souscrit, il s'était, comme on pense,
empressé de le lire. Déjà plus que prévenu contre l'auteur,
il fut exaspéré de se voir traité à tout propos dans ce livre
avec le dernier mépris. Ce que La Beaumelle avait cru
pouvoir se permettre à titre de représailles prit à ses
yeux le caractère de véritables provocations.

J'admire, écrivait-il à d'Argental, comment un homme a
l'audace de publier tant de sottises, tant de mensonges et de
contradictions, d'insulter tant de familles, de parler si insolemment de tout ce qu'il ignore, et comment on a la bonté de le
souffrir. Il est assez singulier que cet homme soit à Paris et
que je n'y sois pas (1).

Un sentiment non dissimulé de jalousie s'ajoute ici à
la colère de Voltaire. La présence de La Beaumelle dans
ce Paris où lui-même n'ose se montrer, lui semble une
bravade et une insulte de plus. Ce « polisson » se permet
en outre d'avoir des amis ; il est reçu dans les plus grandes
maisons, chez les Noailles, chez les Brancas, chez les
duchesses d'Aiguillon et de Beauvilliers ; il a ses entrées
enfin dans cette petite cour bourgeoise de Mme Geoffrin,
si fermée aux médiocrités, et dont l'influence sur l'opinion
est alors toute-puissante. Un tel renversement de situations
ne peut durer : il faut à tout prix y mettre un terme. Et

(1) *Œuvres de Voltaire*, édit. Beuchot, t. VII, 87.

le vindicatif poète ouvre contre son ennemi cette campagne violente et sournoise à la fois, dont on peut suivre
les détails dans les lettres à d'Argental, à Thiériot, à Voisenon, à Pierre Rousseau, à Mme de Lutzelbourg, au
maréchal de Richelieu, etc. — Richelieu, en cet été de
1756, faisait l'expédition de Minorque; il allait prendre
Port-Mahon : le moment semble mal choisi pour l'entretenir de commérages littéraires; mais la haine de Voltaire
ne sait pas attendre. « Au milieu des coups de canon,
écrit-il à *son héros,* vous soucieriez-vous de savoir que
La Beaumelle, qui s'est fait, je ne sais comment, héritier
des papiers de Mme de Maintenon, a fait imprimer quinze
volumes, soit de *Lettres,* soit de *Mémoires ?* Ce ramas d'inu-
tilités est relevé par un tas d'impudences et de mensonges
qui est fait tout juste pour l'avide curiosité du public. Il y
a quatre-vingts ou cent familles outragées; voilà ce qu'il
faut au gros des hommes. Il y a parmi les lettres de Mme de
Maintenon une lettre de M. le duc de Richelieu, votre
père, qui certainement n'était pas faite pour être publique. Les termes qui vous regardent sont bien peu me-
surés... Il me paraît bien indécent de révéler ainsi les
secrets de famille du vivant des intéressés (1). »

La lettre dont il est ici question n'était pas, à première
vue, fort compromettante pour le maréchal, qui avait
lorsqu'elle fut écrite à peine quinze ans. Il n'y était fait
aucune allusion directe ou indirecte, quoi que veuille insi-
nuer Voltaire, à la paternité putative du feu duc de Richelieu. Aussi bien, ce *secret de famille* était-il devenu, par la
cynique indiscrétion du maréchal, le secret de Polichi-
nelle (2). Mais la lettre, parlant de la *conduite outrée* du jeune

_____

(1) Voltaire. Beuchot, l. VII, 85.
(2) « J'ai à vous dire qu'on imprime actuellement, dans le pays étranger,
les *Souvenirs de Mme de Caylus.* Elle fait un portrait fort plaisant de

Fronsac (c'est le nom qu'il portait alors), dit qu'il trouvera pour le ramener à la vertu un excellent prédicateur en la personne de M. de Bernaville, gouverneur de la Bastille, aux mains duquel il vient d'être confié. Or, pourquoi le jeune duc, récemment marié à une Noailles qu'il détestait, avait-il été frappé, sur la demande même de son père, d'une si sévère punition? La lettre ne le dit pas, mais tous les biographes affirment que ce fut pour avoir pris des libertés d'une certaine nature avec sa marraine, la duchesse de Bourgogne, qui n'exigeait de lui, paraît-il, aucun respect. Et voilà un autre secret de famille dont Richelieu, bon courtisan avant tout, ne doit pas souffrir qu'on amuse le public. Mais comme le loisir lui manque pour vérifier le fait, et que d'ailleurs il n'a aucun texte sous la main, la seule chose qu'il puisse faire est de recommander à l'attention du lieutenant de police ou du ministre ce livre suspect.

Et de toutes parts des plaintes, soufflées ainsi par Voltaire, arrivent à Paris.

Dès la fin de juin, le bruit courut que La Beaumelle allait être arrêté. Mme de Louvigny lui écrivait :

Ce jeudi au soir 6 heures.

Vous nous avés donné de terribles inquiétudes, Monsieur; on assurait hier à Versailles que vous étiés à la Bastille. L'arrivée de Guiri nous a fait passer de l'affliction à la joie; mais, malgré cela, je me haste de vous faire part de ces bruits faux afin de vous précautionner contre la réalité. Je vous conjure de fuir et de vous mettre en sûreté. Confiés vos intérêts et la distribution de vos livres à un ami fidèle... Faites haster le nouvelle impression, et encore une fois, mettés-vous

M. le duc de Richelieu, votre père, et votre père véritable, *quoi que vous en disiez.* »

Lettre de Voltaire au maréchal de Richelieu, 10 oct. 1769, édit. Beuchot, l. XVI, 52.

à l'abri de l'orage. Il n'est point, dit-on, de fumée sans feu. Eh ! qui sait si on ne remue pas contre vous? Je sais, à n'en pouvoir douter, que l'on a interdit la lecture de vos livres à nos princesses, et que des femmes qui les approchent ont soutenu qu'ils étoient dangereux. Il n'en faut pas davantage pour les proscrire. Au nom de Dieu, corrigés, de l'ermitage que vous vous choisirés, tout ce que vous pourrés corriger; et vous absentés au plus tost... (1).

La lenteur qu'on mit à le poursuivre lui eût donné tout le temps nécessaire pour se retirer dans sa famille et fuir ensuite à l'étranger; mais il conservait, malgré les avertissements de ses amis et ceux qu'aurait dû lui donner sa propre expérience, une confiance imperturbable.

Dans la matinée du 6 août, M. de Starenberg, ambassadeur d'Allemagne, causant avec les ministres, leur parla, sans d'ailleurs s'en plaindre formellement, d'un passage des *Mémoires* de La Beaumelle, très injurieux pour la maison d'Autriche. C'est l'endroit où il dit que « la cour de Vienne était soupçonnée de réparer par ses empoisonneurs les fautes de ses ministres ». Cette fois, il ne fut plus possible d'atermoyer. On arrêta La Beaumelle le soir même.

Quelques semaines plus tard, Voltaire écrivait à la comtesse de Lutzelbourg :

Vous avez raison de détester le style d'un polisson qui veut faire le plaisant, et parler en homme de cour des princes et des femmes dont il n'a jamais vu l'antichambre... Il est très bien à la Bastille pour quelques impostures punissables; notre chère Marie-Thérèse y est pour quelque chose (2).

Le gouverneur et les officiers de la Bastille avec qui La Beaumelle n'avait cessé, depuis 1753, d'entretenir de

---

(1) Sans date, mais certainement de la fin de juin ou des premiers jours de juillet 1756. Il est parlé dans le *post-scriptum* des remerciements que vient d'adresser La Beaumelle à la communauté pour l'écritoire et les flambeaux qui lui avaient été récemment offerts.

(2) Lettre du 6 oct., VOLTAIRE, Beuchot, t. VII, 157.

courtoises relations, l'accueillirent le mieux du monde.
« Je fus reçu, dit-il à La Condamine, comme l'enfant de
la maison. » On lui permit de faire apporter de chez lui
les meubles dont il se servait habituellement, un secrétaire,
une grande table de travail, divers ustensiles de ménage
et de toilette. La Condamine lui envoya son propre fauteuil, un fauteuil de malade dans lequel on pouvait
s'étendre et dormir à l'aise. Il voulut avoir et on lui procura une volière et des oiseaux. On installa, « aux frais du
Roi », dans sa chambre, comme on l'avait fait, lors de sa
première détention, des rayons, pour environ six cents
volumes qui lui furent successivement apportés. Nous en
avons la liste complète; les auteurs latins, historiens et
poètes, y tiennent une grande place; Tacite, dont la traduction l'occupait encore, y figure dans de multiples éditions. Nous y relevons un très petit nombre d'auteurs modernes : Montaigne, Descartes, Pascal; et un seul ouvrage
contemporain, les *Mémoires* de Mlle de Launay, autrefois
prisonnière comme lui à la Bastille.

Ses fidèles amis : Lalande, Trublet, La Condamine,
enrichissaient sa bibliothèque aux dépens de la leur;
l'abbé Sallier, l'un des gardes de la bibliothèque du Roi,
voulut bien, par une mesure tout exceptionnelle, continuer à lui prêter les livres de son dépôt.

Il ne pouvait souffrir la vue des murailles nues de sa
chambre sur lesquelles ses prédécesseurs avaient char-
bonné leur lamentable histoire : l'un d'eux avait été puni
pour avoir servi d'espion à l'ennemi, un autre pour avoir
imprimé les miracles de l'abbé Pâris, un autre pour avoir
assassiné son oncle; c'était lugubre. Il fit, avec l'autorisation du gouverneur, revêtir de tapisseries les parois
que ses livres laissaient à découvert, et suspendit au-
dessus de sa cheminée un portrait d'Érasme.

Il demanda et obtint la permission de correspondre avec ses parents et ses amis, et de recevoir leurs visites. Il se faisait apporter ses repas du dehors toutes les fois que la fantaisie lui en prenait. Enfin, il avait, presque à toute heure, la liberté de se promener dans les jardins du château.

Sa captivité cependant, malgré tant d'adoucissements, lui devint bientôt insupportable. Il avait laissé toutes ses affaires en souffrance. Quatre cents exemplaires non encore vendus de sa seconde édition avaient été saisis lors de son arrestation et enfermés avec lui à la Bastille, en attendant qu'on les mît au pilon.

En même temps, les libraires Thiboust, Desprez et Savoye faisaient paraître une troisième édition qu'ils ne lui avaient pas payée, et Gosse répandait en Europe, et jusque dans Paris, sa contrefaçon si souvent annoncée. Toutes ces fraudes faisaient à La Beaumelle un tort immense.

Les nouvelles qu'il recevait de sa famille étaient des plus affligeantes. Son entrée à la Bastille avait fait ajourner et presque rompre le mariage de son frère. Son vieux père, depuis longtemps malade, semblait ne pas devoir résister à tant d'inquiétude et de chagrin. « Votre situation, lui écrivait La Cour, lui calcine le sang. »

La Beaumelle désespéré adressa d'innombrables suppliques au Roi, aux ministres, à Mme de Pompadour, à toutes les personnes un peu considérables qu'il connaissait. Sa famille joignit ses prières aux siennes; on a trouvé, en 1789, dans les papiers de la Bastille un placet de son père à M. d'Argenson, conçu dans des termes véritablement touchants (1).

(1) Cette pièce, conservée actuellement dans les Archives des Angliviels,

La supérieure de Saint-Cyr parla en sa faveur à
M. de Saint-Florentin; elle fit agir le maréchal de Noailles;
elle eut recours au crédit (hélas ! bien limité) de la bonne
reine Marie Leckzinska. Ces démarches n'eurent aucun
succès.

La Condamine ne réussit guère mieux auprès de Berryer et de Malesherbes qui l'assurèrent de leurs bonnes
dispositions à l'égard de son protégé, mais se déclarèrent
tout à fait impuissants à hâter sa délivrance. Il eut alors
l'idée d'écrire à l'un des médecins de l'Impératrice avec
lequel ses travaux sur l'inoculation l'avaient mis en relation : il le pria de recommander La Beaumelle à la
clémence de sa souveraine. Le médecin répondit « que
Sa Majesté, bien loin de s'opposer à l'élargissement du
prisonnier, le favoriserait au contraire, étant bien persuadée que l'auteur des *Mémoires* avoit péché plutôt par
étourderie que par malice...(1) ». De son côté, l'ambassadeur, M. de Starenberg, fit savoir aux ministres, dans le
courant de janvier 1757, que la cour de Vienne jugeait la
réparation suffisante et demandait que, pour les faits du
moins qui la concernaient, La Beaumelle ne fût plus
inquiété. Ce dernier, instruit de ce que venait de faire
pour lui M. de Starenberg, s'empressa de l'en remercier,
et adressa au ministre des affaires étrangères, Rouillé, un
placet dans lequel il le suppliait de donner une prompte
satisfaction au désir de l'ambassadeur. Mais Rouillé n'était
pas le maître. Il avait été décidé, paraît-il, dans le conseil
du Roi, que l'historien de Mme de Maintenon passerait
une année entière à la Bastille. Cette décision, comme
toujours, fut tenue secrète. Les prisonniers ne devaient

a été achetée en 1861, par les héritiers de La Beaumelle, à la vente Monmerqué.

(1) Lettre de M. de la Cour, le neveu, à La Beaumelle, du 4 janvier 1757.

pas connaître à l'avance la durée de leur détention ; c'était
là une aggravation de peine, aggravation évidemment
calculée et qui, pour certains tempéraments, devenait un
véritable supplice. La Beaumelle faillit en perdre la raison : il ne dormait plus, il ne mangeait plus. Il avait des
moments de prostration absolue d'où rien ne pouvait le
tirer, et d'autres pendant lesquels, sans se montrer plus
communicatif avec ses gardiens, il parcourait sa chambre
à grands pas, se récitant à lui-même, d'un air égaré, des
vers lyriques ou tragiques. L'excellent M. Chevallier,
major de la Bastille, jugea ces symptômes alarmants et
adressa le rapport suivant au lieutenant de police : « Le
sieur de La Beaumelle semble avoir beaucoup perdu de
sa cervelle ; il paroît comme insensé ; il s'amuse à décla-
mer dans sa chambre, en vers, une partie de la journée.
Le reste du tems il est tranquille (1). »

On eut l'idée, pour le distraire, de lui donner un compagnon de cellule. Il y avait alors parmi les prisonniers
de la Bastille un certain abbé d'Estrées, camarade de
Fréron et de Desfontaines, ennemi par conséquent de
Voltaire, auquel il devait, lui aussi, en grande partie au
moins, sa détention. L'abbé d'Estrées avait publié, de
1752 à 1755, une sorte d'almanach intitulé : *le Mémorial
de chronologie historique et généalogique.* Cet ouvrage « célèbre
et malheureux », ce sont les expressions mêmes de l'auteur (2), contenait, paraît-il, des renseignements assez
indiscrets sur plusieurs familles et sur quelques dames
de la cour dont il faisait connaître l'âge. L'occasion avait
paru excellente à Voltaire pour se venger de l'abbé,
qu'il ne devait d'ailleurs jamais perdre de vue, et qu'il a

(1) *Les gens de lettres à la Bastille,* article de M. Funck-Brentano, dans la
*Revue politique et littéraire* du 13 juillet 1889.
(2) *Biographie universelle* de MICHAUD.

poursuivi longtemps de sa haine. C'est grâce à lui que le nom de Jacques d'Estrées a pu être sauvé de l'oubli. Il lui a consacré toute une notice dans sa *Dix-huitième honnêteté littéraire*.

La Beaumelle et son compagnon n'étaient pas inconnus l'un à l'autre. Ils s'étaient rencontrés plusieurs fois chez d'Olivet, dont l'abbé d'Estrées, qui avait de la culture et des lettres, fut un moment le collaborateur (Voltaire dit : le laquais). Ils employèrent les trois ou quatre mois qu'ils passèrent ensemble à la Bastille, à traduire en vers français les odes d'Horace.

Dans les derniers jours d'août, la cour étant à Compiègne, Berryer transmit à M. de Saint-Florentin un nouveau placet de La Beaumelle qu'il appuya de son mieux. « L'année, demanda M. de Saint-Florentin, est-elle révolue ? » Berryer dit qu'elle ne l'était pas encore, mais qu'elle touchait à sa fin. « Eh bien, reprit le ministre, nous réglerons cette bagatelle à Paris, à mon retour et à mon premier travail. »

Le 1er septembre suivant, La Beaumelle était libre. « Enfin, écrit-il à son père, me voilà dehors. Je vous l'annonce sur-le-champ... Je viens d'envoyer à la diligence pour retenir ma place. J'ai encore bien des affaires à Paris, mais tout cela cède à l'impatience de vous embrasser... »

Cette impatience, très réelle sans doute, n'était pas la cause unique de son prompt départ; M. d'Hémery, en lui ouvrant les portes de la Bastille, lui avait communiqué un ordre du Roi qui l'exilait en Languedoc et l'obligeait à quitter Paris sans aucun délai. Il n'eut pas même le temps d'aller prendre, à Saint-Cyr, congé de ses bonnes amies. Il écrivit longuement à Mme de Louvigny pour lui exprimer tout son regret de s'éloigner d'elle sans lui dire adieu. Elle lui répondit aussitôt :

Je reçois dans le moment vostre lettre, Monsieur, et malgré ma diligence à y répondre, je crains bien de ne vous plus trouver à Paris. Le regret de ce que vous le quitterés sans nous venir dire adieu, n'est rien en comparaison des chagrins que vous nous causés, et surtout à moy, depuis plus d'un an. Vos amis (1) n'ont point exagéré sur mes sentimens pour vous. J'ay vivement senti vos malheurs qu'il me semble que mes conseils auroient écartés si vous les aviés suivis. Je ne vous le reproche point; mais si vous m'aviés cru, vous auriés attendu de loin les éloges et la critique. L'un et l'autre ont été de pair; cependant vos ennemis ont prévalu. Le maistre s'est trouvé offensé. *Ce petit péché à Versailles qui est un crime énorme ailleurs,* peut fort bien avoir influé contre vous. Quoy qu'il en soit, je sai qu'une personne de haut parage que j'avois mise dans vos intérests et qui y étoit vivement, parla en vostre faveur. « Ne le nommés seulement pas, luy dit-on, c'est un homme perdu. » Bien d'autres m'ont dit la mesme chose, sans m'en dire d'autre raison que la prétendue malignité de vostre plume qui n'épargnoit ni les vivans ni les morts... En vain notre Mère et ma sœur de Mornay ont employé la protection de la Reine. M. le Dauphin, Mme la Dauphine vous veulent du bien et vous en feroient si nous vous convertissions... La Reine nous a chargées de cette besogne : il y a six ans que j'y travaille, voiés comme j'ay réussy!... Personne ne s'intéressera jamais à votre bonheur aussy solidement que moy, excepté la Mère supérieure et mes sœurs de Mornay, de Tessière, de Cateuil et de Montorcier; car je leur dois cette justice qu'elles vous donneroient le Pérou, et la grâce d'en faire un bon usage, si elles le pouvoient. C'est à peu près sur ce ton que nous avons parlé de vous à nos intimes amis. M. de la Condamine a fait preuve qu'il est bien le vostre; il étoit icy jeudi avec Mme de la Condamine; il me parut désolé des délais que vous essuiés et se promettoit de faire agir M. Quené (2) auquel il avoit desjà parlé une seconde ou troisième fois. Grâce au ciel, il n'en est pas besoin. Je partage vostre joie, celle de M. vostre père et de M. vostre frère; je me

(1) La Condamine, Trublet, etc.
(2) Il faut lire Quesnay.

crois fort joliment avec ce dernier. Nous nous sommes écrit
l'un à l'autre pendant vostre retraite. Vous en voilà sorti. Ne
péchés plus à l'avenir... Adieu, Monsieur, donnés-moy quelquefois de vos nouvelles, et tachés de m'indiquer une voye
franche. Si vous aviés pour ami un capucin ou un religieux
de l'*Ave Maria,* la chose seroit facile.

Quatre cents nuits sans dormir est quelque chose de terrible. Dieu veuille que vostre santé qui y a résisté se rétablisse
entièrement par le secours de l'air natal et par une joye que
rien ne puisse troubler (1).

Dès son arrivée à Valleraugue, chez son père, La Beaumelle recevait une nouvelle lettre de Mme de Louvigny :

Vous arrivés à peine, lui écrivait-elle, et je vous suis en
poste. Vous m'avouerés, Monsieur, que ce trait est plus obligeant qu'il n'appartient à une recluse; mais je suis bien aise
de vous féliciter sur votre retour dans votre patrie. Je souhaite que vous vous y arrangiés de façon à y mener une vie
tranquille et heureuse. Gardés-vous désormais, je vous en
conjure, non pas d'écrire, ce seroit dommage, mais d'écrire
sans consulter la plus haute et la plus discrète prudence. J'espère que Tacite agréablement francisé vous dédommagera
amplement des cinq cents volumes soufflés. L'abbé Trublet,
qui m'a fait compliment sur vostre sortie d'Égypte et qui me
paroit toujours de vos amis, regrette vostre éloignement. Je
démesle qu'il auroit voulu vous estre utile pour vostre traduction. Voiés-la, corrigés-la et ajustés-la si bien qu'elle vous
fasse un honneur infini. Je me méfie un peu des productions
arrosées de larmes et inondées de chagrin. Vous savés que je
tiens qu'on n'a que la moitié de son esprit quand on est triste.
Vous estes gai présentement, et c'est là le moment qu'il faut
choisir pour vous juger vous-mesme. On m'avoit parlé d'une
ode : c'est M. de la Condamine, vostre illustre ami, qui m'a
dit que vous en faisiés une pour la Reine. Je vous en loue :
vous ne pouviés pousser trop loin vostre zèle, vos hommages
et vostre fidélité pour cette grande princesse qui a dit en par-

(1) 4 septembre 1757. Archives des Angliviels.

lant de vous : « C'est un huguenot que j'aime de tout mon cœur. » Et, se tournant vers nous : « Je vous charge du soin de le convertir. » Et, après les démarches qu'elle fit pour vostre liberté : « Hélas! dit-elle, il n'est pas encore libre; ce ne sera pas si tost; mais j'espère bien qu'il sortira. » Voilà une petite anecdote que je ne vous avois pas écrite, parce que je me flattois de vous la dire au parloir... (1).

Quelques semaines plus tard, M. Angliviel père étant mort, Mme de Louvigny adressait à La Beaumelle, qui lui avait fait part de son deuil, une longue lettre dans laquelle elle lui prodiguait les consolations les plus tendres, lui donnait des conseils pour l'avenir, et lui témoignait, au nom de la communauté tout entière, une sympathie que les circonstances n'avaient nullement altérée.

Les relations de La Beaumelle avec Saint-Cyr, dépouillées de leur principal élément, devinrent peu à peu moins suivies, sans cesser d'être affectueuses. Il faisait part aux Dames des événements importants de sa vie; celles-ci, de leur côté, l'informaient de tout ce qu'elles croyaient pouvoir l'intéresser, le mettaient en rapport avec quelques grandes familles du Languedoc, lui faisaient de petits présents, pensaient à lui sans cesse.

Ma sœur de Mornay, lui écrivait en novembre 1759 Mme de Louvigny, me demande quelquefois si vous avés renoncé au projet de nous donner une de mesdemoiselles vos parentes. Je le désirerois fort, quoyque je sois si caduque, que je ne vais plus guère aux classes.

Elle mourut le 3 mars 1765, âgée de soixante-deux ans. Avec elle disparaissait une des figures les plus gracieuses et les plus originales de ce Saint-Cyr aujourd'hui encore si mal connu, dont on croit généralement que la décadence commença à la mort de Mme de Maintenon,

(1) 4 septembre 1757.

qu'on représente comme fermé dès lors à tout progrès,
immobilisé et figé, pour ainsi dire, dans les principes im-
muables de sa fondatrice, et qui, en réalité, s'est renouvelé sans cesse, a élargi ses programmes jusqu'à y introduire non seulement l'étude de l'antiquité classique, mais
même celle des chefs-d'œuvre contemporains, fussent-ils
signés de Voltaire; de ce Saint-Cyr enfin d'où sont sorties
les seules femmes véritablement bien élevées qu'ait connues le dix-huitième siècle. Les religieuses qui gouver-
naient cette maison n'avaient ni les préjugés ni les igno-
rances qu'engendre toujours plus ou moins, avec le
temps, la vie monastique. C'étaient des femmes raison-
nables et expérimentées : « Elles savent, disait d'elles, en
1791, le chevalier de Boufflers, tout ce qu'il faut savoir,
et le monde n'est étranger qu'à leur cœur (1). »

Cette correspondance, dont nous n'avons pu montrer en
si peu de pages tout l'intérêt et tout le charme, apporte
un élément nouveau d'appréciation sur Saint-Cyr. Aux
noms de Mme de la Maisonfort, de Mme de Glapion et de
Mme de Caylus, les seuls presque de la Maison de Saint-
Louis qu'on ait retenus et qu'on se plaise à citer, il faudra
joindre désormais le nom de Mme de Louvigny. Ce nom
ne se rattache pas, comme les trois premiers, à la période
héroïque de l'Institut : il n'en a, selon nous, que plus d'intérêt; il comble une lacune dans l'histoire de Saint-Cyr,
il en embellit et en prolonge la renommée.

(1) Lettre à la duchesse de Biron, citée par le duc de Noailles dans son
*Histoire de Mme de Maintenon*, III, 256.

# CHAPITRE XVI

L'exil. — Séjours à Valleraugue, au Vigan, à Nimes, à Beaucaire. — Le
« Tripot de Milhau ». — Uzès et le château du Fouze. — Mariage projeté et rompu. — La Beaumelle à Toulouse. — Maupertuis. — L'affaire
des Capitouls.

Les épreuves que La Beaumelle venait de traverser
ne l'avaient ni corrigé ni mûri. Nous allons le retrouver
tel que nous l'avons vu jusqu'ici : imprévoyant, étourdi,
fantasque; inhabile à tirer parti des avances sans nombre
que lui fait la fortune ; mettant une sorte d'application à
décourager ses amis, à lasser la bonne volonté de ses
protecteurs; courant au-devant du danger, le créant
même par ses imprudences quand il n'existe pas; obéissant, en un mot, dans tous ses actes, non à une volonté
réfléchie, mais aux caprices de son tempérament. Une conduite si peu d'accord avec l'intérêt personnel et même
avec le simple instinct de la conservation mérite quelque
indulgence. « Il ne manque à La Beaumelle, avait dit d'Argenson, pour être un homme admirable, que d'avoir le sens
commun. » La Condamine, un peu plus tard, lui écrira (1) :

Je voudrois pouvoir vous faire interdire et vous mettre
dans l'obligation de n'agir que par la volonté et sous le contrôle de M. votre frère.

Installé à Valleraugue, dans ce village des Cévennes où
il était né, où son frère, récemment marié, lui avait ménagé
près de lui un séjour plein de calme et fait pour le travail,

(1) Lettre du 19 août 1760.

il poüvait, en bien peu de temps, terminer sa traduction
de *Tacite*. Ses amis l'exhortaient à la publier sans retard;
ce genre d'ouvrage était alors très apprécié; il en eût tiré
toute sorte de profits. Il ne s'en occupa point et se laissa
devancer par La Bletterie, qui, en 1768, fit paraître la traduction des six premiers livres des *Annales*.

Le retour de La Beaumelle dans sa province natale
avait coïncidé, assez heureusement pour lui, semblait-il,
avec la nomination d'un nouveau commandant du Languedoc, Charles O'Brien, maréchal de Thomond, ami de
Mme Geoffrin, qui lui recommanda d'une façon toute
spéciale l'auteur des *Mémoires*. Celui-ci, prévenu par elle,
adressa au maréchal un compliment de bienvenue dont
il fut remercié avec beaucoup de bonne grâce. Puis il
alla en personne présenter ses hommages au nouveau
commandant. L'accueil qu'il en reçut lui ayant paru
encourageant, il s'établit à Montpellier, prit un bel appartement, un laquais, une chaise à porteurs, fut assidu aux
soirées de la maréchale, lui adressa des vers, lui offrit
des bonbons et des confitures, se mit enfin dans cette
maison, sans y être suffisamment autorisé, sur le pied de
la plus libre intimité. « Je vis beaucoup avec eux, et fort
à mon aise », écrivait-il à son frère (janvier 1758). En
même temps, il étudiait le droit, et songeait à acheter la
charge de procureur du Roi au bureau des finances de la
Généralité de Montpellier. Il comptait naturellement, pour
réussir dans cette négociation, sur l'amitié de M. de Thomond. Il n'avait pas su discerner, à travers les politesses
du maréchal et sous ses dehors français, la hautaine rai-
deur du lord jacobite. Il ne tarda pas à lui déplaire, s'en
moqua et revint à Valleraugue, d'où il partit bientôt pour
aller faire de petits séjours et chercher de nouvelles
aventures à Nîmes, à Baucaire, à Uzès, au Vigan, etc.

Il se fit, vers ce temps-là, recevoir membre du « Tripot de Milhau », cercle littéraire unique peut-être en son genre, fondé en 1751 par l'abbé Valette de Traversac, prieur de Bernis, à l'usage spécial de quelques campagnards lettrés du bas Languedoc. Milhau, situé aux environs de Nîmes, au centre de plusieurs villages, avait été choisi comme un lieu de rendez-vous particulièrement commode. On y trouvait, avec quelques livres de fonds, tous les ouvrages nouveaux d'une certaine importance qui se publiaient en France et à l'étranger, et aussi la plupart des journaux politiques ou littéraires de l'époque. Le Tripot avait son président, son secrétaire perpétuel, voire même son imprimeur (1). La Beaumelle y fut considéré comme une sorte de grand homme. On y applaudit sa prose et ses vers avec enthousiasme. On disait, en parlant de lui : « notre illustre confrère ». Il venait oublier là toutes ses déconvenues; il y consolait et y retrempait son orgueil.

Sur ces entrefaites, une lettre de La Condamine lui apprit ou lui rappela que Richelieu allait tenir cette année les États du Languedoc. « Vous savez qu'il a été de tout temps ami de Voltaire; prenez garde de l'offenser, et même ne paraissez devant lui qu'à bonnes enseignes. »

Si La Condamine ne lui eût rien dit, peut-être se fût-il tenu tranquille : mais cette lettre lui fournissait un sujet de conversation. Il parla des prochains États, et ce lui fut un prétexte pour dire tout le mal qu'il pensait ou même qu'il ne pensait pas du gouvernement, du haut clergé, des autorités militaires et civiles de la province.

Au Vigan, chez une Mme de Vissec dont peut-être il n'ignorait pas les liaisons avec Richelieu, il tint, sur le

---

(1) Nous devons ces renseignements sur le Tripot de Milhau à une obligeante communication de M. F. Paulhan, le savant bibliothécaire de la ville de Nîmes.

vainqueur de Mahon, des propos si désobligeants que cette dame s'en plaignit au maréchal de Thomond, lequel, déjà indisposé contre lui, le mit aux arrêts pour huit jours dans la citadelle de Montpellier.

Son humeur errante et conquérante le conduisit ensuite chez le duc d'Uzès (1), dont il devint en fort peu de temps le familier et le commensal. Ce seigneur, de mœurs assez libres, mais philosophe et ami des gens de lettres, avait installé, dans son château du Fouze, une petite académie ouverte aux femmes, et dont les séances étaient fort gaies (2). Un officier de cavalerie, nommé François, en était le chancelier. La Beaumelle y fut reçu avec honneur, mais n'eut pas le temps de s'y distinguer, car, le maître du logis étant tombé malade, les divertissements se trouvèrent suspendus. Le duc, ramené par son état à des préoccupations plus sérieuses, se souvint alors et fit con-

(1) Charles-Emmanuel de Crussol, duc d'Uzès, né le 11 janvier 1707. Blessé au combat de Parme de deux coups de feu dont l'un lui creva l'œil droit et l'autre lui cassa l'épaule gauche, il donna sa démission de son régiment de Médoc le 10 mars 1739; il était, depuis le 1er août 1734, brigadier des armées du Roi, duc et pair. Mort à Paris, le 3 février 1762. Il avait épousé en premières noces Émilie de la Rochefoucauld; il épousa en secondes noces, le 8 juin 1759, Marie-Gabrielle-Marguerite de Gueydon, fille de Henri et de Gabrielle de Larnac. Il fut assez longtemps en correspondance avec Voltaire.

(2) Voici comment étaient libellées les lettres d'admission dans cette société :

« Charles-Emmanuel de Crussol, premier pair de France, par la grâce d'Apollon pasteur de l'église parnassienne d'Uzès, à tous ceux et celles qui composent tant le synode général que les congrégations particulières, salut.

« Savoir faisons que, pleinement instruit du mérite, des grâces et qualités éminentes de...

« ...L'avons par ces présentes créé et créons l'un de nos vicaires généraux, etc.

« En foi de quoi avons expédié pour lui servir en tant que besoin sera les présentes scellées de notre grand scel et signées de notre main.

« Fait à Uzès, le... »

(Lettres expédiées à M. de Rossel de Saint-Marnet, Mmes de Colorgues et de Saint-Victor.)

Archives des Angliviels.

fidence à La Beaumelle d'un engagement qu'il avait contracté depuis son veuvage avec une jeune personne de bonne famille, mais de moyenne noblesse, Mlle de Gueydon. Il avait été détourné assez longtemps de ce projet, non seulement par sa vie de plaisir, mais aussi par l'opposition de la duchesse douairière, qu'en bon fils il ne voulait pas chagriner (1). Le moment lui paraissait venu de tenir sa promesse. La Beaumelle offrit ses services, se mit en rapport avec Mlle de Gueydon, devint son conseil, et lui fit écrire de belles lettres, rédigées par lui, à la vieille duchesse qui se laissa à demi désarmer ; en somme, il contribua beaucoup à la conclusion du mariage.

Cependant, il s'arrangea de telle sorte que ni le duc ni sa femme ne lui surent aucun gré de ses bons offices, et que même ils se brouillèrent avec lui. La nouvelle duchesse, dont la famille habitait Nîmes, avait été très mortifiée d'apprendre que, par suite des indiscrétions de La Beaumelle, toutes les circonstances relatives à son mariage, les négociations qui l'avaient précédé, étaient connues du public. « Vous avez, lui écrit-elle, tourné à mon désavantage le service que vous m'aviez rendu, en disant à tout Nîmes, lors du passage de Mme de Thomond, que vous aviez été obligé de faire avant et après mon mariage toutes mes lettres... M. le duc y a été fort sensible (2). »

Toujours le hasard voulait que le maréchal de Thomond fût promptement informé, quand il n'en était pas lui-même témoin, des frasques de La Beaumelle. A Beaucaire, dans ce même été de 1758, au sortir d'un souper

(1) Anne-Marie-Marguerite de Bullion, fille de Ch. Denis de Bullion, marquis de Fervaques et de Gallardon, etc., gouverneur du Maine, du Perche et du comté de Laval. Elle est morte le 3 août 1760.

(2) 1er juillet 1759. (Arch. des Angliviels.)

auquel avaient assisté le commandant et la commandante,
La Beaumelle, conduisant au bal Mme de Lédignan,
jeune, très jolie et fort parée, lui fit ce compliment : « Vous
êtes, madame, en habit de combat. » Comme elle se ré-
criait sur ce mot, il répliqua qu'il ne se rétractait point,
et qu'elle avait vraiment « l'air à la danse ». Là-dessus,
grand bruit, grandes exclamations, grand scandale,
colère du mari qui met flamberge au vent, et intervention du maréchal qui envoie de nouveau La Beaumelle
aux arrêts.

Sa vie, en ces années, n'est qu'une suite d'affaires désagréables. Il songeait à se marier, demandait tour à tour
la main de Mlle de Nogaret, de Mlle Finiel, de plusieurs
autres encore. Mais à peine était-il agréé, qu'il se dégoû-
tait, se dérobait, cherchait à reprendre ou à se faire
rendre sa parole. Une fois pourtant, les choses allèrent
très loin et furent sur le point d'aboutir. Son choix s'était
arrêté sur une jeune fille, sa parente éloignée, dont la
famille occupait, non le premier rang, mais un rang encore très honorable dans la société nîmoise ; il avait eu
à lutter contre les appréhensions vraiment bien légitimes
de cette famille, contre les hésitations même de la jeune
personne, et ces difficultés, loin de le décourager, avaient
été pour lui un stimulant. Enfin les « pactes » furent
signés, et La Beaumelle n'eut plus d'autres délais à subir
que ceux occasionnés par les formalités ecclésiastiques
qui retardaient toujours plus ou moins les mariages des
« nouveaux convertis ».

Les délais écoulés, la veille même du jour où devait
être signé le contrat, les parents de la jeune fille lui
firent demander de rendre les « pactes » qui étaient restés
entre ses mains, et dont il s'était servi pour autoriser ses
démarches auprès de l'évêque et du curé. Il avait eu

récemment avec ses futurs beaux-frères, ou ceux du moins qu'il regardait alors comme tels, des démêlés assez vifs ; la réclamation qu'on lui adressait, le refus qu'on lui fit, ce même jour, d'une explication, équivalaient à une rupture. Qu'avait-on à lui reprocher ? Par quels fâcheux procédés, par quels méchants propos s'était-il aliéné cette famille qui était déjà un peu la sienne ? Nous ne le savons pas exactement, mais il est aisé de le deviner en lisant le mémoire adressé par lui au sénéchal de Nîmes, devant qui il ne craignit pas de faire comparaître son ex-fiancée.

Ce mémoire concluait à ce que les pactes qu'il avait refusé de rendre amiablement, et que même il avait fait contrôler pour en bien établir l'existence, fussent résiliés, qu'il fût déchargé d'une somme de sept mille livres qu'il avait reconnue fictivement à sa fiancée, et qu'enfin celle-ci fût condamnée au remboursement du droit de contrôle (1) et aux dépens. Sa plainte devait être fondée en droit, car il eut gain de cause. En tout cas, il tirait une vengeance bien cruelle d'une offense qu'il avait lui-même provoquée.

« Le sieur de La Beaumelle, lisons-nous dans son mémoire, déterminé depuis longtems à fixer son séjour dans cette province sa patrie, songea sérieusement à s'y faire un établissement, où, loin du monde et des orages, il pût cultiver les arts dans le sein de l'hymen et de la médiocrité... Son choix fut entièrement philosophique. Il ne consulta point ses yeux, il ne se livra point à son goût pour l'esprit, il n'écouta point les invitations de l'intérêt. Il ne pensa pas même à se donner la société ou l'appui d'une parenté considérable... » Déjà vous avez traduit sa pensée et vous savez qu'il se contentait d'une femme

---

(1) Le contrôle des « pactes ».

laide, sans esprit, sans fortune, de petite condition ; il
tient à ne nous laisser sur ce point aucun doute. « Modeste
ou, si l'on veut, juste dans ses prétentions, il s'attacha
fortement, ajoute le mémoire, à une de ses cousines dont
on lui avait vanté les vertus, mais dont la figure, dont le
maintien, dont la fortune n'avaient rien qui pût tenter un
homme difficile, présomptueux ou intéressé. Ces légères
imperfections étaient réellement rachetées par un million
de choses aimables. Privé des charmes qui séduisent les
sens, elle se montrait à son adorateur pleine de délicatesse, de raison, etc., etc. »

La Beaumelle prend à partie ensuite les frères de la
demoiselle qui auraient voulu, par intérêt, la marier à un
riche négociant, celui-ci leur ayant promis une part dans
les bénéfices de sa maison. Nous n'analyserons pas ce
mémoire écrit avec l'habileté d'un avocat consommé,
et dans lequel La Beaumelle avait mis toute sa science
juridique récemment acquise. Il le répandit à profusion et
fut accusé même de l'avoir laissé vendre à la foire de
Beaucaire. Sur la plainte qu'il reçut des intéressés, M. de
Saint-Priest, intendant de Languedoc, le mit en demeure
de laisser en paix cette famille, sous peine de se voir
relégué dans une autre province très éloignée de Nîmes.

La Condamine, instruit par des tiers de ces divers incidents, en fut vivement affecté. Il adressa à La Beaumelle
une lettre dans laquelle, renonçant aux formules d'amitié
dont il usait depuis si longtemps avec lui (*mon cher fils en
Apollon, mon cher enfant,* etc.), il l'appelait *Monsieur*, et lui
adressait les plus durs reproches. Il n'ignorait rien, ni les
propos tenus chez Mme de Vissec, ni le scandale de Beaucaire, ni l'affaire d'Uzès, ni l'éclat tout récent de son mariage rompu. « Sans doute, lui disait-il, vous prétendrez
n'avoir aucun tort ; mais il faut être bien malheureux pour

passer sa vie à avoir raison et à être blâmé de tout le monde. Il y a une douzaine au moins d'occasions à ma connaissance où vous avez eu raison comme cela, sans celles que j'ignore, à commencer par votre sortie du Danemark jusqu'à votre sortie d'Uzès. Je ne vous les rappellerai point : cela ne feroit que vous irriter sans vous corriger... Vous y mettés le comble par la nouvelle affaire que vous vous faites à Nîmes... Je ne connois plus personne qui ose prendre votre parti... Je fais encore des vœux pour vous; mais je désespère de les voir remplis. C'est une grande mortification pour ceux qui vous aiment de ne pouvoir avouer hautement les sentimens qu'ils ont pour vous (1). »

La Beaumelle, déjà rassuré sans doute par cette dernière phrase si pleine d'affection, se mit en devoir de calmer la colère toute paternelle de La Condamine; il lui raconta les faits à sa manière, et prouva que sur quelques points on l'avait calomnié; il marqua un léger repentir de ses torts, en même temps qu'un profond et sincère chagrin du mécontentement qu'il avait causé à son vieil ami. Celui-ci s'empressa de l'assurer que ses sentiments restaient les mêmes pour lui; mais d'autres, ajoutait-il, seront beaucoup moins indulgents. Il venait de voir Mme Geoffrin, à qui le maréchal de Thomond avait rendu compte de la conduite de La Beaumelle et des mesures de rigueur que dans son intérêt même il avait dû prendre contre lui.

Elle montoit en carrosse, écrit La Condamine, je ne pus lui dire qu'un mot; encore l'abbé Raynal, qui étoit présent, entendit-il de quoi nous parlions. J'y retournai depuis pour voir la lettre [du maréchal]; elle ne l'avoit plus; elle me dit

(1) 22 juillet 1759. Archives des Angliviels.

qu'aussitôt la réponse faite, elle avoit brûlé la lettre suivant son usage. J'en fus fâché. J'aurois voulu voir et peser les termes. Il ne lui étoit resté que l'impression générale des faits, et la résolution de ne plus se mêler de tout cela. J'y suis retourné depuis que M. votre frère m'avoit envoyé les pièces que vous savez, votre lettre au maréchal de Richelieu, le récit de l'affaire de Beaucaire, etc. J'avois déjà prié l'abbé Trublet de lui en parler. Il avoit dit un mot qui n'avoit pas pris ; je ne fus pas mieux écouté (1).

Trublet, de son côté, écrivait à La Beaumelle : « Il n'est pas possible de revenir avec Mme Geoffrin sur ce qui vous regarde. Elle n'aime pas qu'on lui reparle deux fois de la même chose. » C'était donc bien fini, et La Beaumelle dut faire son deuil de cette amitié qui lui avait été et eût pu lui être encore si utile. Cette perte, d'ailleurs, fut la seule qu'il fît en ce genre ; ses amis genevois, danois et allemands, ses amis de France anciens et nouveaux, lui restèrent fidèles en dépit de lui-même. Maupertuis, qui le grondait pour le moins aussi sévèrement que La Condamine, lui confiait en mourant le soin de le défendre contre Voltaire, et lui léguait par l'entremise de La Condamine l'usage de tous ses papiers (2) ; Malesherbes suivait de loin ses travaux et se montrait disposé à en favoriser la publication, que la seule négligence de l'auteur

(1) 27 octobre 1758. Archives des Angliviels.
(2) Bernouilli, après la mort de Maupertuis, adressa à La Beaumelle une longue lettre d'où nous détachons ce passage :
« ...Vous avés raison d'être inconsolable de la perte que nous avons faite. Vous êtes un de ceux qui perdent le plus ; et j'ai eu lieu de me convaincre, en plus d'une conversation, que M. de Maupertuis vous était bien tendrement attaché... Il a eu tout le tems, pendant sa longue maladie, de trier ses amis comme il a trié ses papiers ; je vous assure, Monsieur, qu'il a fait un grand rebut et des uns et des autres, mais le billet qu'il vous écrivit si près de la mort est une preuve que vous êtes demeuré sur le volet jusqu'au bout. »
Cette lettre, conservée dans les Archives des Angliviels, a été publiée en 1856, par M. Maurice Angliviel, neveu de La Beaumelle, à la suite de l'édition donnée par lui de la *Vie de Maupertuis*, p. 217 et suiv.

retardait toujours ; la duchesse d'Aiguillon ne se lassait pas d'écrire en sa faveur aux magistrats, aux gouverneurs et intendants de sa province, aux ministres ; l'abbé Trublet surveillait à Paris ses intérêts littéraires, faisait à son intention des recherches dans les bibliothèques, se chargeait de ses achats de livres ; rien ne le rebutait, ni l'inutilité mille fois démontrée de ses conseils, ni le peu d'exactitude de son correspondant à lui répondre. Une de ses lettres se termine ainsi : « Je vous embrasse comme quelqu'un qui, malgré tous vos défauts, vous aimera toujours à la rage. »

Cependant La Beaumelle était venu, au mois de juin 1759, se fixer à Toulouse. Il reprit ses études de droit, se plongea dans les *Institutes,* dont la lecture ne lui paraissait, écrivait-il à son frère, « ni pénible, ni sèche ». Au bout de peu de mois, il se trouvait, grâce à sa merveilleuse faculté d'assimilation, en état de prendre ses grades.

Ses débuts à Toulouse furent heureux. Les aventures désagréables qu'il venait d'avoir à l'autre extrémité de la province n'y avaient point transpiré. On le reçut partout avec empressement et distinction. Il avait des titres à la sympathie des universitaires, des parlementaires, des académiciens, et de ses coreligionnaires protestants très nombreux dans le Languedoc. Il se vit, dès son arrivée, aussi recherché, aussi fêté qu'il l'avait été naguère à Paris.

Je suis fort bien ici, écrivait-il à son frère, j'ai passé des vacations délicieuses, tantôt chez M. Le Franc [de Pompignan], tantôt chez le Juge-Mage, dans des abbayes de Bernardins où nous faisions grande chère, à Orbesson et dans les villages voisins.

Une lettre de l'abbé de Traversac au pasteur Roques confirme et complète ces détails :

20

M. de La Beaumelle... est à Toulouse sur un très bon pied :
valets, secrétaire, équipage, et donnant très bien à manger. Il
n'a pas tenu à lui qu'il n'ait acheté la baronnie de Serviès ; il
est aux aguets pour une charge dans quelque cour souveraine...
caressé des grands, estimé des gens de lettres, aimé de tout le
monde. M. Le Franc l'a emmené à Pompignan où il est avec
une foule de conseillers au Parlement. Il y travaille à l'éloge
funèbre de M. de Maupertuis... Il a fait pour M. de Saint-Florentin un mémoire sur les protestants de Languedoc. Cet
ouvrage qui formera trois volumes est actuellement entre les
mains de ce ministre d'État (1).

La Condamine fit, pendant l'été de 1760, un voyage
dans le Midi et s'arrêta un mois à Balaruc pour y prendre les
eaux. La Beaumelle vint l'y trouver, et l'accompagna ensuite à Montpellier, à Avignon, à Nîmes et à Arles. Il lui lut
ce qu'il avait écrit déjà de la *Vie* de Maupertuis ; ils y travail-
lèrent ensemble. La Condamine avait été le confident le
plus intime du défunt ; nul n'était mieux renseigné que
lui sur tous les points de cette vie si pleine et si agitée. Il
était resté en relation avec la veuve et toute la famille
de Maupertuis. C'est à lui que Formey demanda les premiers éléments de l'éloge officiel qu'il consacra à l'ancien
président de l'Académie de Berlin. La deuxième édition
de cet éloge fut revue encore par La Condamine, qui y fit
d'importants changements et de nombreuses additions.

Dès que La Beaumelle eut terminé son travail, c'est-
à-dire quelques mois à peine après le retour de La Condamine à Paris, il le lui envoya. « Il y a de bonnes choses,
lui écrivit celui-ci, dans votre *Maupertuis* (2). Je le fais
copier par Matthieu page par page pour vous le renvoyer
et pouvoir nous entendre de loin sur les corrections. »

(1) Lettre à La Beaumelle du 15 décembre 1759. L'abbé lui transcrit ce
qu'il vient d'écrire à Roques. Archives des Angliviels.
(2) 2 décembre 1760.

La revision à laquelle se livra La Condamine équivalait à une véritable collaboration. L'abbé Trublet, compagnon d'enfance et de jeunesse de Maupertuis, né comme lui et presque en même temps que lui à Saint-Malo, fit profiter La Beaumelle de ses impressions et de ses souvenirs. Lalande se chargea de la partie technique du travail.

J'ai envoyé, écrit La Condamine le 16 septembre 1761, j'ai envoyé à M. de Pompignan, dans un paquet cacheté, environ quarante pages au net de votre *Vie de Maupertuis*, où il y a bien la moitié de neuf. Cela va jusqu'au voyage de Laponie.

Je me charge de vous donner une liste bien complète de tous ses ouvrages, et, si je puis, la date des premières éditions.

Je vous ai dit que j'étois étonné de certains extraits de mémoires mathématiques où je supposois que vous aviés été aidé. Il y avoit cependant quelques fautes qu'il falloit corriger; M. de la Lande les avoit aussi remarquées. J'ai cru que dans la vie d'un savant où l'histoire de ses ouvrages doit tenir le premier rang, il étoit nécessaire de faire mention de tous. Il y en avoit beaucoup d'omis dans votre extrait... Je les ai tous indiqués avec assés de détails pour en donner une idée, et j'ai donné des extraits plus étendus de quelques-uns, entre autres de son discours sur la figure des astres, et spécialement de sa discussion métaphysique sur l'attraction qui est un très beau morceau et qui fait une époque dans l'histoire du progrès des sciences en France. On y insiste dans la préface de l'Encyclopédie, et M. de Maupertuis n'y est guère loué que par là. J'ai eu égard, dans la revision que je vous envoie, à toutes les critiques, malouines et autres, et je n'en ai guère trouvé que je n'eusse faites moi-même...

J'ai joint au même paquet cacheté un triage que j'ai fait du recueil de lettres de M. de Maupertuis, en 1740 et 1741, pendant son premier voyage à Vezel et en Prusse, lorsqu'il fut appelé pour fonder l'Académie... Il ne m'est pas possible de vous envoyer les recueils postérieurs; il y a des choses particulières dont vous n'avés nul besoin, et en général, vous en tireriés peu de chose ou rien. Si je trouve en les **parcou-**

rant quelque lettre intéressante, je la ferai copier... [Pour les
lettres du roi de Prusse,] tout ce que je peux faire, c'est d'en
extraire quelques traits qu'on peut supposer retenus de mémoire, en ayant grand soin de dire que feu M. de Maupertuis
a bien quelquefois laissé prendre lecture à ses amis des lettres
qu'il recevoit de Sa Majesté Prussienne, mais que jamais il
n'en a laissé prendre copie... Il y a des lettres du prince Henri
et du prince Guillaume; celles-ci surtout sont affectueuses. Je
verrai ce qui peut être cité.

N'y aurait-il pas dans ce passage la preuve que les
arrangements faits par La Beaumelle au texte de Frédéric
lui avaient été en quelque façon suggérés par La Condamine? En tout cas, ne trouvons-nous pas, ici encore, la
trace d'une complicité importante à signaler? La Beaumelle, comme nous le raconterons plus loin, est mort chez
La Condamine. Celui-ci a dû, selon toute vraisemblance,
reprendre, parmi les papiers que laissait son ami, les
lettres originales de Frédéric. Et ce sont ces lettres mêmes
qui, après des vicissitudes divers, seraient tombées plus
tard entre les mains de Feuillet de Conches. Nous
aimons à croire que cet expert très peu sûr ne s'est pas
trompé et n'a pas trompé Sainte-Beuve; nous ne voulons
pas douter de l'authenticité des documents d'après lesquels La Beaumelle, sur ce point-là comme sur d'autres,
a été convaincu d'infidélité. Ce qu'il nous suffit d'établir,
c'est que cette infidélité a été connue et approuvée de
gens dont la réputation est intacte, et qu'il faut nécessairement, ou les condamner avec La Beaumelle, ou faire partager à celui-ci l'immunité qu'on leur accorde.

Toulouse, avec ses ressources en tout genre, ses plaisirs, sa société polie, semblait avoir fixé enfin notre cou-
reur d'aventures. Il y vécut à peu près tranquille et
presque heureux pendant dix ans. Nous pourrions passer
sous silence une affaire qui lui survint encore au com-

mencement de 1760, affaire très désagréable par sa longueur et ses complications, mais peu grave en elle-même
et qui tourna, en somme, favorablement pour lui. Nous la
raconterons cependant, parce qu'on y trouvera quelques
traits curieux et peu connus de la vie de province au dix-
huitième siècle.

Le 8 janvier 1760, une vieille dame appartenant à l'aristocratie toulousaine, la comtesse de Fontenille, invita
La Beaumelle et quelques amis, au nombre desquels se
trouvait un conseiller au Parlement, à venir manger chez
elle le gâteau des Rois. Après le souper, on joua au pharaon. — Il faut savoir qu'à la suite de nombreux scandales locaux, un règlement de police avait prescrit l'application rigoureuse, sur tout le territoire de Toulouse,
des ordonnances contre les jeux de hasard. Le pharaon,
de tous le plus dangereux, était aussi le plus en vogue.
Toulouse, qui suivait en cela l'exemple de Paris, continua
d'y jouer avec fureur, en dépit du nouveau règlement.
Les magistrats fermaient à demi les yeux, se contentant
d'entretenir dans la population, par de très rares exemples
de sévérité, la crainte salutaire du flagrant délit. On prenait des précautions ; on se cachait.

Mme de Fontenille, dénoncée par une fille de mœurs
légères, qu'elle avait eue un moment à son service et
qu'elle avait chassée, était depuis quelque temps surveil-
lée d'assez près. Aussi, s'en étant aperçue, avait-elle eu
grand soin, ce soir-là, de faire barricader sa porte. Elle
occupait seule, avec quelques domestiques, un vieil hôtel,
situé dans un quartier alors peu fréquenté, « près du puits
des Augustins ». Vers deux heures après minuit, au
moment où l'un des invités, reconduit par une femme de
chambre qui tira sur lui le verrou, franchissait le seuil
de la maison, les soldats du guet, postés au dehors depuis

quelques moments, firent irruption dans le vestibule et, bientôt après, dans le salon.

Ils y trouvèrent réunies, autour d'une table de pharaon, une quinzaine de personnes, parmi lesquelles : MM. de la Romillière, de Roiffé, le baron de Montlezun, neveu de la comtesse; trois officiers : MM. de Najac, de Sanissans et de la Mothe, un conseiller au Parlement que les procès-verbaux ne nomment pas; l'abbé du Laur, le peintre vernisseur Martin (l'un des célèbres frères qui ont donné leur nom au vernis Martin), la marquise d'Aussonne, Mmes Sevène et du Fraysse, et enfin La Beaumelle qui, en ce moment, tenait la banque.

Le guet, commandé par un lieutenant, était là pour prêter main-forte à un magistrat municipal, dont le nom, mêlé un peu plus tard à l'affaire Calas, est resté tristement célèbre, le capitoul David. « Je suis bien aise, messieurs, dit en entrant celui-ci, de vous y attraper. » Et il donna l'ordre que chacun fût fouillé, à commencer par Mme de Fontenille. La comtesse, malgré son grand âge (elle avait quatre-vingt-quatre ans), montra une singulière énergie; elle défendit aux soldats de l'approcher, et interpella de la belle façon David, le traitant de maraud, de coquin, et le tutoyant comme un laquais. Il fit mine de porter la main sur elle : elle saisit un des flambeaux qui éclairait la table de jeu, et le lui lança à la tête. « Nous nous sommes garanti le visage, rapporte David dans son procès-verbal, de façon que le coup a porté sur notre main et nous y a occasionné une meurtrissure et contusion... »

En même temps, la comtesse ramassait les cartes éparses sur la table et les plaçait dans son corsage, où ni David, ni les soldats du guet n'osèrent les aller prendre. Quelques-uns des joueurs, profitant du désordre de cette scène, parvinrent à s'échapper; David interrogea les autres, s'empara de la table, des jetons, des fiches, d'un paquet de cartes qu'il arracha à Mlle Sevène, et fit porter le tout au greffe.

La Beaumelle resta jusqu'au jour chez la comtesse, à qui il exposa ses plans de défense contre David. Il eut la surprise, en rentrant chez lui, de trouver son domicile occupé par une troupe de soldats qui s'y étaient introduits dès six heures du matin, après en avoir enfoncé la porte, et qui s'y livraient à un pillage réglé de sa garde-robe, de ses papiers et de son argent.

Il se rendit aussitôt à l'Hôtel de ville, où, ayant trouvé l'un des capitouls, Chauliac, il lui exposa très vivement sa plainte. Chauliac lui dit que cette garnison lui avait été imposée à la suite et en raison du procès-verbal dressé dans la nuit par David. Il l'assura d'ailleurs que son appartement serait évacué et tous ses effets remis en place dès qu'il voudrait bien lui-même « rendre son audition ».

La Beaumelle, s'étant déclaré prêt à remplir cette formalité, fut soumis aussitôt par Chauliac à un long interrogatoire, après quoi il sortit du Capitole pour se retirer chez lui. Mais en chemin, nous dit-il dans un des mémoires qu'il rédigea au cours de ce procès, il rencontra des gens, selon lui bien informés, qui le dissuadèrent de rentrer dans son appartement, l'ordre ayant été donné aux soldats de l'arrêter dès qu'il paraîtrait. Cet avis le détermina à se tenir à l'écart, pour ne pas s'exposer à être conduit en prison comme un criminel.

Malgré la promesse de Chauliac, la garnison installée chez lui y resta encore trois jours et n'en sortit qu'après avoir tout saccagé.

L'affaire, engagée et conduite avec une violence extrême par David et ses collègues, fut pleine d'irrégularités; on ne recueillit pas toutes les dépositions des témoins cités, on admit, pour charger les prévenus, des témoins indignes ou même de faux témoins. L'ordonnance des capitouls en date du 12 janvier dut être annulée, et un arrêt du procureur général prescrivit une nouvelle enquête et un nouveau jugement.

Les capitouls feignirent d'exécuter cet ordre; mais, en réalité, les mêmes témoins furent entendus par eux, et rien ne fut changé aux premières dépositions.

Un autre décret, un décret de prise de corps, fut alors rendu contre La Beaumelle, qui se promit d'en appeler au Parlement. Il avait la certitude de trouver là une justice plus éclairée et des influences bienveillantes. Son avocat, néanmoins, lui conseilla de se mettre provisoirement à la disposition des capitouls, et il allait suivre ce conseil, lorsqu'il apprit que le maréchal de Thomond, sur une dénonciation venue de Toulouse, se disposait à le faire arrêter.

C'est qu'en même temps qu'il avait enfreint un règlement de police, La Beaumelle avait contrevenu aux ordonnances, et, de ce chef, il était, avant tout, justiciable du commandant de la province. Celui-ci donc voulait le punir pour son propre compte, quitte à le livrer ensuite aux autorités locales. C'était bien rigoureux; et l'on peut se demander si ce seigneur orgueilleux, mais inoffensif, n'avait pas contre son ancien protégé des griefs plus personnels que ceux dont nous avons parlé déjà, et si les petits vers de La Beaumelle à la maréchale, les galantes friandises dont il la comblait, ses assiduités un moment bien accueillies, n'avaient pas causé au mari quelque inquiétude ou quelque humeur. « Vous estes, lui écrivait alors La Condamine, le seul homme de vostre province à qui monsieur de Thomond aura fait de la peine. »

Quoi qu'il en soit, La Beaumelle crut devoir, laissant là

le décret des capitouls, faire face à ce nouveau danger. Il adressa au maréchal plusieurs lettres dont les brouillons ont été conservés, et dans lesquelles il fit en sorte, non comme on pourrait croire, de le fléchir, mais de l'intimider. Et, chose curieuse, il y parvint.

Mylord, lui écrivait-il (fin de janvier), je viens d'apprendre que vous avés donné ordre de me faire enlever et conduire à Ferrières par quatre cavaliers de la maréchaussée pour avoir été trouvé dans une des meilleures maisons de la ville, où trois personnes jouoient au pharaon, à la mort d'un petit écu.

Comme il n'est pas croyable qu'un homme juste tel que vous, Mylord, veuille être plus sévère que la loi, j'ai lieu de penser que vous aurés révoqué cet ordre dès que vous aurés sçu que le Parlement s'est déjà saisi de cette affaire; qu'en vertu d'un arrêt de La Tournelle, la procédure, commencée à la requête du syndic de la ville, se fait maintenant à la requête des gens du Roi, et que les décrets, tant de prise de corps que d'ajournement personnel, ont été déjà taxés et signifiés.

Mais il m'est important de me justifier une seconde fois auprès de vous, Mylord, des imputations dont on m'a sans doute noirci une seconde fois. J'ai des ennemis à Toulouse comme j'en avois à Beaucaire...

... Depuis que je suis ici, il n'a point paru de brochure, de feuille ridicule, indigne d'être lue de moi, qui ne m'ait été attribuée. Feu M. de Maupertuis, vostre ami, y fust donné pour un homme chassé de Bordeaux, et même pour un espion du roi de Prusse. Tout se dit, tout se répète, tout est cru.

. . . . . . . . . . . . . . . . . . . . . . . . . .

Si vous daignés consulter sur mon compte des gens en place, ils vous diront, Mylord, que ma conduite est sans reproche, que je passe mes jours, ou dans mon cabinet, ou chez Mlle de Calonge (vostre amie), que mes paroles sont aussi innocentes que mes actions, que je ne suis ni frondeur, ni nouvelliste, ni diseur de bons mots, ni feseur d'épigramme, que je fais mes études de droit, que je ramasse des matériaux pour une histoire d'Henri IV, épars dans les cabinets de La Guienne; que c'est là ce qui m'a retenu à Toulouse, etc.

Vostre ordre, lui disait-il dans une autre lettre, est sujet à mille inconvénients qui en demandent la révocation. Il m'empesche de purger un décret, qui est une flétrissure et qui rend inhabile à tous les actes de la volonté civile. Il arrête le cours de la justice ordinaire et m'enlève à la juridiction du Parlement. Il est sans exemple. Il est contraire à une lettre du ministre qui, s'expliquant sur cette affaire, dit expressément que Sa Majesté ne veut point arrêter les poursuites des tribunaux. Il ne s'accorde point avec l'équité naturelle, qui veut que le même délit ne soit ni jugé ni puni deux fois. Il tend à me dépouiller de tout ce que j'ai au monde, parce qu'en vertu de la contumace, tous mes biens étant saisis et tous mes effets déjà annotés, je ne puis en espérer le recouvrement tant que subsistera l'ordre qui m'empesche de rendre à la justice l'obéissance à laquelle ce recouvrement est attaché.

Certainement, Mylord, ces funestes, ces évidentes suites de votre ordre, n'ont aucune proportion avec la faute de police dont on m'accuse. Quoi? un homme sera dépouillé de ses biens, de sa tranquillité, de son honneur, pour avoir joué un tri pharaonique à la mort d'un petit écu? Il est constant que c'est là tout mon crime. Il l'est par la date de cet ordre, par tout ce que vous avez écrit ici, par tout ce que vous avez dit à Montpellier sur ce sujet, et par l'irrépréhensibilité de ma conduite à tout autre égard... *Tous les avocats que j'ai consultés me disent que mon unique ressource est de me mettre sous la sauvegarde du Parlement; mais je rejette ce conseil comme peu conforme à ma vénération pour vous.*

Il rejette si peu ce conseil et il désire si peu qu'on ajoute foi à cette protestation de pure politesse, qu'il prie dans un post-scriptum le maréchal de lui faire parvenir sa réponse chez M. de la Caze, *conseiller au Parlement*, lequel lui a donné asile dans sa maison.

Il écrit d'ailleurs d'une manière plus explicite encore au subdélégué du maréchal à Toulouse, M. Charlary :

Il faut, Monsieur, lui dit-il (19 avril), que vous ayez négligé d'instruire du véritable état des choses M. le maréchal de Thomond. Si vous lui aviez écrit comme votre devoir sembloit le demander, que le jeu joué chez Mme de F... n'étoit qu'un jeu de douze sols, entre un Conseiller au Parlement, le baron de Montlezun et moi; qu'il est public que le verbal est sinon faux, du moins incomplet; qu'il est notoire que je suis décrété et décrété sur la déposition d'un seul témoin, qu'à tout autre égard, ma conduite est absolument irrépréhensible, M. de Thomond est trop juste pour n'avoir pas révoqué son ordre.

*Sa confiance en quelques capitouls le compromet aujourd'hui avec le Parlement.* Car vous sçavés sans doute que le 9 de ce mois, il [le maréchal] a rendu une ordonnance entièrement contraire à un arrêt de la cour sur les spectacles. Vous devés, ce me semble, autant qu'il est en vous, Monsieur, prévenir, par vos exposés, ces guerres de l'autorité contre l'autorité.

Mon affaire va en exciter une autre, *car vous sentés bien que le Parlement n'abandonnera pas son justiciable,* etc.

Le maréchal, après avoir constamment suspendu l'exécution de son ordre, finit par le révoquer. Dès lors, La Beaumelle put songer à revenir purger son décret.

Neuf mois s'étaient écoulés depuis la première sentence des capitouls. Il avait dans l'intervalle beaucoup voyagé, il était allé rejoindre La Condamine à Balaruc, et l'avait suivi dans plusieurs villes du Midi; il était allé ensuite finir l'été à Valleraugue. C'est de là qu'il partit dans le courant de septembre pour venir s'écrouer de lui-même dans les prisons de l'Hôtel de ville de Toulouse. Il fut condamné, après un mois de détention, le 16 octobre, à être « admonesté » en présence de « messieurs les capitouls », à leur payer une amende de 500 livres et à « s'abstenir de la présente ville et banlieue pendant le tems et terme de trois années, sous les plus grièves peines... et aux dépens ».

Le lendemain, dès sept heures du matin, il fit signifier au substitut du procureur général son acte d'appel au Parlement. L'ordonnance de renvoi en jugement fut signée dans la même journée, et La Beaumelle se vit avec un grand plaisir transféré des prisons de l'Hôtel de ville dans celles de la cour. Son affaire fut rapidement menée ; la plupart des conseillers étaient ses amis. Les autres, sollicités chaleureusement en sa faveur par plusieurs personnes considérables, se laissèrent gagner à sa cause.

Il rédigea et fit imprimer un mémoire de 138 pages ; il indiquait à ses juges six moyens de cassation ; il y couvrait de ridicule David et les autres capitouls. Ce mémoire, comparable, par la netteté de l'exposition, la mordante âpreté du style, à ceux de Beaumarchais contre Goërzmann, eut un tel succès que, par la suite, il ne se produisit guère d'affaire importante au Parlement sans que La Beaumelle fût prié par les avocats eux-mêmes de rédiger les mémoires de leurs clients ; c'est ainsi qu'il fit en 1761 celui de la marquise de Montmoirac (1), et un peu plus tard ceux des Calas et du jeune Lavaysse.

Il fut jugé définitivement le 17 février 1761. L'arrêt de la cour annulait l'information, rejetait la déposition des témoins à charge, relaxait La Beaumelle de l'accusation criminelle, et cassait la sentence des capitouls.

Ce jugement triomphal n'était pas pour amoindrir la confiance en soi ni réprimer l'orgueil de celui qui venait d'en être le héros. « Je suis enchanté, lui écrivait La Condamine, de l'issue de votre affaire, et très content de MM. de Toulouse... Ne triomphés point insolemment ; n'insultés point à vos capitouls vaincus... »

La recommandation était aussi sage que vaine. Il

---

(1) « M. de Lèbres, d'Alais, conseil de la pauvre Mme de Montmoirac, m'a prié d'écrire pour sa cliente. On fera un mémoire bien éloquent en troisième personne ; j'en ferai un en première personne. Le premier sera pour les juges, le second pour le public. » Lettre de La Beaumelle à son frère, 25 février 1761. Le travail annoncé ici parut quelques semaines plus tard, sous ce titre : *Mémoire de Mme la marquise de Montmoirac, née de Pape de Saint-Auban*, etc., par elle-même. Brochure in-8° de 79 pages. Toulouse, 1761.

ne se passait pas de jour que La Beaumelle ne rencontrât David. Tel que nous le connaissons, nous devons croire qu'il n'évitait pas ces rencontres, qu'il les cherchait plutôt; et nous le voyons d'ici faisant exprès un détour pour traverser à l'heure favorable le place du Capitole et passer tête levée devant son ennemi. Mal lui en prit, à en juger par le document suivant que nous trouvons dans ses archives et qui perdrait de sa saveur à être analysé ou commenté :

L'an mil sept cent soixante-un, le troizième jour du mois d'octobre, nous, François-Raymond-David de Beaudrigue, écuyer, Capitoul, étant sur la place royale, le sieur La Beaumelle est passé devant nous portant une épée au côté; et n'étant pas de la qualité requise pour porter les armes, nous, en conséquence des ordonnances royaux et des ordres du commandant de la province, avons ordonné aux soldats de la compagnie du Guet qui se sont trouvés à portée de recevoir nos ordres, de dézarmer ledit sieur de La Beaumelle, ce qu'ils ont fait, et lui ont ôté ladite épée qui s'est trouvée poignée et garde d'argent massif, la sousgarde entourée d'un nœud de ruban blanc avec une frange d'argent au bord. Laquelle épée a été remise devers le greffe de la police, et en conséquence nous avons dressé le présent procès-verbal, etc.

L'épée confisquée fut déposée à l'arsenal, et son propriétaire condamné à l'amende et aux dépens, avec défense de récidiver sous les plus grandes peines.

La Beaumelle paya l'amende par manière de consignation et adressa au duc de Fitz-James, successeur du maréchal de Thomond, une longue lettre dans laquelle il lui représentait que le sieur David, son ennemi déclaré, avait commis en le désarmant un monstrueux abus de pouvoir; que lui et les capitouls ses collègues, qui s'étaient prêtés à son crime, l'avaient condamné contre leurs propres lumières, puisqu'ils possédaient dans leur greffe les pièces

authentiques prouvant sa qualité et ses droits ; qu'enfin,
c'était au commandant de la province et non aux magistrats municipaux qu'il appartenait de prononcer en ces
matières. Il implorait en conséquence l'intervention du
duc et le suppliait de lui faire rendre son épée. « Je ne la
porte point, disait-il, par une espèce de tolérance, mais
par le privilège que me confèrent ma naissance et les
charges que j'ai remplies. »

La Beaumelle eut encore une fois gain de cause, mais
ses démarches furent lentes à aboutir, et David, après
s'être donné le plaisir de l'humilier et de le mortifier publiquement, eut encore la satisfaction de ne plus le rencontrer sur son chemin, tant que dura la confiscation de
l'épée.

Ces fâcheuses affaires tiennent dans notre récit plus
de place peut-être qu'elles n'en ont tenu en réalité
dans la vie de La Beaumelle. Sa correspondance, en ces
années, nous le montre travaillant et produisant beaucoup ; c'est incidemment qu'il y est parlé de ses démêlés
avec l'autorité, de ses querelles, de ses procès. Mais pour
nous, à la distance où nous sommes de lui, l'intérêt de
ses travaux d'alors, dont beaucoup sont restés inédits et
supporteraient difficilement aujourd'hui l'impression,
nous frappe moins que la singularité et l'imprévu de ses
aventures. C'est par ce côté d'ailleurs, non moins que par
son talent et son esprit, qu'il intéressait si vivement quelques-uns de ses contemporains. L'exact et honnête Trublet, la raisonnable Mme Geoffrin ont très longtemps subi
ce singulier charme que l'absence seule a pu rompre.

La Condamine demandait à ceux qui, devant lui, ju-
geaient sévèrement La Beaumelle : « L'avez-vous vu ? Le
connaissez-vous ? » — Il lui pardonnait toutes ses fras-

ques, tant elles lui paraissaient hardies, folles et amu-
santes. On sent, quand il le gronde, qu'au fond il ne le
blâme guère, et que même il le trouve charmant. Aux
reproches succèdent toujours dans ses lettres d'affectueuses câlineries; il l'appelle de nouveau « son cher
enfant »; il lui souhaite, pour la forme, de devenir sage.

« Votre silence, lui écrit-il un jour, m'inquiète... Je
crains quelque nouvelle affaire, je crains tout... » Et il
lui cite les vers de Quinault :

> Te montrer que je crains,
> C'est te dire assez que je t'aime.

# CHAPITRE XVII

La Beaumelle et le protestantisme. — Sa correspondance avec Paul Rabaut. — Il est le promoteur du dernier synode national. — Il prend part
à la défense des Calas. — Il épouse la sœur du jeune Lavaysse.

« Vous êtes protestant, et très zélé, lui écrivait en
1760 (1) La Condamine ; Dieu sait pourquoi ce zèle !... Il
m'a l'air de n'être que frondeur. » Et, en effet, l'ancien
habitué du café Procope, le petit-maître dont la désinvolture et le plumet avaient exaspéré Voltaire et égayé Frédéric, le héros heureux ou malheureux de tant d'aventures
galantes, l'ami enfin de ces conseillers au Parlement de
Toulouse qui étaient tous grands brûleurs d'hérétiques
et en qui survivait l'esprit de l'Inquisition, ne paraissait
guère propre au rôle d'apôtre et de défenseur du protestantisme. Mais quoi ! ce rôle s'offrait à lui, et à défaut
d'autre il l'acceptait. Nous disons à défaut d'autre, car
dans le moment même où son activité semblera le plus
absorbée par la défense de ses coreligionnaires opprimés,
dans cette terrible année 1762 où il va voir se dérouler
sous ses yeux tant d'événements tragiques, et où il payera
de son talent et de sa personne avec le plus courageux
désintéressement, il ne cessera cependant de solliciter et
de faire solliciter auprès des ministres pour obtenir
d'abord l'abrogation de ses lettres d'exil, puis un emploi
quelconque, à la hauteur de son ambition, dans les
finances, dans la magistrature ou dans la diplomatie.

(1) 14 mai.

Il avait vu avec joie l'arrivée aux affaires du duc de Choiseul; c'est en lui qu'il mettait son principal espoir; il s'était recommandé à lui directement; il avait fait appuyer ses démarches par le juge mage de Toulouse et par plusieurs conseillers et présidents de chambre du Parlement; il avait surtout chargé La Condamine, ancien ami du duc, de soutenir auprès de lui ses intérêts. La Condamine s'acquittait de ce soin avec son dévouement habituel.

J'ai vu hier M. de Choiseul, écrit-il à La Beaumelle le 20 mars 1762... la duchesse à qui j'écris quelques fois, m'avoit mandé que je vinsse dîner avec eux à Versailles un jour qui ne seroit pas un jour d'audience... J'y allai donc hier. Après le dîner, je descendis avec le duc par l'escalier dérobé dans son cabinet, et j'y restai tête à tête plus de vingt minutes... Il avoit déjà vu un Mémoire que j'avois remis par son ordre à un premier commis... Je lui parlai de vous.

— La Beaumelle! me dit-il.

— Mais, monseigneur, vous savés ce que je vous ai mandé; et il n'y a rien de ce que ses ennemis et Voltaire lui imputent, sur quoi je ne puisse le justifier.

— Mais que voulés-vous que j'en fasse ?

— Tout !... Et il pourroit être employé utilement dans les Affaires étrangères en particulier.

— Ce n'est plus mon affaire; je ne me mêle plus de cela.

— Mais vous vous êtes réservé l'Espagne.

— Oui, l'Espagne, mais c'est comme voulant dire par intérim, et *pro formâ* et pour peu de tems.

— Mais ce seroit grand dommage qu'un homme de son talent, rebuté, se crût obligé de s'expatrier, etc., etc.

A cela, il étendit les mains et le col en avant, en inclinant un peu la tête (je vous peins son geste), et il me parla d'autre chose en me reconduisant à la porte de son cabinet.

De son côté, M. de Saint-Florentin, que La Condamine était allé voir plusieurs fois et à qui il avait écrit en faveur de La Beaumelle, lui adressait le 21 avril de la même année la réponse suivante :

Je suis fâché, Monsieur, de m'être trouvé trop occupé pour pouvoir vous donner audience le jour que vous êtes passé chez moy. Je ne puis vous faire espérer, du moins à présent, le succès de la demande que vous faites en faveur du sieur de La Beaumelle, le Roy n'étant point encore disposé de lui permettre de revenir à Paris. Il ne peut toujours que lui être avantageux pour l'avenir de se conduire sagement et de manière à faire rendre de lui des témoignages avantageux, *ce qu'il n'a pas fait jusqu'à présent* (1).

Le mauvais accueil fait par le gouvernement à ses offres de service le rejeta donc plus que jamais parmi les mécontents (nous dirions aujourd'hui dans l'opposition). C'est l'effet naturel de ces sortes de déconvenues.

D'ailleurs, si le zèle protestant s'accordait mal chez La Beaumelle avec sa manière habituelle de penser et de vivre ; si, comme le soupçonnait La Condamine, l'esprit frondeur y fut pour quelque chose et même pour beaucoup, on doit reconnaître qu'il y eut chez lui de tout temps un fond de sentiments religieux très sincères. Nous avons vu ces sentiments se manifester avec éclat dans sa première jeunesse ; nous en avons retrouvé encore la trace dans plusieurs de ses ouvrages, dans sa correspondance avec Saint-Cyr, dans son histoire de Mme de Maintenon. Et nous allons montrer qu'il a rendu, en somme, d'éminents services à la cause dont il s'est fait le défenseur.

Au début, son intervention directe auprès des ministres avait été, un peu par sa faute, de nul effet. Nous avons dit un mot déjà de trois mémoires composés par lui en 1759 et 1760 sur la situation des protestants de France :

(1) Les mots soulignés sont de l'écriture de M. de Saint-Florentin.

il avait adressé ces mémoires à M. de Saint-Florentin, dont le département comprenait les « affaires générales de la religion prétendue réformée ». Cet homme d'État le remercia avec éloges de ses communications et lui recommanda en même temps, vis-à-vis du public, la plus entière discrétion. On fut un moment, si nous en croyons La Condamine (1), assez disposé en haut lieu à utiliser quelques-unes des vues exposées par La Beaumelle ; mais celui-ci ne sut pas garder le secret sur sa correspondance avec le ministre ; il parla de son travail, le fit connaître par des lectures, par des extraits. Le commandant de la province en fut informé, et l'affaire en resta là (2).

Ne pouvant publier ses trois mémoires, La Beaumelle les refondit en un mémoire unique dont les copies se multiplièrent et lui firent grand honneur. Son ancien professeur de théologie, l'illustre Jacob Vernet, lui écrivait à ce propos (10 septembre 1760) :

Quelqu'un me dit à l'oreille que vous avez composé un mémoire admirable sur la tolérance des protestants, en France. Dieu vous bénisse pour avoir fait un si bon usage de votre belle plume. C'est faire véritablement l'office de bon chrétien, de philosophe et de citoyen. Mais seroit-il vrai que l'on vous eût défendu de le laisser paroître (3) ?

Dans les derniers mois de 1761, éclata l'affaire Calas. Un ami de La Beaumelle, le jeune Lavaysse, s'y trouva mêlé et l'entraîna à y prendre, dès le premier jour, un intérêt direct.

On ne connaît que trop cette lamentable histoire. Un

(1) Lettre du 31 mars 1760. Arch. des Angliviels.
(2) L'un de ces mémoires se trouve à la Bibliothèque nationale. (Ms. n° 7047, p. 440.) M. Edmond HUGUES, auteur de l'*Histoire de la restauration du protestantisme en France au dix-huitième siècle*, a consulté ce document, qui lui a paru « très intéressant et très curieux ».
(3) Arch. des Angliviels.

honnête marchand d'indiennes, homme simple, estimé de sa clientèle et de ses confrères, mais protestant, avait trois fils, dont l'un, assez mauvais sujet, se pendit. Aussitôt la rumeur publique accusa les parents du mort, et notamment son père, de l'avoir tué parce qu'il voulait abjurer sa religion. Accusation d'autant plus absurde qu'un autre fils de Jean Calas, Louis, converti par la vieille servante de la famille, était catholique depuis près de trois ans déjà. Cette calomnie reposait sur l'opinion généralement admise parmi les adversaires du protestantisme, que la loi de Calvin prescrivait aux parents de tuer leurs enfants apostats.

L'avocat de Calas, Sudre, très lié avec La Beaumelle, se fit envoyer (par son entremise probablement) une déclaration des pasteurs de Genève établissant qu'aucun synode, aucune assemblée protestante n'avait jamais approuvé cette abominable doctrine ; que ni Calvin, ni aucun docteur de leur religion n'avait jamais enseigné rien de semblable ni même d'approchant, et qu'enfin ils la détestaient (cette doctrine) et l'abhorraient comme également contraire à la nature, à la religion chrétienne et aux principes des églises protestantes (1).

En même temps, La Beaumelle, qui avait beaucoup connu à Nîmes le célèbre ministre Paul Rabaut, s'entendit avec lui, dans une entrevue secrète, pour publier au nom des fidèles et des pasteurs du Désert une réfutation de cette opinion mensongère répandue et exploitée contre eux. La Beaumelle se chargea de la première rédaction de cet ouvrage, auquel il crut devoir donner la forme d'une lettre pastorale. Son manuscrit, daté du 1er décembre 1761, existe encore. Paul Rabaut le lui a rendu

(1) Pièce citée par Athan. COQUEREL fils, tome Iᵉʳ, p. 173, de son ouvrage intitulé : *Jean Calas et sa famille*. Paris, Joël Cherbuliez, 1869, 2 vol. in-8º.

après en avoir fait une copie très abrégée qu'il publia dès les premiers jours de l'année suivante, sous ce titre : *La calomnie confondue, ou Mémoire dans lequel on réfute une nouvelle accusation intentée aux protestants de la province du Languedoc, à l'occasion de l'affaire du sieur Calas détenu dans les prisons de Toulouse. Au Désert, 1762.*

Les historiens du protestantisme qui ont étudié les œuvres de Paul Rabaut s'accordent à dire que nulle part il n'a déployé plus de force et plus de véritable éloquence que dans ces pages qu'ils citent avec admiration. L'un d'eux, mieux informé, s'est plu à reconnaître la coopération de La Beaumelle à cet ouvrage, sans indiquer assez toutefois que Paul Rabaut n'y a eu qu'une part purement négative : il s'est borné, en effet, à raccourcir, à alléger, très heureusement d'ailleurs, le texte qui lui était fourni. Tout dans cet écrit, expressions et pensées, doit être restitué à La Beaumelle. On y reconnaît le mouvement, la chaleur et l'accent des notes du Mémoire de Mme de Maintenon sur le rappel des hugenots fugitifs. En voici quelques passages :

On a publié que Calvin, dans son Institution, avoit fait de cette doctrine un point de morale et de foi. Enfin on a poussé les choses jusqu'à dire que nous avions tenu un synode, à Nîmes ou dans les environs, lequel avoit décidé que les pères et mères sont obligés en conscience... d'ôter la vie à leurs enfants plutôt que de leur permettre de quitter leur religion.

Que de pareilles atrocités se répandissent parmi un peuple ignorant et à l'égard d'une société peu connue, on pourrait n'en être pas étonné ; mais que, dans un siècle aussi éclairé que le nôtre, on charge de telles accusations une Église dont la croyance est celle de la moitié de l'Europe, que le magistrat y donne lieu par un monitoire qui tend à nous rendre odieux : que les supérieurs ne répriment pas un si cruel attentat contre les citoyens... c'est presque nous livrer à la fureur d'une populace crédule.

Nous ne le dissimulerons point; c'est nous attaquer par l'endroit le plus sensible que de nous imputer de semblables horreurs. Que l'on confisque nos biens, qu'on nous envoie aux galères, qu'on attache nos ministres au gibet; qu'on nous rassasie d'opprobres et de supplices; mais du moins qu'on respecte les maximes d'une morale qui n'a d'autre auteur que Jésus-Christ même. Qu'on nous punisse comme de mauvais raisonneurs, ou comme infracteurs de ces lois pénales que nous ne pouvons observer sans violer de plus augustes lois; mais qu'on ne nous accuse pas d'être des pères dénaturés et de l'être en vertu des principes d'une religion toute sainte...

Cette apologie des réformés, envoyée aux magistrats chargés de poursuivre les Calas, répandue à profusion dans le public, produisit une vive sensation. Les ennemis du protestantisme en furent irrités. « On s'offensa, dit l'historien des Calas (1), de voir paraître au grand jour la réclamation d'un pasteur proscrit qui n'avait pas même d'existence légale, puisqu'il vivait sous la menace perpétuelle du supplice... On s'irrita d'une audace qui parut une énormité. » Un certain abbé de Contezat répondit à la *Calomnie confondue* par une brochure anonyme, remplie des insinuations les plus perfides.

La Beaumelle, dès qu'il en eut connaissance, se hâta d'envoyer à Paul Rabaut les éléments d'une réfutation. Le brouillon de la longue lettre qu'il lui écrivit à cette occasion s'est conservé dans ses papiers ; il l'a signée *Raimondi;* c'est le pseudonyme qu'il avait pris et qu'il conserva pour cette correspondance périlleuse ; Paul Rabaut signait *Théophile;* les lettres de La Beaumelle lui étaient adressées sous une double enveloppe au nom de M. Sugier, chez M. Grisot, aux Caiquères, à Nîmes.

L'abbé de Conteza, lui écrit-il [mars 1762], a répondu à

_____

(1) Athanase Coquerel fils, *Jean Calas*, etc., I, 179, 2ᵉ édit.

votre mémoire, et l'on m'a dit qu'on vous avoit déjà envoyé
sa réponse. Je ne la vis imprimée qu'avant hier. C'est une infamie : cependant, M. le procureur général l'a distribuée aux
juges.

Cet abbé de Conteza est un vaurien sans esprit comme sans
mœurs... Le procureur général l'a tiré de l'abbaye de Gran-
selve où il étoit exilé, pour l'employer à la conversion de
M. Rochette, et consorts. A la rigueur, il est inutile de réfuter
cet absurde bavard, car la *Calomnie confondue* subsiste en son
entier. Il ne vous effleure pas même. Cependant, je crois que
par surabondance de droit, vous ferez bien de le châtier.
Vous aurez une occasion naturelle de faire entrer dans cet
écrit tout ce que vous auriez pu mettre dans votre lettre aux
Toulousains. Voici mes idées que je soumets aux vôtres :

A l'article *fanatisme qui vous a donné un grand nom,* je parlerois
des Assemblées. 1º Je prouverois que les accuser |de *fanatisme,*
c'est accuser la religion catholique qui en convoque d'illicites
dans le pays où elle est opprimée et qui y envoie des mission-
naires; c'est insulter la religion chrétienne qui, dès sa naissance, ne s'établit qu'en désobéissant aux empereurs. 2º Je
prouverois que, quoi qu'en ait dit le marquis de Mirabeau, le
bienfaisant *ami des hommes,* la liberté de culte n'est point dis-
tincte de la liberté de conscience, et que quand elle le seroit,
elle ne le seroit point par rapport aux Réformés, attendu que
l'édit révocatif leur permit et même leur ordonna de demeurer
dans le royaume, Réformés tels qu'ils étoient. Or, qu'est-ce
qu'un Réformé? C'est un chrétien qui fait profession de croire
les vérités contenues en abrégé dans la confession de foi des
églises réformées de France, confession publique, confession
présentée à nos rois, présentée aux États généraux de la nation,
approuvée par Henri IV. Que porte cette confession? Citer
l'article XXVI qui établit si fortement le droit de s'assembler
malgré les magistrats. 3º Je prouverois que l'erreur de fait,
*qu'il n'y a qu'une religion en France,* erreur qui est la base de
toute la législation, ne doit pas nous préjudicier. 4º Je prouverois que nos assemblées n'ont rien de répréhensible en elles-
mêmes. Je le prouverois par l'aveu du législateur qui, dans une
déclaration de 1683 ou 1684, affecte aux catholiques un banc
dans nos temples, et par le détail de notre culte, en deux

mots. Voyez le discours préliminaire de la *Liturgie à l'usage des protestans de France*, etc.

. . . . . . . . . . . . . . . . . . . . . . . . . . . .

A l'article de Calvin, opposer un profond mépris à l'imputation de doctrine homicide; observer qu'il est justifié par la citation même de Conteza, et saisir l'occasion de faire l'apologie, ou, pour mieux dire, l'éloge des réformateurs Luther, Zwingle, Calvin, Bèze, Mélanchthon, etc.

Il faut justifier les pasteurs du Désert, déchirés dans cette même page; parler de la mort de François Rochette, de sa constance à refuser les offres des corrupteurs, et du penchant pour notre religion que son martyre a inspiré à beaucoup de personnes qui l'ont vu mourir. Il faut prouver que pour être un bon pasteur, il est inutile d'être sçavant. Il suffit de sçavoir les preuves de la divinité des Livres saints et d'avoir bien étudié ces saints livres...

Quant à ce qu'il dit de Claude et de Bossuet, il y auroit de quoi l'anéantir. Mais il faudroit faire un précis de leur conférence. Il faudroit aussi refuter l'exposition de M. de Meaux; et cela seroit long.

Observez pourtant que M. de Meaux laissa sans réplique les trois meilleures raisons (objections?) faites à son livre. Si j'avois cette matière à traiter, je me bornerois à prouver : 1° Que l'explication de M. de Meaux n'a nulle certitude. En effet, d'où l'a-t-il tirée? De ses catéchismes et de ses cahiers de théologie? Tout cela n'a aucune authenticité. Des articles de la Sorbonne de 1542? Ce sont des docteurs particuliers. De la doctrine commune de l'Église gallicane? C'est une église parculière. De la Somme de Saint Thomas? Il n'est point infaillible. Du concile de Trente? Il n'est point œcuménique : il n'est reçu ni pour la foi, ni pour la discipline. L'auteur du *Traité des Mariages* l'a prouvé invinciblement, et c'est la doctrine commune du Parlement de Paris. — 2° Que quand cette exposition seroit certaine, et cette doctrine innocente, nous ne pourrions nous réunir parce que le culte est évidemment différent et même idolâtre.

... Sur le mot l'*hérésie de Calvin*, p. 11, il faudroit dire à l'abbé : 1° le mot de Henri IV : « On ne peut être hérétique quand on se soumet à la parole de Dieu; » 2° que la définition que

l'Église romaine donne de l'hérésie (elle est dans le catéchisme du Concile de Trente) ne convient point aux protestans; 3° que les édits ne donnoient point ce nom à notre
croyance, qui l'appelloient la religion prétendue réformée, et
qu'un François est tenu de parler d'après les édits; 4° que
l'édit qui accorda la liberté de conscience enjoignit aux
ministres de ne prêcher que la parole de Dieu; ce qui étoit,
comme l'observe très bien le Parlement dans ses remontrances,
convenir que nous n'étions pas hérétiques; 5° qu'il y a des
édits, des déclarations et des arrêts du Conseil et du Parlement qui défendent de nous donner ce nom; 6° qu'actuellement
notre dénomination ecclésiastique et civile est celle de *nouveaux
convertis;* 7° que notre procès avec l'Église romaine n'est pas
encore décidé, que nos pères interjetèrent des bulles des papes
un appel en forme au futur concile; qu'aucun concile ne nous
a encore condamnés, et que par conséquent, l'appel *éteignant
le jugé,* nous ne pouvons être flétris du nom que nous donne
l'évêque de Rome, dont nous appelâmes et que nous prîmes à
partie, d'autant que ces évêques reconnurent que notre appel
était régulier; 8° que quand même on nous croiroit hérétiques,
la politesse du siècle et la charité chrétienne demanderoient
que l'on s'abstînt de cette injure, de même que nous nous
abstenons d'appeler idolâtre l'Église romaine; que si M. l'abbé
Raynal, dans un de ses *Mercures,* reprend un écrivain d'avoir
appelé *apostat* l'empereur Julien, que diroit-il de ceux qui nous
accusent d'être hérétiques, nous qui sommes au moins dans
les mêmes termes que les appelants, disciples de saint Augus-
tin, jusqu'à ce que notre appel ait été jugé, notre appel formé
par tant d'évêques et de princes?

Quant à la page 14, il suffira de comparer les mœurs des
ecclésiastiques de ce tems avec celles de nos ministres. Pour
ce dernier point, il faudra rapporter tout au long les passages cités par le licencié (1).

Aux menaces par lesquelles il finit, il faut opposer beaucoup
de charité, il faudroit lui dire que les pasteurs du Désert sont
utiles : 1° ils prêchent la parole de Dieu; 2° ils retiennent le

_____

(1) Sans doute l'auteur d'un ouvrage inédit intitulé : *Réponse d'un jeune
théologien,* dont le manuscrit se trouve parmi les papiers de La Beaumelle
et qui doit être de lui.

peuple dans le royaume, et citer là les remontrances du Parlement de Navarre; 3° ils seroient propres à contenir le peuple dans le devoir, si l'oppression et l'impatience qui la suit, l'en faisoient s'écarter; 4° ils bénissent des mariages qui ne se seroient pas faits sans eux, et par là, ils donnent des hommes à l'État; 5° ils contribuent à entretenir l'émulation dans les deux partis, etc.

Voilà à peu près le canevas d'un écrit qu'il faudroit, je crois, intituler : *Réponse d'un ministre du Désert à un libelle qui diffame un grand nombre de fidèles sujets du Roi.*

Paul Rabaut ne fit pas usage de ces notes. Peut-être jugeait-il que la diatribe de l'abbé ne méritait pas d'être réfutée. Il se contenta d'adresser au procureur général et au ministre un court mémoire justificatif plein de modération et même d'humilité, mais qui ne rétractait rien. On n'en tint aucun compte. Et, tandis que la brochure de l'abbé de Contezat était distribuée aux membres du Parlement, juges des Calas, la sienne était lacérée et brûlée devant le perron du palais, par l'exécuteur de la haute justice.

La cour décida en outre qu'il serait informé contre *tous ceux* qui avaient pris part à la rédaction, à l'impression et au débit de cet ouvrage. La Beaumelle était indirectement visé par cette décision; il courut un moment les plus grands dangers. Fort heureusement, le secret de ses relations avec le pasteur de Nîmes ne fut pas trahi. Lui-même, contre son habitude, s'observa beaucoup, parla peu, évita le plus possible de paraître en public. Il se savait surveillé par David, qui lui eût fait payer bien cher la moindre imprudence.

L'exécution de Rochette et des frères Garnier l'avait rempli d'horreur et de colère. Il en fit une relation destinée à être publiée en Suisse ou en Hollande, et qu'il envoya à Paul Rabaut. Celui-ci en fut si frappé qu'il son-

gea un moment à adresser, sur le même sujet, et en s'inspirant du témoignage de son correspondant, une lettre
pastorale aux protestants du Languedoc. Il voulait les
exhorter à faire connaître partout les détails de ce « martyre », détails bien propres, croyait-il, à provoquer parmi
les catholiques un mouvement d'opinion favorable à
leur cause et peut-être même d'éclatantes conversions.
La Beaumelle le détourna de ce projet.

Votre idée de profiter de l'impression qu'a faite la mort
édifiante de M. Rochette, est bien digne de votre zèle, lui
écrit-il ; mais il me semble qu'elle vous exposeroit, vous et vos
confrères, à une persécution certaine. On vous tolère instrui-
sant vos troupeaux ; on ne vous toléreroit point faisant des
prosélytes. Ce seroit frapper le clergé à l'endroit sensible. Quel
dommage que la *Requête* (1) n'ait pas paru ! Elle remplissoit votre
objet et le remplissoit sans indiscrétion. Il faut donc réserver
pour un autre tems et pour un autre ouvrage l'exposition
de la pure doctrine...

Si la *Relation* [dont il est parlé plus haut] n'est pas publiée,
il ne faut pas la publier encore, parce qu'on y pourra joindre
d'autres pièces afférentes. Du moins, faudroit-il y ajouter
ceci :

*P. S.* — Il n'est pas possible d'exprimer combien nos frères
égarés ont été touchés de cette mort. Encore un martyr, et
le papisme est anéanti à Toulouse. Parmi ceux qui furent
témoins de cette exécution, tout ce qui n'étoit pas mondain
disoit : *Je voudrois bien mourir comme cet homme-là*. Il est impossible qu'il ne soit pas sauvé. Il avoit l'air d'un prédestiné. On
s'est rappelé qu'en 1535, le frère François Rochette, inquisiteur de la foi, converti par ceux mêmes qu'il brûloit, demanda
d'être jeté lui-même dans les bûchers où il avoit fait jeter
tant d'innocens. C'est La Gaille, annaliste de Toulouse, qui
rapporte ce fait. Le martyre de cet inquisiteur fit, à Toulouse,
le même effet que celui du conseiller du Bourg fit à Paris.

(1) *La Requête des protestants*, c'est le titre qu'il donne à ses trois
*Mémoires* refondus, dont il n'y eut jamais que des copies manuscrites.

Dieu veuille que la grâce agisse efficacement sur tant d'âmes qu'elle vient de mettre, par la constance de notre martyr, sur les voyes de la vérité (1).

Paul Rabaut dut se rendre aux avis de La Beaumelle ; nous ne croyons pas que la lettre pastorale qu'il projetait d'écrire ait été publiée. De divers côtés, d'ailleurs, il avait reçu des communications alarmantes. Il fut vingt fois sur le point d'être arrêté et ne dut son salut qu'à la crainte hautement avouée par le ministre, dans sa correspondance avec les juges du Parlement, qu'une telle mesure ne produisît une trop vive « secousse ». Les protestants, déjà très excités par les actes de rigueur récemment accomplis contre eux et par ceux dont ils se savaient encore menacés, n'eussent pas aisément souffert qu'on touchât au plus éminent, au plus vénéré de leurs pasteurs.

Les lettres de Rabaut conservées dans les archives des Angliviels sont au nombre de vingt-deux. Elles sont toutes relatives aux affaires des réformés et se rapportent

---

(1) Voltaire, parlant de ces mêmes faits, au moment où ils allaient s'accomplir, ne semblait y prendre qu'un assez faible intérêt; il y trouvait même matière à plaisanterie. C'est seulement un peu plus tard, à propos des Calas, qu'il s'avisera de s'indigner des rigueurs du Parlement de Toulouse. Il nous a paru piquant de rapprocher des passages de La Beaumelle cités plus haut les deux lettres suivantes :

« ...On dit qu'il ne faut pas pendre le prédicant de Caussade, parce que c'en seroit trop de griller des jésuites à Lisbonne et de pendre des pasteurs évangéliques en France. Je m'en remets sur cela à votre conscience. Rosalie m'intéresse davantage si elle est bonne actrice. »

Lettre de Voltaire au maréchal de Richelieu (25 octobre 1761), édit. Beuchot, t. LX, p. 30.

Du même au même (27 nov. 1761) :

« Qu'on pende le prédicant Rochette, ou qu'on lui donne une abbaye, cela est fort indifférent pour la prospérité du royaume des Francs; mais j'estime qu'il faut que le Parlement le condamne à être pendu et que le Roi lui fasse grâce. Cette humanité le fera aimer de plus en plus; et si c'est vous, Monseigneur, qui obtenez cette grâce du Roi, vous serez l'idole de ces faquins de huguenots. Il est toujours bon d'avoir pour soi tout un parti. »

Beuchot, t. LX, p. 83.

à la période comprise entre le 20 juillet 1762 et le 4 juillet 1763. Rabaut a lu avec un vif intérêt, sous leur nouvelle forme, les mémoires que La Beaumelle avait écrits naguère pour M. de Saint-Florentin. Il les a communiqués à ses confrères, qui tous, ont été d'avis de les publier au nom des églises du Désert. « En conséquence, écrit-il à La Beaumelle (13 octobre 1762), on prend des mesures pour assembler le Synode provincial qui est chargé de la convocation du National... » — « N'eussent été les *Mémoires*, ajoute-t-il dans la lettre suivante (27 octobre), on ne l'aurait point convoqué encore. » — Les deux assemblées se réunirent en effet, l'une le 10 novembre 1762, l'autre le 1ᵉʳ juin de l'année suivante. Ce fut le dernier Synode national : La Beaumelle en avait été le réel instigateur.

J'espère, lui écrivait, quelques semaines auparavant, Paul Rabaut, que, toujours animé des mêmes sentimens, vous voudrez bien concourir à l'exécution des utiles projets que vous avés imaginés. Si je ne comptois là-dessus, je ne presserois pas l'assemblée en question. Un mot, s'il vous plaît, pour me tranquilliser (1).

La Beaumelle répond longuement au pasteur; sa lettre, à en juger par le canevas qu'il en a gardé, était encore un véritable mémoire. Il croit savoir, par des renseignements venus de l'entourage même des ministres, que le vent est maintenant à la tolérance. Il faudrait que les protestants eussent à Paris, auprès du gouvernement, un représentant attitré. Il connaît un seigneur, favorable aux protestants, honnête homme, ayant quelque crédit à la cour (2), qui accepterait volontiers ce poste. Mais il faudrait l'indemniser de son déplacement et de sa peine.

(1) 7 avril 1763. Arch. des Angliviels.
(2) Probablement le marquis de Gudane, commandant du pays de Foix.

Dans une lettre datée du 14 mai suivant, Rabaut lui dit qu'il espère faire adopter, par le Synode national, le projet d'entretenir un député à Paris. Il compte principalement sur les souscriptions des autres parties du royaume et de l'étranger. Sa propre province fournira peu d'argent. Il désire que La Beaumelle vienne l'aider de ses conseils : « Vous pourrez, lui dit-il, vous loger dans le voisinage de l'Assemblée et garder l'incognito. »

La Beaumelle, retenu à Toulouse par l'affaire des Calas dans laquelle se trouvait impliqué son futur beau-frère, le jeune Lavaysse, ne put se rendre à cette invitation. Rabaud en fut désolé. « Vous ne serez pas des nôtres, lui écrivit-il le 26 mai; c'est un malheur pour nous. Il est certain que vous nous auriez été d'un grand secours. Je prévois qu'on fera bien des difficultés, et je n'ai ni votre esprit, ni votre dextérité. »

Il lui écrivit jusqu'à trois fois pendant la durée du Synode (du 1er au 10 juin) pour lui rendre compte de toutes les décisions de l'assemblée. Le projet d'élire un député ne fut pas adopté. « On allégua bien des prétextes, dit Rabaut, mais ce n'étaient que des prétextes. J'ai parfaitement compris que la lésine étoit la raison déterminante. » En revanche, on trouva les Mémoires de La Beaumelle excellents, et l'assemblée exprima le vœu que cet ouvrage si utile à la religion fût promptement publié.

En dépit de cette décision, la *Requête des protestants* est restée inédite. La Beaumelle avait alors sur le métier d'autres travaux qui lui firent négliger celui-là.

En 1763, parut un petit volume, devenu aujourd'hui d'une excessive rareté, et qui portait ce titre : *Préservatif contre le déisme, ou Instruction pastorale de M. Dumont, ministre du Saint Évangile, à son troupeau, sur le livre intitulé : « Emile, ou de l'Éducation. »* La correspondance de Rabaut nous fournit des éclaircissements curieux sur la préparation de cet ouvrage. La Beaumelle, quelques mois auparavant, lui en avait communiqué le plan et la première ébauche ; c'était au moment où venait de paraître, avec le retentissement que l'on sait, la *Calomnie confondue*. Il lui offrait ce nouveau travail et l'invitait, s'il le jugeait opportun, à le publier sous son nom, en lui donnant la forme d'une lettre pastorale, forme qui convenait, en effet, parfaitement à cette dissertation beaucoup plus théologique que littéraire.

L'auteur y soutient le dogme de la révélation et y développe successivement les trois points suivants : 1° nécessité de la révélation ; 2° authenticité des écritures établissant la révélation ; 3° réponse aux objections de Rousseau. Le principal intérêt du livre est dans sa conclusion, qui tend à prouver que si l'Église a le droit d'être intolérante, c'est-à-dire de retrancher de son sein ceux qui n'adoptent pas ses croyances, l'État doit être essentiellement tolérant et accorder une entière liberté aux dogmes et aux pratiques qui « ne préjudicient point aux lois, au bon ordre, au repos de la cité ».

Rabaut, après avoir loué à l'excès le mérite d'ailleurs très réel de l'œuvre, décline, par des raisons de prudence qui n'étaient que trop justifiées, l'offre de La Beaumelle.

Je sens, Monsieur, lui dit-il, tout ce qu'il y a de flatteur pour moi dans l'adoption que vous me faites l'honneur de me proposer. Pénétré de vos bontés, de l'utilité de vos vues, des soins généreux que vous vous donnez en notre faveur, je me crois obligé de vous exposer avec franchise les difficultés que je trouve à me nommer publiquement, et l'expédient que j'ai imaginé pour parer à tous les inconvéniens, et pour parvenir en même tems aux louables fins que vous vous proposés. Lors de la signature de la *Calomnie confondue,* mes confrères me donnèrent autant d'inquiétude que le Parlement. Ils crurent trouver dans le mémoire quelques expressions hétérodoxes, et sous ce prétexte ils vouloient que le sinode en fît un désaveu. J'eus besoin de beaucoup de fermeté et de souplesse pour empêcher qu'on n'en vînt là. Je craindrois donc, Monsieur, d'être aujourd'hui la victime du zèle théologique et peut-être aussi de l'intolérance civile. Mais voici qui obvie à tout et qui remplit votre objet : c'est, au lieu de mon nom, de mettre : *par un ministre du Désert.* On n'en croira pas moins que c'est moi, mais on n'aura point de prétexte pour s'en prendre à moi personnellement. Je souhaite, Monsieur, que cet expédient soit de votre goût; je serois très mortifié qu'il ne le fût point. Dans l'espérance que vous l'approuverés, je fais copier le manuscrit pour en envoyer un exemplaire à Paris, un à Genève, et l'autre pour Avignon; mais, je n'expédierai rien sans votre aveu; honorés-moi donc d'une prompte réponse; il me tarde extrêmement que cet ouvrage soit publié; j'en attends les plus heureux effets... Je n'oublierai point de retenir quelques exemplaires pour vous et pour moi... (1).

L'ouvrage, qui porte sur le titre : Paris, 1763, fut imprimé dans le courant de janvier à Avignon.

Nous devons citer encore, parmi les travaux qu'inspira à La Beaumelle le zèle religieux : une *Relation des Assemblées du Désert à Neuchâtel ;* un *Catéchisme universel tiré de l'Écriture,* et une étude historique et critique sur la célèbre controverse de Bossuet avec le ministre Claude. Ces trois ouvrages, dont les manuscrits ont été conservés parmi les papiers de l'auteur, n'ont jamais vu le jour.

Revenons à l'affaire Calas et au rôle invisible, mais très actif, que La Beaumelle a joué dans ce drame historique. Il connaissait de longue date la famille Calas, chez qui les Lavaysse, amis de son frère, l'avaient introduit. Mme Calas, on le sait, était une femme intelligente, parfaitement élevée, de très bonne famille, cousine des Polastron et

(1) 13 septembre 1762. Arch. des Angliviels.

des Montesquieu. Son arrière-boutique était un salon. La Beaumelle eût pu, aussi bien que Gaubert-Lavaysse, se trouver chez elle à souper, le soir où Marc-Antoine se pendit. Il était, à ce moment déjà, le fiancé de Mme de Nicol, fille de M. de Lavaysse et sœur de Gaubert; il prit part naturellement aux angoisses de cette famille pendant la longue détention du jeune homme, et mena de front la défense de celui-ci et celle de Jean Calas. On peut lui attribuer avec une quasi-certitude le premier mémoire qui parut dans cette affaire; il aida de ses conseils et de ses recherches l'avocat de chaque accusé; il fut l'inspirateur de M. de la Salle, ce conseiller au Parlement qui, seul entre tous ses collègues, crut à l'innocence des Calas et osa le dire; il fit pour la malheureuse veuve un mémoire qui n'a pas été publié, mais qui contribua beaucoup (celle-ci du moins l'a cru) à la réhabilitation des condamnés. Enfin, il rédigea le placet qui fut adressé en novembre 1762 au comte de Saint-Florentin par les demoiselles Calas, et qui les fit mettre en liberté. Ce document a été inséré par M. Athanase Coquerel fils parmi les pièces justificatives de son beau livre sur *Jean Calas et sa famille.* En voici le début :

Monseigneur,

Deux infortunées se présentent à vous. Elles osent à peine se nommer : leur nom est devenu un opprobre. Cependant, elles espèrent beaucoup de leur infortune même et plus encore de votre justice.

Après un arrêt dont l'Europe a retenti, nous nous hâtâmes de quitter la ville injuste où il avoit été prononcé. Nous vivions dans la retraite auprès d'une mère à qui nous avions à faire oublier nos malheurs et les siens, lorsqu'un ordre du Roi, surpris à votre équité, vint nous arracher de ses bras, nous ramena dans cette même ville où tout nous retrace les plus affreux objets, et ne nous laissa pas même la consolation

22

de pleurer ensemble. Nous fûmes mises dans des prisons différentes, car quel nom donner à ces couvents où nous languis-
sions depuis quatre mois, gardées à vue, privées de tout
commerce et traitées en criminelles?

Jusqu'ici, Monseigneur, nous n'avons pu vous faire entendre nos voix; c'est par une espèce de miracle qu'une âme
charitable est enfin parvenue à réunir nos prières, nos plaintes
et nos larmes. Elles vous seront présentées; l'espérance
renaît dans nos cœurs. Vous ne permettrez pas, Monseigneur,
que nous finissions dans le désespoir notre déplorable vie.
Vous nous rendrez à cette mère qui ne peut vivre sans nous,
sans laquelle nous ne pouvons vivre...

A cette pièce signée des deux jeunes filles était jointe
une supplique de leur mère rédigée de la même main que
le placet. L'effet de cette démarche fut aussi prompt
qu'heureux. Dès les premiers jours de décembre, les
demoiselles Calas étaient libres.

Il sera beaucoup pardonné à La Beaumelle pour la
générosité vraiment courageuse dont il fit preuve en ces
tragiques circonstances. Il y avait, on en conviendra,
infiniment plus de mérite à défendre sur les lieux mêmes
les victimes du fanatisme, qu'à écrire au loin, comme le
faisait Voltaire, des brochures en leur faveur. Mme Calas
conserva toute sa vie à La Beaumelle une extrême
reconnaissance. Nous en avons la preuve dans la lettre
suivante qu'elle lui adressait en 1766, en lui envoyant la
fameuse estampe de Carmontelle où elle est représentée
en prison, avec ses filles, son fils, sa servante Jeanne
Viguière et le jeune Lavaysse (1) :

(1) La Beaumelle composa pour cette estampe les vers suivants :
  Tranquille en un cachot attendre sa sentence;
Par des arrêts de sang n'être point abattu;
C'est plaider pour Calas avec plus d'éloquence
Que l'orateur sublime armé pour sa défense.
  Il n'appartient qu'à la vertu
De demander des fers pour venger l'innocence.
         La Beaumelle.

Monsieur, je n'ay point ignoré les obligations que je vous ay et tous les services que vous m'avés rendus en toute occasion. M. de Lavaysse de Vidou m'a fait part, en dernier lieu, d'un très beau et très excellent mémoire que vous avés pris la peine de faire pour moy. Je n'ay point d'expression pour vous marquer ma reconnoissance; j'en suis pénétrée, n'en doutés pas, Monsieur; recevez-en mes plus sincères remerciemens, et soyés assuré de toute l'étendue de ma gratitude. Je voudrois trouver des occasions à vous convaincre de la vérité de mes sentimens que je ne puis que trop foiblement vous exprimer...

J'ai adressé à M. de Lavaysse père, à Toulouse, une de nos estampes pour vous faire passer. Je vous prie de l'accepter. Je souhaite qu'elle vous fasse plaisir. Vous y trouverés une parfaite ressemblance avec le cher beau-frère (Gaubert-Lavaysse). Nous le sommes aussy, mais non pas dans la même perfection... Ma famille vous assure, et à Mme de La Beaumelle, de leur respect; moy, je suis avec la plus parfaite considération votre, etc.

Anne-Rose Cabibel-Calas (1).

Nous n'avons pas à rappeler ici le dénouement de ce long procès : les juges désavoués, l'innocence des condamnés reconnue, leur famille royalement indemnisée, aux applaudissements, aux acclamations attendries de toute la France. « La pièce, disait Voltaire, a bien fini. C'est à mon gré le plus beau cinquième acte qui soit au théâtre (2). » La Beaumelle, du même coup, se trouva vengé des vexations et des outrages que lui avait fait subir le capitoul David. Cet homme, devenu l'objet de la réprobation universelle, fut destitué le 25 février 1765. La fureur, le dépit et peut-être aussi le remords lui firent perdre la tête; il tenta plusieurs fois de se tuer et finit par y réussir en se précipitant du haut de sa maison dans la rue.

(1) 30 mars 1766. Archives des Angliviels.
(2) Lettre à Cideville.

Ce fut seulement en 1764 que La Beaumelle, après avoir subi de longs ajournements, épousa Rose-Victoire de Lavaysse, veuve Nicol. Elle avait trente ans : elle était riche et maîtresse de son bien. Jolie par surcroît et d'un naturel charmant : la vivacité et la raison mêmes. Elle était le boute-en-train des salons de Mazères et de Toulouse, de ces salons méridionaux où, dans les temps les plus difficiles, on savait se tenir en joie. Elle y fournissait le sel qui sans elle eût parfois manqué.

M. de Lavaysse avait fait à ce mariage une certaine opposition. La Beaumelle, tout rangé qu'il semblait être, et malgré les services exceptionnels qu'il lui avait rendus, l'effrayait un peu ; il eût préféré d'ailleurs, dans l'intérêt de ses autres enfants, que sa fille ne se remariât pas ; mais surtout il redoutait la colère et les reproches de Voltaire, dont il était publiquement l'obligé, et qui ne devait pas manquer de voir dans son consentement à une telle alliance un acte d'ingratitude. Le mariage de La Beaumelle fut en effet le signal, entre Voltaire et lui, d'une guerre nouvelle que nous allons raconter.

# CHAPITRE XVIII

Voltaire reprend l'offensive. — Il dénonce La Beaumelle au ministère, l'accuse du crime de lèse-majesté. — Témoignages décisifs en faveur de La Beaumelle. — *Commentaire de la Henriade.* — *Examen de l'Histoire de Henri IV.*

La Beaumelle, après son mariage (1), s'était retiré à la Nogarède, maison de campagne que sa femme possédait aux environs de Toulouse, près de Mazères. Il acquit cette année même la baronnie du Carlat, avec ses droits de haute et basse justice, sa chasse seigneuriale et un revenu d'environ deux mille livres. L'église de cette petite ville, patrie de Bayle, menaçait ruine ; il contribua à sa reconstruction et donna une maison au curé. Il fit cela sans bruit et ne tomba point dans le ridicule qu'il avait reproché à Voltaire : il n'eut rien du bourgeois gentilhomme. Il écrivait à son frère : « Je suis l'homme le plus content depuis que je suis marié. Tous mes soins se réduisent à quelques impatiences sur le service de la maison, à quelques regrets sur la mort subite d'un bœuf ou d'un mouton, à quelque crainte d'une mauvaise récolte. Je suis fort tranquille entre ma femme et mes livres (2). »

Mme de La Beaumelle l'aidait dans ses travaux, lui servait de copiste, de secrétaire, le soulageait d'une partie de sa correspondance. C'était elle, le plus souvent, qui écrivait à Jean Angliviel ; ses lettres, qui ont été conser-

(1) 23 mars 1764.
(2) Janvier 1765.

vées, n'offrent pas un grand intérêt historique ou biographique, mais la font connaître comme une personne très
intelligente, très instruite, pleine de fermeté, très charitable, très tendre pour les siens. Jean Angliviel venait
d'avoir, d'un second mariage, une fille qu'il disait fort
laide. « Peu importe, lui écrit-elle, que ma nièce soit
laide. Dieu lui donne une longue vie et beaucoup de
frères. Nous lui donnerons des airs, des manières, des
façons; nous la ferons gentille et aimable. Elle sera laide?
Je lui donnerai une robe de plus. »

Le ménage était uni et heureux. Ils voyaient beaucoup
de monde et du meilleur. Une vie nouvelle commençait
pour La Beaumelle, devenu, semblait-il, un autre homme.
Les services rendus par lui à ses coreligionnaires, son
intervention si honorable dans l'affaire Calas, et enfin son
mariage, lui donnèrent ce qui avait pu lui manquer
parfois, au cours de sa vie agitée, la considération.
M. de Saint-Florentin, qui ne l'avait point perdu de
vue, cessa de lui tenir rigueur, et l'autorisa sur sa demande, en des termes fort bienveillants, à faire le voyage
de Paris, où l'appelaient quelques affaires (1). La Condamine l'y attendait avec impatience, et lui offrait l'hospitalité dans sa maison.

Vous y trouverez, lui écrivait-il, à qui parler. J'ai chez
moi, les dimanches, quelques amis gens de lettres qui viennent
causer et prendre du chocolat. Lalande en est, l'abbé Trublet
et quelques autres que vous ne connoissés pas; un jeune
homme de beaucoup d'esprit qui a été Père de l'Oratoire six ou
sept ans, janséniste et convulsionniste, qui est aujourd'hui
philosophe et se rit de tout... un Juif portugais de Hollande,
qui aspire au bel esprit, raffole de la littérature française et fait
des brochures... Marmontel qui y vient quelquefois, et, par-ci

(1) 6 mars 1764.

par-là, des étrangers qui me sont recommandés. Je voudrois que vous en fussiés.

Un accès d'asthme fort douloureux empêcha La Beaumelle de faire ce voyage, qui fut remis d'année en année jusqu'en 1770. Sa santé était déjà fort affaiblie; il avait besoin de se ménager beaucoup; il ne pouvait plus se livrer à des travaux trop prolongés; la lassitude venait très vite, accompagnée de fièvre et d'insomnie. Dans l'été de 1766, il alla aux eaux de Barèges avec sa femme. Il en revint soulagé, mais non guéri. Il écrivait peu, ne publiait rien. Nous ne trouvons d'autre ouvrage de lui à signaler, durant les trois premières années qui suivirent son mariage, qu'un *Mémoire pour Mme Teissier de Montpellier*, 1766, in-12.

Il ne songeait plus à Voltaire : mais Voltaire ne l'oubliait pas. Le nom de La Beaumelle, escorté d'observations injurieuses, revenait à tout propos sous sa plume; il le prenait à partie non seulement dans ses opuscules satiriques comme les *Contes de Guillaume Vadé* ou comme certains chants nouveaux de la *Pucelle*, mais dans des ouvrages plus sérieux, auxquels La Beaumelle n'avait rien à voir, l'*Histoire de Pierre le Grand* par exemple.

En 1761, avait paru à Toulouse une brochure intitulée : « Lettre du czar Pierre à M. de Voltaire sur son Histoire de Russie. » Cette critique extrêmement fade et plate a été faussement attribuée à La Beaumelle, qui ne l'a, en aucun temps, revendiquée ou reconnue pour sienne. La Condamine, après l'avoir lue, lui écrivait qu'il ne pouvait croire qu'un si pauvre ouvrage fût de lui. On en parla néanmoins, Voltaire s'en émut certainement, et ce fut peut-être à sa prière que M. de Saint-Priest, intendant de Languedoc, fit faire à Toulouse, par un subdélégué, nommé Amblard, une enquête à ce sujet.

Il y a quelque temps, Monsieur, écrivait le 17 mars 1761 M. de Saint-Priest à Amblard, qu'il a paru dans le public une brochure intitulée : *Lettre du czar Pierre,* etc., qui a été imprimée à Toulouse. Je vous prierois de vous informer *secrètement et sûrement* quel en est l'auteur ; c'est une curiosité que j'ay et que je voudrois satisfaire.

Le subdélégué répondit (28 mars) :

Le bruit a couru icy que La Beaumelle étoit l'autheur de la *Lettre...,* et l'on a été d'abord dans cette prévention parce qu'on connoît les démêlés littéraires qu'ils ont eus ensemble. Mais les connoisseurs n'y ont pas trouvé le style du sieur La Beaumelle, et le bruit commun est que cette lettre est l'ouvrage d'un jeune homme appelé Vacquier... lequel à la vérité est lié avec le sieur La Beaumelle, qui peut bien, par cette raison, avoir [eu] quelque part à cet ouvrage et en avoir même donné le plan... (1).

Ce renseignement dut être communiqué à Voltaire qui dédaigna de répondre au libelle, mais ne s'en fit pas moins un grief de plus contre son ancien adversaire.

En 1763, le libraire Nourse de Londres donna sous ce titre : *Lettres de M. de La Beaumelle à M. de Voltaire,* une nouvelle édition très augmentée de la *Réponse au Supplément.* Il s'était servi pour cette publication d'un exemplaire de l'édition de 1754, que lui avait envoyé l'auteur, exemplaire autrefois remanié et corrigé par lui, en vue d'une réimpression possible. Il n'était question dans ces lettres à Voltaire, fort allongées, mais reproduites sous leurs anciennes dates, que de faits antérieurs à 1754. Volontairement, La Beaumelle laissait sans réponse les attaques plus récentes de son ennemi, entre autres ce passage, si souvent cité depuis, du dix-huitième chant de la *Pucelle* (c'est Frélon — lisez Fréron — chef des galériens, qui parle) :

(1) Archives de la Haute-Garonne, C. 147. Document recueilli par feu M. Charles Barry.

Pour le dernier de la noble séquelle,
C'est mon soutien, c'est mon cher La Beaumelle.

. . . . . . . . . . . . . .
Esprit distrait, on prétend que parfois,
Tout occupé de ses œuvres chrétiennes,
Il prend d'autrui les poches pour les siennes.
Il est d'ailleurs si sage en ses écrits !
Il sait combien, pour les faibles esprits,
La vérité souvent est dangereuse;
Qu'aux yeux des sots sa lumière est trompeuse,
Qu'on en abuse; et ce discret auteur
Qui toujours d'elle eut une sage peur
A résolu de ne la jamais dire (1).

Mais, s'il ne voulait plus avoir de démêlés publics avec
Voltaire, La Beaumelle n'en était pas moins sensible à
ses calomnies; il en redoutait l'effet sur l'esprit des ministres. La préface de l'*Histoire de Pierre le Grand* venait de
renouveler contre lui les accusations qui, par deux fois,
l'avaient fait mettre à la Bastille. Il crut prudent de dénon-
cer au Parlement de Toulouse les écrits qui le diffamaient :
il s'en plaignit et en demanda la suppression dans une
requête en forme; cette requête fut répondue d'un *Soit
communiqué aux gens du Roi*. Mais vers ce temps-là précisément survint le procès Calas qui occupa tous les esprits.
La Beaumelle s'y intéressa plus qu'à sa propre affaire.
Aussi bien, il lui devenait impossible de poursuivre devant
les juges des Calas, ses clients, l'homme qui s'était fait,
comme lui, leur défenseur. Enfin la famille de Lavaysse,
à laquelle il s'alliait alors, professait à l'égard de Voltaire
des sentiments de reconnaissance et d'admiration qu'il
dut respecter, et qu'un moment même il partagea; nous
en avons la preuve dans quelques passages de ses lettres
à Paul Rabaut.

Cependant M. de Lavaysse, qui eut avec Voltaire, avant
et pendant l'affaire Calas, une correspondance très suivie,
n'osa point lui faire part du second mariage de sa fille.

(1) VOLTAIRE. Édit. Beuchot, XI, 286.

Ce fut tout à fait par hasard, et longtemps après le fait accompli, que Voltaire en fut informé. Il en ressentit une violente colère et cessa pendant quelque temps de répondre aux lettres de M. de Lavaysse. Il crut pourtant devoir le remercier, le 30 janvier 1767, de ses vœux de nouvelle année. Il le fit dans les termes suivants :

Votre souvenir, Monsieur, est une de mes plus douces consolations dans ma vieillesse infirme et douloureuse... J'ai voulu quelquefois faire un peu de bien ; ma récompense est de souffrir beaucoup de mal de toute façon... Un de mes chagrins est qu'un homme aussi estimable que vous soit, malgré lui, le beau-père d'un homme pour qui je suis forcé d'avoir des sentiments diamétralement opposés à ceux avec lesquels je serai, jusqu'au dernier moment de ma vie,

Votre, etc.

VOLTAIRE (1).

Dans une autre lettre à M. de Lavaysse datée du 16 mai suivant, Voltaire, que son correspondant avait essayé vainement d'apaiser, lui réitérait presque dans les mêmes termes ses doléances :

Ma destinée, disait-il, a voulu que j'aie rendu service à plus d'un Languedochien (sic). Mon seul chagrin est qu'un de vos compatriotes ait toujours été mon ennemi, et que cet ennemi ait eu l'honneur d'épouser madame votre fille. Vous sentez quelle énorme différence je dois faire entre son respectable beau-père et celui qui ne méritait pas l'honneur d'être son gendre (2).

Il semble que Voltaire ait voulu, par ces plaintes grosses de menaces, préparer les Lavaysse au coup véritablement odieux qu'il méditait en ce moment même contre La Beaumelle.

Il supposa avoir reçu de Lyon quatre-vingt-quinze

(1) Archives des Angliviels. La signature est autographe. Le corps de la lettre est de la main d'un secrétaire. Timbre de la poste de Genève.
(2) Archives des Angliviels.

lettres anonymes dont il envoya la dernière — la seule, disait-il, qu'il eût conservée — au ministère, en accusant La Beaumelle d'en être l'auteur. Il l'accusait en même temps pour la centième fois d'avoir, dans ses notes du *Siècle de Louis XIV,* en 1752, outragé et calomnié toute la famille royale.

Le prédicant La Beaumelle ne fut puni, ajoutait-il, que par quelques mois de Bissêtre ; mais son châtiment étant peu connu, et son crime étant public, mon devoir est de prévenir, dans toutes les occasions, les suites de ce crime, et de faire connaître aux Français et aux étrangers quel est l'homme qui a falsifié ainsi l'histoire du siècle de Louis XIV... Je dois demander quelle foi on doit ajouter à un homme qui, dans un autre libelle intitulé *Mes pensées*, a insulté les plus illustres magistrats du conseil de Berne... (1) et Mgr le duc de Saxe-Gotha à qui je suis très attaché depuis longtemps. J'atteste ce prince et Mme la duchesse de Saxe-Gotha qu'il s'enfuit de leur ville capitale avec une servante après un vol fait à la maîtresse de cette servante (2). Je ne relèverais pas cette turpitude criminelle si je n'y étais forcé par la lettre insolente qu'on m'écrit... (3). »

La pièce imprimée d'où nous extrayons ce passage avait été envoyée par Voltaire, avec la prétendue lettre anonyme, à M. de Saint-Florentin ; elle porte la date du 24 avril 1767. Il en adressa en même temps un exemplaire à La Beaumelle. Celui-ci, retenu au lit par la fiè-

(1) Dans *Mes pensées*, parlant du gouvernement de Berne, La Beaumelle remarquait : 1° que, de démocratique qu'il était à l'origine, le gouvernement était devenu aristocratique ; 2° que cette aristocratie, se resserrant tous les jours et étant bornée déjà à six familles, tendait au despotisme, ou du moins au gouvernement d'un seul. Ce passage, dès la première publication du livre, avait déplu aux magistrats de Berne, qui en avaient fait faire la critique dans le *Mercure* de Neuchâtel. Voltaire parvint à réveiller leur ressentiment. Ils adressèrent, sur ses conseils, une plainte au duc de Choiseul, qui n'y donna, semble-t-il, aucune suite.

(2) Voir chapitre VII, page 106.

(3) *Lettre de M. de Voltaire*, 4 pages petit in-12, sans indication de lieu ni d'imprimeur.

vre, et dans un état de langueur qui faisait craindre pour sa vie, avait cessé depuis plusieurs jours de dépouiller lui-même sa correspondance. Ce fut Mme de La Beaumelle qui ouvrit le paquet. Sans attendre les conseils de son mari, et cédant au premier mouvement de son indignation, elle adressa à Voltaire la lettre suivante. Nous la reproduisons d'après le brouillon chargé de ratures qu'elle en avait conservé.

Vous êtes, Monsieur, un cruel homme. Depuis douze ans, mon mari n'a pas écrit une syllabe contre vous : depuis quatre ans, je m'occupe à lui faire oublier toutes ces misères d'auteur. Et tandis que je me flatte d'avoir réussi, je reçois par la poste une lettre horrible que vous écrivez au public contre lui. J'ai été, je vous l'avoue, désolée de ces nouvelles hostilités. M. de La Beaumelle est dans un état à n'avoir pas besoin d'émotions violentes. Je crois donc devoir vous écrire, Monsieur, avant de lui montrer cette pièce, afin que, si vous reconnoissez votre tort, comme je l'espère, cette affaire n'aille pas plus loin.

Je vous proteste d'abord, avec toute la vérité possible, que mon mari n'a aucune part aux lettres anonymes qui vous ont été écrites soit de Lyon, soit d'ailleurs. Je vois tout ce qu'il écrit. Depuis plus de dix-huit mois il est en proie à des douleurs de tête qui ne lui laissent aucun repos... Uniquement occupé de sa santé, renfermé dans sa solitude, il est bien éloigné de vous attaquer. J'avois obtenu de lui qu'il supprimeroit l'éloge de M. de Maupertuis où vous ne jouez point un rôle avantageux. Votre traité sur la tolérance l'avoit charmé; il parloit de vos talens avec admiration, et jamais de ses démêlés avec vous. Et, quoiqu'il n'eût pas médiocrement contribué au rétablissement des Calas, tant par des effets réels que par des mémoires d'après lesquels MM. de Beaumont, Loiseau, Mariette et vous-même agîtes et travaillâtes, cependant il vous voyoit avec joie vous en attribuer toute la gloire et vous l'attribuoit lui-même dans l'occasion.

Enfin je croyois que toutes ces vieilles animosités étoient assoupies pour jamais, lorsque je reçois cette circulaire où vous renchérissez sur tous vos excès passés.

... En écrivant que mon mari *est un prédicant, qu'il a été à Bicêtre, qu'il a fui avec une servante après un vol fait à la maîtresse de cette servante,* prétendez-vous faire croire ce que sûrement vous ne croyez pas vous-même ? Vous savez très bien que c'est à la Bastille qu'il a été, où l'on met les auteurs imprudens, et non pas à Bicêtre, où l'on met les malfaiteurs. Vous savez très bien qu'il n'est, ni n'a jamais été prédicant. Tout Genève peut vous l'avoir dit. Il y avoit fait une partie de ses études aux dépens de son père. Vous pouvez l'avoir trouvé inscrit dans la matricule des étudians ; mais sûrement il n'eut jamais l'honneur d'être inscrit, comme vous l'avancez, dans le registre de la compagnie des ministres. Voilà pour ce qu'il a été. Quant à ce qu'il est aujourd'hui, il est seigneur direct, haut, moyen et bas justicier du Carla, ville du comté de Foix... cette qualité paraît assez incompatible en France avec celle de prédicant.

Je ne parle point du reste. Une imposture semblable à celle de sa condamnation aux galères pour avoir pris l'habitude de fouiller dans les poches de son prochain... se réfute elle-même. Je vois bien que vous ne voulez que l'inquiéter parce que vous croyez qu'il est votre ennemi. Mais je vous assure qu'il ne l'est pas maintenant... Que vous reviendra-t-il au bout ?... S'il se défend, en serez-vous plus avancé ? Est-il possible qu'à votre âge vous ne puissiez vous résoudre à jouir de votre gloire et à laisser jouir les autres de leur obscurité ? Mon mari ne reprendra plus la plume contre vous ; du moins je l'espère de mes instances, je l'espère même de votre équité...

Vous dotez la petite-nièce de Corneille ; vous défendez Calas, vous donnez un asile et des protecteurs à ce pauvre Sirven. Tout cela est bien beau ; mais le premier devoir est d'être juste... (1).

Et elle termine en le conjurant, au nom de la postérité qui ne les lui pardonnerait pas, de rétracter ses calomnies (2).

(1) 12 juin 1767. Archives des Angliviels.
(2) Deux jours après (14 juin), elle écrivait à son beau-frère, Jean Angliviel : « Que direz-vous de Voltaire ?... Je lui écrivis jeudi dernier... Ma lettre fut bien faite. Elle est polie ; mais je parle en femme qui aime son mari et qui est sensible. Je lui demande une rétractation publique. »

Mme de La Beaumelle écrivit le même jour à son père pour l'informer du fait et le prier d'écrire de son côté le plus fortement possible à Voltaire. M. de Lavaysse, qui jusqu'ici s'était montré assez timide vis-à-vis du grand homme et n'avait pris que très faiblement, dans sa correspondance avec lui, la défense de La Beaumelle, changea cette fois d'attitude. La lettre qu'il adressa sur-le-champ à Voltaire, et dont il envoya une copie à sa fille, fut telle que le souhaitait celle-ci.

J'avois vu, lui disait-il, dans quelqu'une des lettres que vous m'avez fait l'honneur de m'écrire, que vous aviez encore le cœur ulcéré contre M. de La Beaumelle. Je n'ai jamais su en quoi il vous avoit manqué; mais ce que je sais bien, c'est que depuis qu'il est marié à une de mes filles, toutes les fois que j'ai eu occasion de le voir et qu'il a été question de vous, Monsieur, et de tout ce que vous faites pour le bonheur du genre humain, il a applaudi à toutes les louanges qu'on vous donnoit et qui vous sont dues à tant de titres...

Ma fille me marque qu'ayant ouvert un paquet adressé à son mari qui depuis longtems est malade, elle y a trouvé une lettre imprimée, adressée au public en votre nom, dans laquelle son mari est accusé d'être un prédicant, un voleur, etc. Je suis convaincu, Monsieur, que la main ennemie de laquelle sont parties les lettres [anonymes] faussement attribuées à M. de La Beaumelle a tracé celle qui vient de paroître sous votre nom... *Je ne vous ferai pas l'injure de croire que, quelle que puisse être votre animosité contre lui, vous vous fussiez permis de pareilles invectives.* Une foule de faiseurs de libelles qui ne vivent que de leurs calomnies n'écrivent que pour tâcher de flétrir les auteurs qui ont mérité l'estime publique. Ce sont là, Monsieur, vos vrais ennemis; c'est des noires vapeurs de leur cerveau que sont sorties les lettres contre vous et celle qui vient de paroître contre M. de La Beaumelle...

Ma fille, j'ose le dire, a quelque mérite : elle vous honore infiniment. Elle est à peu près témoin de tout ce que son mari écrit; et sûrement si, depuis leur mariage, il avoit voulu écrire contre vous, elle auroit arrêté sa plume. Vous pouvez l'en croire sur tout ce qu'elle vous a marqué dans sa lettre.

Il est trop évident que Lavaysse ne doutait en aucune façon de l'authenticité du libelle, et que s'il avait l'air de n'y pas croire, c'était par un pur artifice de rhétorique et pour pouvoir dire plus nettement à Voltaire ce qu'il en pensait. Voltaire, qui eût bien voulu ne pas se brouiller tout à fait avec lui, ne releva point cette appréciation. Il se contenta de joindre à la réponse un peu embarrassée qu'on va lire, un second mémoire imprimé qu'il avait l'intention d'insérer dans une prochaine édition du *Siècle de Louis XIV*, et dont nous aurons l'occasion de reparler.

A Ferney, 29 juin 1767.

Votre lettre, Monsieur, a croisé la mienne (1), vous verrez par l'imprimé cy-joint quel est le sujet de ma juste indignation. Vous savez que j'appris avec douleur, il y a deux ans, le triste choix qu'avait fait madame votre fille. Je l'avois toujours ignoré. Il est sans doute cruel pour moy qu'elle soit la femme d'un homme qui m'a outragé, moy et ma famille, avec la dernière indignité, sans que je l'eusse jamais offensé.

Je vous avoue que je n'ay adressé en dernier lieu mes plaintes qu'à un très petit nombre de personnes, et la lettre anonyme est encore en original entre les mains d'un premier commis qui n'en fera usage auprès des ministres qu'à ma requête. Il est certain, Monsieur, que cette affaire peut devenir très grave. J'ay toutes les preuves en main. J'ay des libelles signés de la main de l'homme qui ne devoit pas s'attendre à vous appartenir un jour. Il ne mérite pas que je luy pardonne. Mais il n'y a rien que je ne fasse pour un homme de votre mérite et pour madame votre fille à qui on n'a rien à reprocher que de s'être abaissée jusqu'à luy. Je la plains et je la respecte. Je ne m'attendois pas à cette désagréable aventure : j'ay pour ennemi votre gendre. Mais je compte sur l'équité

(1) Voltaire venait d'envoyer à Lavaysse la copie de sa réponse à Mme de La Beaumelle, réponse qu'on lira plus loin. Cette copie était accompagnée d'une courte lettre à laquelle il fait ici allusion.

de son beau-père; il sait qu'en toute affaire c'est l'agresseur
qui est coupable. J'ose vous faire juge entre luy et moy.

J'ay l'honneur d'être avec tous les sentiments que je vous
dois, Monsieur, votre, etc.

VOLTAIRE.

Malgré le ferme langage que lui a tenu Lavaysse, il
espère encore, sinon le convaincre, du moins l'ébranler
par la persistance de ses accusations. Il serait d'ailleurs
bien embarrassé de mettre au jour les preuves qu'il dit
avoir en main; mais il n'en compte pas moins sur l'effet
d'une telle menace. Sa réponse à Mme de La Beaumelle
est d'un autre ton; comme il n'avait pas reçu encore,
lorsqu'il la rédigea, la lettre de Lavaysse, il y montre une
confiance plus grande dans ses procédés d'intimidation;
il voit d'avance le ménage troublé, la famille désunie, et
s'en réjouit cordialement.

Voici ce morceau, chef-d'œuvre d'impertinence et de
méchanceté :

La dame qui m'écrit est fille d'un homme que j'estime, et
femme d'un homme qui m'a outragé. J'ignore si son mari a
été à la Bastille ou à Bicêtre, mais je sais qu'il méritait un
châtiment plus terrible pour avoir insulté Louis XIV, le duc
d'Orléans régent et tous les ministres. Ce ne sont point icy
des sottises littéraires, mais des crimes. Ils sont à la vérité
les crimes d'un fou, mais ils n'en sont pas moins punissables.

La lettre anonime que j'ai reçue est en original dans le
bureau des ministres, et j'en ai gardé une copie authentique.
Tout ce que j'ai écrit à ce sujet est vrai, est prouvé et sera
soutenu par moi. Quand on a été coupable de telles atrocités,
il n'y a d'autre parti à prendre que celui du repentir. L'insolence dans l'opprobre n'est jamais qu'une mauvaise ressource.
On paie cher longtemps les emportemens d'une jeunesse
effrénée. Si la fille d'un homme de bien qui a eu le malheur
d'épouser un homme si coupable veut lui épargner les horreurs attachées à une si mauvaise conduite, elle doit commencer par le faire rougir, et finir par le rendre honnête

homme. Ce n'est qu'à ce prix que je puis oublier les actions infâmes. Je suis fâché d'affliger cette dame, mais elle ne doit s'affliger que des fautes de son mari et ne songer qu'à en hâter la réparation.

Au château de Ferney, 25 juin.

VOLTAIRE (1),<br>Gentilhomme ordinaire du Roy.

M. de Lavaysse essaya encore à plusieurs reprises de faire entendre raison à Voltaire; le jeune Lavaysse, qui avait été reçu à Ferney et que son illustre protecteur semblait affectionner beaucoup, fit auprès de lui de pressantes démarches; d'Argental et Damilaville, honteux de l'acharnement féroce avec lequel ils le voyaient poursuivre un adversaire désarmé, essayèrent aussi de le fléchir (2). Rien n'y fit. Nous ne citerons pas ici ses réponses à Damilaville et à d'Argental : on peut les lire

(1) Deux exemplaires de cette lettre sont conservés dans les Archives des Angliviels. Un seul est daté et porte la signature de Voltaire; l'autre est la copie envoyée par Voltaire à Lavaysse.

(2) La Condamine avait sollicité cette intervention de d'Argental. Il en informa La Beaumelle dans une lettre datée du 16 août 1767 :

« J'ai écrit à M. d'Argental; je ne lui dis que ce qu'il faut lui dire; je lui fais un extrait de votre lettre. Je lui peins votre état; je lui dis que vous aviez applaudi à plusieurs nouveaux ouvrages de Voltaire, comme *Candide*, et prodigué les éloges à l'occasion des Calas. Je lui parle de vos dispositions passées et présentes, de vos griefs, de votre justification. Je lui laisse entrevoir que vous avés en mains de quoi vous venger et de quoi désoler Voltaire. Je lui dis qu'il n'y a que lui qui puisse le contenir et qu'il le doit, s'il a le repos de son ami à cœur. »

A quelques jours de là, 5 septembre, La Condamine envoyait à La Beaumelle l'extrait suivant de la réponse que lui avait faite d'Argental :

« Quant à La Beaumelle, vous prêchés, Monsieur, un homme converti, mais qui n'en sait pas assés pour convertir M. de Voltaire. Comptés qu'il n'y a rien que je n'aie tenté *pour le ramener à la raison*, sans avoir pu y réussir. Il est vrai que notre correspondance a été depuis quelque tems interrompue par la maladie de Mme d'Argental... elle est hors de tout danger, et je vous promets de faire de nouveaux efforts pour persuader M. de Voltaire, ne désirant rien tant que de procurer son repos et de vous prouver, etc. »

La Condamine ajoutait prudemment :

« N'allés pas me commettre en imprimant cet extrait. »

(Archives des Angliviels.)

23

dans toutes les éditions de sa correspondance. Nous ne reproduirons pas davantage, bien qu'elles soient inédites, ses dernières lettres aux Lavaysse : il y répète à satiété et jusqu'au rabâchage les mêmes accusations.

La Beaumelle, remis de la crise qui l'avait tenu quelque temps alité, avait pris connaissance des deux mémoires de Voltaire et s'apprêtait à y répondre, lorsqu'il reçut en communication, du marquis de Gudane, commandant du pays de Foix, une lettre adressée à ce dernier par M. de Saint-Florentin, et qui était ainsi conçue :

Le sieur de La Beaumelle qui habite présentement, Monsieur, à Mazères, au pays de Foix, a écrit une infinité de lettres anonymes à M. de Voltaire, lesquelles, quoique sans signature, et particulièrement la dernière, ne laissent aucun doute qu'elles ne soient de lui ; vous voudrés bien l'avertir de se tenir tranquille et de laisser en repos M. de Voltaire. Tous ces écrits anonymes ne pourroient que lui attirer des désagrémens s'il les continuoit(1).

M. de Gudane avait joint à cette lettre quelques mots d'envoi fort peu aimables (2). La Beaumelle lui répondit aussitôt :

Monsieur, je reçois dans ce moment votre lettre du 25 juillet avec la copie de celle de M. de Saint-Florentin. Je me hâte de vous répondre que vos désirs seront parfaitement remplis, et qu'assurément je n'écrirai pas plus à Voltaire de lettres anonymes que je ne lui en ai écrit. Je ne saurois ce que c'est que ces lettres anonymes si je ne l'avois appris par un libelle horrible contre moi qu'il m'a envoyé par la poste, et par un autre libelle non moins atroce qu'il vient d'adresser au juge et au curé. Il s'y plaint de quatre-vingt-quinze lettres

(1) Archives des Angliviels.
(2) « Je désire, Monsieur, plus que je ne l'espère, que la lettre du ministre vous contienne sur l'objet qui la détermine, et sur bien d'autres.
« J'ai l'honneur d'être très parfaitement, Monsieur, votre, etc.
« GUDANE. »
Archives des Angliviels.

anonymes qu'il prétend que je lui ai écrites, et il dit qu'il a envoyé la quatre-vingt-quinzième au ministère. Je n'ai pas plus de part à ces lettres que le Grand Turc. Il y a longtems que la guerre est ouverte entre Voltaire et moi; et si j'étois d'humeur à l'attaquer, je n'aurois que faire de prendre le masque de l'anonyme. Je l'ai repoussé assez vigoureusement à la face de l'univers pour n'avoir pas besoin de recourir aux voies obliques... Je ne doute pas que ces quatre-vingt-quinze lettres anonymes ne soient une fable, et peut-être a-t-il fabriqué lui-même celle qu'il a envoyée à M. le comte de Saint-Florentin...

Voilà, Monsieur, ce que j'ai cru devoir vous marquer, tant pour vous instruire vous-même du fait que pour me justifier auprès de M. le comte de Saint-Florentin, supposé que vous jugiés à propos de lui rendre compte de mes sentimens (1).

M. de Gudane avait été pendant quelque temps assez lié avec La Beaumelle. C'est à lui, selon toute apparence, que La Beaumelle faisait allusion dans ses lettres à Paul Rabaut lorsqu'il lui parlait d'un seigneur de ses amis favorable aux protestants et qui accepterait d'être leur représentant à Paris, moyennant une certaine indemnité. La somme demandée parut trop forte, et, comme on l'a vu plus haut, le synode national n'adopta pas cette proposition. Le marquis, si notre conjecture est fondée, dut être passablement mortifié de s'être prêté à cette inutile et un peu compromettante démarche. Toujours est-il qu'après avoir témoigné aux protestants de Mazères un vif intérêt, après leur avoir accordé, entre autres faveurs, celle d'ouvrir dans le pays une école publique, il leur retira subitement sa bienveillance et ferma cette école. En même temps se brouillait avec La Beaumelle. Ce fut sans le moindre ménagement, et par une escouade de la maré-

1) Archives des Angliviels.

chaussée, qu'il lui fit communiquer les ordres du mi
nistre.

La Beaumelle s'en plaignit à M. de Saint-Florentin
dans une lettre que, après réflexion, il crut devoir lui adresser pour sa défense, et dont voici les principaux passages :

Monseigneur, M. le marquis de Gudane m'a fait part de
vos intentions touchant certaines lettres anonymes que le
sieur de Voltaire prétend que je lui ai écrites. Je vous jure,
Monseigneur, que de mes jours je ne lui en ai écrit ni songé
à lui en écrire une seule... On ne va point dire des injures à
l'oreille d'un tel calomniateur; ce n'est pas même avec de
l'encre qu'on lui répond. Si j'étois d'humeur à me venger de
tant d'outrages, loin de prendre le masque de l'anonyme, je
serois bien fâché qu'il pût attribuer à d'autres qu'à moi les
coups que je lui porterois.

Cependant, vous paroissez persuadé, Monseigneur, que je
suis l'auteur de ces lettres anonymes, et qu'elles portent leur
preuve en elles-mêmes. C'est chose où je me perds, et je ne
conçois pas que la fraude ou le hasard ayent pu composer
ces pièces de manière à en faire tomber tous les soupçons sur
moi exclusivement. Je vous conjure à mains jointes, monseigneur, de m'en envoyer une copie. Il m'est important de vous
détromper. Car si le sieur de Voltaire lui-même n'en est pas
l'auteur, comme le début de la dernière (*j'ose risquer une quatre-
vingt-quinzième lettre*) semble le persuader... la source de ces
lettres n'est pas encore prête à tarir, puisque, d'un côté, l'offensé montrant une extrême sensibilité là-dessus, et de l'autre
l'offenseur apprenant par les deux derniers libelles de Voltaire
contre moi qu'il me les attribue, il est plus que vraisemblable
que cet anonyme, sûr de n'être pas découvert, continuera de
harceler son ennemi...

Il [Voltaire] vous prie de m'ordonner de le laisser en repos.
Je vous proteste avec vérité que je ne songeois guère à lui,
avant ses dernières diffamations, et je vous supplie à mon tour
de lui imposer la même loi à mon égard... Avec quelle pudeur
ose-t-il implorer l'autorité contre moi, pour des injures que je

ne lui ai point faites, tandis qu'il se fait lui-même justice de ces prétendues injures par des libelles imprimés?

Du reste, permettez-moi de me plaindre à vous, Monseigneur, de la manière dont vos intentions m'ont été signifiées. Une escouade de la maréchaussée vient faire une irruption dans la maison d'un particulier paisible. Je suis assuré que vous n'avez aucune part à cet éclat, et que M. le marquis de Gudane a plutôt suivi quelque ressentiment personnel que vos intentions (1).

La sincérité de La Beaumelle nous paraît hors de doute. Les lettres anonymes n'étaient pas son œuvre; et nous ne serions pas éloigné de croire avec lui que cette quatre-vingt-quinzième, la seule qui fût produite et qui sans doute eût jamais existé, avait été fabriquée par Voltaire lui-même. C'est de Lyon que Voltaire prétendait l'avoir reçue : on sait qu'il avait à Lyon des relations nombreuses; il songea, précisément vers cette époque, à y faire un voyage; il y alla peut-être; ses lettres à Damilaville signées du pseudonyme de Boursier font plus d'une fois allusion à ce projet. Il a pu du moins, en prévision d'un séjour possible dans cette ville, y envoyer un homme de confiance; cet homme, en lui cherchant un logement, a pu mettre une lettre à la poste. Il avait à son service des gens à tout faire, tels par exemple que ce Galien, dit Galien de Salmoran, dont il se plaignit plus tard, mais dont il paya toujours les dettes (2).

Au reste, en 1769, de l'aveu de Beuchot, Voltaire s'adressa à lui-même une lettre anonyme, y répondit et publia sous forme de brochure ces deux morceaux dirigés contre Nonotte (3). Ces supercheries lui étaient on ne peut plus familières.

(1) 30 juillet 1767. (Archives des Angliviels.)
(2) VOLTAIRE, édit. Beuchot, LXIV, 517, et ailleurs.
(3) VOLTAIRE, édit Beuchot, XLV, 138. Ici encore, Voltaire a soin d'indiquer le lieu de provenance. « L'adresse, dit-il, est : A M. de Voltaire, gen-

L'un des deux libelles dont La Beaumelle se plaignait à M. de Saint-Florentin avait pour titre : *Mémoire présenté au ministère de France et qui doit être mis à la tête de la nouvelle édition qu'on prépare du « Siècle de Louis XIV ».* Le pays de Foix et tout le Languedoc en furent inondés. Le premier consul du Carlat, M. de Brugère, en reçut un exemplaire accompagné d'une lettre par laquelle Voltaire le priait de lire avec attention ce mémoire, ajoutant qu'un exemplaire semblable avait été envoyé à tous les ministres d'Etat, et que le commandant du pays de Foix avait menacé le sieur de La Beaumelle, de la part du Roi, des châtiments les plus sévères s'il continuait ses calomnies. M. de Brugère, qui était, contrairement à ce que supposait sans doute Voltaire, en parfaites relations avec le seigneur du Carlat, s'empressa de lui envoyer ce paquet sans le montrer à personne. Mais d'autres exemplaires, adressés au bureau de poste de Mazères, furent distribués dans toute la ville. On les lisait aux carrefours. La Beaumelle en reçut un, que cette fois il ouvrit lui même. Il en fut exaspéré.

Ma vengeance est prête, écrivait-il à son beau-père; je publierai la *Vie de Maupertuis* où il est écrasé par la plume du roi de Prusse... J'ai quatre ou cinq brochures prêtes... J'ai déjà écrit à Paris et à Lausanne pour m'assurer deux imprimeurs en cas de besoin; je donnerai une édition complète de ses œuvres comme il en a donné une de Mme de Maintenon avec des notes satiriques contre moi. J'aurai par là occasion de réfuter tant de sottises dont il me harcèle depuis nos anciennes hostilités.

Et il envoyait en même temps à Lavaysse la copie d'une courte lettre qu'il venait d'adresser à Voltaire :

Du 22 juin 1767.

Le directeur de la poste de cette ville vient de me commu-

tilhomme ordinaire du Roi, au château de Ferney, pays de Gex. Le timbre est : Dauphiné, Valence. Elle a été reçue le 6 février 1769. »

niquer un imprimé qu'il a reçu sous enveloppe timbrée Genève. C'est une lettre infâme contre moi, datée du 29 avril, écrite au château de Ferney, signée *Voltaire*. Si elle est de vous, certainement vous êtes à plaindre; mais vous n'hésiterez pas à l'avouer et à m'en envoyer un exemplaire signé de votre main, au lieu de ces signatures imprimées qui ne sont point incompatibles avec l'incognito que, selon l'auteur de la lettre, *un lâche coquin seul garde dans ces occasions*. Si elle n'est point de vous, vous vous ferez apparemment un devoir de désavouer le malheureux qui se couvre de votre nom. Je souhaite que vous me laissiez dans l'inaction et dans l'indifférence où j'étois à votre égard, et que vous ne me forciez point à faire les vœux les plus ardens pour la conservation de vos jours (1).

Par retour du courrier, La Beaumelle reçut de Ferney le billet que voici :

Mon maître ne répond point, Monsieur, aux sotises des calomniateurs : il a reçu le détail de vos menaces. En atendant votre châtiment, il vous permet de faire imprimer cette lettre au haut de vos libelles. Je suis, Monsieur, votre serviteur.

DUPRÉ,<br>Laquais de M. de Voltaire (2).

Le trait était d'une amusante bouffonnerie. Mme de La Beaumelle, envoyant à son père la lettre de Dupré, lui disait que son mari et elle n'avaient pu s'empêcher d'en rire.

Cependant La Beaumelle ne laissait pas d'être fort alarmé. Le ministre ne l'avait point menacé, comme l'assurait Voltaire, de le faire jeter, s'il ne se tenait tranquille, dans un *cul de basse-fosse*. Mais il continuait de le faire surveiller de très près et ne lui laissait pas la liberté de se défendre publiquement.

Le *Mémoire présenté au ministère de France* n'eut pas tout l'effet que s'en était promis son auteur. Richelieu, à qui il

(1) Archives des Angliviels.
(2) Archives des Angliviels.

l'envoya, avec une lettre dans laquelle il lui dénonçait La Beaumelle comme un criminel ayant outragé à plusieurs reprises la famille royale (1), se contenta de lui répondre que ni l'homme ni l'affaire n'étaient de son département.

La Beaumelle avait été également accusé par lui auprès du prince de Condé (2) d'avoir dit, en 1752, dans ses notes sur le *Siècle de Louis XIV*, et d'avoir osé répéter dans une nouvelle édition qui s'imprimait en ce moment même à Avignon, que le duc de Bourbon, père du prince, avait fait assassiner le commissaire de marine Vergier (3). Le prince de Condé, mieux instruit peut-être par M. de Saint-Florentin, put savoir que la note incriminée se trouvait dans un volume auquel La Beaumelle n'avait pas mis la main; il lui fut, en outre, très aisé de se convaincre, pour peu qu'il ait eu cette curiosité, qu'aucune édition nouvelle du *Siècle*, avec le commentaire de 1752, ne se publiait alors ni à Avignon ni ailleurs. Ce qui est certain, c'est qu'il n'inquiéta pas le moins du monde La Beaumelle.

D'Argental et Damilaville avaient fait jusqu'ici de vains efforts pour détourner Voltaire de l'intention où il était d'insérer son Mémoire dans la prochaine édition du *Siècle*.

Je crois, leur disait-il, qu'il faut [le] laisser imprimer... c'est une affaire qui n'est pas seulement littéraire : elle est personnelle à plusieurs grandes maisons du royaume.....

... Je ne reviens point de mon étonnement quand mes amis me disent qu'il faut mépriser de telles impostures. Je n'entends pas quel honneur il y a de se laisser diffamer, et je suis bien persuadé qu'aucun de ceux qui me disent : Gardez le silence, ne le garderait à ma place (4).

(1) Voltaire, édit. Beuchot, LXIV. 246.
(2) Louis-Joseph de Bourbon, prince de Condé, né le 9 août 1736, mort à Paris, au palais Bourbon, le 13 mai 1818.
(3) Voltaire, édit. Beuchot, LXIV, 296.
(4) Voltaire, édit. Beuchot, LXIV, 335.

Le peu de succès du libelle décida cependant Voltaire à en faire le sacrifice. L'édition du *Siècle* qu'il préparait alors et qui est, croyons-nous, celle de Genève 1768, ne renferme pas ce morceau. Mais il avait d'autres moyens d'assouvir sa haine. Le nom de La Beaumelle raillé, insulté par lui sans relâche, dans sa conversation de chaque jour, dans ses lettres, dans d'innombrables pamphlets, ce nom que ne défendait plus comme naguère le succès d'œuvres personnelles ou l'éclat d'audacieuses ripostes, acquit dès lors peu à peu la fâcheuse et injuste renommée qui a pesé jusqu'ici sur lui.

Ce fut également dans les premiers mois de 1767 que Voltaire fit paraître les *Honnêtetés littéraires*. Il avait réuni dans cette brochure, comme pour les passer en revue, ses principaux ennemis, Palissot, Patouillet, Nonotte, Desfontaines et vingt autres. Chacun a son chapitre souvent très court : La Beaumelle en a deux pour lui seul, et des plus amples, avec un appendice consacré à l'examen des *Mémoires sur Mme de Maintenon*. Il y est traité de gredin à propos d'un passage d'ailleurs inexactement cité du *Qu'en dira-t-on*, et de faussaire, à propos d'un recueil publié non par lui, mais par l'ex-jésuite Robinet (1); il y est représenté comme ayant été, dans sa jeunesse, chassé de partout : en premier lieu de la maison d'un gentilhomme (Budé de Boisy) chez qui il était précepteur; puis, successivement, de Copenhague, de Berlin, de Gotha. Dans les *Honnêtetés littéraires*, comme dans la *Lettre*, comme dans le *Mémoire*, la précision de certains détails, l'importance des témoignages invoqués, donnaient aux faits une sorte de vraisemblance. La Beaumelle ne pou-

---

(1) *Lettres secrètes de M. de Voltaire*, publiées par M. L. B... — Robinet paraît avoir eu l'intention de faire attribuer, au moyen de ces initiales, la publication du Recueil à La Beaumelle.

vait se dispenser de se défendre auprès du public, ou tout au moins auprès des ministres, de qui sa sécurité dépendait.

Opposant donc une contre-enquête à l'enquête plus ou moins réelle de Voltaire, il fit appel aux souvenirs et à l'équité des personnes prises à témoin par son ennemi.

Les attestations qu'il reçut de toutes parts furent en général pleinement favorables. Une seule, tout en le justifiant, trompa un peu son attente, ce fut celle de la duchesse de Saxe-Gotha, dont nous avons été amené à parler longuement déjà au cours de ce récit.

Ses amis de Copenhague, au premier mot qu'il leur dit de cette affaire, lui exprimèrent dans d'affectueuses lettres le souvenir excellent qu'ils lui avaient conservé; plusieurs académiciens de Berlin, l'ambassadeur de France auprès des États de Hollande, les conseillers au Parlement de Toulouse lui délivrèrent, sur sa demande, des certificats d'honorabilité conçus en des termes exceptionnellement flatteurs. Mais ce fut à Genève qu'il trouva ses plus chauds apologistes. Voltaire, dans l'un de ses trois libelles, l'avait dénoncé comme protestant et comme prédicant. Cette accusation, ainsi que le fait justement remarquer l'abbé Sabatier (1), n'était point une plaisanterie, dans un pays où les lois « mettaient les prédicants sous le joug de la mort ». Il a prêché à Genève, disait Voltaire, dans plusieurs églises *pendant deux ans*. Et, pour montrer qu'il était bien renseigné, il donnait l'indication suivante : « On trouve dans les registres de la compagnie des ministres de Genève que Laurent Anglivieux, dit La Beaumelle, natif du Languedoc, fut reçu proposant en théologie, le 12 octobre 1742, sous le rectorat de M. Ami de la Rive. »

(1) *Tableau philosophique de l'esprit de M. de Voltaire*, Cramer, 1776, p. 102.

Étonné qu'on eût fait à un tel homme une communication de cette nature, La Beaumelle écrivit à son ancien maître, Jacob Vernet, pour lui demander quelques explications et réclamer son appui. Vernet précisément se trouvait alors, lui aussi, en guerre ouverte avec le persécuteur de La Beaumelle. Cette guerre, succédant à une longue amitié, avait eu pour cause les attaques et les railleries sans nombre auxquelles, dès son arrivée aux Délices, Voltaire s'était livré contre la religion et les mœurs des Genevois. Vernet n'avait pas hésité à réfuter publiquement ces scandaleux écrits. A sa discussion très ferme, mais très courtoise, Voltaire répliqua par des injures :

> Crois-moi, renonce à la cagoterie ;
> Mène uniment une plus noble vie.
> Rougissant moins, sois moins embarrassé ;
> Que ton cou tors désormais redressé
> Sur son pivot garde un juste équilibre.
> Lève tes yeux, parle en citoyen libre ;
> Sois franc, sois simple, et, sans affecter rien,
> Essaie un peu d'être un homme de bien (1).

Dans la *Lettre curieuse de Robert Covelle*, il était allé plus loin encore, attaquant Vernet dans son honneur, l'accusant d'immoralité et même de vol, se moquant de son style et de sa personne, avec une grossièreté vraiment cynique (2).

On crut sans peine à Genève que La Beaumelle avait été, comme Vernet lui-même, gratuitement insulté et calomnié par Voltaire.

Je reçois, lui écrivit l'éminent théologien, votre lettre du 12 juin qui m'apprend une nouvelle méchanceté du poète contre vous... Ce que vous m'apprenez se lie avec ce qu'un de nos proposans me dit, il y a peu de jours, que quelqu'un,

---

(1) *Satire sur l'hypocrisie.*
(2) On trouvera tout le détail de cette querelle dans l'excellent livre de M. Eug. DE BUDÉ, *Vie de Jacob Vernet, théologien genevois.* Lausanne, Bridel, 1893, 1 vol. in-12.

agissant pour le seigneur de Fernex, avoit demandé au préteur
des proposans une note sur votre compte tirée du livre des
matricules qui est à sa disposition, pour savoir si vous n'y
aviez pas été inscrit comme étudiant en théologie, et si vous
n'aviez pas fait quelque prédication. Il répondit qu'il avoit
trouvé votre nom inscrit dans un tel tems, et qu'il avoit ouï
dire que vous aviez une fois récité une proposition à l'hôpital (1). Je crois qu'il eut la mauvaise complaisance de le
mettre par écrit. Si j'avois été appelé à conseil, j'aurois
détourné cela, attendu que la personne n'avoit aucune qualité
pour faire une telle demande et qu'il falloit s'adresser aux
Supérieurs... Il est bon cependant que vous sachiez à quoi
cela se réduit... Il se peut que d'avoir récité une proposition à l'hôpital soit pris pour avoir fait un acte du saint
ministère par gens qui ne connoissent pas nos usages; mais ce
n'est là qu'un essai de simple étudiant. — Sans doute il y
aura eu aussi quelque enquête sur votre conduite, mais on ne
sauroit rien trouver à cet égard qui vous fasse tort.

Vernet ajoute que, dans le cas où Voltaire aurait cité
les registres de la Compagnie (ce qu'il ne sait pas, n'ayant
pas lu le libelle), La Beaumelle obtiendrait aisément une
déclaration des pasteurs (2) qui démentirait le fait.

Puis venant à la fâcheuse aventure que, selon l'auteur
des *Honnêtetés*, La Beaumelle aurait eue chez M. de Boisy :

(1) Il en avait récité plusieurs. Le préteur des proposans parlait de
mémoire.

(2) Il reçut le 2 décembre suivant, de M. Perdriau, recteur de l'Académie, une lettre d'où nous croyons devoir détacher au moins ce passage :
« Soyez sûr, Monsieur, que si l'on prétendoit consulter juridiquement
soit la nomenclature du Recteur, soit celle du préteur des proposans,
nous saurions bien nous tenir dans les bornes de la prudence et de la
fermeté, et empêcher que qui que ce soit n'abuse, à votre préjudice, d'un
titre tel que celui-là. Je me trouve heureux d'y pouvoir quelque chose,
et de vous témoigner par là le souvenir agréable que je conserve de vous
et de la confiance dont vous m'honoriez dans ce tems même où l'on voudroit vous inculper... Nous aimons, nous honorons dans notre ville les
gens de lettres, et cet attachement redouble à juste titre pour un écrivain
illustre qui ne nous est point étranger, et qui, dans ses ouvrages, a plaidé
avec tant de force la cause de la tolérance... »
(Archives des Angliviels.)

C'est là, continue Vernet, une pure fausseté... et M. de
Boisy n'a pas manqué de déclarer à qui a voulu l'entendre que
cet allégué étoit faux. Je ne pense pas que vous puissiés vous
adresser ici pour faire une enquête juridique, parce que Fernex
est en France, et que son possesseur est censé n'avoir rien à
faire sur notre territoire où en effet il n'a pas mis le pié
depuis trois ans. Il faudroit plutôt l'attaquer à Gex. — Mais ce
qu'il vous convient absolument d'avoir, c'est un désaveu écrit
de M. de Boisy... Il faut lui adresser vous-même une lettre...
et ne pas tarder à le faire parce que ce bon gentilhomme
est atteint d'une hydropisie qui menace de l'emporter dans
l'automne.

Je m'offrirois d'être moi-même votre commissionnaire, si je
n'avois des raisons particulières de ne point me mêler de ce
qui concerne notre indigne voisin, lequel, après m'avoir
toujours prévenu de civilités, m'a mis dans l'obligation de
réfuter ses impiétés et ne me l'a point pardonné. Si bien qu'il
lâcha aussi contre moi, il y a un an, un libelle plein de mensonges et d'impertinences; à quoi j'ai dû opposer, uniquement
sur les faits qu'il falsifioit, un mémoire justificatif... que je
voudrois bien pouvoir vous faire parvenir.

C'est dommage que les avenues pour nous communiquer
bien des choses soient fermées entre vous et nous. Du reste,
disposés de moi.

J'espère qu'au point de maturité qu'a acquis votre génie,
vous pourrez rendre de bons services à la vérité. Cette idée
m'attache encore davantage à vous (1).

La Beaumelle suivit le conseil de Vernet; il écrivit sans
retard à M. de Boisy, qui, trop malade pour faire immédiatement par-devant notaire et dans toutes les formes
legales la déclaration qui lui était demandée, s'empressa
du moins d'adresser à La Beaumelle un certificat sous
seing privé ainsi conçu :

Je soussigné déclare qu'étant venu à ma connoissance qu'il
étoit avancé dans certains imprimés que M. de La Beaumelle

(1) 25 juin 1767. Archives des Angliviels.

avoit été précepteur de mes fils et que je l'avois chassé de
chez moi, je dois à la vérité de certifier que ces faits sont
entièrement controuvés; que je priai ledit sieur de La Beaumelle de venir passer quelques semaines avec moi à ma terre
de Boisy en 1748. Il ne fut point précepteur de mes fils, et bien
loin de l'avoir chassé de chés moi, je le remerciai de cette
complaisance. Je me fis un plaisir de le revoir à mon retour
de la campagne, et de lui procurer des connoissances, et,
lorsqu'il fut déterminé à partir pour le Danemark, je lui
donnai des lettres de recommandation pour des amis de
distinction.

En foy de quoi j'ai signé de ma main la présente déclaration et apposé le cachet de mes armes.

    A Genève, ce 18 juillet 1767.

Budé de Boisy.

Cette pièce était accompagnée d'une lettre très affectueuse. « ...Je me fais un devoir ainsi qu'un plaisir, disait
M. de Boisy, de rendre justice à la vérité. En conséquence, je vous envoie un témoignage authentique de ce
que je sais de science certaine. Aiant vu cette anecdote,
je n'ai pas laissé ignorer qu'elle étoit fausse. La honte
retombe sur l'auteur. Je ne vous écris pas plus au long,
étant malade depuis dix-huit mois... »

Ce fut seulement le 9 août de l'année suivante que put
être établie la déclaration par-devant notaire. Cette déclaration ne faisait d'ailleurs que reproduire le certificat ci-
dessus, avec ce détail en plus que M. de Boisy n'avait
jamais été propriétaire du château de Ferney. C'est d'un
frère de M. de Boisy, et non de M. de Boisy lui-même, que
Voltaire l'avait acheté (1).

_____

(1) Voici cette pièce d'après l'original conservé dans les Archives des
Angliviels :

« L'an mil sept cent soixante-huit, et le neuvième aoust avant midy, par-
devant moi Jean-Jacques Dunant, notaire public juré à Genève, soussigné, a comparu noble Isaac Budé de Boisy, citoyen, conseiller au conseil
des Deux-Cents de cette République, lequel a dit et déclaré qu'étant venu

Nous pourrions citer encore un grand nombre de témoignages favorables à La Beaumelle : mais ici comme ailleurs l'abondance de nos documents est telle que nous devons renoncer non seulement à les reproduire, mais même à les mentionner tous.

La Beaumelle d'ailleurs ne semble pas avoir tiré grand profit des concours si précieux qui lui étaient offerts. Il hésita entre plusieurs partis à prendre, et perdit du temps. Il prépara d'abord une *Réponse* dont le manuscrit nous a

à sa connoissance qu'il étoit avancé dans certains imprimés que Monsieur de La Beaumelle avoit été précepteur de ses fils au château de Fernex (*sic*) qu'il a vendu à Monsieur de Voltaire, et qu'il l'avoit chassé de chez lui, il doit à la vérité de certifier que ces faits sont entièrement controuvés. Qu'il pria ledit Monsieur de La Beaumelle de venir passer quelques semaines avec lui à sa terre Boisy ; il ignore qu'il ait jamais mis les pieds au château de Fernex qui appartenoit pour lors au frère dudit noble comparant ; ledit noble comparant ayant d'ailleurs déclaré que ledit Monsieur de La Beaumelle ne fut point précepteur de ses fils et que, bien loin de l'avoir chassé de chez lui, il le remercia de sa complaisance, il se fit un plaisir de le voir à son retour de la campagne et de lui procurer des connoissances, et que, lorsque ledit Monsieur de La Beaumelle fut déterminé à partir pour le Danemark, il lui donna des lettres de recommandation pour des amis de distinction. Laquelle présente déclaration ledit noble comparant a faite pour être expédiée audit Monsieur de La Beaumelle pour lui servir et valoir où besoin sera. Fait et prononcé à Genève, en la maison dudit noble de Boisy. Présens sieurs Daniel Zwallen, citoyen de Genève, et François Guyaz y demeurant, témoins requis et signés avec ledit noble comparant et moi notaire sur la minute. Expédié à M. Jean-Antoine Mathieu, négotiant, citoyen de cette ville, chargé ayant de M. de La Beaumelle.

« J.-J. Dunant, notaire.

« Nous, sindics et conseils de la ville et République de Genève, certifions à tous qu'il appartiendra que Mᵉ Jean-Jacques Dunant, qui a reçu et signé l'acte ci-dessus, est notaire public juré de cette ville, à la signature duquel, en cette qualité, foy est et doit être ajoutée en jugement et dehors, en foy de quoi nous avons donné les présentes sous notre sceau et seing de notre secrétaire d'État, le 10ᵉ aoust 1768.

« Par mes dits seigneurs sindics du Conseil.

« Lullin.

« Nous, Pierre-Michel Hennin, résident pour le Roy près la République de Genève, certifions et attestons à tous à qui il appartiendra, que le certificat ci-contre est bien signé par le secrétaire d'État de cette ville et scellé du sceau de la République. En foy de quoi nous avons expédié le présent auquel nous avons fait apposer notre cachet. A Genève, ce 10ᵉ aoust 1768.

« Hennin. »

été conservé, réponse incomplète sur les points essentiels, trop longue sur le reste, et qu'il eut grandement raison de ne pas publier. Puis il songea à adresser au parlement de Toulouse une nouvelle plainte en diffamation contre Voltaire, et il rédigea dans cette intention un mémoire dont nous avons retrouvé le brouillon, et qui est également resté sans emploi. Enfin, il parut se fixer à l'idée qui depuis longtemps l'obsédait, de donner une édition complète des œuvres de Voltaire avec un commentaire et des notes de sa façon. « Deux raisons, disait-il dans un projet de préface, deux raisons m'engagent à publier avec des notes cette édition des œuvres du plus célèbre écrivain de notre siècle. La première, c'est qu'il importe fort au goût, à la vérité et à la religion que les écrits d'un auteur, le modèle de tant d'esprits, l'oracle de tant d'autres, puissent être lus non seulement sans danger, mais encore avec plus de fruit. La seconde, c'est qu'il n'importe pas moins, pour la gloire de tant d'illustres morts et pour l'honneur de tant d'écrivains célèbres, encore vivants, que les réponses qu'ils ont opposées aux libelles dont cet auteur les a déchirés, ayent la même durée, et que l'antidote parvienne avec le poison à la postérité (1). »

Il commença par la *Henriade*. Ce choix inquiéta Vernet, qui lui écrivit : « Prenez garde : on n'attaque pas une place par la citadelle, et la *Henriade* est assurément ce que Voltaire a écrit de plus fort. » C'était là l'opinion du dix-huitième siècle; nous pensons un peu différemment aujourd'hui. La *Henriade* n'est plus, pour nous, l'œuvre capitale de Voltaire; c'est un brillant morceau d'histoire nationale, le pendant, mais non l'équivalent du *Siècle de Louis XIV*. « C'est, a dit spirituellement M. Faguet, le

(1) Archives des Angliviels.

poème le plus distingué, le plus judicieux, et le plus utile
qu'on ait écrit en France *depuis Mézeray.* » Et Voltaire
semble lui-même avoir voulu faire œuvre d'historien bien
plus que de poète. Ce n'est pas la muse, c'est la vérité
qu'il invoque en débutant; et l'argument qu'il met en tête
de chacun des chants de son poème est libellé comme un
simple sommaire de chapitre : « Règne de Henri III. Son
caractère. Bataille de Coutras. Meurtre du duc de
Guise, etc. » Nos manuels ne s'expriment pas autrement.
Aussi bien, la *Henriade,* c'est M. Faguet encore qui le dit,
est un admirable manuel. Il n'est pas étonnant qu'on s'en
fît, au siècle dernier, une idée plus haute : et si La Beaumelle, seul parmi ses contemporains, a osé trouver cet
ouvrage froid et prosaïque, ce fut moins peut-être par la
délicatesse de son sens littéraire que par un parti pris
systématique de désapprobation. Aussi serions-nous
tenté d'avoir des doutes sur la sincérité de certaines de
ses critiques, de quelques-unes même de celles qui semblent le mieux fondées, et que chacun de nous ferait
couramment aujourd'hui. Nous avons en effet des lumières
qui lui manquaient. Bien des choses qu'il ne soupçonnait
pas nous ont été révélées. Pouvait-il, n'ayant lu ni Ché-
nier, ni Lamartine, ni Hugo, sentir comme nous la sécheresse de la *Henriade?* Lui-même écrivait de ce style. Les
variantes qu'il ne craint pas de proposer à la suite et à
l'appui de son commentaire sont loin, pour la plupart, de
valoir le texte auquel il voudrait les substituer. Quelques-
unes sont d'une extraordinaire platitude :

> Six siècles ont coulé depuis que des Français
> Le trône est florissant et ne vaque jamais.

Disons pour sa décharge que ces variantes figurent
seulement dans l'édition posthume de son livre, publiée
par Fréron. Lui-même, dans l'édition faite sous ses yeux,

n'a pas jugé à propos de les joindre à son commentaire. La Condamine, à qui il communiqua son travail, n'en fut que médiocrement satisfait. « Vos remarques, lui écrivit-il, sont excessives, injustes; il en est pourtant que j'approuve. J'en ai lu environ quinze cents : vous les pourriez réduire à quatre cents bonnes et qui vous feraient honneur. » Les remarques approuvées par La Condamine étaient surtout grammaticales; quelques-unes portaient sur des répétitions, des contradictions, et aussi sur des erreurs historiques. Voltaire, qui avait déjà tenu compte d'observations du même genre que La Beaumelle lui avait jadis adressées de Copenhague, fit également, comme nous le verrons plus loin, son profit de celles-ci.

Dès la fin de 1767, l'ouvrage se trouvait prêt à être mis sous presse. La duchesse d'Aiguillon, cousine de M. de Saint-Florentin, arracha au ministre, pour La Beaumelle, l'autorisation de sortir de France, et d'aller faire imprimer son *Commentaire* en Hollande. Il devait s'installer avec sa femme, pendant deux ou trois ans, à Amsterdam, et y publier successivement, en commençant par la *Henriade*, les principales œuvres de Voltaire. Le duc de Choiseul, à la sollicitation de La Condamine, lui fit expédier un passeport, auquel il eut la bonne grâce de joindre la lettre que voici :

A Fontainebleau, le 5 octobre 1767.

Je vous envoye, Monsieur, le passe-port que vous m'avez demandé. Je l'ai fait expédier pour un an, parce qu'il n'est pas d'usage de donner aux passe-ports un espace de tems plus considérable; mais lorsque l'année sera expirée, si vous avez besoin de rester plus longtems hors du royaume, vous n'aurez qu'à me le marquer, et je vous ferai un nouveau passe-port.

Je suis, etc.

Le duc DE CHOISEUL.

Malheureusement, La Beaumelle se trouva contraint par le mauvais état de sa santé d'ajourner un peu son départ. Le projet s'ébruita, et Voltaire, qui en fut informé des premiers, eut assez de crédit pour obtenir des ministres qu'ils revinssent sur leur décision. L'ordre suivant fut communiqué à La Beaumelle par les soins de M. de Saint-Priest, au moment où, enfin rétabli, il allait se mettre en route :

> De par le Roy,
> Sa Majesté fait très expresses inhibitions et deffenses au sieur La Beaumelle de sortir du pays de Foix, excepté pour aller dans le Languedoc, quand ses affaires y exigeront sa présence. Fait à Versailles, le 30 janvier mil sept cent soixante-huit.
>
> *Signé :* Louis.
> Et plus bas : Phélypeaux.

L'officier de la maréchaussée qui lui communiqua cette pièce lui en laissa une copie et lui fit signer, au dos même de l'original, une formule de soumission. .

Cependant La Beaumelle ne s'en tint pas là; il demanda des explications, se plaignit; et, comme on lui donnait à entendre que Voltaire n'entrait pour rien dans la mesure prise contre lui; que cette mesure lui était tout à fait personnelle; qu'il devait, d'ailleurs, la trouver suffisamment justifiée par ses imprudences passées et par son rôle tout récent dans les agitations religieuses du Languedoc; comme enfin le commentaire de la *Henriade* n'avait été visé en aucune façon, il crut pouvoir solliciter l'autorisation de faire imprimer ce volume en France. M. de Sartines, à qui il s'adressa, l'accueillit avec la même bienveillance qu'autrefois, lui demanda son manuscrit, le fit examiner, et, l'avis du censeur ayant été favorable, inscrivit l'ouvrage sur la feuille des privilèges. Il n'y manquait plus que la signature du chancelier, mais ce n'était là qu'une simple formalité, et, sans attendre davantage, La Beaumelle conclut un traité avec les libraires Henrichemont et Bidache de Toulouse, et fit commencer l'impression. Or, lorsque la feuille des privilèges revint de la Chancellerie, la signature de Maupeou s'y trouvait bien, mais l'article concernant La Beaumelle y avait été biffé. Sartines fit connaître sur-le-champ à l'intéressé cette désagréable nouvelle. « Je crois devoir vous en prévenir, lui écrivait-il, afin de vous épargner les frais de l'édition que vous méditez (1). » Il était trop tard ; les frais étaient faits, et l'impression continua. Toutefois, la vente en France étant impossible, il ne restait d'autre ressource à La Beaumelle que d'essayer de faire passer à l'étranger une partie au moins de l'édition. S'il n'y réussissait pas, il comptait indemniser les libraires, qui garderaient provisoirement l'ouvrage en magasin.

Cette dernière combinaison échoua comme les précédentes. L'édition, à peine brochée, fut saisie entièrement et mise sous séquestre. Elle y resta vingt-cinq ans. Les héritiers de La Beaumelle n'en obtinrent la restitution qu'en 1793 ; ils la mirent en vente en 1803, sous un nouveau titre (2).

Voltaire, cependant, avant que l'ouvrage eût été saisi ou peut-être bien après, s'en était procuré un exemplaire qu'il ne dédaigna point de lire attentivement et qui lui servit pour corriger en maint endroit son poème. Les éditions de la *Henriade* postérieures à 1769 portent la trace de ces corrections.

Fréron, qui publia, en 1775, sur le manuscrit de La

(1) 27 juin 1769. Archives des Angliviels.
(2) *La Henriade de Voltaire avec le commentaire de La Beaumelle*. Toulouse, an XI.

Beaumelle, le *Commentaire de la Henriade*, ne prit pas garde à ces changements, de sorte qu'un assez grand nombre de critiques tombaient à faux. Grimm, dans sa correspondance, en a fait très justement la remarque, mais il ne savait pas que ces critiques dataient de six ans déjà, et que Voltaire avait eu tout le loisir de les utiliser.

La Beaumelle tenta encore de ramasser l'arme que venait de lui arracher son ennemi. Il annonça au public, en 1770, par une lettre adressée à Philibert et Chirol, libraires genevois, la publication prochaine d'une étude critique de la *Henriade*. C'était, nous le devinons, celle même qui lui avait été confisquée l'année précédente et qu'il espérait se faire rendre. A défaut d'ailleurs de cette édition, il était décidé à en donner une autre qu'il eût revue et remaniée. Mais en même temps que ses forces allaient chaque jour décroissant, sa haine aussi s'émoussait. La lettre à Philibert et Chirol, qui n'a que seize pages, est un de ses plus faibles écrits. Il suppose que ses amis de Genève, étonnés du silence qu'il garde depuis si longtemps vis-à-vis de Voltaire, ont donné à ce changement d'attitude une cause peu honorable ; ils disent que Voltaire a acheté son silence, et, que pour s'assurer le droit de le déchirer impunément, il lui fait servir avec exactitude une très forte pension. — Plaisanterie maladroite, et que des gens malintentionnés pouvaient feindre de prendre au sérieux.

On voit, écrit Grimm, que les amis de M. de La Beaumelle ont une idée convenable de l'élévation de ses sentimens ; aussi il ne leur fait point de reproche à cet égard ; il est seulement étonné qu'une idée aussi folle ait pu entrer dans les têtes bien organisées de ses amis (1).

Pour la leur ôter, il déclare que sa défense est toute

_____

(1) GRIMM, *Corresp.*, IX, 157 et suiv.

prête, mais qu'il a mis beaucoup de temps à la préparer ;
qu'il lui a fallu — ce qui est vrai, nous le savons, — écrire
en Danemark, à Genève, à Berlin, à Paris ; présenter des
requêtes aux magistrats, faire légaliser des signatures,
obtenir des informations. « Enfin, j'ai rassemblé, dit-il,
les preuves les plus propres à démentir les faits articulés
contre moi. Ces preuves sont dans la forme la plus authentique ; j'en donnerai l'extrait, après en avoir déposé les
originaux à la Bibliothèque du Roi, et sans invectives,
même sans réflexions, je défendrai mon honneur devant
le public, par une simple production de pièces, comme je
le ferois devant un tribunal auquel je demanderois un
arrêt de déclaration d'innocence... Mais à quoi me servira
cette justification ? Elle sera lue par quelques-uns de mes
contemporains et tombera bientôt dans l'oubli ; au lieu
que la diffamation parviendra sûrement aux siècles à venir,
puisqu'elle est consignée dans le recueil des œuvres de
M. de Voltaire... Il arrivera donc que je me serai bien
justifié et que je resterai pourtant flétri. Mon siècle m'aura
plaint, et la postérité me méconnoîtra. Cette postérité sans
cesse renouvelée me retrouvera dans cette immense collection dont elle fera ses délices... Après bien des réflexions, je n'ai trouvé qu'un seul remède, mais il est
infaillible... c'est l'exécution d'un projet que j'annonçai
en 1752 dans une lettre imprimée (1) ; projet que je n'ai
jamais perdu de vue. Depuis cette lettre, j'ai toujours lu
les œuvres de M. de Voltaire, la plume à la main... [Je
donnerai donc] une édition [de ses œuvres] avec des notes
courtes et utiles, dans le goût de l'édition qu'il m'avoit
foit l'honneur de donner chez vous (2) des *Mémoires de
Mme de Maintenon*... En rendant service aux Lettres, je

(1) Adressée à Mme Denis.
(2) Chez Philibert et Chirol.

m'en rendrai un à moi-même, et j'aurai l'occasion toute naturelle d'attacher ma justification à chaque calomnie... Je ferai paraître incessamment la *Henriade*..., etc. »

Voltaire, ainsi averti, redoubla de vigilance, et c'est grâce à lui certainement, que le séquestre mis sur cette édition fut maintenu. La Beaumelle, d'ailleurs, allait se trouver bientôt, par l'effet d'une protection nouvelle et toute-puissante, à l'abri de ses coups. Nous pourrions terminer ici l'histoire de ces tristes démêlés; mais il nous reste à dire quelques mots d'un incident un peu antérieur à ces derniers faits, qui s'y rapporte cependant, et que nous avions dû passer sous silence, afin de ne pas ouvrir dans notre récit une trop longue parenthèse.

Le 13 septembre 1768, Voltaire écrivait au président Hénault :

... Il faut que vous sachiez qu'il y a un Bury qui croit avoir fait une *Histoire de Henri IV*. Il court une critique de cette histoire (1) qui fait une très grande impression par le style audacieux et tranchant dont elle est écrite, et par les fautes qu'elle relève; mais il y a bien autant de fautes dans la critique que dans l'histoire. L'auteur de la critique est visiblement un huguenot, qui ne relève les erreurs de Bury que sur ce qui regarde les huguenots. Cet auteur s'appelle La Beaumelle; il demeure au Carlat, dans le pays de Foix, patrie de Bayle, dont il n'est pas assurément concitoyen. Voici comme il parle du Roi, dans son libelle, page 24 : « Je voudrois que ceux qui publient des Vies particulières des princes ne craignissent point de nous ennuyer en nous apprenant comment ils furent élevés. Par exemple, je vois avec un charme infini, dans l'*Histoire du Mogol*, que le petit-fils de Shah-Abbas (2) fut bercé pendant sept ans par des femmes; qu'ensuite il fut bercé pendant huit ans par des hommes; qu'on l'accoutuma de bonne heure à s'adorer lui-même, et à se croire formé d'un

(1) *Examen de la nouvelle Histoire de Henri IV par M. de Bury.*
(2) Shah-Abbas est Louis XIV; son petit-fils, Louis XV.

autre limon que ses sujets; que tout ce qui l'environnoit avoit ordre de lui épargner le pénible soin d'agir, de penser, de vouloir, et de le rendre inhabile à toutes les fonctions du corps et de l'âme; qu'en conséquence, un prêtre le dispensoit de la fatigue de prier de sa bouche le Grand Être; que certains officiers étoient préposés pour lui *mâcher noblement,* comme dit Rabelais, le peu de paroles qu'il avoit à prononcer. » Voici maintenant comme ce maraud parle de vous, page 30 : « Du reste, il a copié cette faute de M. le président Hénault, guide peu sûr, abréviateur infidèle, hasardeux dans ses anecdotes, trop court sur les grands événements pour être lu avec utilité, trop long sur des minuties pour être lu sans ennui; trop attentif à ramasser tout ce qui est étranger à son sujet, tout ce qui l'éloigne de son but, pour obtenir grâce sur les réticences affectées, sur les négligences de son style, sur les omissions de faits importants, sur la confusion qui règne dans ses dates; auteur estimable pourtant, sinon par l'exécution, du moins par le projet, mais fort inférieur à Marcel (1), quoiqu'il l'ait fait oublier. »

C'est ce même La Beaumelle qui, dans ses *Mémoires de Maintenon,* insulte toutes les grandes maisons du royaume, prodigue le mensonge et la calomnie, etc. Je sais qu'il fait actuellement une *Histoire de Henri IV,* dans laquelle il essaye de vous réfuter sur plusieurs points. Cet homme a de l'esprit, de la lecture, un style violent, mais serré et ferme, qui éblouit le lecteur...

Mon zèle et mon amitié ne m'ont pas permis de vous laisser ignorer ce qui intéresse également la vérité, la nation et vous. Je vous crois à portée de faire un usage utile de tout ce que je vous mande; je m'en remets à votre sagesse, et je vous prie de me continuer une amitié qui fait la consolation de ma vie (2).

En attribuant à La Beaumelle l'*Examen de l'Histoire de Henri IV,* Voltaire ne se trompait qu'à demi. Un académicien de Toulouse, le marquis de Belesta, nouvellement

---

(1) Guillaume Marcel, avocat et chronologiste, né à Toulouse en 1647, mort en 1708.
(2) VOLTAIRE, édit. Beuchot, LXV, 188 et suiv.

reçu dans la Compagnie, avait voulu y payer sa bienvenue par un morceau littéraire de sa composition. L'idée lui vint d'entretenir ses confrères du livre récent de M. de Bury. Ce livre avait fait quelque bruit, Voltaire même lui avait consacré une vive et spirituelle brochure (1). M. de Belesta, très lié avec La Beaumelle, lui soumit son travail, qui était, de son propre aveu, faiblement écrit et composé ; il en resta sans doute fort peu de chose après le remaniement auquel se livra La Beaumelle. Toujours est-il que la communication du marquis fut accueillie par l'Académie de Toulouse avec beaucoup d'applaudissements.

J'ai lu le 27 à l'Académie des sciences l'*Examen de Buri*... On le trouve supérieurement écrit, très fort de choses et très savant... Les connoisseurs ont trouvé l'ouvrage un chef-d'œuvre en tout point. Il faut à présent le faire imprimer, et vous m'avés promis pour cela encore vos bontés. Vous êtes comme un sculpteur qui, d'une pièce de bois, fait un dieu. Vous m'avés rendu célèbre (2). »

L'*Examen* fut publié l'année suivante par les soins de La Beaumelle chez Philibert et Chirol de Genève (3) et obtint un rapide succès. « Cet *Examen*, écrivait Voltaire à d'Argental, fait une grande fortune. » Si grande, en effet, qu'on crut un moment ne pouvoir attribuer un tel ouvrage qu'à Voltaire lui-même. C'était en quelque sorte le complément de cette autre brochure : *Le président de Thou justifié*, dont il s'avouait l'auteur. Quelques coups de patte donnés çà et là dans l'*Examen* à des amis de Voltaire, tels que d'Alembert et Duclos, un mot équivoque sur la *Henriade*,

---

(1) *Le président de Thou justifié contre les accusations de M. de Buri, auteur d'une Vie de Henri IV.* — Broch. in-8' de 38 p., s. d.

(2) Lettre du marquis de Belesta à La Beaumelle, du 29 mai 1767. Arch. des Angliviels.

(3) *Examen de la nouvelle Histoire de Henri IV de M. de Buri*, par le marquis DE B..., Genève, 1768, 99 pages in-8°.

« ce poème épique dont la France *daigne* s'honorer », semblaient n'être que des artifices destinés à dépister le lecteur.

Voltaire ne fut pas sans inquiétude sur les embarras que pouvait lui susciter cette attribution. Nous venons de voir par sa lettre au président Hénault qu'il ne se souciait pas qu'on lui fît endosser certaines opinions de l'*Examen*. Il est vrai qu'en même temps il n'était pas fâché de faire connaître à l'auteur de l'*Abrégé chronologique* ce qu'avait dit de lui La Beaumelle. Avec quelle complaisance il met sous ses yeux ce jugement! Comme il a soin de ne lui en épargner aucun trait! Et comme il se délecte en songeant à la grimace que va faire le président!

Celui-ci ne fit pas seulement la grimace, il se montra fort affecté et conta sa peine à sa bonne amie Mme du Deffand, qui gronda beaucoup Voltaire. Elle reçut de lui cette réponse :

Eh, pardieu! Madame, comment pouvais-je faire avec le Président? Mille gens charitables, dans Paris, m'attribuaient cet ouvrage contre lui; on me le mandait de tous côtés. Jamais Ragotin n'a été plus en colère que moi. Je n'ai découvert l'auteur que d'aujourd'hui après trois mois de recherches (1).

Il offre de prendre en main la défense du président; il écrira une réfutation de cet *Examen* qui n'est pas, dit-il, une chose à mépriser et dont les éditions se multiplient d'une manière inquiétante. Ni Mme du Deffand, ni Hénault, ne se hâtent d'accepter cette offre. Ils soupçonnent là-dessous quelque piège, et même il ne leur est pas bien démontré que la paternité du libelle n'appartienne pas en réalité à Voltaire; ils savent très bien de quoi il est capable. Lui-même semble vouloir entretenir en eux ce doute. « Ce qui affaiblit beaucoup mes soupçons sur La

(1) *Œuvres de Voltaire*, édit. Beuchot, LXV, 255.

Beaumelle, écrit-il (1), c'est qu'il ne dit pas de mal de moi. » Il leur parle de l'auteur présumé, le marquis de Belesta, que tantôt il feint de ne pas connaître, qu'il confond plaisamment avec Belloste, célèbre fabricant de pilules, et que tantôt il présente comme son ami. Il insiste sur le mérite de l'ouvrage, « écrit, dit-il, d'un style vigoureux, dans le goût de celui de La Bruyère... Vous savez, ajoute-t-il (c'est à Hénault qu'il s'adresse), combien votre gloire m'est chère, je l'aime presque autant que la vérité; mais certainement je ne prendrai pas la liberté de combattre pour vous sans votre ordre : je suis de ces officiers subalternes qui ne font rien sans l'agrément de leur général. » Trompé par ces ironiques flagorneries, le président autorise enfin Voltaire à le défendre, mais il y met une condition, c'est que Voltaire signera sa brochure. « Ah ! s'écrie celui-ci, nous voilà donc d'accord, mon cher et illustre confrère. Oui, sans doute, j'y mettrai mon nom, quoique je ne l'aie jamais mis à aucun de mes ouvrages. Mon amour-propre se réserve pour les grandes occasions. » Le pauvre président ne tarda pas à s'apercevoir que Voltaire s'était moqué de lui; non seulement la réfutation annoncée ne parut point, mais l'*Examen* ayant été réimprimé quelques mois plus tard par Voltaire lui-même dans le tome second de son *Évangile du jour*, le passage relatif au président Hénault s'y retrouvait intégralement, et n'y était accompagné d'aucune note.

Voltaire avait été de bonne heure informé, par une indiscrétion des libraires Philibert et Chirol (2), que La Beaumelle était le véritable auteur de l'*Examen*, et il avait fait auprès du marquis de Belesta plusieurs tentatives pour le déterminer à désavouer cet ouvrage. « On

(1) 28 septembre 1768. Beuchot, LXV, 189.
(2) *OEuvres de Voltaire*, édit. Beuchot, LXV, 208.

trouve, lui écrivait-il, à la page 24, le passage que je fais copier et que je vous envoie. On sent aisément l'allusion coupable qui règne dans ce passage (1). Le président Hénault est d'ailleurs cruellement outragé dans une autre page de ce libelle... il passe pour être de vous ; cette calomnie peut vous faire des ennemis puissants et vous nuire le reste de votre vie. Le nommé La Beaumelle est noté chez les ministres ; il lui est défendu de venir à Paris, et, en dernier lieu, M. le comte de Gudane, commandant le pays de Foix où ce malheureux habite, lui a fait défense de rien imprimer. C'est à vous, Monsieur, à consulter vos amis et vos parents, et à voir si vous devez écrire à M. le comte de Saint-Florentin pour vous justifier et pour faire connaître que ce n'est pas vous, mais La Beaumelle qui a composé et imprimé cet écrit. »

Belesta n'entendait nullement se laisser déposséder d'un succès littéraire auquel peut-être il croyait avoir quelques droits ; il repoussa avec une certaine hauteur la proposition de Voltaire, revendiquant pour lui seul la responsabilité de l'*Examen*, qui, disait-il, était son œuvre. Voltaire, naturellement, n'en crut pas un mot ; mais cette déclaration lui liait les mains, et il dut se contenter de dire à qui voulait l'entendre, que si l'ouvrage appartenait en effet au marquis de Belesta, c'est que celui-ci, après l'avoir fait faire, l'avait payé ; imputation que contredit absolument la situation respective des deux amis. Belesta, très endetté, plus qu'à demi ruiné, passait une grande partie de l'année dans ses terres, à Baupuis, sur la route de Montauban. La Beaumelle y faisait avec sa femme de fréquents séjours ; ils y menèrent en 1767 leur petite fille nouvellement née. Les passages suivants, extraits

(1) L'endroit où il est question du petit-fils de Shah-Abbas.

de deux lettres du marquis à La Beaumelle, montrent le
degré d'intimité de leurs relations :

Mande-moi, mon cher ami, des nouvelles de la santé de
ta chère femme, de la chère Aglaé (1), de la tienne. Mme de
Belesta me charge de te dire un million de choses, aussi bien
que mon père et ma mère... Beaupuis est d'une tristesse
horrible depuis votre départ. Vous l'aviez embelli, et l'habitude de vous y voir l'a rendu affreux par votre absence (2).

Ce n'est pas sur ce ton que s'entretient un grand seigneur avec un homme de lettres à ses gages.

(1) Leur fille, devenue plus tard Mme Gleize.
(2) Archives des Angliviels.

# CHAPITRE XIX

Les du Barry de Toulouse. — Leur protection tire La Beaumelle de l'exil.
— Retour à Paris. — La Condamine et Mlle de Faverolles. — La Beau-
melle obtient un emploi à la Bibliothèque du Roi, puis une pension. —
Ses dernières années, sa mort.

La liaison de La Beaumelle avec les du Barry remontait aux premières années de son séjour à Toulouse. Sa
correspondance nous fournit sur eux quelques renseignements intéressants. La famille était représentée, en 1768,
par les enfants d'Antoine du Barry, ancien capitaine au
régiment de l'Ile-de-France, chevalier de Saint-Louis, et
par sa veuve, née Martine de la Caze. La douairière du
Barry était sœur de ce M. de la Caze, conseiller au Parlement de Toulouse, chez lequel La Beaumelle vécut caché
pendant quelque temps, lors de son affaire avec le capitoul David. L'aîné des fils, Jean (le Roué), avait épousé
près de vingt ans auparavant Catherine-Ursule Dalmas
de Vernongrèse, jeune personne sans fortune, mais belle,
et dont il était fort amoureux. Elle lui rendit par son
humeur, à ce que nous assure La Beaumelle, la vie assez
dure. Lui, pour se distraire, donnait à Lévignac et à
Toulouse des fêtes et des comédies. Il put soutenir
ce train durant quelques mois, en vendant ses métairies
et en s'endettant; après quoi il abandonna sa femme et
alla mener à Paris la vie que l'on sait (1). Il prit à un cer-

(1) Jean du Barry. « ancien collégiat de Périgord », c'est-à-dire probablement élève boursier du collège de Périgueux, s'était fait recevoir avocat. Il avait une réelle culture et beaucoup d'esprit.

tain moment (peut-être à la mort de son père) le titre de marquis. Son frère puîné, Guillaume, appelé jusque-là le chevalier du Barry, céda alors ce dernier titre au cadet et devint comte. C'est par lui que Jeanne Bécu fut comtesse. Ses débauches l'avaient mis dans un état qui l'eussent rendu indigne de tout autre mariage; brave officier néanmoins, il avait fait la campagne du Canada, et s'y était brillamment conduit. Le cadet, Élie, ancien élève de l'École militaire, était aide-major d'infanterie. « Vous pouvez l'avoir vu chez moi, écrivait La Beaumelle à son frère Angliviel; c'est un excellent sujet, plein d'honneur et aimant son métier (1). » Ces du Barry avaient, non pas deux, mais bien trois sœurs : la troisième, dont on n'a point parlé jusqu'ici, parce qu'elle était précisément de ces honnêtes personnes dont on ne parle pas, avait épousé un bourgeois de Lévignac, nommé Filouse. Des deux autres, la moins connue, Pichi ou Bitschi, resta toute sa vie à Toulouse, où Jean, plus tard, vint la rejoindre; et l'aînée, Chon, appartient presque à l'histoire. Nous n'avons pas à rappeler ici comment elle accompagna Guillaume à Paris, comment elle assista à son scandaleux mariage, comment, ayant su tout aussitôt se rendre utile à la comtesse, qui lui empruntait son esprit pour répondre aux billets du Roi, et ayant su plaire au Roi lui-même, elle obtint d'être logée à Versailles. « Elle est mon ancienne amie, écrivait encore La Beaumelle; j'ai été avec elle, autrefois, non pas du dernier bien, mais du *pénultième.* » Et leur correspondance, en effet, est des plus tendres. Elle ne lui écrit d'ordinaire que peu de lignes, car elle est fort occupée, et n'est jamais seule; mais elle lui écrit souvent, l'assure qu'elle pense à lui, qu'elle s'oc-

---

(1) Lettre du 21 avril 1769.

cupe de ses affaires, et lui recommande surtout de mettre dans ses lettres des choses flatteuses pour la favorite à qui elle aura soin de les montrer. A l'occasion, elle les lira au Roi même.

Et c'est ainsi que Louis XV entendit un jour les vers suivants, auxquels l'accent toulousain de l'interprète, sa voix hardie et ses yeux, plus hardis que sa voix, donnaient une particulière saveur :

> Amour, lassé d'être bizarre,
> Veut réunir enfin, par un coup qui surprend,
> Ce que l'Europe a de plus rare :
> Des femmes la plus belle et des rois le plus grand.
> Son choix est bientôt fait, et sa main se dépêche,
> Aux yeux des peuples éblouis,
> De blesser de la même flèche
> Les cœurs de Jeanne et de Louis.

La Beaumelle, dès lors, est délivré de l'exil ; il demande et obtient l'autorisation, définitive cette fois, de se rendre à Paris, et d'y résider ; aux égards tout nouveaux, aux attentions, aux hommages intéressés dont il est l'objet, il sent que la fortune lui est enfin revenue. On sollicite son intervention et bientôt sa protection. Il a, à son tour, du crédit. Et, étant donnée la source médiocrement pure de ce crédit, nous pourrions croire que ceux qui en veulent profiter sont tous, ou des quémandeurs éhontés, ou des ambitieux sans scrupules : ce sont, au contraire, pour la plupart, de fort honnêtes gens. « Écoutez, écrit le pasteur Gal-Pomaret à un autre pasteur, Gal-Ladevèse, son frère, écoutez un secret que je vous confie : M. de La Beaumelle a aujourd'hui pour protectrice la maîtresse du Roy. Il doit aller à Paris, si sa santé le lui permet ; et, s'il peut nous servir, nous autres pasteurs en particulier, il le fera très certainement. Madame son épouse m'écrivit une lettre courte, mais qui mériteroit l'impression. Je me propose de lui écrire à lui, l'un de ces jours (1). »

Cela paraissait tout simple alors. N'avons-nous pas vu déjà les religieuses de Saint-Cyr se mettre sous la protection de Mme de Pompadour? Les gens du dix-huitième siècle n'avaient pas nos scrupules. La mode gouverne les mœurs aussi bien que le goût, et, comme l'a judicieusement observé Mérimée, « les mêmes actions n'ont pas la même valeur dans tous les temps (2) ».

La Beaumelle ne se hâtait pas de partir pour Paris. Ses névralgies, ses accès d'asthme étaient de plus en plus fréquents et douloureux. Il n'en appréciait que mieux, pendant les courts répits que lui laissait la maladie, le charme de ses loisirs et la douceur de sa retraite, et il n'avait pas le courage de s'y arracher. Le soin de sa vengeance ou même de sa justification lui devenait presque indifférent. Ses passions s'éteignaient peu à peu avec ses forces.

Cependant, Mlle Chon, sa bonne amie, s'impatientait ; elle n'avait autour d'elle que d'insipides complaisants, à qui elle n'osait se fier : la compagnie et les conseils d'un homme qu'elle connaissait de longue date, d'un compatriote, lui seraient précieux. Qu'attendait-il donc? La Beaumelle lui répondait en badinant qu'elle finirait bien par s'habituer à ses nouveaux amis; qu'elle n'avait, après tout, que l'embarras du choix; qu'il ne doutait pas que toute la France n'eût déjà traversé son entresol, et que même il ne serait guère surpris un de ces matins d'y rencontrer Voltaire. « Non, répliquait-elle, n'ayez crainte; vous trouverez toujours, quand vous viendrez me voir, mon entresol bien balayé. »

Enfin, le 18 mai 1770, il se décida à partir. Il y avait

(1) Post-scriptum d'une lettre du 15 février 1770.
(2) *Revue des Deux Mondes* du 1er avril 1896.

près d'un an que la permission d'aller à Paris lui avait été accordée (1). Il quitta sa femme et son enfant avec chagrin. La route le fatigua beaucoup. Il lui fallut plusieurs jours pour se remettre.

Sa première visite, naturellement, fut pour Mlle du Barry, qui le retint à dîner.

Au café, écrit-il à son frère, elle me présenta au maréchal de Richelieu. — Oh! dit celui-ci, il y a longtemps que nous nous connaissons. — Oui, monseigneur, répondis-je; mais je me flatte que la recommandation de mademoiselle sera plus efficace que celle de Mme la comtesse de La Marck (qui n'avait pas empêché le maréchal de prendre parti pour Voltaire)... — Il est, répliqua-t-il, des choses qu'on fait malgré soi. J'ai d'anciennes relations avec lui [Voltaire]. Il y a entre lui et vous une guerre bien violente. Vous savez qu'il est mon ami de tous les temps. — N'importe, reprit Mlle du Barry, il faut que vous soyez pour M. de La Beaumelle! — Tout ce que je puis vous promettre, dit le maréchal, c'est la neutralité. — Je lui dis que sa neutralité étoit pour moi une victoire.

Quelques jours après, voulant témoigner publiquement de l'impartialité de ses sentiments à l'égard de Voltaire, La Beaumelle, qui ne faisait d'ailleurs que suivre en cela l'exemple de Rousseau, voulut souscrire à la statue du grand homme. Il fit porter son offrande chez Mme Necker, un vendredi, jour ordinaire du bureau philosophique dans cette maison. Mme Necker lui renvoya son argent, en lui faisant dire simplement qu'elle ne recevait point de souscription, ce qui d'ailleurs était vrai (2).

(1) Voici le texte de cette permission :
    « De par le Roy,
    « Il est permis au Sr de La Beaumelle de venir à Paris quand bon ui semblera, à la charge pour lui d'instruire le Sr de Sartine de son arrivée dans ladite ville et du lieu qu'il choisira pour sa demeure.
    « Fait à Versailles, le 17 mars 1769.
                                    Signé : « LOUIS. »
                            Et plus bas : « PHÉLIPEAUX. »

(2) GRIMM, Corresp. littér., juin 1770.

La Condamine, qui passait chaque année plusieurs mois dans sa terre d'Étouilly, en Picardie, s'y trouvait depuis quelque temps déjà, lorsque La Beaumelle arriva à Paris. Il n'en avait pas moins voulu être son hôte et s'était empressé de lui offrir une chambre dans son appartement du cul-de-sac Saint-Thomas du Louvre. C'est là que La Beaumelle logea tout d'abord. Mais il se lia bientôt assez intimement avec une personne riche et singulière, curieuse de littérature, toujours engouée de quelque homme de lettres, Mlle de Faverolles, qui lui persuada de venir, pendant l'absence de leur ami commun La Condamine, s'installer chez elle. Il était dans son carrosse, le 30 mai, sur la place Louis XV, au moment où se produisit la catastrophe qui vint si lugubrement interrompre les fêtes données pour le mariage du Dauphin. La livrée de Mlle de Faverolles, jaune comme celle de la maison de Conti, lui permit de passer à la suite du prince sur le pont Royal qui était gardé. Cette circonstance sauva peut-être la vie à La Beaumelle, qui, mêlé à la foule, eût pu subir le sort de tant d'autres spectateurs. Ce fut là, d'ailleurs, le seul service réel que lui rendit Mlle de Faverolles. Il eut fort à souffrir de son peu de raison, de son humeur tyrannique et jalouse. Le ton de leur correspondance ne laisse aucun doute sur la nature tout intellectuelle de leurs relations. La Beaumelle assurément n'était pas amoureux; mais il était faible; il se laissa aisément subjuguer. Sous prétexte de surveiller sa santé, elle le soumit aux régimes les plus absurdes, l'empêchant de travailler, de lire, de sortir, le privant d'air et de lumière, le nourrissant de mets bizarres. « Je conviens, lui écrivait La Condamine, à qui il avait fini par se plaindre, je conviens de la gêne insupportable qu'elle vous cause; il me semble cependant que vous devriés et pourriés vous en affranchir à un certain point. Elle sait que vous avés besoin de vos matinées, ne fût-ce que pour vos lettres; elle ne peut donc trouver mauvais que vous en disposiés trois ou quatre fois par semaine pour vos affaires dont elle connoît l'importance (1)... » Et comme il voit que La Beaumelle résiste mollement et semble dormir sous le joug, il lui remet en mémoire les travaux et les entreprises qui l'ont amené à Paris et qu'il doit poursuivre, son *Tacite,* son *Horace,* son *Maupertuis,* sa *Henriade;* et les personnes qu'il doit voir et cultiver : Marmontel, Duclos, Foncemagne, Pompignan, Mme Geoffrin, Mme et Mlle du Barry. Celles-ci, heureusement, ne se laissèrent pas oublier.

Vers la fin de 1770, La Beaumelle fut appelé à Versailles. Mme du Barry, qui venait d'obtenir du Roi un nouvel appartement, s'occupait à le meubler, et voulait, à l'imitation de Mme de Pompadour dont elle avait entendu vanter le goût et les talents, avoir dans son cabinet une collection de livres choisis. Elle chargea La Beaumelle de lui former une bibliothèque. Très rapidement celui-ci dressa une liste de mille à douze cents volumes, dont il confia la recherche et l'acquisition à Le Jay, l'un des libraires avec lesquels, dès son arrivée à Paris, il s'était mis en relation.

La dépense totale ne devant pas, selon le désir de la comtesse, s'élever à plus de cinq mille francs, un grand nombre d'ouvrages furent achetés d'occasion et à bas prix. Redon, maître relieur, demeurant rue Charrière, à l'enseigne du Puits-Certain, recevait les volumes au fur et à mesure de leur acquisition et les reliait uniformément en maroquin rouge, avec filets et tranches dorées; sur les plats s'étalaient les armes des du Barry et leur cri de

---

(1) 13 octobre 1770.

guerre : *Boutez en avant.* Redon avait fait fabriquer les fers des armoiries en deux dimensions différentes pour les grands et les petits formats.

Cette bibliothèque n'était pas également riche en toute matière; elle contenait peu de livres de piété, très peu d'ouvrages scientifiques; mais l'histoire, la géographie, les beaux-arts y étaient abondamment représentés. Quelques bons traités de morale; les grandes œuvres philosophiques de tous les temps et de tous les pays; tous les classiques français et les traductions des principaux classiques anciens ou étrangers. Certains noms très distingués parmi les écrivains de second ordre, Mme de Lafayette, Saint-Évremond, Hamilton, Mme de Lambert, révélaient le choix et le goût du lettré. Les *Mémoires pour servir à l'histoire de Mme de Maintenon* n'avaient point été oubliés; mais Voltaire occupait à lui seul plusieurs rayons, et ses œuvres, dans leur plus récente édition (celle de Genève 1768, en 12 volumes in-4°, avec figures d'après Gravelot), n'avaient certes pas été achetées au rabais. La Beaumelle y avait ajouté même, pour ne rien omettre, les *Contes de Guillaume Vadé* (1) et l'*Histoire de Russie sous Pierre le Grand,* ouvrages dans lesquels nous savons qu'il était fort mal traité.

Enfin les romans tenaient dans cette collection, comme cela était assez naturel, une place importante. L'œuvre entière de Crébillon fils s'y trouvait. Proscrire de tels livres dans un tel lieu eût été affectation pure. La Beaumelle fit faire deux copies manuscrites de son catalogue, qui furent reliées en maroquin rouge, aux armes, comme le reste de la collection. Les livres y étaient inscrits dans l'ordre même où ils devaient être rangés sur les tablettes.

(1) La Bibliothèque de Versailles possède cet exemplaire, avec d'autres volumes de même provenance, au nombre de 380.

En regard de chaque titre, étaient indiqués le prix de l'ouvrage et celui de la reliure (1).

La comtesse témoigna à La Beaumelle sa reconnaissance d'abord par un cadeau, probablement un bijou de prix, dont il la remercia dans une lettre datée du 2 mai 1771 (2); puis par un brevet d'homme de lettres attaché à la bibliothèque du Roi, qui lui fut délivré quelques jours plus tard, le 7 mai; et enfin, au mois de mars de l'année suivante, par une pension de 1,200 livres que la mort de Duclos venait de rendre vacante. Voilà qui explique l'inscription mise, vers ce temps-là, par La Beaumelle au-dessous de l'estampe populaire de Gauthier d'Agoty :

> En écrivant ici PORTRAIT DE LA PLUS BELLE,
> Je vois que l'Amour a souri ;
> Mais ce mot qui jadis fit naître une querelle
> En va causer une nouvelle :
> L'un dira : C'est Vénus, l'autre : C'est DU BARRI.
>
> PAR M. DE LA BEAUMELLE.

Cependant, ni les avances que lui faisait la fortune, ni le retour à Paris de son *mentor* La Condamine, ni même la présence et les soins de son frère, Jean Angliviel, qui vint passer plusieurs mois près de lui, ne purent le tirer de son effrayante torpeur. Il faisait encore, de loin en loin, un violent effort sur lui-même, et retrouvait pour un temps très court son activité d'autrefois. Mais au lieu

---

(1) Paul Lacroix a publié en 1874, d'après les manuscrits de l'Arsenal, le Catalogue de la Beaumelle. Mais il n'en connaissait pas l'auteur, toutes les pièces relatives à la formation de la bibliothèque de Mme du Barry se trouvant dans les Archives des Angliviels. Il a imaginé alors la petite histoire que voici :

« Elle [Mme du Barry] manda secrètement *un vieux libraire* de Paris qui *faisait* les bibliothèques à juste prix, et elle mit cinq mille francs à la disposition de cet habile homme, en lui ordonnant de se hâter, etc., etc. »

*Catalogue des livres de Mme du Barry.* Paris, Fontaine, 1874.

(2) Archives des Angliviels.

de reprendre alors ses projets anciens, dont la réalisation eût été très prompte et très facile, il en ébauchait de nouveaux qu'il ne pouvoit poursuivre. C'est ainsi qu'il songea un moment à donner une édition refondue de l'*Encyclopédie*. Il eut à ce sujet des pourparlers, et échangea plusieurs lettres avec Charles Panckoucke, l'éditeur du *Mercure*, qui lui promettait, pour prix de sa coopération, une somme de 76,000 francs. C'est ainsi encore qu'ayant revu avec bonheur Saint-Cyr, où les survivantes de la *Cabale*, notamment Mme du Han de Crèvecœur, lui firent le plus tendre accueil, il convint avec elles de publier une édition plus soignée, plus châtiée, plus complète que les précédentes des *Mémoires* et des *Lettres* de Mme de Maintenon. Rien de tout cela n'aboutit. Un moment vint où Mme de La Beaumelle, très alarmée de ce que lui écrivait La Condamine, et plus encore de certains détails que lui avait donnés de vive voix son beau-frère, crut nécessaire de faire elle-même le voyage de Paris, afin d'en ramener le malade. Elle partit avec sa petite fille Aglaé, en décembre 1771, après avoir terminé sur ses terres les travaux de la saison, empli ses greniers, vendu ses récoltes.

Elle ne se souciait guère de connaître la grande ville. « Que vous êtes heureux, mon cher *Cugnat*, écrivait-elle à Angliviel, de vous retrouver en bonne santé, dans votre salon, auprès d'un bon feu, chez vous, à portée de voir nos *Angles* chéris ! Je partage bien votre joie. Je la goûte d'autant plus que je vais essayer de m'en préparer une semblable... C'en est fait. Je pars pour Paris (1). »

Elle trouva son mari en fort piteux état, d'humeur chagrine, dormant tout le jour, « la tête remplie d'opium »

(1) 18 octobre 1771.

et livré aux soins tyranniques de Mlle de Faverolles

J'ai des preuves certaines, écrit-elle, qu'*on* gâte à plaisir le malade. *On* est désolé toutes les fois qu'il dîne hors de la maison ; et lorsque cela arrive, afin qu'il ne recommence plus, *on* lui dit qu'il est pâle, qu'il est jaune, et qu'*on* a observé que cette couleur lui vient tout après qu'il est sorti de dessus un certain fauteuil. A cela, je dis que j'ai plutôt observé le contraire... les tiers sont de mon avis. Il en résulte des vœux *in petto* que je découvre, qui ne sont pas à mon avantage. Je n'en fais pas une révérence de moins ni n'en suis pas plus affligée. Ne me répondez rien là-dessus. Mille choses des La Condamine, qui sont bien autres.

... Si je pouvois, écrit-elle encore (11 mars), disposer de mon mari comme je dispose de moi lorsque je ne suis pas dans ce chien de Paris, je vous le mènerois bien vite pour plus d'une raison. Mais il n'est pas en moi de le tirer du lit avant une heure ou deux, ensuite de le tirer de dessus un grand fauteuil ou une chaise longue, où il passe communément le tems qu'il est levé... Il est absolument décidé à vider son portefeuille avant de partir. Comme il y a vingt ans qu'il a ce projet, j'ai tout lieu de craindre qu'il ne soit pas encore près de l'effectuer. Il n'y a pas de jour qu'il ne se propose de travailler le lendemain... L'opium qu'il continue de prendre absorbe toutes ses facultés. Il n'est bien qu'au lit... M. Tronchin, que nous vîmes un de ces jours, lui pronostiqua que l'opium le rendroit imbécile. Mais il n'a de repos, de tranquillité, de bonheur, que lorsqu'il a ces vilenies dans l'estomac.

Elle est bien résolue cependant à ne pas revenir sans lui ; elle l'enlèvera de force s'il le faut ; elle prie Angliviel de le rappeler de son côté à la raison ; ce que celui-ci s'empresse de faire en des termes sévères, presque durs.

J'imagine, lui écrit-il (1er avril 1772), que vous vous disposés à partir à la belle saison. Votre Tacite, votre Horace, vos impressions ne sauraient plus être pour vous des raisons d'un plus long séjour...

Faites attention d'ailleurs que votre santé dépérit et qu'il est très à craindre qu'il ne vous arrive ce que M. Tronchin vous a prédit. Si vous aimés mieux ce dépérissement [par l'opium] que la souffrance, du moins que ce soit chez vous qu'il s'achève (1).

L'hiver et une partie de l'été de 1772 se passèrent ainsi. Une nouvelle grossesse de Mme de La Beaumelle vint fournir à son mari un prétexte de plus pour retarder le départ. Enfin le ménage se mit en route le 1ᵉʳ août, et arriva au bout d'une dizaine de jours à Mazères.

La Beaumelle, surveillé de près par sa femme, renonça pour un temps à l'opium, reprit sa vie d'autrefois, s'occupa de son jardin, de ses mûriers, planta des arbres, perça des allées dans ses bois, tout cela sans ordre, sans nulle entente ni de la culture, ni de l'intérêt du domaine, mais au grand profit de sa santé. Le 21 septembre, Mme de La Beaumelle accoucha d'un fils à qui l'on donna le nom du Carlat et le prénom de Moïse (2). Mais déjà Mlle de Faverolles rappelait La Beaumelle à Paris. Elle lui écrivit pendant les sept mois qu'il passa à la Nogarède soixante-quatorze lettres, d'une longueur, disait Mme de La Beaumelle, à faire venir des vapeurs.

La Condamine, un peu délaissé pour cette correspondance à laquelle Mlle de Faverolles, bien qu'elle fût à

(1) Archives des Angliviels.

(2) Victor-Laurent-Suzanne-Moïse Angliviel de La Beaumelle a été un officier du génie distingué, un excellent mathématicien et aussi un très estimable littérateur. Après avoir fait, comme chef de bataillon, la guerre d'Espagne, il fut licencié avec l'armée de la Loire. N'ayant pu reprendre en France possession de son grade, il entra, en 1823, au service de Don Pedro, avec le grade de colonel du génie. En 1830, la révolution du Brésil le rendit à la vie civile. Il mourut l'année suivante à Rio-Janeiro. Il est l'auteur d'une *Statistique du Brésil*, « qu'on regardait, dit un de ses biographes, comme le chef-d'œuvre du genre, et dont l'infidélité d'un libraire semble avoir privé pour toujours le monde savant ». Il a traduit pour le recueil des *Chefs-d'œuvre des théâtres étrangers* quatorze pièces espagnoles ; ces pièces sont accompagnées de notices et de commentaires d'un grand intérêt.

Paris sa voisine, ne lui laissait prendre aucune part, s'en plaignait doucement :

Si je savois, disait-il à La Beaumelle, quand Mlle de Fave-rolles vous écrit, je mettrois quelque billet dans ses lettres; mais elle garde sur cela un profond mystère. Il est assez sin-gulier que les personnes qu'elle n'eût jamais connues sans moi deviennent ses confidens et que je devienne l'étranger. Le marquis, vous, l'abbé de la Barthe, m'avés successivement écarté... Si vous voulés que je sache de vos nouvelles, donnés-m'en... Notre voisine est allée à Brie, souper chez ses amis. L'abbé de la Barthe qui est à Ivry depuis deux jours s'en retourne dans sa province. Il venoit ici les soirs jouer de la flûte, dire son bréviaire, chanter dans le recueil des chansons de Monet; et la voisine, qui apporte son souper ordinairement, faisoit chorus pendant que je barbouillois du papier. Quand nous serons partis et l'abbé de son côté, elle sera réduite à M. Le Noir pour toute nourriture. Autant que j'en puis juger par la pantomime [on sait que La Condamine était devenu dans sa vieillesse complètement sourd], il n'est pas d'une grande ressource, hors pour donner la main. Vous auriés dû laisser sur la chaise longue votre figure en cire, elle ne se seroit pas aperçue de votre absence (1).

Aux appels incessants de Mlle de Faverolles, Mme de La Beaumelle opposait, non des prières, mais l'ascen-dant de son intelligente affection, le charme d'un intérieur bien tenu où rien ne manquait, le succès enfin du régime simple et naturel auquel elle avait soumis son mari.

Lasse d'attendre, Mlle de Faverolles annonça l'inten-tion de quitter elle-même Paris et de venir s'installer à la Nogarède. La Beaumelle eût accepté volontiers la combi-naison. Sa femme très franchement s'y opposa. « Vous me dites, écrivait-elle à son beau-frère, vous me dites : Si elle ne peut se passer de lui, qu'elle vienne ! D'accord. Mais me répondez-vous qu'ensuite elle veuille repartir ?

(1) Lettre du 20 septembre 1772. Archives des Angliviels.

Je ne veux point tant d'accointance. Je vous l'ai dit, nos cœurs sont faits pour aimer le même objet, mais non pour s'aimer entre eux. »

Un autre sentiment non moins délicat la mettait en garde contre cette très importune amitié. Mlle de Faverolles était riche et avait une famille nombreuse qu'elle n'eût pas, à l'en croire, été fort éloignée de déshériter, au profit des enfants de La Beaumelle. Il fallait à tout prix éviter le soupçon d'avoir provoqué ou seulement même entretenu ces dispositions. Mme de La Beaumelle aima mieux laisser partir son mari. Il quitta Mazères au printemps de 1773. La santé semblait lui être entièrement revenue. Ses amis de Paris eurent peine à le reconnaître. Mme de la Condamine écrivait le 27 juillet à Mme de La Beaumelle : La voisine n'a pas pu voir d'un autre œil que nous le visage lumineux, l'embonpoint et les belles couleurs que M. de La Beaumelle a rapportés ici ; elle en étoit, ainsi que nous, dans l'admiration... Il n'a pas voulu dîner avec nous parce que nous dînons trop tard... Il assure ne plus avaler d'opium : vous êtes, ma chère Madame, bien persuadée, à ce qu'il me semble, qu'il en continue l'usage... Il n'est plus question de chaise longue ; il est très bien mis, toujours l'épée au côté, le chapeau sous le bras ; s'assied comme un autre, ne se plaint plus des jambes... Mon frère qui est venu ici a été tout surpris de le trouver rajeuni et tel qu'il l'avoit vu il y a bien des années... (1). »

La Beaumelle voulut profiter de ce retour à la santé, qu'il jugeait sans doute assez précaire, pour terminer enfin les publications depuis si longtemps annoncées par lui. Il remit à Lejay le manuscrit de sa *Vie de Maupertuis*

(1) Archives des Angliviels.

et celui du *Commentaire de la Henriade*, dont l'impression commença aussitôt. Mais, par une véritable fatalité, ce Lejay, qui était en même temps, comme on sait, le libraire de Beaumarchais, s'étant trouvé compromis dans l'affaire Gœsman, fut décrété de prise de corps au moment même où il allait mettre sur pied les deux ouvrages.

Tout fut encore une fois suspendu. La Beaumelle découragé chercha de nouveau à s'étourdir par l'opium. Il redevint plus que jamais l'esclave de cette déplorable habitude qu'il avait contractée en 1767, pour combattre les insomnies dont il souffrait alors et que rendaient particulièrement pénibles les persécutions de Voltaire.

Au commencement de novembre, il eut une violente attaque de scorbut; il était seul; Mlle de Faverolles, par crainte de la contagion, avait, dès le premier moment, renoncé à le soigner, et La Condamine n'était pas revenu d'Étouilly.

Le 10, il appela en consultation les docteurs Bouvard et Lorry, qui jugèrent son état grave, mais non incurable. Les remèdes qu'ils lui prescrivirent le soulagèrent un peu. Le 16, il écrivit à sa femme; sa faiblesse était telle que la plume à chaque instant lui tombait des doigts. Sa lettre cependant était presque enjouée. Il avait voulu envoyer aux siens, sans les affliger, une dernière marque d'affection. Le lendemain, il était mort.

Son beau-frère, Gaubert de Lavaysse, de passage à Paris, était arrivé juste à point pour le voir expirer. « J'ai une bien funeste nouvelle à vous apprendre, écrivait-il, le 18 novembre, à Jean Angliviel. Nous venons de perdre M. de La Beaumelle. Je reçus hier, à sept heures du soir, son dernier soupir. Après une maladie assez longue qui étoit la suite de ses maux ordinaires, il a succombé dans un temps où le danger ne paroissoit pas encore très grand. Il a conservé toute sa tête jusqu'au dernier moment, et rien n'est égal à la douceur, à la patience, à la résignation dont il étoit animé pendant ces derniers jours. Le pauvre garçon étoit dans son fauteuil. J'arrivai pendant qu'il étoit dans les angoisses. Il m'a jeté les bras autour de mon col. Soutenez-moi la tête, m'a-t-il dit. Il n'a pu rien ajouter et a expiré dans le même moment. L'absence de M. de La Condamine et la froideur extrême de cette amie singulière, qui n'a plus voulu le voir depuis qu'il étoit en danger, ne lui laissoient de ressources que moi. Il m'avoit donné tous les témoignages de son affection et de sa confiance (1). »

La Condamine, à la nouvelle de cette mort, se hâta de revenir à Paris. Il y était le 25, et écrivait au frère de La Beaumelle :

Je n'ai pas voulu, mon cher Monsieur, être le premier à vous annoncer une mauvaise nouvelle, et je ne l'aurois même pu : j'étois encore à Stouilli quand je l'ai reçue. Ç'a été un coup de foudre pour moi. Mlle de Faverolles nous mandoit que les docteurs Bouvart et Lorry, deux des plus célèbres médecins de Paris, trouvoient que le sujet étoit encore entier et espéroient le guérir. Je ne croyois guère à l'habileté des médecins pour guérir les malades, mais j'avois quelque foi à leurs pronostics que l'expérience rend plus sûrs que ceux de gens qui ne passent pas leur vie avec des malades...

Madame de la Condamine et moi attendrons que les premiers momens soient passés pour faire notre compliment à Mme de La Beaumelle. Je sens combien elle aura été sensible à ce coup que peut-être elle a prévu, quelque soin que le défunt ait pris pour lui laisser ignorer son état (2).

Le 18 novembre, le commissaire Chenon, étant venu constater le décès de La Beaumelle, marqua par erreur

(1) Archives des Angliviels.
(2) Archives des Angliviels.

dans son procès-verbal qu'il était mort le jour même. Jal a reproduit ce procès-verbal et s'en est autorisé pour rectifier la date du 17 jusque-là admise et qui est la date réelle.

La Beaumelle tenait en 1773 une sorte de journal très sommaire, sur les marges et sur les pages blanches d'un Almanach royal interfolié. Gaubert de Lavaysse continua pendant quelques jours à y inscrire tout ce qui concernait le défunt. Après y avoir consigné le 17 au soir la mort de La Beaumelle, il mentionne le 18 ses funérailles dans les termes suivants :

> Je lui ai rendu les honneurs funèbres. Il a été enterré au cimetière des protestants [sur le port au plâtre] en présence de mon ami Bouffé le Jeune, de M. Vidal, de mon neveu Sénovert et de moi(1).

Voltaire, que n'avait pu toucher ni la faiblesse, ni l'évident repentir de son ennemi, ne se laissa même pas désarmer par sa mort. Il s'était juré de le discréditer, de le déshonorer à jamais : il y travailla sans relâche durant les quelques années qu'il lui survécut, et, après lui, ses éditeurs, ses commentateurs, ses biographes ont aveuglément poursuivi l'œuvre de sa vengeance. Aujourd'hui que la dévotion à Voltaire tend à s'affaiblir, ce n'est plus en son nom que l'on attaque La Beaumelle, et les récriminations dont on l'accable ont une tout autre cause.

Ses torts, nous les avons reconnus : ils sont réels, mais ils sont limités, et d'autres écrivains qu'on épargne en ont eu de semblables. D'où vient donc ce régime d'exception? Pourquoi cette réprobation exclusive? N'est-ce pas

---

(1) Archives des Angliviels.

à Voltaire encore qu'on obéit sans le savoir? N'a-t-il pas donné le ton à la critique? Ne lui a-t-il pas soufflé sa haine? Et ces épithètes outrageantes qui ont été jusqu'ici inséparables du nom de La Beaumelle, n'est-ce pas lui qui les y avait attachées?

L'étude qu'on vient de lire, et dans laquelle nous nous sommes efforcé avant tout de laisser parler les faits, aura contribué, nous l'espérons, à rétablir sur plus d'un point la réputation injustement rabaissée de La Beaumelle, à écarter d'une façon définitive les calomnies qui chargeaient depuis si longtemps sa mémoire; à donner enfin de sa personne, de son caractère et de son talent, une idée plus impartiale et plus vraie.

FIN.

# TABLE ANALYTIQUE

## DES PRINCIPAUX NOMS CITÉS DANS L'OUVRAGE

bien de sa docilité, p. 258. — Effet
produit à Saint-Cyr par la lecture
des *Mémoires;* on y retrouve en
trop grand nombre les hardiesses
et les licences qui avaient déplu
dans le manuscrit, p. 259 et suiv.
— Mme de Louvigny voudrait
que La Beaumelle corrigeât, en
les citant, les Mémoires d'Agrippa
d'Aubigné, p. 260. — Le second
volume lui plaît beaucoup moins
que le premier; La Beaumelle y a
laissé trop de détails inconvenants
sur les amours du Roi et de Mme
de Montespan, p. 261. — Il se
montre trop sévère pour la duchesse de Richelieu, p. 261. —
Elle ne croit pas que Mme de
Maintenon ait jamais été réduite
dans son enfance, comme le raconte La Beaumelle, à aller chercher de la soupe à la porte d'un
couvent, p. 262. — La Beaumelle
maintient l'anecdote, qui se trouve
rapportée, en effet, dans les Mémoires de Mlle d'Aumale, p. 262
et suiv. — Mme de Louvigny lui
en conte une autre dont elle garan-
tit l'authenticité, p. 263. — Elle
approuve sans réserve l'article du
*mariage* et celui de la *fistule,* p. 264.
— Elle est très scandalisée du commentaire que La Beaumelle a joint
au mémoire de Mme de Maintenon
sur le rappel des huguenots ; la
hardiesse de ces notes la fait trembler pour leur auteur, p. 265 et
suiv. — Suspend sa correspondance avec La Beaumelle, p. 267.
—Avait communiqué secrètement
les lettres de Godet des Marais,
évêque de Chartres, à La Beaumelle, qui, pour ne pas la compromettre, dut les publier sous un
pseudonyme ; il prit celui de l'abbé
Berthier, p. 269. — Elle se récon-
cilie avec lui, p. 270. — Elle dirige la partie musicale des répétitions d'*Athalie* en 1756, p. 271. —
Lettre d'elle à propos de cette représentation, p. 272. — « Votre
ouvrage, lui écrit-elle, ne contient
que du vrai et de l'excellent... »,
p. 273. — Remerciements pour les

cartons introduits dans l'ouvrage,
et éloges presque sans réserves,
p. 273. — Elle revient à l'idée
dont elle l'a déjà entretenu, d'une
édition spéciale à l'usage de Saint-
Cyr, p. 279 et suiv. — Elle lui fait
part des inquiétudes de la communauté qui, un moment, l'a cru
à la Bastille, p. 284 et suiv. —
Continue d'écrire à La Beaumelle
exilé, p. 291 et suiv. — Meurt
en 1765.

*instruction pastorale de M. Du-*
*mont, ministre du Saint Évangile,*
*etc.*, p. 334.

S

SAINT-CYR (Dames de). La Beaumelle
leur est présenté par le maréchal
de Noailles et par La Condamine,
p. 132. — Expriment à La Beaumelle leurs sympathies, lors de sa
première arrestation, p. 139. —
Leur opinion sur la première édition de la *Vie* et des *Lettres* de
Mme de Maintenon, édition publiée
en 1752, sans leur concours, p. 175.
— La *Cabale*, p. 177. — La Beaumelle, après quelque résistance,
consent à leur soumettre le manuscrit des *Mémoires*, p. 216. — Leur
impression traduite par Mme de
Louvigny, p. 217 et suiv. — Pré-
parent une réprésentation d'*Esther*
à laquelle doit assister la famille
royale, p. 223. — Veulent faire les
frais du portrait gravé de Mme de
Maintenon qui figurera dans le
premier volume des Mémoires,
p. 231. — Souscrivent à deux
cents exemplaires de l'ouvrage,
p. 233. — La licence et les hardiesses de certains passages des
Mémoires les scandalisent, p. 259
et suiv. — La Beaumelle consent
à introduire dans son ouvrage, à
l'aide de cartons, des corrections
importantes, p. 262 et suiv. — Représentation d'*Athalie* devant la
cour en 1756, p. 271 et suiv. —
L'ouvrage de La Beaumelle, après
les cartons, est unanimement applaudi ; remerciements de la communauté, qui offre à La Beaumelle
une écritoire et des flambeaux
d'argent, p. 273 et suiv. — La supérieure fait des démarches auprès
de M. de Saint-Florentin pour
obtenir la mise en liberté de La
Beaumelle, lors de sa seconde
détention, p. 288. — L'exil de La
Beaumelle n'interrompt pas ses
relations avec Saint-Cyr, p. 291 et
suiv. — Il y est reçu avec joie,
lors de son retour à Paris en 1771.

SAINT-FLORENTIN (le comte DE). Lettre
de lui à La Condamine au sujet de
La Beaumelle, p. 322. — La Beaumelle lui adresse, en faveur des
protestants, plusieurs mémoires
qui sont bien accueillis, p. 323. —
Autorise La Beaumelle à faire le
voyage de Paris, p. 342. — Trompé
par une dénonciation calomnieuse
de Voltaire, il adresse à La Beaumelle un avertissement contre
lequel celui-ci proteste, p. 354 et
suiv.

SAINT-GÉRAN (Mme DE). Sa situation
auprès de Mme de Maintenon ; a-
t-elle pu être en correspondance
avec elle ? Examen des lettres que
lui a attribuées La Beaumelle,
p. 166 et suiv. — Ce n'est pas à
elle que Mme de Maintenon a écrit,
parlant de Louis XIV : *Je le renvoie désespéré sans être rebuté,*
c'est à Mme de Coulanges, p. 228.

SAINT-PRIEST (Jean-Emmanuel Gui-
gnard, vicomte DE). Intendant de
Montpellier. Avertissement donné
par lui à La Beaumelle, p. 302. —
Enquête ordonnée par lui pour
savoir si la « Lettre du czar Pierre
à M. de Voltaire » est l'ouvrage de
La Beaumelle, p. 343.

SAXE-GOTHA (la duchesse DE). Mal
disposée en faveur de La Beaumelle par certains traits du *Qu'en
dira-t-on ?* p. 66. — La Beaumelle
va lui demander asile à sa Cour,
p. 96. — Il reçoit d'elle un assez
mauvais accueil, p. 99. — Son
témoignage dans l'affaire de la
Schwecker, p. 107 et suiv.

SCHMETTAU (le comte DE). Gentilhomme danois, ami de La Beaumelle ; son campagnon de plaisir,
p. 34. — Il l'encourage à publier
la *Spectatrice danoise*, p. 35.

SCHWECKER (Mme DE), gouvernante
d'enfants à Gotha. La Beaumelle
quitte Gotha en sa compagnie. Fâcheuses conséquences de cette
aventure, p. 102 et suiv. — La
Beaumelle emmène la Schwecker à
Paris, puis s'en sépare lorsqu'il
la connaît mieux, p. 103 et suiv.

SÉNOVERT, neveu de Lavaysse,

## W

## Z

# TABLE DES MATIÈRES

PARIS

TYPOGRAPHIE DE E. PLON, NOURRIT ET Cⁱᵉ,
Rue Garancière, 8.